南极：地缘政治与国家权益

·地缘政治视角下的南极 · 南极大战略 · 南极的价值与利益·

The Antarctic:
Geopolitics and National Interests

陈玉刚/秦 倩 等◎编著

时 事 出 版 社

图书在版编目（CIP）数据

南极：地缘政治与国家权益/陈玉刚等编著.—北京：时事出版社，2017.1

ISBN 978-7-5195-0052-8

Ⅰ.①南… Ⅱ.①陈… Ⅲ.①南极—政治地理学—研究②政治地理学—研究—中国 Ⅳ.①K912②K928.1

中国版本图书馆 CIP 数据核字（2016）第 237597 号

出版发行：时事出版社
地　　址：北京市海淀区万寿寺甲 2 号
邮　　编：100081
发行热线：（010）88547590　88547591
读者服务部：（010）88547595
传　　真：（010）88547592
电子邮箱：shishichubanshe@ sina. com
网　　址：www. shishishe. com
印　　刷：北京百善印刷厂

开本：787×1092　1/16　印张：26　字数：400 千字
2017 年 1 月第 1 版　2017 年 1 月第 1 次印刷
定价：98.00 元
（如有印装质量问题，请与本社发行部联系调换）

课题组成员

（按姓氏拼音排列，贡献不分大小，每个人都
出了和主要编著者同样的力）

曹　虹　复旦大学国际关系与公共事务学院 2012 级硕士研究生
崔钟元　复旦大学 2007 级韩国本科留学生
金汉俊　复旦大学 2007 级韩国本科留学生
李昌婷　复旦大学国际关系与公共事务学院 2013 级硕士研究生
李　影　复旦大学国际关系与公共事务学院 2010 级硕士研究生
倪新明　复旦大学社会学与公共政策学院 2011 级本科生
王婉潞　复旦大学国际关系与公共事务学院 2013 级博士研究生
徐晓燕　复旦大学国际关系与公共事务学院 2011 级硕士研究生
张　娟　复旦大学国际关系与公共事务学院 2011 级硕士研究生
郑英琴　复旦大学国际关系与公共事务学院 2012 级博士研究生
周　超　复旦大学国际关系与公共事务学院 2010 级硕士研究生
邹应猛　复旦大学国际关系与公共事务学院 2011 级博士研究生

本书获得“南北极环境综合考察与评估专项”资助，国家海洋局国际合作司（港澳台办公室）和中国极地研究中心联合项目资助。

序言

南极是地球上非常独特的自然和人文地理空间区域，这种独特性不仅表现在其自然特性方面，还表现在人文环境特性方面。作为地理大发现的直接结果，南极较早纳入了世界政治进程，曾有七个国家先后对南极大陆提出主权要求。虽然1961年生效的《南极条约》“冻结”了陆地领土的主权声索，但南极在法律上仍是地球表面尚未分割清楚的政治版图。因此，尽管南极远离人类活动中心，除了科学研究活动外，其他活动规模都比较小，但是这一地区也无法自外于世界政治、经济的发展过程。随着气候变暖，南极地区潜在战略价值大幅度提高，其全球政治和经济影响力逐步释放。

与其他国家相比，中国开展南极考察的活动起步较晚。库克船长南极航行时，清乾隆年间虽国力昌盛但国人尚未形成海洋意识。之后，旧中国国力日衰、战乱频仍，既无精力也无财力开展南极探险。中华人民共和国建国后，百废待兴的建设任务也限制了新中国从事南极考察、参与南极事务的能力。但早在新中国成立之初，中国科学界和领导人已经认识到南极的战略意义，提出中国人应该去南极，研究南极。1964年2月21日，中共中央批准成立国家海洋局的六项任务中，第三项就包括“将来进行南极、北极海洋考察工作”。只是限于各方面的原因，这一任务直到20世纪70年代末才被重新提上日程。1977年，国家海洋局提出“查清中国海，进军三大洋，登上南极洲”，到本世纪末在海洋调查科技上接近、赶上和超过世界先进水平的宏伟目标。次年，国家海洋局向国家科委提交了《关于开展南极考察工作的报告》，建议成立国家南极考察委员会，向国务院提出“关于开展南极考察工作事务”的请示并得到批准，由此开始五年多的南极科考的准备工作。

在这五年中，中国一方面“请进来”，邀请已在南极洲建站、南极研究水平较高国家的专家来华访问，就南极考察所涉事宜进行学术交流；另一方面“走出去”，遴选中国科学家出国考察学习，访问和参加外国的南极考察活动，为独立开展南极考察储备骨干人才。

随着南极科考准备工作的顺利进行，中国先是于1983年加入《南极条约》，正式成为南极条约缔约国之一。之后为取得南极条约协商国资格，具有参与和决策南极事务的权利，在多年准备和信息积累基础上，1984年中国首支南极考察编队赴南极洲建站并进行科学考察。当年12月31日，考察队登上南极洲南设得兰群岛的乔治王岛，并在该岛上建成中国第一个南极科学考察基地——中国南极长城站。翌年，经第13届南极条约协商会议一致同意，中国成为南极条约协商国，从而结束了中国在联合国安理会五个常任理事国中唯一非南极条约协商国的局面。

30多年来，中国已经拥有了“一船四站”，即建成了“长城站”、“中山站”、“昆仑站”和“泰山站”四个南极科学考察基地，配有“雪龙”号两万吨级极地破冰科学考察船，成立了直属于国家海洋局的中国极地研究所（1989年），即后来的中国极地研究中心（2003年），为系统进行南极科学考察奠定了良好的基础。

在历次南极科考活动中，先后有来自20余个政府部门和几十所高校以及科研机构的科研与考察人员参加，全国范围内也陆续设立了十几所南极研究中心，众多学科合作开展南极研究。只是现有这些围绕南极进行的研究项目，主要聚焦自然科学领域，重视和开展社会科学、人文科学的研究时间很短而且总体成果相对不足。

一方面，南极的自然和人文环境既独特又变化大；另一方面，中国对南极的研究，特别是政治、经济、法律等社会科学方面的研究尚处于起步阶段，认知不足。2012年，国家海洋局极地考察办公室启动了“南北极环境综合考察与评估专项”（极地专项），包括四个专项24个专题，其中唯一的社会科学“软课题”就是“极地国家利益战略评估专项”。该专题能够立项说明了对于中国极地社会科学研究日益增强的需求和迫切性。该专题拟以科学发展观为指导，在国际政治多极化、经济全球化的发展趋势下，通过对重点国家及国际组织关于两极区域环境与资源的法律、政策、科学研究和管理开发等方面进行深入研究，解析南北极区域的国家政策、地缘政治、国际关系、经济社会发展、资源利用与环境保护现状，分析其间的相互作用和影响，探索其未来发展走向，对影响两极区域的环境与资源问题的"软环境"做出综合性评估。在此基础上，结合中国经济社会发展和科技创新的需求，进一步明确中国在两极区域的战略利益，提出参与两极区域的环境与资源问题的方针和策略建议，规划中国参与两极区域资源开发的路径，指导极地考察的进一步发展，以进一步提高中国在两极区域事务的地位，促进中国在两极区域的环境与资源利用，更好地为中国的经济社会发展和科技创新服务，为人类和平利用极地做出贡献。

"极地国家利益战略评估"专题强调从国际政治、国际法等不同角度，综合评估极地的国家利益。作为该专题项下子专题的参与者，复旦大学国际关系与公共事务学院陈玉刚教授牵头的课题组，以地缘政治为理论基础和切入点，研究侧重于南极地缘政治格局及其演变、南极安全问题与从"去安全化"到"再安全化"的发展、主要南极行为体的国家战略等问题，并在此基础上对中国南极国家利益开展进一步的界定与深层次的思考，这一理路反映了"极地国家利益战略评估"这一软科学专题设立的初衷。

多年的研究汇集成这本著作《南极：地缘政治与国家权益》，既有识力，又见学力。希望社会科学界能有更多此类研究成果出现和出版，为中国实现极地事业新跨越，为拓展极地战略新疆域，建设海洋强国提供智力支持。

国家海洋局极地考察办公室主任　秦为稼

2016 年 9 月

自序：南极研究——国际关系的视角

现在回想起来，进入这个领域纯属偶然。应该是2009年的某一天，中国极地研究中心的张侠研究员来访，商讨极地研究合作。当时我担任国际关系与公共事务学院副院长，分管科研和行政，讨论时于私没什么想法，于公自然觉得应该承接。可是，事后在同事中问了一圈，似乎只有青年教师秦倩博士有兴趣参加，其他老师都没太大意愿，于是于公就变成了于“私”，自己一脚踏进了这个领域。入门的第一年做了一点北极问题研究，然后就参与了南北极环境综合考察与评估专项，承担南极地缘政治的研究，此书就是从2011年到2015年五年研究的一个成果汇总。也因为前期做了点相关研究，2014年起也开始参与国家领土主权与海洋权益协同创新中心的一些工作。

进入这个领域后，直面而来的第一个挑战就是资料的匮乏，准确地讲，应该是国际关系学科和非英文文献的匮乏。南极在很长的时间里是被作为科学探索和研究的对象出现在人们的视野中的，因此自然科学方面的文献并不缺，但对于一个社会科学工作者来说，只能大致看下文章的开头和结尾，中间基本看不明白。然后就是国际关系学科的文献少，因为国际关系学者似乎觉得完全可以把这个问题留给科学家和专业的管理人员去处理，与国际关系关系不大，或者说与国际关系每天要面对的问题比起来，南极问题似乎还没重要到需要国家外交来处理和推进的程度，还比较边缘，没有时间上的紧迫性，因而没必要花很多精力来关注。事实也确实如此，有那么一段时间，特别是二战结束后国际关系学科大发展的那段时间，南极问题在国际关系研究中基本上是不存在的。

这样的情况使得本研究成果有这样几方面的特征：首先，它是一项集体研究成果，因为我需要好多个我指导，也有几个不是我指导但有兴趣的研究生参与，收集散在各种各样研究中的相关资料，并进行初步整理。这方面的工作是非常艰苦的，对于学生来说南极更是一个全新的领域，更需要耐心、细心并富于开拓精神地去做这项工作。因此，在这项成果即将面世之际，我首先要感谢参与过这项研究的学生们，他们的名字已经列在扉页上，他们的工作是卓有成效的。其次，因为有很多我们并不熟悉的材料，而且可获得的材料并不多，因此这项成果很难说有多少独创性，而是大量地直接引用或间接转用了已有的研究成果，特别是自然科学方面的相关文献资料。大部分地方我们都做了相应的引用标注，尽管如此，我还是想利用这个机会在这里感谢被引用过的文献作者，同时万一有疏漏导致引用没能规范标注，也敬请相关著作权的拥有者谅解。这也使得这项成果最多只能算是集体编著成果，而非独立创作。第三，我们在书中也提出了一些分析和判断，但是还只能说是国际关系学科的视角，不用等读者批评指出，我们自己可以先肯定地说，当中不乏偏颇甚至错讹之处。

尽管如此，我也相信这份成果还是有它一定的价值，它至少可以引起一些社会科学对南极问题的重视，至少可以成为国际关系学生接触南极问题的引路牌，至少可以让自然科学工作者了解一下国际关系学科是怎么理解南极问题的。在过去一些年对南极问题的学习和思考中，我们也一直以贡献国际关系学科的思考为己任，努力运用国际关系的理论、概念和分析方法，试图建立南极问题的国际关系理解框架，提出一些基本的看法，也尝试阐述一些相关的政策含义。

一、南极国际关系的时间和场域

其实，南极问题并非一开始就没在国际关系议程上出现过。南极被发现是航海探险的结果，而这种探险一方面是得到了国家的资助和奖励，另一方面紧跟着探险发现所致的是采取宣布所有这样的国家行为。这种行为对已经有人居住的地区来说就是殖民，迁移本国的人去居住开发，驱赶甚至杀戮当地原住民。这就是欧洲的对外殖民历史。而对于没有人居住，也不适宜迁移本国的人去居住的南极大陆，则直接宣布了某块地方归自己所有。截至二战结束时，已有七个国家做了这样的宣示，有的国家间甚至为此发生了武力冲突。

第二次世界大战结束没多久，冷战随即爆发。某种程度上，由于美国和苏联两个超级大国获得了远超其他国家的能力和互相毁灭的能力，它们之间的紧张对峙所造成的氛围，比第二次世界大战还要压抑。就像冰层下的海豹需要有个洞，时不时地可以上浮换口气一样，冷战国际政治也需要有这么一块区域，这样南极问题就进来了。而有意思的是，南极问题是以退出的方式进来的，即在起草和签订南极条约，建立南极条约体系中，国际上刻意把这个问题营造成一个国际科学家合作的地方，而把领土主权问题搁置起来，突出了一片和平气象。也就是在这个意义上，我们说南极问题似乎从国际关系学科的视野上消失了，至少与当时冷战国际政治每天要面对的大问题相比来说，南极问题对于国际关系来说似乎“小”了些。

这种状况一直持续到20世纪80年代，由于两方面的变化，南极问题重现在国际关系的视阈中。不过，这种重现不是南极“出走”后的回归，而是国际关系自身开始转型所致。

转型发生在三个大的方面。首先，除了战争与和平这样的大问题外，资源和环境这样的问题也变成可以威胁到人类生存的问题，变成“大”问题。因为资源增长有极限，因此人类需要寻找新资源或替代性资源；因为环境对人类活动的承载有极限，若要避免悲剧发生，人类要保护环境，对人类自己的活动进行限制。南极可同时归于资源和环境两个问题范畴，因而自然就重新进入了国际关系的视野。其次，出于对几乎主宰了国际关系30年的传统国际关系学科的反对，自20世纪80年代后期开始，国际关系也进入一个知识转型时期，治理范式和批判范式开始兴起，而南极同样非常契合这两种范式的叙事特征，因而南极问题的国际关系“回归”也就成了非常自然的一个事情。第三，国际关系的治理转型，即随着人们对国际制度关注的增加，国际关系可以通过制度构建来加以规范和管理这种观念开始形成并强化，而已经存在和运行了二三十年的南极治理体系自然就成了一个典范，吸引国际制度和全球治理研究的学者关注。

但是，所有这些转型很可能是建立在关于对象的知识还不是非常充分，对对象的驾驭能力还不是非常强大的情况下的，一旦这种“不是非常”的情况不再，问题很可能又会发生转变。按照我们研究的一个初步理解，这就是南极问题当下所处的一种境况。这种境况一个直接的导向很可能是权力的回归，国际关系的回归。南极越来越超越只是科学研究的价值，哪怕就是科学研究本身，也越来越不再只是边缘性、储备性和基础性，其直接的应用性会越来越强。但其价值越来越重要，越来越现实后，国际关系对这个问题的关注和介入也就会越来越直接、越来越强化。

二、南极的价值、利益和权益

人们常用价值来衡量一个物体或一件事情的重要性，并以此为依据来考虑战略规划、行动策略和议程位次。从根本上讲，价值有两方面的基本属性：一是其本身所具有的规范性、存在的意义和作用；二是作为对象，一个物体或一件事情对某个主体的功效。许多时候，价值的这两方面属性是融合在一起的，而在另外许多情况下，它们又会是分离的，甚至有可能会互相冲突。这使得价值问题显得很复杂，需要层层剥离加以分析。而且，如果我们加上时间这个维度的话，情况就会变得更为复杂，因为价值不是一成不变的，而是随着时间的推移会被发现、改变或建构的。

不过，即使再复杂，对价值的认识仍然是理解很多问题的一把重要钥匙，南极问题尤其如此。南极无疑具有大量其自身的价值，因为它是我们这个星球的一个重要组成部分，对我们这个星球的了解越多，对极地价值的认识也会越多。从地球磁场的两极，到大气环流的重要组成部分，以及南极大陆地区的冰川、生物、矿物，南大洋的海洋环流和海洋生物资源等，都是南极自身所具有的，不管这些对人们有用还是没用，或者说现在是否用得上。概括来讲，也许不一定能够周延，南极的价值大体上可以包括领土价值、安全价值、科学价值、经济价值等几个方面。

利益就是对对象价值的利用以及由此而产生的收益。领土价值赋予的利益是最具概括性的，它意味着这片领土的所有者对领土表面和下层，以及领土之上一定高度内包含的所有东西拥有排他性的权利。因此，在被发现和探险后，南极问题直接带来的就是领土权利的主张及由此而引发的矛盾和冲突。但是，作为世界仅剩的还未被瓜分和占有的一片大陆，主张把南极定位为全球公域的呼声在国际社会还是非常高的。如果全球公域这一定位被接受，那意味着以往曾经提出过的领土主权要求一律被作废，国际上以后也不得再提类似的要求。因此，南极有领土的价值，但无法像一般主权领土那样转化为利益。

尽管距离世界各国都很远，但南极在安全上对所有国家都有很重要的利益。不说别的，气候变暖引起冰川融化将导致海平面上升，直接会使许多岛国消失在水平面之下，以及许多沿海国陆地大幅后退，内陆国遭遇更为极端的气候。同时，冰川本身又是巨大的固态淡水资源，当世界面临水资源危机的情况下，南极又可能提供一定的安全保障。这意味着，在非传统安全问题上，南极既可能是引发非传统安全威胁的因素，也可能自身包含着应对非传统安全威胁的解决方案。当这些因素与特定国家相关联时，南极自然就构成了这个国家安全利益的一部分。再有，鉴于南极独特的地理位置和各种资源禀赋属性，其安全价值对于许多国家来说也构成了其安全利益不可缺少的一部分，如南极自然是与极地同步轨道卫星连接的最佳点，而保持与自己卫星的联系则是国家最大的安全利益之一。这种利益，在很多情况下很可能会因一个国家的总体安全需求、安全能力和安全利益的增长而同步增长，也就是说其重要性只会日益上升，而非下降。这也是我们在地缘政治部分判断南极在经历了“去安全化”后，很可能或已经面临“再安全化”的问题的原因。

在成功地“去安全化”后，南极的科学价值变得最为突出，派遣科学考察队、建立科学考察站成了《南极条约》签署后国际社会最主要的南极活动。南极有很多的科学问题要研究，至少有很多科学调查要做，从冰川面积和体量，到生物调查，以及矿物资源调查等。同时，南极也隐藏着很多科学问题的答案，如冰芯所能提供的关于地球气候变化的历史信息。因此，南极能够带来的科学研究现实或潜在的利益是巨大的。但是，南极科考活动并非所有国家都有能力承受，包括科学技术的能力，以及支撑考察活动的经济能力，国家因此也在南极事务上被分出了三六九等，能力强的国家有充分的南极事务参与权，而能力弱的国家则被不同程度地排除在外。这样，科学研究的利益就不仅仅在于科研本身，还在于由科研实力而带来的治理参与权利，以及再进一步由此带来的国家在国际上的地位和身份的利益。

领土意味着资源，科研意味着对资源的了解和利用，领土和科研的成功结合意味着经济价值向经济利益的转化。在领土划分被叫停后，经济利益成了南极活动一个重要驱动力。由于生态环境保护意识的兴起，直接在南极大陆挖掘开矿这种简单初级的经济活动被禁止，但一些高技术含量的小规模利用，不会给环境生态造成大规模影响、能够继续保持南极荒野特征的经济活动仍然存在，在技术进一步发展的情况下还可能会扩大，如生命科学对南极微生物资源的研究和利用，以及小规模的南极旅游等。因此，南极大陆包含的经济利益和科学研究会共同发展，对其了解得越多，开发利用的技术越提高，南极大陆能够带来的经济利益也就越大。当然，就目前状况而言，与投入付出相比，能够获取的经济利益还是非常不相称的。南大洋的情况不一样，其海洋生物资源很早就被捕捞利用，当前的任务是怎么保护，防止过度捕捞。

其他价值可以做两个层面含义的理解：一是指前面几个列举的价值未尽的内容；二是指南极对于第三者的意义，例如南极可以为人们提供如何在极寒地区活动和生活的模拟环境。因此，这方面南极包含的利益给了人们巨大的想象空间，但是其利益实现仍然与前面讲的几个方面密切关联，特别是科学技术的进步，以及人类对南极认识的增加。而就第二个层面来讲，南极的利益更与一个国家的自身发展战略和对外战略相关，当然也与该国支撑战略实现的能力增长相关。

价值很大程度上是个认知问题，利益则是物质问题，而权益更多是个政治和法律的问题。三者虽然相互关联，却是在不同领域各有侧重地发挥作用。

作为一个政治和法律的概念，其本身的定位和定性就非常基础和重要。这里对国家南极权益的讨论，就是以南极作为全球公域的假定出发的，尽管还很难说这种假定已成为国际社会普遍共识。公域的基本属性就是它不为谁私有，单个个体无论是谁，都无法宣称其对公域拥有排他性的权力，国家作为国际社会的基本主体，主权平等原则赋予国家拥有平等进入公域的机会。任何国家，无论大小强弱，其在公域的国家利益实现至少在机会上是均等的。但是，受制于人力、财力、物力等现实条件，并非所有国家都能随心所欲地进入公域，乃至在公域实现其国家利益。因此，能力在这里就成了国家利益在公域实现的主要因素，公域的国家利益与权利归属无关，主要与其能力相关。同时，公域的公共属性又限制了能力向权利的转化，能力再强也不能在法理上改变公域的公共属性。而且，“公地悲剧”意识又进一步使得人们呼吁在能力向利益转化中保持克制，公域属性界定的本意不是为了凸显其无主，而是希望人类活动的节制成为一种自发自愿的、内在的要求。

权益这个概念还有时间的内涵，意味着过去、现在和未来与国家利益相关的内容。过去意味着索取某种补偿的权利，将来意味着预留的空间，每一个行为体都拥有这种空间不被侵占剥夺的权利。这样，南极权益可以从几个层面来理解：一是作为主权国家，它所拥有的对南极的权利，这是由主权国家的身份所赋予的；二是基于投入而产生的拥有相应收益的权利，如建立科考站并进行科研活动；三是参与国际制度、倡议，共同制订国际规则，以及行使国际制度所赋予的权利等，如监督其他国家的南极活动；四是从事国际制度没有明确禁止，能增进人类社会对南极的认知和从南极活动中获益的活动的权利；最后是一种消极权益，即消除其他国家利用南极从事有损自己利益的活动的权利。

三、地缘政治与南极战略

厘清一个对象的价值，及其关乎主体的利益和主体对其所具有的权益，是确立主体对该对象应采取的战略的基础。同时，地缘政治是国际关系学科最传统，也是最主要的战略指导理论。因此，讨论关于南极的战略，就是在新时期地缘政治理论视角下，讨论应如何定位和维护南极对一个国家的利益和它所应享有的权益，如何确立有效的南极治理以容纳和平衡各国的南极利益及权益。

传统地缘政治理论的一个问题在于它往往把地缘政治作为一个不变的、外在的、先设的条件来审视国家的国际战略，从而导致国家的国际战略往往是注定的、没有选项的甚至难以调整的。而实际情况是，由于科技的发展以及随之而来的人类征服、驾驭自然能力的提升，国家间关系尤其是战略盟友和竞争对手关系的变化，价值特别是人们对对象价值认识的变化，都指向说明地缘政治自身是可变的。因此，南极战略也需要在变动的地缘政治框架中来认识和把握。

南极地缘政治的变化从各国核心的战略驱动可以区分出三个发展阶段。在《南极条约》签订之前，南极的地缘政治是领土驱动阶段，南极大陆是欧洲列强和南极邻近国家探险、占有的对象，也是世界上更大范围的殖民、征服、资源掠夺浪潮的一部分。从《南极条约》签订之日起，南极大陆的领土主权声索被搁置，为了反衬紧张对峙的冷战局势，南极大陆被刻意塑造成国际合作的和平之地，成为科学研究的国际合作之地，而科学研究背后是更好地调查南极所蕴藏的各种资源，研究其利用价值。因此，可以说科研和资源是这个阶段地缘战略的核心驱动。特别是在20世纪70年代世界普遍担心资源耗竭的情况下，南极的资源更成了南极战略关注的焦点。进入80年代，南极的资源问题并未按线性轨道发展下去，生态环境的意识取而代之。而在此进程中，地缘政治理论本身也发生了大的转型，把地理作为一个外在决定性因素的传统地缘政治学被强调知识权力的批判地缘政治学所取代。这一变化进程在冷战结束之际完成，生态环境更多地依赖于对一个系统的全面认知，而不是一种或几种资源的考察和利用。批判地缘政治学也更关心关于某一片地域的知识是如何生产，又如何被接受和传播的，而不是对这一地域的实际控制，以及由此而带来的战略利益。不过，当权力控制与知识生产比较一致的时候，权力可以隐退到知识背后，而当两者之间越来越不一致后，权力再次走向前台的可能性还是很大的，这就是当前南极地缘政治发展面临的主要变化和挑战。

安全是战略关注的焦点，当人们发现南极大陆，对南极大陆的探险越来越热闹，并纷纷宣称各自所有范围后，南极大陆在19世纪末20世纪初并不安全，有的国家之间甚至发生了小规模的武力冲突。而《南极条约》的签订实现了南极大陆的“去安全化”，即让安全不再占据议程上的首要位置，其路径是大家同意不提领土问题。不过，安全似乎是挥之不去的幽灵，当传统的安全问题不再困扰南极问题后，非传统安全的问题却又上升到议程的前端位置，包括生物资源保护、禁止开采矿产资源、气候变暖和冰川融化等。好在与传统安全容易导致国家间冲突不同，非传统安全问题的解决理论上被认为是需要合作取向的，国家间只有合作和集体行动才能应对非传统安全的威胁和挑战。可是，批判地缘政治学揭示的是，非传统安全的认知和应对背后也隐藏着权力秩序，也存在着权力较量和斗争，会有冲突风险。

与此同时，传统安全的问题又以新的形式回归，那就是《联合国海洋法公约》生效后引出的大陆架问题，南极大陆领土主权的声索国，以及邻近南极的国家依据各自的陆地权利提出了对向南大洋延伸的大陆架的权利要求。比这种权利要求更软性一点的是，各种形式的陆地和海洋保护区划分，以及公约和保护区规定的执行，这些实际上或多或少都属于一定形式的排他性，都可能隐藏着冲突的风险。因此，在经历了“去安全化”后，南极问题的“再安全化”不是没有可能的。

不过，“再安全化”不都是消极的，由于安全问题的绝对优先性，安全化在更一般的意义上意味着问题在议程上从比较靠后的位置向前端移动，甚至上升到优先的位置。因此，对于南极问题来说，“再安全化”也可意味着它在国际关注上获得了更大的优先性，更引起世界各国重视并合力推动问题的解决。

当我们从整体安全和战略形势下降到国家层面来看当前的情况时，价值、利益和权益的概念链条给了我们一个战略认知和判断的框架。根据国家对南极价值的重视程度，我们可以把国家的南极战略区分出三类：全部价值战略、部分价值战略、机会价值战略。全部价值战略就是国家追求南极所具有的全部价值，为此，国家要投入比别的国家多得多的资源，要具有全面的能力，特别是一些一般情况下不太具备，或者甚至不太使用的能力，而这当中首先得具有的是全球领先的智力资源、科学知识和应用技术。部分价值战略意味着，南极对于活动国来说价值不是全面的。当然，这并非国家不想要其全面的价值，而是面对资源局限，国家不可能投入追求每一项价值所需要的资源。机会价值战略指一个国家把它对南极事务的参与作为一种手段来看待，而非目的本身。

基于此，虽然风险很大，我们还是尝试着把南极事务的主要参与国进行分类，以此来对主要国家的南极战略做一个非常粗略的判断。实施全部价值战略的国家目前只有美国一个，实施部分价值战略的国家较多，包括英国、法国、日本、俄罗斯、澳大利亚、新西兰、阿根廷和智利。实施机会价值战略的国家主要把南极作为实现其他价值的工具或场所，南极本身对于它们的重要性并不是很大，这些国家（国家集团）包括德国、欧盟、韩国、印度、南非和巴西。当然，许多时候它和部分价值战略国家很难区分，因为差别只是程度上的。

战略分类的风险不只在于对国家对南极的重视程度的判断是否准确，还在于南极的价值一再被重新界定，因而各国的南极战略也会不断调整。从全部价值战略到部分价值和机会价值战略的分析，只能说是体现了各国当前南极卷入程度的深浅，资源投入的多少，以及一定程度上南极科研水平的高低，南极活动能力的强弱。而且，这也只能是从总体上说的，如果具体到某一个细的领域，如微生物勘探，那国家的排名情况还是会有变化。

因此，如果说这种战略分类的研究有一定价值的话，其价值更多地在于它提供了一种南极战略分析与比较的视角和框架，即如何从南极对其的价值来看一个国家的南极战略，而非战略本身的内容。读者完全可以把某个国家归入另一类，而非上文说到的那一类。

最后回到中国自己，我们的南极活动可以说开展得相对较晚，也就是过去30多年的事情，但发展很快，从科考站的数量，到其分布的地域，以及南极科学的研究，都已跻身世界南极大国行列。今天的中国已有广泛的南极利益，也应享有充分的南极权益，不久前通过的国家安全法也把极地和国际海底区域、外层空间并列为重要的国家安全区域。因此，作为一个世界主要大国，中国必须追求全部价值的南极战略，只有这样才与其国际地位和身份相匹配。作为一个负责任大国，中国也必须实行全部价值的南极战略，为世界南极科学的发展做贡献，积极参与和推进南极治理体系的建设。作为一个发展中大国，中国更需要实行全部价值的南极战略，增加发展中国家在南极研究、治理、开发中的代表性，扩大南极治理体系的包容性和正义性。

陈玉刚

2016年8月

CONTENTS

目　录

第一章 南极地缘政治与批判地缘政治学

第一节　南极地缘政治区域的界定

在外文文献中，“南极”（Antarctica）一词经历了从虚到实、从抽象到具体的变化历程。根据学者们的考证，英语中的“南极”一词最初来自于古希腊语 νταρκτική（antarktiké），是相对“北极”νταρκτικός（antarktikos）而言的，意指“北的对面”。[①] 大约公元前 350 年，希腊哲学家亚里士多德在《气象学》（Meteorology）一书中提到了“南极”一词，[②] 而彼时由于地理知识的缺乏，人们关于“南极”的知识主要源自神话传说、小说以及基于哲学平衡思想基础上的推测。因而，这一时期的“南极”并不是人们对某一具体地理位置的描述，而是往往被用来指代“相对于北方而言更为遥远、未知的南方”。例如，16 世纪法国曾将其殖民地巴西称为“法国南极地区”（France Antarctique）。到 16 世纪中期，著名的地理学家墨卡托（Gerardus Mercator）在其绘制的世界地图中，推断在地球南部广阔的大洋地区存在着“南极”。

在现代地理学意义上使用“南极”一词，始于 19 世纪 90 年代苏格兰

---

① Hince，Bernadette. 2000. *The Antarctic Dictionary*. CSIRO Publishing. p. 6.

② Aristotle. *Meteorologica*. Book Ⅱ，Part 5. 350 BC. Translated by E. Webster. Oxford：Clarendon Press，1923. p. 140.

地理学家巴塞罗（John George Bartholomew）。[①] 自从19世纪以来，人类通过探险、科考、旅游、资源勘探等活动，不但证实了南极的存在，而且获得了关于南极的越来越多的信息。尽管如此，人类至今对“南极”一词所包括的具体地理范围、主权归属等问题还远未达成共识。本章试图从地缘政治的视角对南极展开研究，在此之前将从自然地理、国际法、政治地理等角度对“南极”的概念做一探讨。

一、南极地区的地理界定

从严格的地理意义上来说，南极洲（Antarctica）和南极或南极地区（the Antarctic）这两个概念是有区别的。前者由南极大陆及其周围诸岛组成；后者则指南极幅合线以南的全部区域，包括大陆、岛屿和海洋，即南大洋。南极洲面积约1400万平方公里，约占地球陆地总面积的1/10，是地球上的第五大洲。

从地形图上不难看出，南极大陆四周被南太平洋、大西洋和印度洋等海水包围。[②] 高纬度地区常年的低温，使得洋流在南极洲大陆外围形成了冰架（约占44%）、冰墙（约占38）和冰川（13%），其与裸露的岩石（约占5%）一起构成了南极洲外围的独特景观。[③]

南极洲大陆自身被位于罗斯海和威德尔海之间的横贯南极山脉（Transantarctic Mountains）分成了两部分。威德尔海以西和罗斯海以东的部分被称为西南极洲（West Antarctica），其余部分则被称为东南极洲（East Antarctica）。

在地质史上，距今约1.7亿年前，南极洲大陆属于古超级大陆——冈瓦纳大陆的一部分，距今2500万年前冈瓦纳大陆逐渐分离，形成今天的南

---

① Mawer, G. A. (2008). *Baptism of ice: JG Bartholomew and the naming of Antarctica.* Polar Record, 44 (02): 180 - 183.

② 近来有学者将南极洲大陆外围的南太平洋、印度洋等水域称为“南大洋”，但这一界定并未获得广泛认同。我们在后文中将会对这一问题从地缘政治上进一步讨论，在此我们先用南太平洋、印度洋来代指这一广大水域。

③ Drewry, D. J., ed. (1983). *Antarctica: Glaciological and Geophysical Folio.* Scott Polar Research Institute, University of Cambridge.

极。在这一过程中，其逐渐向南漂移，气温也逐渐由热带或温带演变成今天的极地气候。这也使得南极引起了地质、考古、生物、物理、气象、天文等各个领域的专家学者的兴趣。

自然科学家往往根据其学科关注对象侧重点的差异，从不同角度来划定南极地区。如从地理纬度上，南极一般指的是位于南纬40°、50°、60°，或南极圈以南的广大区域；从植物特征上，通常将南纬50°以南的区域视为南极；从气候特征上，通常以南极大气幅合带为界来划定南极；从海洋特征方面，则通常又以亚热带幅合带或南极幅合线为界来划定这一区域。①

正是基于南极自身所经历的复杂地质变迁，以及人们对南极的认识日益丰富，多少年来大量的地质学家、自然地理学家、生物学家等自然科学家们投入精力试图清晰地界定南极，但往往无果而终。与北冰洋不同，南大洋并非一个半封闭的海域，因此任何确定清晰地理边界的努力往往徒劳无益。早在1914年，英国皇家海军曾就南大洋的地理边界发布指导文件。该文件称所谓的南大洋，北起南美洲、非洲和澳大利亚的最南端，南至南极大陆。近年多数意见则认为，南大洋的北部边界应为南极幅合带（Antarctica Convergence）。该幅合带是南极冷水和北部温水交汇的地方，位于南纬52°至55°之间。对此，也有学者持不同意见，主张南大洋应一直延伸到南纬40°。②

在自然科学上对南极地区界定存在的困难，也影响到了我们从社会科学上对南极的界定。事实上，与自然科学界关于南大洋范围存在的争执相似，在国际法律上人们对南极的范围也存在多种界定。尽管南极条约地区是南纬60°以南的南极地区，但1980年的《南极海洋生物资源养护公约》（CCAMLR）不仅适用于南极条约地区，而且将其适用范围扩大至南纬60°以南地区至南极幅合带之间的水域。而1988年的《南极矿物资源活动管理公约》的适用范围则综合了上述两种规定，明确限定在南纬60°以南的南极条约地区，包括一切冰架和岛屿，以及不存在领土要求的地区。另

① 邹克渊：《南极矿物资源与国际法》，现代出版社1997年版，第2页。

② Klaus Dodds. 1997. *Geopolitics in Antarctic: Views from the Southern Oceanic Rim* [M]. Chichester: John Wiley &Sons Ltd.: 10.

外，在某些特殊情况下，出于对南极环境及其生态系统保护的考虑，公约的适用地区可相应扩大至南纬60°以北地区。[①] 同时，在政治上，南极的概念更存在争议。比如环南大洋国家通常抛出其与南极在地理上接近的概念，以为其自身参与并主导南极事务提供合法性。地理上接近一词使得南极的范围更进一步延伸到距离南极大陆3000海里以外的地区，因此囊括澳大利亚、印度和南非。

接下来，本部分将扼要阐述南极地区在法律和政治上的地理界定，以为后文的分析奠定讨论基础。

二、南极地区的法律地理

1961年生效的《南极条约》在法律和政治上将南极地区的国际政治限于南纬60°这一特定区域。依据条约第六条的规定，法律上的南极是指“南纬60°以南的地区，包括一切冰架在内，但本条约中的任何规定不得妨碍或以任何方式影响任何国家根据国际法对该地区内公海的权利或权利的行使”。

但是关于《南极条约》适用范围的规定自生效以来经常遭受国际法学者的批评，认为这一界线纯属人为臆造，缺乏生物地理学基础，其不但硬生生将南大洋一分为二，而且排除了南极幅合带的大部分区域。如果当初《南极条约》能容纳更大一片海域，那么如今条约的管辖范围当不止于此。实际上，关于条约适用范围的批评多缘于对地理学缺少真正的理解，这些学者往往以为南大洋在物理上存在自然形成的边界，并不假思索地认为我们对定义和范围的推论完全可以不受当时社会、政治标准的影响。如果历史退回到条约签订前，可以看出无论是南大洋或南极洲，其地理界线均是人为赋予地球表面的产物，因此该名词在条约中的意指并不等同于该地区实际上的地理边界。1959年制定的《南极条约》没有对南极大陆给出明确的地理界定，原因在于缔约国当时对冰架的法律和政治地位、公海权以及南极浮冰的重要性缺乏足够的认识。直到20世纪70年代遥感和卫星技术广泛应用后，科学家们才第一次得以完整地将南极地区的面貌和变动不居

① 参见《南极矿物资源活动管理公约》第五条。

的冰架呈现在人类面前。

《南极条约》生效 50 多年来，随着条约协商会议委员会（ATCM）不断推出一些新的法律文件，南极条约体系在地理上的管辖范围因而获得扩展。早期的文件，如 1972 年的《保护南极海豹公约》仍沿袭南纬 60°线作为适用范围，但之后 1980 年的《南极海洋生物资源养护公约》（CCAMLR）则将其适用范围扩大至南纬 60°以南地区至南极幅合带之间的水域，因而有权对南纬 60°以北地区的磷虾与渔业开采享有管辖权。国际捕鲸委员会（IWC）为实施《国际捕鲸公约》，1994 年在南极地区设定了南大洋鲸鱼保护区。该保护区除了原属 CCAMLAR 管辖范围之外，还包括南纬 40°以北接近南美大陆的地理区域。而根据联合国 A/RES/41/11 决议成立的"南大西洋和平与合作区"则以南纬 60°作为其管辖范围的南部界限。总而言之，在现行有效的南极国际法下，南纬 60°仍是南极地区最重要的法律界限。至于南纬 60°以北的地区，沿海国依据 1982 年《联合国海洋法公约》对 200 海里专属经济区内次南极大陆（如南非与爱德华王子岛）享有的资源所有权，与 CCAMLAR 的管辖范围有所重叠。对此，法律上讲，CCAMLAR 相较于沿海国，在生物资源的管理方面享有优先权。

由此可见：(1) 不同国际法有不同的界线界定；(2) 不同国际法的界定范围有交叉重叠之处，但从时间，也就是人类认识的发展来看，对南极地区的界定范围在逐步依洋流和生物资源属性而呈扩大趋势；(3) 不同的国际法援引导致了相应法律管辖范围的叠合和冲突。总之，国际法并没有给南极地区划出一条明确的、国际广泛认可的界线。

三、南极地区的政治地理

在政治地理学者眼中，南极大陆的政治版图明显分裂为两种状况：一部分是已为数国提出领土主权要求的地区；另一部分是余下完全属于无人要求的"空白"地区。1900 年至 1943 年间，有七个国家先后对南极洲的部分地区提出领土主权要求。而诸如美国、苏联、印度和南非等许多国家，则不承认这些已有的领土主权要求，但接受 1961 年生效的《南极条约》关于领土主权的规定。

南极地区的领土归属始终是影响南极国际政治的焦点问题。1959 年

《南极条约》签订前，世界处在冷战时期，美苏对峙，参与南极事务的各国担心两强争霸的触角有可能染指南极，因此南极的和平稳定问题被提上了议事日程。而南极大陆存在领土主权要求的事实，不但抵制了美国1948年提出的南极国际共管方案，也迫使20世纪50年代印度和新西兰将南极置于联合国管理的建议无果而终。主权要求国不愿意放弃在南极洲原来的主权主张，没有提出主权要求的国家如美苏，同样也不肯搁置未来提出领土要求的权利。

形势发生转寰的契机是1957—1958年科学界发起的国际地理年活动（International Geophysical Year，IGY）。IGY12个参与国一致同意，各国可在其他国家主张领土主权的区域建立科学考察站。当时参与IGY科学研究的非主权要求国有五个，分别是比利时、日本、南非、苏联和美国。其后苏联即在澳大利亚南极领土主权要求区建立了数个考察站。这一时期，各国先后在南极洲设立了40多个考察站和观测站，数以千计的科学家登陆南极洲。然而，IGY协议丝毫未撼动主权归属问题，只是表明在这一激烈的主权冲突下仍有推动国际科学合作的机会。同样不能忘记的是，IGY活动之所以能顺利召开，完全在于1955年IGY巴黎筹备会上各国确保这些后续的科学研究不会动摇南极的主权归属。①

虽然IGY的科学价值毋庸置疑，但设立IGY的初衷显然并非在于解决各国关于南极和南大洋的主权争议。在整个IGY活动期间，七国坚持其原来的领土主权主张，而五个非领土要求国则拒绝承认这些要求的有效性。1959年制定的《南极条约》同样没有解决这一问题，只是“冻结”了主权要求纷争。它并未要求七国放弃已有的领土主张，但与此同时也不允许在南极活动的参与国提出新的领土主权要求或扩大现有的要求。条约还规定条约有效期内所发生的一切行为或活动，不得构成主张、支持或否定对南极洲的领土主权要求的基础。②

《南极条约》的运作充分表明，在南极这块地方，冲突与合作并行，

---

① Rip Bulkeley. 2009. Politics at the first Comit'e Special de l'Ann'ee Geophysique Internationale（CSAGI）Antarctic conference［J］. *Polar Record* 45（4）：38 – 40.

② 参见《南极条约》第四条。

领土竞争与科学研究可以共存。但是，领土归属仍是南极国际政治的核心问题，正是领土争议阻止了在南极地区环境与资源保护方面推行更为积极的国际治理方案。以 CCAMLAR 为例，其出台的起因是南极条约协商国（ATCPs）担心有些国家，如日本和苏联过度开发南大洋生物资源将会导致整个南极生态系统的崩溃，认为有必要建立一个资源管理机制。虽然 CCAMLAR 自 1982 年生效以来，在生物资源养护方面先后制定或修改了数百项养护措施，① 但在储量养护和渔获水平的实施机制上也受到不少非议。CCAMLAR 实现《南极海洋生物资源养护公约》的原则与目标所遇到的困难，实际上根本来源于南极地区的主权争议。比如在南乔治亚岛周边的渔业管理问题上，捕鱼国日本、俄罗斯抵制 CCAMLAR 出台的养护措施，而英国、阿根廷也在为谁有权发放捕捞许可证明争暗斗。美国则建议设立一个渔业委员会，负责执行捕捞限额并监管旅游人员。但是美国的提议遭到阿根廷和智利的强烈反对，它们认为该提案将严重减损其海洋及在南极的领土主权。经过激烈争执和多方协商，最后达成的措施体现了“双焦点主义”（bifocal approach），规定由各沿岸国依据《南极条约》第四条自行行使管辖权，CCAMLAR 将不考虑南极渔业活动的经济利益，不赋予任何国家在南极海域任何地方捕鱼的权利，也不在有关国家之间分配渔业资源，有关该问题的争议交由各国自行协商解决。② 而近年来，围绕这一地区的生物资源硝烟再起，2011 年 12 月英国准备在马岛附近的南乔治亚岛周围建立一个自然保护区，旨在保护该地区动物的生存环境。英方认为保护自然资源是阿根廷和英国的共同利益，它比主权争议更重要。但阿根廷对此回应称，南乔治亚岛是阿根廷领土，英国应归还阿方所有争议岛屿。③ 一

---

① 据统计，在 1982 年至 1990 年的九年间，CCAMLR 通过了 28 项养护措施；而在 1991 年至 2000 年的十年间，CCAMLR 通过了 185 项养护措施；在 2001 年至 2008 年的八年间，CCAMLR 通过了 175 项新的养护措施并修订了 82 项养护措施。参见唐建业、石桂华：“南极磷虾渔业管理及其对中国的影响”，《资源科学》2010 年第 1 期，第 13 页。

② Orrego Vicuna F. 1990. The Implementation of CCAMLAR: is the decision making machinery conducive to good management? [J]. *International Challenges* 10 (1): 9-20.

③ 华夏经纬网：“英媒称英拟在马岛附近建立海洋保护区”，http://www.huaxia.com/hxhy/hyxw/2011/12/2687547.html。上网时间：2015 年 12 月 1 日。

年之后的2012年12月，英阿之间围绕南极问题的冲突再次爆发。事情起因于英国拟以伊丽莎白二世的名字来命名一块与阿根廷、智利领土主权要求重叠的南极领地，再次引发双方的外交冲突。阿根廷为此还紧急召见英国驻阿大使并向其递交抗议照会，表示"坚决反对英国政府最近对阿根廷南极属地一块区域的命名企图"。阿根廷外交部于12月21日发表公报，声称阿根廷政府"断然拒绝英国政府在南极的一切领土要求，再次重申阿根廷政府对阿根廷南极属地的主权权利"，"英国的行为，再一次显示了这个国家对南极的帝国野心"。[①] 可见，这些争议实际上反映了南极条约体系内部围绕主权问题始终存在的对立与斗争。

南极地区悬而未决的领土主权问题，不仅在南极条约体系内部充满纷争，而且随着1982年《联合国海洋法公约》的出台，南极地区特别是南大洋的主权归属，在南极条约体系的规定与国际海洋法之间也发生了矛盾与冲突。

国际海洋法晚近的发展是以联合国海洋法会议为主线的。第一次联合国海洋法会议于1958年召开，制定了四个公约，即《领海及毗连区公约》《公海公约》《公海捕鱼和生物资源养护公约》和《大陆架公约》。而在第一次联合国海洋法会议闭幕后，当年随之开始进行《南极条约》磋商工作。可见，在那个时代，有关南极的政治和科学意义是与人类对海床和外层空间的关注相始终的。1958年通过的四个国际海洋法公约，在公海、领海、渔业和资源管理以及大陆架的权利和义务方面确立了基本的法律原则。而作为物理空间存在的海洋和海域，则被人为划分为几种领域，并被赋予不同的政治和法律意义。

当时，国际海洋法的适用范围主要集中在沿海国享有主权的海域部分，并不包括海床或南极。实际上，整个20世纪六七十年代，民族国家在这些区域只有很小的可见利益。20世纪70年代，国际海洋法会议的关注点集中在大陆架的定义以及沿海国开采自然资源的权利。此时南极仍未进入国际海洋法视野，虽然1975年在第三次联合国海洋法会议上，斯里兰卡

---

① 新华网："阿根廷抗议英国命名'南极领地'"，2012年12月21日，http://news.xinhuanet.com/world/2012-12/22/c_114119548.htm。

曾提议，应将南极问题合并讨论，但当时的大多数会议主题仍是前述两项议题。到了 1982 年，国际海洋法的发展终于与南极地区的未来直面相遇。当年是次会议出台了具有里程碑意义的《联合国海洋法公约》。依据该公约的规定，沿海国可以明示建立 200 海里专属经济区，而国际海底区域的自然资源则属于“人类共同遗产”，任何国家不得对此主张所有权。同时公约还规定，沿海国可以将其大陆架延伸至 200 海里以外。

毫无疑问，1982 年《联合国海洋法公约》的诸多规定使得南极和南大洋的法律与政治地理状况变得更为复杂。尽管美国拒绝批准该公约，但同时也承认海洋法公约可以适用于南大洋。专属经济区的建立要求沿海国对临近一定范围内的陆地拥有明确主权，但在南极地区，七个主权声索国不但其原来的主权要求未被其他国家认可，同时 1959 年《南极条约》也冻结了此类要求。另外，即便在这七个国家内部，英国、阿根廷与智利对南极洲的主权要求也存在矛盾与竞争。因此，南极地区既非由享有主权的沿海国组成的大陆，也不是一个国际公认的共管区域，拥有统一的海岸线。由于大部分国家不承认南极主权要求，因此对于七个主权声索国能否对临近水域和大陆架行使主权权利，始终不存在共识。

特别是在大陆架问题上，由于《联合国海洋法公约》第 76 条规定，沿海国在确立其 200 海里以外大陆架的外部界线时，不能完全单方面决定，而应首先向大陆架界限委员会提交申请案，然后在该委员会建议的基础上划定其大陆架外部界限。同时，2001 年 5 月《联合国海洋法公约》缔约国第十一次会议决定将沿海国提交划界案的最后期限从 2004 年 11 月 16 日调整为 2009 年 5 月 13 日。因此，2009 年前后，围绕大陆架划界，南极地区主权纷争再次白热化。南极地区周边四国先后通过提交外大陆架划界案，“展示”或者突出自己在南极的领土主权要求。①

而《联合国海洋法公约》建立的国际海底区域制度，将国家管辖范围以外的深海海底及其底土与资源视为人类共同遗产，交由海底管理局管辖，则更进一步扩大了南极地区的主权争议。根据该规定，发展中国家主

① 刘斌：“南极大陆架的国际法学探析”，《海洋开发与管理》2010 年第 5 期，第 9—14 页。

张将人类共同继承财产适用于南极地区，但受到南极协商国的强烈反对，毕竟“海底区域”制度在南极会议的适用将产生棘手的问题。南极海域中属于“区域”的范围有多大？南极海域法律地位不明朗，自然没有确定的答案。如果南极海域全是公海的话，是否南极海域的海底与底土均属“区域”？《联合国海洋法公约》第11部分是否适用于南极海域？等等。这一系列问题给南极主权问题带来了来自南极条约体系外的强大压力。

由上可见，南极的政治地理包含了两大方面，或经历了两个发展阶段：一是领土主权的意义；二是国际法活动方面的意义。从后者的发展演化看，虽然其最终体现为国际公约或协议的法律形式，但当中实际上反映了各种国际政治力量的活动及其较量结果，因而其也是国际政治意义上的范畴。我们也可以换个说法，领土问题是南极的小政治、狭窄意义上的政治，而由人类活动及其相关国际法的制定构成的更大范围意义上的南极问题则是大政治、广泛意义上的政治。大政治是问题的表面，小政治则是表面下的暗河。在有些情况下，暗河也会露出地表。无论是大政治还是小政治，南极的政治地理意义比法律地理意义更为复杂。

四、南极地区的地缘政治界定

著名批判地缘政治学者奥图赛尔（Gearoid O. Tuathail）认为地理是一个关于“权力”的概念，他指出“尽管世界地理往往被认为是清白的(Innocent)，但其并不是自然的产物。相反，它是关于对空间的组织、占有和管理等权力的竞争性权威之间斗争的历史产物”。[①] 从这一意义上而言，南极的地缘政治界定同样“不是自然的产物”，而是各种“竞争性权威之间斗争的历史产物”。换言之，对南极这一地理空间的地缘政治界定涉及到对南极空间的组织、占有和管理等权力的竞争性权威之间的斗争。也即在地理上，南极包含了哪些范围？在国际法上，南极的领土主权属性如何确定以及相应的国际法如何适用？在政治地理上，南极应该如何被人类利用？

---

① Tuathail, Gearoid. O., 1996, *Critical Geopolitics*: *The Politics of Writing Global Space*. London: Routledge: 1.

通过前文从自然地理、国际法和政治地理等角度对南极概念的分析，我们不难发现，人类关于南极的意义和界定还继续处在快速的发展变动之中。这种变动源于科学技术水平、地缘政治变动以及相关行为体的力量博弈等因素的相互交叉作用。这三个因素的相互交叉作用，从根本上影响着人类对南极的认知。

在一定程度上，我们可以说，人类在南极活动的历史就是一部人类对南极认知不断变迁的历史。尽管近200年前人类就开始了对南极的探索，但随着科学考察的深入，我们反而越来越意识到对南极的认识仍然非常有限。有学者指出："就目前的努力能达到的程度，人类需要几百年的研究，才有可能充分了解南极环境的组成部分及其相互关系，从而对人类在南极海洋和陆地以及世界其他地方进行活动时所造成的环境影响，做出合理的可信的评价。"① 正是由于我们关于南极的认知从无到有，并不断深化和丰富，因此南极自从进入国际政治舞台以来，有关南极的话语便被某些政治或其他利益所构建，"规范"人们的认知，为管理南极活动或制定南极协议，影响南极政治的进程提供权力保障，并在根本上塑造南极地区的法律和政治版图。处在变动之中的各种南极界定本身就反映了这一点，这也可以进一步发现，除了法律和政治的界定外，关于南极及其相关问题的认知是更为广泛的第三种界定。虽然它不像法律或政治界定那么清晰，有时甚至处于相互的冲突斗争当中，但其探讨争论的结果却可以体现为政治甚至法律的产物。

由此，我们对南极问题的认识应该同时在三个层面来关注，即政治的、法律的、认知的。这当中，科学和权力两种力量又相互交织，共同左右着南极问题的发展演化，因此我们这里对南极也没有采取明确范围的界定，或者说是采用了最大范围的界定，以期从运动变化中来讨论南极相关问题。

---

① ［美］德博拉·沙普利：《第七大陆——资源时代的南极洲》，中国环境科学出版社1990年版，第153页。

第二节　批判地缘政治学与南极

地缘政治学是从地理和空间的角度对国际安全和国际政治进行的研究。本部分我们将讨论地缘政治理论的发展及其与南极的关系，即南极在地缘政治理论发展的不同阶段所处的地位、关系和意义。

一、二战前的地缘政治理论

地缘政治学虽然形成于19世纪末，不过之前已经有一些相关思想存在。如殖民主义者把殖民地的获取看做是自己国家发展的一部分，因而近代欧洲列强先是资助私人，然后是政府直接出面对外进行探险，探险之后就是殖民。因此，对于他们来说，东方和南方给予了无穷的地理想象，是一个有待于他们去探险、征服的对象。而根据他们已经拥有的地球是圆的，以及地球必然拥有一个和北极对称的南极的思想，南方必然拥有一大片未明的土地。

拉采尔是人类地理学（Anthropogeography）的创始人，主要研究自然环境与人类之间的相互影响，而“政治地理学”（Political Geography）则是其人类地理学研究的一个重要方面。关于自然环境与人类的关系，拉采尔曾指出：“一个‘国家’，它也许是一支游牧部落，也许是一个‘超级大国’，但如果没有一片或大或小的广阔领土，是令人难以想象的。在一个政治共同体当中，土地和人民难以分割，它们对彼此的存在都十分重要。”①

在拉采尔的代表作《政治地理学》一书中，他分别论述了以下几个方面的内容。首先是国家与领土的关系。他将国家看成是与土地紧密相连的有机体，是处于某一发展阶段的共同体，并认为考虑原初状态的人民与领土之间的相互关系是非常有价值的。其次是历史运动与国家的成长。作者

① Bassin. M. 1987. Ratzel's Political Geography［J］. *The Geography Journal* 13（2）: 172.

主要讨论了有关殖民、政治区域、自然区域以及利益的瓜分等内容。再次是国家领土扩张的基本法则以及国家的边界。拉采尔论述了德国的“生存空间”，即可以被用来确保政治稳定或进行政治扩张的土地；而国家的边界则取决于其利益所在。最后是有关海洋和陆地的讨论。作者分别论述了水体和山脉、平原对于国家的不同意义。①

拉采尔这里显然已经提出了地缘政治学中闻名的，后来也因德国的法西斯战争而变得臭名昭著的国家有机体思想和生存空间说。这些理论后来被豪斯霍弗加以歪曲利用，成为所谓“法西斯主义地缘政治学”的科学基础，导致统一后迅速发展强大的德国发出了“我们也要有阳光下的地盘”的喊叫。这种早期地缘政治思想的核心就是，国家的边界应该与其强权和利益所到之处的界限相一致，地缘政治学因而也是一种国家发展和扩张的战略思想。

不过，地球上“无主”或“有待探明”的地方毕竟是有限的，欧洲列强很快就在探险和征服中直面相向，这也是统一后德国发觉自己所处的境遇。于是，地缘政治学很快就进入围绕着世界权力争夺的发展阶段，即探讨拥有世界权力的关键地区，以及获得这种权力的战略和手段，“海权论”和“陆权论”的思想相继出台。

“海权论”思想的代表人物是美国的马汉，他在1890年出版了《海权论》。早期的马汉是一个孤立主义者，但在随军舰执行海外巡航任务的过程中，他逐渐转变为坚定的帝国主义者，热衷于推动美国走扩张主义道路。马汉认为，美国要建立强大的海军，并在国外拥有一定的海军基地，这样才能确保美国的生存与发展。他认为，海上力量对一个国家的发展、繁荣和安全至关重要。任何一个国家或联盟，如果能够控制公海，就能够控制世界的贸易和财富，从而控制全世界。一个国家获得这种地位的能力取决于它的地理位置、自然结构、领土范围、人口数量、民族素质和政府性质等六个方面的条件。富有进取心的国家必须在世界各地进行贸易，依靠海洋去获取海外的原料、市场和基地，而海洋是自然赐予的便捷通道。

① Bassin. M. 1987. Ratzel's Political Geography［J］. *The Geography Journal* 13（2）: 172.

所以，一个国家要想成为世界强国，必须提高其国内生产力的水平，提供对外贸易所需要的产品；必须拥有进行海上贸易的大规模的运输船只；还要有殖民地和基地来保障和扩大船只的运输；最后，还必须有一支海上武装力量来保护海外基地和殖民地与本国基地间的交通线。“海权论”的提出很快唤起了美国的海洋争霸意识，评论认为，“马汉的著作是美国内战后开始结束孤立主义政策的信号，也是美国帝国主义发端的信号，美国在不久的将来注定要同英国争夺在海军和商业方面的世界领导地位”。①

1900 年，马汉进一步明确了美国的战略竞争对手和场域，提出了“条形地带”理论，认为“亚洲问题”就是海权国家与陆权国家对东起朝鲜半岛、西到小亚细亚这一“条型地带”的政治控制权的争夺。

“陆权论”思想的代表麦金德在 1904 年发表了《历史的地理枢纽》一文，提出了“枢纽地带”的概念。他明确指出位于欧亚陆块中心的内陆和北冰洋水系的遥远地区是“世界政治的枢纽”。他还提出，围绕欧亚大陆“这个心脏地带的东面、南面和西面是呈巨大新月形的边缘地区”。② 同时，在这个边缘地区有两个同轴的新月形地带，一个是内新月形地带，包括欧洲、中东、印度和中国在内；另一个是外新月形地带，包括欧洲大陆边缘的英国、日本及其他诸岛，以及撒哈拉沙漠以南的非洲及大洋洲和整个美洲。在这样的描述中，我们可以发现地缘政治思想家脑中的地球，是以欧亚大陆中心向外不断扩散的几个巨大半圆地带构成的扇形板块，因而这时期的南极被放在了离中心最遥远的，因而在世界权力构成中也是最不重要的位置上。

就在一战结束之际，麦金德又于 1919 年发表了另外一篇重要论著——《民主的理想与现实》，进一步丰富和明确其地缘政治思想。他引入了一个新的术语——“世界岛”，用它来指称欧、亚、非三大陆。此外，他还对“枢纽地带”的概念做了修改，把欧亚大陆核心地区的范围做了扩大，并

---

① 邓碧波、孙爱平：“马汉海权论的形成及其影响”，《军事历史》2008 年第 6 期，第 44 页。

② ［英］哈·麦金德著，林尔蔚、陈江译：《历史的地理枢纽》，商务印书馆 1985 年版，第 56 页。

用“心脏地带”概念代替原来的“枢纽地带”。范围的扩展体现在两处：一处扩大到中亚细亚的山地，制海权很难达到该区；另一处最为重要，它把东欧也划了进来。麦金德把东欧看做是通向“心脏地带”的大门，认为占有东欧是控制心脏地带的关键。对于这种地缘政治思想下的地缘政治战略，麦金德提出了一段广为流传的名言：“谁统治东欧，谁就能主宰心脏地带；谁统治心脏地带，谁就能主宰世界岛；谁统治世界岛，谁就能够主宰全世界。”①

从海权与陆权的讨论来看，我们可以发现：第一，当时既有的帝国英国和新兴的崛起国美国的战略目标是不一致的，英国把目标对准了同样是新兴崛起的德国，以及一战后新形成的苏维埃俄国，而美国已明确要向海洋霸权方向发展；第二，权力争夺的中心都指向了世界大国集中的欧亚大陆；第三，南极在陆权思想中不重要，在海权思想中其地位和作用也尚未被明确提出。

二、冷战时期的地缘政治理论

这一时期地缘政治理论关心的核心问题仍然是世界权力的争夺，不过由于世界权力的构成及其重心发生了翻天覆地的变化，之前的地缘政治理论在这一时期得到了不断修正和发展。

从地缘政治思想和战略来看，其实冷战早在二战后期就已在酝酿当中了。麦金德首先“放弃了他著名的1919年格言，即统治心脏地带就意味着统治世界岛”。② 在1943年发表的《圆形的世界与赢取和平》一文中，他在讨论中心部位的问题时，把之前的“心脏地带”在范围上大大扩大了，包括撒哈拉大沙漠、中亚沙漠、西伯利亚和北美的北极与亚极地的荒原，它们组成了“一个聚集在北极地区附近的环形带”，环形带内所围的是与北大西洋连接在一起的重新确定的心脏地带。这个从美国密苏里州一

---

① ［英］哈·麦金德著，林尔蔚、陈江译：《历史的地理枢纽》，商务印书馆1985年版，第13页。

② ［美］索尔·伯纳德·科恩：《地缘政治学：国际关系的地理学》，上海社会科学院出版社2011年版，第19页。

直伸展到苏联叶尼塞河的广大地域聚集着十亿人口，形成了一个实力均衡的“孪生体”。麦金德将这个“孪生体”看做是地理政治上的大地支撑点，并称之为他的“第二地理概念”。[①] 在此基础上，“他引入了一个由多极地区维持均势的世界概念，每一个地区都有它自己独特的自然和人力资源基础”。[②]

这一思想变化反映了世界地缘政治事实的几点发展变化。第一，美国和苏联已在战争中崛起为两个主要的世界大国，因而世界权力的中心从欧亚大陆扩展到了北美大陆。第二，由于美国和苏联分布在北半球的东西两面，因而把它们联系在一起的北极的战略地位开始突出了，南极在他的地缘政治思想中仍然处于无足轻重的地位。这一点在另外一些地缘政治学者那里也得到了体现。1942 年，乔治·雷纳提出，“空中常规航线已经将欧亚大陆心脏地带和第二个略小一点的横跨北极冰原地区的英美地区的心脏地带相连，形成了在北半球内部的一个新的扩大的心脏地带”。[③] “这个新心脏地带的一个重要特性是其欧亚大陆以及北极地区英美部分两者都存在弱点。根据雷纳的观点，扩大的心脏地带不仅是统治世界的权力中心，同时还拥有整个极地世界内陆的空中、海上、陆地道路的便利。因此北极地区作为世界枢纽性移动的战场，是心脏地带的关键，因而也是控制世界的关键。”[④] 斯蒂芬逊甚至把北极地区称为“北方的地中海”，认为如同连接那里的主要人口中心的大圆航空线一样，北极将是未来的航空通讯中心。他也展望了这些地区在“帝国北征”和历史文明中心北迁后的未来。他说，一旦这个地区的巨大潜在价值得到人们的充分认识，一旦“按照事物的本来面目来判断，而不再用从位于旧大陆的小地中海周围副热带的古代

---

① ［英］杰弗里·帕克：《二十世纪的西方地理政治思想》，解放军出版社 1982 年版，第 129 页。

② ［美］索尔·伯纳德·科恩：《地缘政治学：国际关系的地理学》，上海社会科学院出版社 2011 年版，第 19 页。

③ George T. Renner. 1944. *Human Geography in the Air Age* ［M］. New York：Harcourt，Brace：38－43，51－61. 转引自［美］索尔·伯纳德·科恩：《地缘政治学：国际关系的地理学》，上海社会科学院出版社 2011 年版，第 24 页。

④ ［美］索尔·伯纳德·科恩：《地缘政治学：国际关系的地理学》，上海社会科学院出版社 2011 年版，第 24 页。

埃及、希伯来、希腊和罗马智慧的先民那里遗传下来的世俗信念来判断，那么北极地中海海盆（Arctic Mediterranean）终将以其自身的潜在价值而占据应有的地位”。[①] 第三，英国已明显丧失霸权地位，无力问鼎世界权力，只能退而求其次，谋求在多极均势中的一极地位。

这一时期，另一个重要的地缘政治思想是斯皮克曼的“边缘地带论”。通过对第二次世界大战形势的分析，他发现这“实质上是一场争夺欧亚边缘地区沿海地带控制权的斗争”。[②] 据此，斯皮克曼修正了麦金德的“心脏地带论”，提出“谁支配着边缘地区，谁就控制欧亚大陆；谁支配着欧亚大陆，谁就掌握世界的命运”。[③] 欧亚大陆的边缘地带比心脏地带更重要。因此，有人认为斯皮克曼才是真正的“冷战之父”，而不是乔治·凯南。他认为世界实际上存在三大实力中心，它们是“北美太平洋沿岸地区、欧洲沿海地区和欧亚大陆的远东沿海地带”，第四个中心可能是印度，尽管它一时还不为人瞩目，但有这种发展的能力。在这三个欧亚地区中，欧洲沿海地区对美国最为重要。[④]

冷战爆发后，地缘政治的理论较少有人高举，一是因为地缘政治理论因被法西斯德国采纳而在战后变得臭名昭著，很多人不愿意与此有什么牵连。这种状况一直到20世纪70年代才有所改变，地缘政治理论逐步得到正名。二是因为当时的地缘政治格局已非常清晰地呈现为美苏二极格局，已不太需要大思想和大理论进行新的探讨，除了继续肯定北美与欧亚大陆两大权力中心及其各自控制的势力范围外。如德塞维尔斯把世界划分成两个空中实力圈，分别集中于美国工业心脏和苏联工业心脏。其中美国的工业心脏涉及到西半球的绝大部分，而苏联的工业心脏涉及到世界岛的更大

---

① ［英］杰弗里·帕克：《二十世纪的西方地理政治思想》，解放军出版社1982年版，第112—113页。

② ［美］尼古拉斯·斯皮克曼：《和平地理学》，商务印书馆1965年版，第83页。

③ ［美］尼古拉斯·斯皮克曼：《和平地理学》，商务印书馆1965年版，第78页。

④ ［英］杰弗里·帕克：《二十世纪的西方地理政治思想》，解放军出版社1982年版，第115页。

部分。这两者各自处于北美和欧亚北部，具有大体相当的实力对比，并且还是“决定性地区”（area of decision），在这一地区里两者都处于彼此战略导弹的射程之内。因此，世界霸权的关键就在于这个地区，其中美国占有许多战略优势。[①] 亚历山大·德·谢维尔斯基在1950年提出“飞行员的全球观”，认为“北美洲的‘空中统治’区域（它的资源与制造业储备区域）是拉丁美洲；苏联的空中统治区域是南亚与东南亚以及撒哈拉以南非洲大部分地区”。“那些在北美洲和苏联空中统治区域相重合的地方（包括英美地区、欧亚大陆心脏地带、濒海欧洲地区、北非以及中东）是‘决定区域’。根据这一观点，控制空中，就等于控制了全球。”[②] 同时，有的理论强调了美苏二极平衡的重要意义，被赋予了高度的意识形态色彩，如威廉·布利特在1947年提出了“多米诺”理论，他担心苏联共产主义力量会通过中国向东南亚扩散，而这些国家就会像多米诺骨牌一样，逐个倒下。“多米诺理论是支持让西方的遏制政策越过东南亚及中东破碎地带，扩大施用到非洲之角和撒哈拉以南非洲、中美洲与古巴、南美，以及南亚等地的一个重要的论点。”“其目的是保护原材料来源地及市场，同时不让海外敌人在此建立军事基地。”[③]

不过，许多地缘政治学者没有注意到的是，我们在下一部分将会看到，就在冷战最激烈的时期，南极却被刻意塑造成一个世界“和平之地”，成为冷战地缘政治的一个反衬。南极的地缘政治角色因此在这一时期被赋予了新的意义，美苏一方面对前面已经对南极提出领土主权要求的国家不予理睬，另一方面同意不把军备竞赛扩大到南极地区，甚至通过国际极地科学年这样的活动，以及《南极条约》的签订来渲染和平与合作的气氛。尽管这一方面说明美国和苏联都无意或无力将南极收入自己囊中，另一方面也说明它们确实需要有一个与冷战气氛不太协调的“另类”的存在。

---

① ［英］杰弗里·帕克：《二十世纪的西方地理政治思想》，解放军出版社1982年版，第140页。

② ［美］索尔·伯纳德·科恩：《地缘政治学：国际关系的地理学》，上海社会科学院出版社2011年版，第24页。

③ ［美］索尔·伯纳德·科恩：《地缘政治学：国际关系的地理学》，上海社会科学院出版社2011年版，第29页。

到20世纪六七十年代，世界局势开始冲破简单的二极格局，发生了一些重大的变化。这是因为，一方面，随着战后发展黄金时期的到来，经济上强大起来的欧洲和日本这欧亚大陆的两端都出现了一些对美国控制的独立倾向；另一方面，五六十年代非殖民化运动产生了大量新独立的国家，这些国家开始成为一支独立的政治力量登上国际政治舞台。这些变化促使地缘政治学者以更大的视野来审视世界权力问题，把握其发展趋势。如德波利叶认为全球出现了“几大趋势”，包括地区主义倾向、中国的诞生、苏联权力核心的东移和太平洋作为地理活动的大中心的呈现，其中地区主义倾向是最引人注目的趋势之一。他认为五个影响最大的种族意识形态区域是西方世界、苏联集团、中国、阿拉伯世界和非洲。那些没有被包括进任何一个区域之中的最重要的国家都在南亚，德波利叶也预示了在那里终将形成第六个世界性区域的可能性。①

与此同时，经济因素在地缘政治中被赋予了特别的意义。沃勒斯坦认为，世界经济分为核心国家和边缘地区，两者之间是半边缘地区。② 核心地带是欧洲和北美洲，这里财富最丰裕、经济最发达；而世界的其余地方则绝大多数都属于最贫困、最不发达的边缘地带。两者由整个资本主义的世界体系联结在一起。

这样，如果说冷战前期南极在整个全球地缘政治中只具有“点缀”或“反衬”的意义，本质上还处于冷战格局的从属地位的话，那么冷战后期南极在全球地缘政治中的独立意义开始形成，并被之后的发展赋予了越来越多样化的意义。这一点我们将在下一部分详细探讨。

三、批判地缘政治学的兴起

世界政治在20世纪70年代开始发生重大变化。对于地缘政治理论来说，其核心的一点是发觉仅关注美苏两大权力中心是不够的，于是地缘政

① ［美］索尔·伯纳德·科恩：《地缘政治学：国际关系的地理学》，上海社会科学院出版社2011年版，第29页。

② ［美］伊曼纽尔·沃勒斯坦，罗荣渠译：《现代世界体系》，高等教育出版社1998年版。

治发生了一个重大的理论转向，从传统对权力的过度关注转向了反权力，代之以更广泛的知识、话语、意义等因素。地缘政治理论也在这样一个背景中得到了正名。这一转向与更大范围的思想和知识的后现代主义转向是分不开的，我们也可以称之为后现代地缘政治学，不过就其本质来讲，如福柯所揭示的，知识也就是权力，其变化无非是从权力的物质性意义转向了其话语的创造和构建等非物质的因素。①

如果我们把之前的地缘政治理论称为传统地缘政治学的话，那么它与批判地缘政治学的区别则在于，在传统地缘政治学看来，空间是国际事务赖以存身的静态结构，是一个先决条件；而批判地缘政治学则认为，国际关系中的空间既是实践，又是观念，实践和建立在实践基础上的观念的发展都可以导致空间本身的意义和作用发生变化，因此地缘和政治这两者都是处在变动当中的。正是在这一基础上，阿格纽和科布里奇区分了地缘政治的空间实践（spatial practices）和地缘政治的空间表达（spatial representation）。空间实践指的是物质和有形的流动、互动和运动，这些发生在作为经济和社会再生产基本特征的空间之内。空间实践是跨越空间的日常的物质实践，这些实践巩固了政治经济的世界秩序。空间表达涉及所有的观念、术语和地理规则，它们用于谈论和理解空间的实践。所以，空间实践是一种先于理论的物质性（pre - discursive materiality）活动，而空间表达则是意识形态和话语的生产、再生产和传播。② 这样，在批判理论看来，地缘政治既是客观的，又是想象的；既是物质的，又是心理的。批判地缘政治学的研究宗旨指向地理知识的生产与传播，集中关注的是作为观念形态的地缘政治学理论社会化建构的过程、特定历史和特定视点的情景性以及地缘政治学话语和文本中所包含的权力关系。

在后现代主义的批判视角中，地缘政治学理论中的“地理”，作为一套知识话语并非透明，它是一种社会建构，蕴含在活生生的权力和政治经济的社会再生产中。比如爱德华·萨义德（Edward Said）认为，帝国主义

---

① ［法］米歇尔·福柯，谢强、马月译：《知识考古学》，三联书店2007年版。

② 孙相东：《地缘政治学：思想史上的不同视角》，中共中央党校出版社2005年版，第222页。

“就是一种赤裸裸的地理暴力，通过这种暴力，全球每一寸空间被探险、测绘，并最终覆于其掌心”。[①] 对于实际地理信息的收集和传播，地理学家、绘图师、勘探者甚至人类学家发挥了重要的作用。在欧洲及其盟国征服和殖民全球每寸土地的过程中，就是凭借地质勘探、资源评估、原住民报告和海岸线测量等一系列工作，有关领土主权要求才得以提出并予以合法化。对这一波西方主导的地理大发现以及随之而来的殖民过程，南极洲和南大洋亦不能幸免。正是借由持续的地理殖民活动，南极地区才逐渐被纳入欧洲的地理想象中。而不断进步的探险和通讯技术，比如空中勘探，则进一步深化了关于南极洲及其附近海域的全面的地理制图（mapping）。

基于对空间地理绘图或记述的探讨，批判地缘政治学坚信，空间并不仅仅被动地等待遥远的无利害关系的地缘政治行为体进行阐释，在此过程中，各种机构、实践和场所促进空间在政治上变得“可视”。对此，批判主义既关注界定全球政治空间的话语实践，也关注使得空间表达可能的各种机构，比如政府官员和媒体，也包括对空间展开评估和裁决的文件与政治惯例。冷战期间，许多西方机构和个人对全球政治空间，包括南极洲和南大洋开展了大规模的地缘政治勘探。相比那些传统的观点，认为这种形式的探险旨在记录不证自明的事实，批判地缘政治学则解构了这种所谓客观的想象，试图探讨观察（seeing）、定位（siting）与引用（citing）空间背后所隐藏的霸权行径。[②]

在具体研究上，批判地缘政治学实际上是非常多元的，各个学派之间的差异也非常明显。如有学者尝试探索“地缘政治的文法”（the grammar of geopolitics）、“地缘政治想象”或“地理想象”、“地缘政治密码或故事情节”（geopolitical code or storyline）的过程，也就是国家或人民对于本国或他国，甚至整个国际的地缘政治或地理的认知过程，进而影响该国的外交政策与对国际事务的响应。他们藉由探索一个国家的新闻媒体报道、戏

① Edward Said. 1993. *Culture and Imperialism* ［M］. London：Chatto and Windus：225.

② K. Dodds and J. Sidaway. 1994. Locating Critical Geopolotics：Environment and Planning［J］：*Society and Space* 12：515 –524.

剧、文学或通俗电影的叙述所再呈现的（他国或国际）地缘政治印象，而理解该国的地缘政治的想象化过程。① 国家的地缘政治想象影响到其在国际或区域的地缘位置，要理解国家的地缘政治想象就必须理解国家内部公民的认同论述，从国家的内部与基层民众探索国家的地缘政治想象。奥图赛尔（Ó Tuathail）运用德里达从“差异”（difference）创造“衍异”（differance）的方法，将“地缘政治”（geopolitics）字义以“连字符”（hyphen）解构成“地缘—政治”（geo - politics），将“地理学”（geography）解构成“地理图”（geo - graph）、“地理绘图”（geo - graphing）、“地理图学”（geo - graph - y），将“地缘政治想象”解构成“国家的地缘政治想象印象”（geopolitical imagination），借以说明地缘政治论述的作用及其全球政治的意义。研究地理图学（geo - graph - y）就是研究地图的投影（the projection of graphs），也就是研究一个地理世界体系（a geo/world/system）的绘图（graphing）、编排（weaving）与书写（writing），地缘政治的意义也就在这一过程中得到了制造与演绎，“地缘—权力”得到了构建，它不是对地理知识的纯粹运用，而是关于对于领土空间统治的（governmental）生产与管理权力技术的综合。② 总的来说，他想表达的一个意思是地理学有能力通过制图和分类技术塑造有关地球表面的特定表达，而这一表达随之在地理空间的建构和复制过程中发挥重要作用。

受到20世纪80年代起国际关系理论第三次大辩论的影响，尤其是建构主义（constructivism）理论的影响，③ 政治地理学的建构论学者（constructionist）质疑地缘政治研究传统，促成了后现代地缘政治或批判性地缘

---

① Bridget Robison. Putting Bosnia in its Place：Critical Geopolitics and the Representation of Bosnia in the British Print Media ［J］. *Geopolitics* 9（2/1）：378 - 401；Klaus Dodds. Cold War Geopolitics ［J］. John Agnew，Katharyne Mitchell，and Gerard Toal（Geróld Ó Tuathail），eds.，*A Companion to Political Geography*：204 - 218.

② Geróld Ó Tuathail. 1994. Displacing Geopolitics：Writing on the Maps of Global Politics ［J］. *Environment and Planning D*：*Society and Space* 12（4）：525 - 530.

③ Henk Houweling and Mehdi Parvizi Amineh. 2003. Introduction：The Crisis in IR - Theory：Toward a Critical Geopolitics Approach ［J］. *Perspective on Global Development and Technology* 2（3）：315 - 335；Tuomas Forsberg. 2003. The Ground Without Foundation? Territory as a Social Construct ［J］. *Geopolitics* 8（3）：7 - 24.

政治的发展。[①] 他们运用后结构主义、后现代主义与批判理论作为其论述的哲学基础，尤其是受批判性国际关系理论（Critical International Relations Theory）的影响，[②] 进而造就出批判（后现代）地缘政治学的兴起。20 世纪 80 年代末冷战的结束，使得传统地缘政治学更遭到人们的抛弃，批判地缘政治学具有了更大的影响。

地缘政治学的后现代主义转向对于南极地缘政治来说意义非同小可，也可以说南极地缘政治自 20 世纪 70 年代后的发展变化与这一转向有着惊人的互动和一致，许多不同意义的南极被逐渐建构起来，而不同意义的南极又包含着不同的地缘政治含义。南极作为地球表面一块特定的空间，人类关于它的认知已随着时间的推移发生了较大的变化。起初，人们绘制的南极洲地图缺少清晰可辨的边界，但探险和测绘技术的进步使得南极洲的深处以及可能的资源分布状况逐渐登上南极的"地理图"。对各国而言，通过科学考察收集实际的地理信息，不但有助于"表达"南极洲和南大洋这一空间，同时也是为管理和控制南极空间提供和生产知识。比如，20 世纪 80 年代，关于将南极作为人类共同遗产、建立世界公园的提议，其知识基础就在于它和别的南极这一地理空间的表达不同。而不同的空间表达也影响并产生不同的行为和政治管理期望。关于人类共同遗产的争论表明，南极条约体系有关南极作为和平与科学之地的空间表达，是如何被其他非国家行为体以及体系外的国际社会关于南极的新型空间表达所挑战的。

关于南极这一空间持续变动的理解之于南极国际政治的影响，奥图赛尔和德比的提醒值得我们注意："政治话语所建构的空间并不一定始终稳定不变，以用于推动政治目的；有时不同的叙事能同时以多种方式制造一个特定的空间或状态……在政治话语中这些机制并不需要特别精细……不

---

① Paul Reuber. 2000. Conflicts Studies and Critical Geopolitics – Theoretical Concepts and Recent Research in Political Geography［J］. *Geo – Journal* 50（4）：38 – 39.

② Geróld Ó Tuathail. 1994. Displacing Geopolitics：Writing on the Maps of the Global Politics［J］. *Environment and Planning D*：*Society and Space* 12（4）：525 – 546；Geróld Ó Tuathail, Critical Geopolitics：168 – 178；Geoffrey Sloan and Colin S. Gray，"Why Geopolitics?" in Colin S. Gray and Geoffrey Sloan，eds.. 1999. *Geopolitics*，*Geography and Strategy*［M］. London：Frank Cass：5.

断重复一些论题足以有效地建构身份或认同。”①

在这方面，南极和南大洋联盟（Antarctic and South Ocean Coalition，ASOC）就是一个显例。ASOC 是在南极条约体系（ATS）成员国之外独立运作的一个多国生态联盟，成立于 1977 年。目前，ASOC 已经成为南极条约体系中最重要的非国家行为体，并分别在悉尼、华盛顿和威灵顿建立了三个秘书处，成为各国之间南极情报的便捷交换中心。ASOC 主要通过迅速而有效地向利害相关方输送环境信息而施加政治影响，比如在《关于环境保护的南极条约议定书》制定过程中，ASOC 发挥了重要的咨询作用，议定书的许多条款和附件都出自其手。1991 年以来，其还作为南极智囊参加了南极协商会议，利用其观察员地位积极向成员国代表通报情报，发挥国际公众与南极决策者之间的纽带作用，并借此推动南极条约体系从一个封闭的系统走向公开的、并主动接受公众批评监督的体系。② 30 余年来，ASOC 的运作充分表明，南极事务并非民族国家和南极条约体系的专属领域，非政府行为体在南极问题上扮演了重要而活跃的角色，其“参政、议政、干政”改变了南极事务的纯官方性质，促进了南极事务决策的民主化和透明度，对于南极政治与法律发展的推动和影响力比肩政府。

当然，冷战后的地缘政治学并非完全就是批判地缘政治学一家天下，事实上与此相反，传统地缘政治学仍以对形势变化的适应而得到各种形式的发展，如布热津斯基提出“欧亚大棋局”的地缘政治图景，认为美国要想维持其全球霸权，需要在“欧亚大棋局”中的三个地方取得领先优势：西方，或欧洲；南方，或中东与中亚；东方，或中国与日本。萨缪尔·亨廷顿提出了文明冲突论，认为世界冲突的根本来源将不是意识形态，而是文化。他将世界分成西方、儒家、日本、伊斯兰、印度、斯拉夫东正教、拉美以及可能的非洲文明。罗伯特·卡普兰提出了无政府主义地缘政治学，将世界一分为二成富裕的北方和贫困的南方，并认为南方特别是非洲

---

① S. Dalby and Geróld Ó Tuathail. 1996. Editorial Introduction：the Critical Geopolitics Constellation：Problematising Fusions of Geographical Knowledge and Power［J］. *Political Geography* 15（3）：452.

② 郭培清：“非政府组织与南极条约关系分析”，《太平洋学报》2007 年第 4 期，第 12 页。

注定要陷于无政府和混乱，只有美国才有能力让世界体系稳定下来，阻止专制潮流的扩散，勇敢面对伊斯兰的反现代主义。

对于南极地缘政治的理解，新时期传统的地缘政治理论并没有对它投入关注，南极可以作为一个“另类”或“被忽视的地区”而继续存在，这与自20世纪70年代以来人类不断增加的南极活动这一事实是不相符的。批判地缘政治学的兴起倒是为我们理解南极地缘政治提供了一种新的视角，而且其重要性将随着南极活动的增加和意义的提升而不断得到加强。

第二章 南极地缘政治格局及其演变

我们在前一章节的分析中已经指出，南极的地缘政治并不是处于一成不变的状态，相反，变动不居才是南极地缘政治的主旋律。为此，本章首先将从历史的角度来梳理南极地缘政治变化的阶段性特征，在此基础上总结出其变化的规律，从而为后面的分析打下基础。

第一节　南极地缘政治格局的历史演变

人类正式踏入南极大陆已经有两百年左右的历史，但是与南极有关的问题进入国际关系的视野则是始于20世纪初期。由于其特殊的自然地理环境，南极在国际关系中具有特殊的地缘政治地位，越来越引起国际社会的高度关注。南极的地缘政治因国际地缘政治环境的变化而被赋予了不同的解读，由此导致各国对南极政策的不断变化，这反过来又影响着南极的地缘政治特征。

早期欧洲针对南极的探险活动明显地受到了当时社会思潮的巨大影响。18世纪达尔文的进化论问世，“物竞天择，优胜劣汰”的思想被广为信仰，以及后来拉采尔提出“国家有机体”的概念，这些都促使各国掀起了一股对外探险、征服和扩张领土的热潮。受古代香料贸易的影响，早期的探险是根据地球是圆的知识而在海洋上一路往东，无意中发现了美洲新大陆。随后，在沿途掌握了对非洲大陆的海岸信息后，又展开了对地广人稀的非洲地区的殖民活动。当已知的大陆殖民地被瓜分完毕后，人们便开始计划寻找新大陆。

对南极的探险就是在这一背景下展开的。率先寻找南极大陆的国家当属英国。时值英、法在海外展开殖民地争夺战，法国先后在北美、印度等地被打败，印度成为英国的殖民地。英国政府担心法国在广大的南部地区开拓新的殖民据点，从而威胁英国在印度的殖民统治。英国所担心的这一广大的未知南部地区便是今天发现的南极大陆。在此背景下，英国资助国内探险家詹姆斯·库克船长于 1762 年到 1779 年间先后三次前往南极大陆周边海域去寻找这一未知大陆。① 在 1883 年举行的国际物理年大会上，探索南极便已成为大会的主题之一。不过，真正最早踏上南极大陆土地并成功到达南极点的其实是挪威人。1911 年 12 月 14 日，挪威人罗尔德·阿蒙森和他的探险队成功到达南极。35 天后，英国的极地探险家罗伯特·斯科特一行于次年 1 月 12 日也到达了南极点。虽然斯科特不是登陆南极的第一人，但他在科考方面的成就更大，因此在探索南极方面与阿蒙森齐名。斯科特一行人在返程的途中不幸遇难，但留下了许多宝贵的科考材料，包括化石、日记等。为了纪念二人的贡献，美国 1956 年在南极建人类最南（纬度高达 90°）的科考站时就同时使用了两个人的名字命名，叫“阿蒙森—斯科特站”。

一、领土驱动阶段

早期活跃于南极及其周边海域的国家并不多，主要有英国、美国、法国、瑞士、阿根廷、澳大利亚、新西兰、日本以及德国等。在早期众多参与南极活动的国家中，英国态度相对更为积极。通过早期在南极的捕鲸活动，英国逐渐加大对南极探险、科考的投入。按照当时英国政府的计划，其最终目的是获得对整个南极大陆的控制。但当时南极已经成为世界主要国家的捕鲸场所，英国迫于压力采取了蚕食策略，希望逐步获得对南极的控制权，1908 年英国率先对南极部分地区提出领土主权要求。英国官方还

① L. F. E. Goldie. 1958. International Relations in Antarctica［J］. *The Australian Quarterly* 30（1）：7－29.

积极支持国内官方部门、公民在南极开展科研考察、捕鱼等活动。据统计，在1901年至1958年间，英国政府支持、组织了多达10次的南极探险考察活动。[①] 在此期间，其他西方国家如法国、比利时等也在南极开展了一些活动。美国政府也派出了大量人员到南极进行探险、科考，对南极地表开展测绘工作。二战前，美国考察、测绘了占南极总面积达80%以上的土地。[②]

到了20世纪初，人类在南极的活动发生了巨大的转折，一个明显的标志就是，自从英国率先对南极半岛部分地区提出领土主权要求后，一些长期在南极活动的国家也相继对南极部分土地提出了领土主权要求。一战爆发后，挪威人在罗斯海地区的捕鲸活动频发，促使英国于1923年又对罗斯海地区提出了主权要求。同时，英国还分别于1923年和1933年将其在南极洲的部分领土权利转让给新西兰和澳大利亚。[③] 1924年，法国根据迪蒙·迪尔维尔的发现，对安德雷地区提出主权要求。与此同时，捕鲸业发达的挪威也于1939年对南极大陆的部分海岸地区提出了主权要求。除了世界上主要的大国（英国及英联邦国家如澳大利亚、新西兰）和渔业发达的国家（挪威）纷纷对南极提出主权要求外，南美洲作为陆上最接近南极的国家，也开始对南极提出主权要求。1941年，智利公布了其南极领土边界，而阿根廷早在1925年就开始对南极部分地区提出了主权要求。各国对南极提出领土主权要求的一个主要依据便是基于“首先发现”。在1926年的帝国会议上，与会各方一致同意，南极大陆上到那时还没有提出主权要求的地区应该属于首先发现那些地区的国家。

截至1943年，世界上共有七个国家对南极公开提出主权要求，即英国、法国、澳大利亚、新西兰、挪威、阿根廷和智利。这七国提出领土主权要求的区域约占据了南极大陆总面的83%。值得注意的是，除挪威对北

---

① 详见 http：//en. wikipedia. org/wiki/British_ Graham_ Land_ Expedition。

② 郭培清：“南极冷战：大国资源争夺战”，《新闻天地》2009年第2期，第29—31页。

③ Bob Thomson. 1990. T he International Background, Antarctica the Ross Sea Region [R] . DSIR Publishing, 287. 转引自吴依林：“南极条约的意义、背景及展望”，《中国海洋大学学报（社会科学版）》2009年第3期，第10页。

界没有限定外，其余国家均将北界限定在南纬60°。同时各国在界定主权领土区域时采用了“扇形原则”，即都将南极点作为领土主权要求的终点，以经线和纬线为边界，从而使其领土范围呈现出大小不等的扇形。

对所谓的“扇形原则”，国际法学者乔伊纳（C. Joyner）曾批评道，“（一些国家）在南极的扇形领土要求都是基于发现、占有、地理上接壤或者似是而非的行政管理行为……在南大洋并没有天然的基线可以划一些扇形。这些基线不过是出于政治目的人为划界的结果，缺乏充分的国际法依据……扇形理论的缔造者们主要是在政治上图其方便，以为其本国在极地地区的政策主张提供合法性工具”。①

根据当时七国之间在南极领土主权问题上的竞争，可以将其分为两组：以英、法、澳、新、挪五国为一方，形成“五国集团”；智利和阿根廷则处于另一方。“五国集团”之间在南极领土主权问题上相互合作，并达成了默契。从其主权领土要求的分布来看，五国所要求的领土紧密衔接，不仅没有重叠，而且还有“加楔”。如在澳大利亚的南极领土要求区域内，塞入了法国的一条窄窄的“楔子”。同时，这五国之间在外交上也相互承认彼此的领土主权要求。而阿根廷和智利则受到“五国集团”的排斥，处于明显的弱势地位。这两国在主权领土要求上不仅分别与英国存在着重叠和争端，而且两国之间也互有冲突。（七国领土主权要求分布详见表2—1）

表2—1　七国南极领土主权要求范围

国别	领土主权要求范围
英国	20°—80°E
新西兰	150°W—169°E
澳大利亚	45°—136°E、142°—160°E
法国	136°—142°E

① C. Joyner. 1992. *Antarctica and the Law of the Sea* [M]. The Hague: Martinus Nijhoff: 56 - 8.

续表

国别	领土主权要求范围
挪威	20°W—45°E
智利	53°—90°W
阿根廷	25°—74°W

资料来源：Klaus Dodds，"Governing Antarctica：Contemporary Challenges and the Enduring Legacy of the 1959 Antarctic Treaty"，Global Policy，Vol. 1，Issue 1. January 2010.

值得注意的一个现象是，当时的两个大国美国和苏联对南极的领土主权问题采取了模糊的态度：一方面声明不承认任何国家对南极的领土主权要求，同时保留自己将来对南极提出领土主权要求的权利；另一方面又通过诸如科研考察、建立基地等实质性的行动为日后对南极提出主权要求创造条件。如苏联为扭转对自己不利的局面，在国际极地年期间先后在其他国有领土主权要求的南极扇形上建立了八个考察站；而美国则在各国领土主权要求的终点——南极点建立了考察站。

各国除了明确地对南极相应地区提出领土主权要求外，还通过在南极开展科学考察、建立永久性基地等行为来强化对相应地区的领土主权要求，以实现领土主权要求的事实化和合法化。二战期间，英国在南极半岛建立了基地；紧随其后，智利和阿根廷也相继在南极建立了基地。一时间，各国相继在南极建立基地、开展各种科考活动，相互之间形成日趋激烈的竞争态势，并时而爆发各种矛盾和冲突。

大战的爆发促使各国重视南极的军事价值。南极的地理位置具有很高的军事战略价值，尤其是南极北部的火地岛和南福克兰群岛之间的德雷克海峡是连接大西洋与太平洋的交通咽喉，是除巴拿马运河之外唯一连接太平洋与大西洋的海上通道。二战期间，英国在南极海域设立观察站，为南大西洋的往来军事船只提供了有用的气象信息，给战争的胜利提供了良好的后勤保障。德国也曾派军舰游弋于南极半岛周围的海域，袭击盟军经此过往拉美的船只。同时，南极大陆大部分地区终年被厚厚的冰雪覆盖，便于掩藏军事人员及装备，而南极极端恶劣的气候条件也可以为国家平时的军事训练提供难得的场所。

事实上，在二战开始前，随着一些在南极活动频繁的国家相继对南极提出领土主权要求，各国在南极围绕领土主权的角逐就日益激烈，只是突发的二战打断了各国在南极的计划。因此，二战一结束，一些主要国家便立即恢复了在南极的活动。智利总统加夫列尔·冈萨雷斯·魏地拉（Gabriel Videla）在1948年视察了智利在南极的基地，并表示将加大对南极基地建设的投入。美国尽管没有明确对南极提出领土主权要求，其海军却于1946—1947年间在南极进行了“跳跃行动”，整个行动调用了12艘船只，参与人数多达500人。

各国重新返回南极，使一些国家之间在南极的冲突不断，并愈演愈烈。冲突最为激烈的要数英国、阿根廷与智利三国。由于这三个国家在南极领土上主张主权的地方相互交叉，随着各方在南极活动的日益频繁，相互之间关系越发紧张。阿根廷早在1939年为增强其在南极的行动能力，在国内就设立了永久性的国家南极委员会（National Antarctica Commission）来协调和规划国内相关部门在南极的探险、考察活动。同一时期，智利也加紧在南极的行动。阿根廷与智利在南极存在着领土主权的冲突，同时与英国也存在着领土主权要求冲突。不过，阿根廷与智利达成了临时性的协议，站在一起共同反对英国。这时各方在南极频繁的行动加剧了南极的紧张局势，甚至引发了摩擦。如1952年，英国与阿根廷在南极为争夺霍普湾基地（Hope Bay）就发生了激烈的军事冲突。

冷战的爆发又给南极地缘政治带来了新的因素，随着美苏两极格局对峙局面的形成，西方国家对苏联介入南极事务的担心日益增加。尤其是南半球国家担心美苏将南极变为军事角逐的场所，进而危及自身安全。因此，在二战后结束的初期，各方围绕南极展开的协商中，西方各国在如何防止苏联介入南极问题上存在着共同利益。

作为一个转折点，1957—1959年的国际极地年活动以搁置主权、科研考察为旗帜，创造性地有效缓解了各国在南极的领土冲突，成功协调了各国在南极的行动，为当时国际社会解决南极问题提供了启示。于是，在借鉴国际极地年活动的经验基础上，各方经过妥协，于1959年12月签订了《南极条约》，成为以后协调南极事务的基本条约。条约于1961年正式生效。

纵观这一阶段南极的地缘政治，其脉络是非常清晰的。受早期地缘政治思想的影响，领土是争夺的核心，领土的扩大是一个国家有机增长的重要部分，探险和征服的下一阶段自然就是提出对领土的要求。因此，领土主权要求国构成了这一阶段南极地缘政治的主要板块。而美苏这样一些后来者，一是因为它们有更大的野心，而不只是满足于提出各自的一块土地要求，而且之前大部分领土已被其他国家主权要求所覆盖；二是因为它们瞄准的是世界范围的权力争夺，南极只是其中一小部分，在当时地缘政治思想中还是微不足道的一部分，因此它们构成地缘政治板块的另一方。它们既反对其他国家的主权要求，同时又保留自己将来可能提出领土主权要求的权利。而领土主权要求国内部又分成南美国家和欧洲国家（当时的澳大利亚和新西兰可以看做欧洲的一部分）两块。

尽管这一阶段已经有南极周围海洋的资源利用，以及二战对南极地区的波及，不过总的来说土地仍然是南极地缘政治的核心价值，资源和军事可以被看作是附属于土地上的价值。

二、科考和资源驱动阶段

《南极条约》最大的贡献在于暂时冻结了对南极的领土主权要求，使得南极地缘政治的演变进入一个新的阶段。这里首先值得思考的一个问题是，条约为什么能在冷战最激烈的地缘政治大背景下签订？归纳起来，大致有这样几个方面可以解释。第一，领土要求已与当时的时代主流不吻合。二战后，在联合国的推动下，非殖民化运动蓬勃发展，广大殖民地和半殖民地纷纷实现民族独立，殖民帝国一个一个分崩瓦解。领土扩张不得人心，这时再纠结于南极的领土问题已为时代主流所不允许。第二，领土主权要求国大多在二战中遭受重创，国力已大不如从前，无力也无心在领土问题上一逐到底。第三，当时两个最强的超级大国对领土问题政策暧昧，它们有能力遏制领土争端的恶化。第四，两个超级大国有意在冷战的主体氛围外创造一个“反例”，把南极塑造成一个和平与合作的区域。《南极条约》第四条规定，“为了人类的利益，南极应该只用于和平和科学目的，而永远不应该成为国际纷争的场所”。在联合国，自 1983 年起，美苏双方的代表就肯定了双方对于将南极问题从东西方对抗中（包括美苏之间的核对抗）剥离出去的共同支持。美国代表在联合国表示："这里（南极）没有军事竞赛，没有逐步升级的核军备竞赛。这里是和平区和无核区。"苏联代表对此也表示支持，认为"（南极条约）是国际关系发展的一个新阶段，这是历史上第一次整块大陆而非某个单独地区被宣布为国际和平与合作的地区"。① 第五，对南极的具体价值当时认识还不够，还有待于更多的科学考察去探明。

条约虽然暂时稳定了南极地区的局势，不过作为南极事务管理的主要条约，它还存在相当大的局限性。

首先，条约虽然声称具有开放性，欢迎其他国家加入，但是条约成员国却有着协商国和缔约国两大类。只有在南极从事过具有重大价值的科研活动（最重要的一点就是建立一个南极科学考察站）的国家才能成为协商国，也只有协商国才拥有条约组织内部对于南极事务的表决权。这项规定大大有利于较早在南极展开科考活动的国家（英国、阿根廷）和具备雄厚科技实力的国家（美国和苏联），却不利于科技上处于落后地位的广大发展中国家以及较晚才在南极展开科考事务的国家。条约存在隐性的排外色彩。

其次，在条约内部，主权问题只是被搁置起来，按照条约规定，只是冻结既有的主权声明和禁止提出新的主权要求，对既有的权利要求并未明确否认。这项规定对于已经提出主权要求的国家（1959 年之前）的有利性是明显的，因为按照条约第四条的规定，本条约中的任何规定不得解释为：任何缔约国放弃它先前已提出过的对在南极洲的领土主权的权利或要求；任何缔约国放弃或缩小它可能得到的对在南极洲的领土主权的要求的任何根据，不论该缔约国提出这种要求是由于它本身或它的国民在南极洲活动的结果，或是由于其他原因；损害任何缔约国关于承认或不承认任何其他国家对在南极洲的领土主权的权利、要求或要求根据的立场。在本条约有效期间发生的任何行动或活动不得成为提出、支持或否认对在南极洲的领土主权的要求的根据，或创立在南极洲的任何主权权利。在本条约有

---

① Peter J. Beck. 1986. *The international politics of Antarctica* [M] Chichister: Croom Helm Ltd.: 312 - 313.

效期间，不得提出对在南极洲的领土主权的任何新要求或扩大现有的要求。所以，条约只是拒绝提出新的主权要求，既有的主权声明并未被要求放弃。在这样的情况下，一旦未来发生主权方面的争执，主权声索国将会居于明显的有利地位，主权问题对南极事务的困扰并未得到彻底消除。

再次，条约规定南极只能用于科研等和平目的，这固然是为了全人类的福祉而提出，但也不妨碍一些国家以科考为名行占地之实。阿根廷和智利曾经建立过一些没有任何科考任务的“考察站”，唯一的目的就是为了占据有利地位。苏联则开始逐步按照等距原则在南极大陆建立科考站，其占地意图不言而喻。而撇开科考的“伪装”，以其他方式“委婉占地”的行为也不少。条约签订之后，智利和阿根廷两国在南极设立了邮局、银行和学校等生活设施，在南极打电话也按国内标准收费，并且鼓励妇女前往南极分娩，而孩子一出生便被宣布为“南极土著居民”。这使得条约虽然去除了主权问题的表面困扰，但实际上更加剧了南极地缘政治的无政府秩序。

《南极条约》生效后的最初10年，被西方学者认为是南极问题自从被提出来以后短暂的平静时期，这一时期主导南极事务的主要是科学研究。详述科学考察和研究的活动不是我们的主旨，这里仍然集中分析其背后的地缘政治含义。各国进行的科考活动，其背后的政治意图实际上是不言自明的，诚如克劳斯·多兹教授（Klaus Dodds）所言：“认为南极条约组织的创建就能让南极在政治上彻底转型以有利于科学考察与国际合作的想法是幼稚的，在许多政治领导人看来，科学、政治与技术是紧密相连的。”①不过，南极问题的火药味确实没以前那么浓了，至少在20世纪60年代是如此。克劳斯·多兹通过对20世纪60年代主要国家南极政策的研究以及西方主要学者学术成果的统计发现，《南极条约》签订后，条约签约国家的官方文件中很少再提到领土扩张的地缘政治政策，但是在学术界如美

---

① Dodds，Klaus. *Geopolitics in Antarctic*：*Views from the Southern Oceanic Rim* [M]. Chichester：JohnWiley&Sons Ltd. ：125.

国、阿根廷、英国等国学者仍然致力于南极地缘政治的研究。[①]

南极的科学研究主要有两种形式：一是派遣南极科学考察队在一段时间内集中进行某一项或几项科学研究；二是有能力的话建立常年的南极科学考察站，进行各个科学领域的全面研究。南极考察站在南极科研中虽然承担着后勤保障和综合基地的任务，但也毋庸置疑地加强了考察国在南极的政治存在。例如，美国的阿蒙森—斯科特考察站就建在南极的"极点"上。这样，根据扇形原则，任何国家的扇形"领土"都要经过位于南极"极点"上的美国考察站，而扇形原则是七国提出南极领土要求的主要划界原则。这样一来，虽然美国并没有对南极提出自己的领土要求，但是如果发生南极利益分割，各国就不得不考虑到美国的存在。此外，南极还有一类特殊的考察站，名义上是科考站，实际上却不执行任何科考任务，唯一的任务就是"占地"，苏联、智利和阿根廷等国家都建有类似性质的考察站。在《南极条约》"冻结"了各国的领土要求并禁止提出新的领土要求之后，用科学考察站来"圈地"便成了南极"潜规则"。因此，建立南极科学考察站，开展广泛的南极科学研究除了有助于人类更好地了解和利用南极外，对于维护国家利益也有重要的战略价值。

南极科学研究还直接服务于南极的政策制定及国际谈判，为南极条约协商会议制定南极政策和法律规范提供重要的科学依据和智力支持。随着在南极科学研究的不断深入，以及人们对南极重要性认识的日益加深，南极条约体系不断完善。在持续的科学研究和调查的基础上，南极条约协商国通过历次协商国会议，先后制定了《南极动植物保护议定措施》《南极海豹保护公约》《南极海洋生物资源养护公约》和《关于环境保护的南极条约议定书》等条约及众多的决议草案。这些条约、决议主要围绕着保护南极环境和规范各国南极活动展开，构成了南极事务管理的法律基础和制度框架。这些关于南极事务的条约，其内容本身并不是中性的，而是各国利益博弈的结果。在政策的制定、实施过程中，一国掌握更多的关于南极的信息、数据，无疑将有助于提高其在南极事务中的发言权和影响力。纵

① Klaus Dodds. 2010. Governing Antarctica: Contemporary Challenges and the Enduring Legacy of the 1959 Antarctic Treaty［J］. *Global Policy* 1: 108 - 115.

观南极条约协商国历次会议不难发现，具有重要影响的国家无不是南极科学研究和考察大国。因此，各国为了在涉及到国家利益的相关问题上掌握发言权，维护其国家利益，都采取措施加大对南极的科研投人，将南极科学研究作为本国南极政策的优先方向。

南极的科学研究还是各国展示其科技实力，进而提高国际影响力的重要舞台。冷战时期，东西方两大阵营在全世界范围内在各个领域展开了全面的竞争。如这一时期，在科学研究领域，苏联、美国等的人造卫星技术、航空技术等都取得了重大突破。《南极条约》签订后，领土主权要求被冻结，用武力解决南极领土争端以及在南极开展军备竞赛的可能性已大大降低。于是，对南极“这一块人类最后征服的大陆”的科学研究便成为展现一国科研实力乃至综合国力的最后平台。

20 世纪 70 年代是世界政治发展的一个转折性年代，罗马俱乐部发表的一份《增长的极限》研究报告引起了全世界对资源耗竭的恐慌，中东战争以及阿拉伯国家因此对西方实施的石油禁运更加剧了人们对资源问题的担忧。西方世界经济发展的黄金期也走到了尽头，在 20 世纪 70 年代经历了漫长的经济滞胀后，各国迫切需要找到突破经济低迷的出口。第三世界国家的国际政治斗争取得了一定成果，尤其是在海洋法制定方面取得了一定成绩，对霸权国的海洋活动形成了一定约束，石油禁运更是显示了它们手中的资源武器。这些问题都与南极有着直接的联系，资源恐慌让人们想到了南极这块世界上最后未经开垦的处女地，南极的开发利用对于低迷的西方经济来说也许是个新的增长点，而围绕海洋权益的斗争更是直接关系到南极问题。

南极地区的各种生物和矿产资源一直是推动各国在南极活动的主要动力之一，英国率先对南极提出领土主权要求的驱动之一便是维护其在南极半岛周边海域捕鲸活动的权益，经过 20 世纪 60 年代的科学考察和研究，人们对此也已形成一定的认识。不过，在 70 年代，资源问题的困扰也导致国际社会对南极潜在资源进行了过于乐观的评估，当时人们对南极资源的认识大致有这样几个方面：

第一，南大洋作为海洋生物资源储备地的地位凸显。南大洋处于印度洋、大西洋和太平洋的交汇处，冷暖洋流在此相遇，海洋生物资源相当丰富。一些国家从 18 世纪开始就在南大洋上捕猎南极软毛海豹（fur seals）、象海豹（elephant seal）、南露脊鲸（southern right whales）等海洋生物。随着这些海洋生物数量减少，后来磷虾成为人们的捕捞对象。但是长期以来在南大洋从事捕渔活动的主要是挪威、英国、比利时等少数国家。日本和苏联从 20 世纪 60 年代开始在南极捕捞磷虾，自 70 年代开始比利时、智利、东德、波兰和韩国也加入捕捞行列。从 1958 年开始，国际社会通过三次联合国海洋法会议，各方就领海、毗连区、专属经济区等问题达成一致协议。一些沿海国纷纷划定各自的专属经济区，传统上大量消耗海洋生物资源的苏联、日本等国可以自由捕捞的范围大大缩小。于是，苏联、日本等国将捕渔目标区域转向主权归属不明确而海洋生物资源丰富的南大洋周边海域。①

另外，全世界人口在 20 世纪 70 年代以后迎来了增长的高峰，西方学者对粮食供应能否满足急剧增长的人口需求表示出担忧，而南极丰富的渔业资源刚好可以为人类提供食物补充，缓解人们对粮食危机的担忧，如南大洋的磷虾富含蛋白质，具有很高的食用价值，同时也是重要的工业原料。20 世纪 70 年代，国际社会估计每年全球所需要的捕鱼量大约在 700 万吨才能满足人类的需求。不少还没加入捕捞行列的国家也将南大洋视为后备捕鱼区，使得南极的海洋生物资源的重要性更加凸显。

第二，随着科考的推进以及生产技术的进步和工具的革新，不少国家发现南极潜藏着丰富的矿产资源，其潜在的开发利用价值引起不少国家的关注。

在早期关于南极的报告中，有许多关于南极矿产资源储藏丰富的研究，这成为吸引各国参与南极开发的主要驱动力之一。早在 1912 年，斯科特和爱德华·威尔森的南极探险活动就有其在南极发现煤的记载。② 到 20

① 《联合国海洋法公约》于 1982 年通过以后，各国据此陆续划出了 200 海里专属经济区，而南大洋由于《南极条约》冻结了领土主权要求，除了澳大利亚曾提出其在南大洋 200 海里专属经济区外，其他国家均未提出，因而被认为享有“公海性质”。因此，不少国家转向南大洋来捕捞磷虾、鱼类等海洋生物资源。

② H. G. R. King（ed.）. 1972. *Edward Wilson*, *Diary of the Terra Nova Expedition to the Antarctic 1910—1912* [M] . London: Bland ford: 241.

世纪80年代，人们在南极的科学考察中陆续发现了铁矿（主要在查尔斯王子山脉一带，Prince Charles Mountains）以及钛、铜、铅、锌、钴、石墨（主要在东南极大陆一侧，East Antarctica）、锡、钼等矿产资源。[①] 同时，关于南极可能蕴藏丰富的海上资源如石油、天然气以及深海锰结核等资源的推测，使南极作为资源宝库的地位受到高度重视。在20世纪80年代的南极科考报告中，每年都有关于南极矿产资源的最新发现的报告。美国地质勘查局（United States Geological Survey）1974年发布一份报告称，南极天然气储藏量至少在115万亿立方英尺。[②] 1979年海湾石油公司的一份报告预测，南极的石油储量至少在500亿桶以上。[③] 但是，那时候的科学研究并没有为南极的矿产资源存储量提供确切的资料依据，更多的是基于如冈瓦纳古陆假说以及地质成矿的规律而做出的推测。[④]

第三，20世纪70年代爆发的石油危机使人们认识到对关键性资源的控制对于一国生存发展的重要性。在国内资源有限的情况下，不少国家开始积极寻找替代资源和新的资源储藏地，而南极的"无主地"身份及其潜在的丰富矿产资源，成为一些国家藉以摆脱能源短缺的目标。

这样，科学考察报告中关于南极资源的发现，以及专家对南极潜在丰富资源的推测经由媒体报道渲染，使南极作为资源宝库的地位受到空前重视。在巨大的利益诱惑下，除了传统的南极活跃国外，不少非南极条约体系国家以及非国家行为体也开始关注南极问题，引发了各方围绕南极资源问题展开的地缘政治角逐。这是南极地缘政治进入20世纪70年代后出现的一个新的发展趋势。

从20世纪70年代开始，一些国家政府机构和公司开始对南极的矿产

---

① Tore Gjelsvik. The mineral resources of Antarctica：progress in their identification [J]. Vicuna. 1983. *Antarctica Resources Policy* [M]. Cambridge：Cambridge University Press：62.

② N. A Wright and P. L. Williams (eds.). 1974. Mineral Resources of Antarctica [R]. Washington：US Geological Survey：705.

③ Peter J. Beck. 1986. *The International Politics of Antarctica* [M]. Kent：Croom Helm，Ltd.：241.

④ Gjlsvik. Scientific Research and Cooperation in Antarctica，转引自 Peter J. Beck. 1986. *The International Politics of Antarctica* [M]. Kent：Croom Helm，Ltd.：241。

资源进行勘测，为将来在南极从事资源开发做准备。1978 年底，美国海湾研发公司（U. S Gulf Research and Development Company）提出一个雄心勃勃的对南极大陆外围的地质构造和资源的勘探计划，该项目获得美国国家自然基金的支持，每季度投资多达 250 万美元。而 1979 年 10 月，日本国家石油公司（the Japanese National Oil Corporate）也派遣排水量为 1000 吨的 Hakurei Maru 号船前往罗斯海进行为期三年的石油天然气勘测计划。[①]几乎同时，德国（前联邦德国）、苏联、比利时等国也实施了与南极资源勘探相关的计划。这些国家在南极的资源勘探行动大多打着科学研究的旗号，其主要目的则是探清南极地区资源的实际储藏量。这些行为引发了国际社会对南极资源的担忧，尤其是非南极条约体系成员国对南极条约体系成员国将南极“殖民化”的反对。

资源问题与领土主权问题密切相关。资源的开采和利用本身受到诸多地理和技术因素的制约，但资源开发导致的权益分配则与资源所有权进而与领土主权问题密切相关。1959 年签署的《南极条约》冻结了南极领土主权要求，要求各方在条约有效期内不得对南极提出领土主权要求。考虑到当时复杂的国际形势，各方在谈判中有意回避了南极的资源开发利用问题，只在第九条中提到“南极生物资源的保护和养护”，对于矿产资源问题完全没有涉及。随着南极科研的推进和生产技术的进步，资源的开发利用（主要是南极大陆的矿产资源）成为眼前很快看得到的事。在这种情况下，南极条约体系需要制定相应的协议，对将来可能的资源开发、利用进行规范。

以资源为中心的南极地缘政治竞争，其主要矛盾冲突来自于两个方面：一是在南极条约体系成员国内部，领土主权要求国与非领土主权要求国（以及美国和苏联）之间围绕着南极资源是否应该被开发利用的问题展开；二是南极条约体系成员国与体系外“第三方”之间，主要围绕着南极事务的治理权限问题展开（此时主要是关于南极资源管理问题的讨论）。各方围绕着这两个问题的斗争构成了 20 世纪 70 年代和 80 年代南极地缘政

① Barbara Mithcell. 1980. The Politics of Antarctica [J]. *Environment: Science and Policy for Sustainable* 22 (1): 12 - 41.

治的图景。

在南极条约体系内部，围绕着南极资源开发利用问题主要有两种观点。一种观点认为南极资源不应该被开发利用，认为开采利用南极资源与《南极条约》的宗旨“保护南极环境”和“进行科学研究”相悖。持这种观点的国家主要是对南极提出领土主权要求的新西兰、阿根廷、英国、法国、澳大利亚、智利、挪威七个国家。这些国家对体系内主张开发利用南极资源的成员进行反对。1978 年新西兰外交部长塔尔博伊（B. E. Talboys）在一次谈话中就对“一些国家在科学的名义下进行资源勘探”的行为表示出不满。[①] 这些国家的用意非常明显，因为《南极条约》虽然没有明确否认声明国的主权要求，但科学考察和研究不受主权要求范围的限制，因此在此名义下的资源开采利用如果成为事实，它们的主权要求也就失去了意义，成为一项空洞的坚持。如果资源开采利用得到禁止，这些国家至少还对其主权要求领土下的资源拥有可能的权利。不过它们内部也有过一些意见变动，英法两国在 1984 年南极条约协商国会议第十二次大会上就发生了争执，英国要求各国有权在自身已提出主权声明的领土上从事矿物开采，而法国则要求抛弃以主权声明界定矿藏开采区域的做法。[②] 所有权是与资源密切相关的问题，是资源的主要法律特征，是解决资源开发、利用及其权益分配问题的基本法律依据。而资源的所有权最终附属于领土主权基础之上，主权问题不解决，资源的所有权问题也就缺乏最终依托。就南极而言，一旦资源被各国机会均等地开发利用，这七个领土主权要求国面临的不仅是巨大的经济损失，而且其领土主权诉求显然也大大受到削弱。正因为如此，七个有领土主权要求的国家对南极资源尤其是不可再生的矿产资源开发持反对立场，这成为影响关于南极资源问题谈判的难点。英国政府在一份外交备忘录中提到，“南极矿产资源问题的谈判将是一个非常棘手的问题。领土主权要求国与非领土主权要求国之间分歧的主要根源在于南

---

① B. E. Talboys. 1978. New Zealand and the Antarctica Treaty [J]. *New Zealand Foreign Affairs Review* 28 (3): 32.

② Klaus Dodds. *Geopolitics in Antarctic*: *Views from the Southern Oceanic Rim* [M]. Chichester: John Wiley & Sons Ltd.: 39.

极的主权问题，这也是目前为止谈判中遇到的最大困难”。[①]

而另外一些体系成员国则认为，开发南极资源属于“和平利用”的范畴，并没有违反《南极条约》的宗旨。持这一观点的国家主要是南极条约协商国中非领土主权要求国，尤其是科学技术发达的苏联、美国等国家。南极资源开发条件一旦成熟，这些国家显然最先从中获益。

1970 年美国总统尼克松提出了美国在南极的政策：（1）继续维持南极条约体系的效力；（2）南极应该继续用于和平目的；（3）南极科学研究应该重点突出对南极资源的评估和勘测。[②] 在 1975 年美国助理国务卿上交给美国参议院的一份关于南极的报告中，这些原则再次得以确认，并突出了美国在南极的权益：自由开展南极科学研究的权利，以及南极重要资源的可获得性和开放性。为实现这个目标，要求确保所有南极体系成员国平等地参与南极事务，并确保南极条约有序运转。[③]

当时超级大国苏联也对南极采取了类似的立场。苏联加紧了对南极资源勘探的力度，为南极资源的商业开发利用做准备。自 20 世纪 70 年代初期开始，苏联陆续在南极大陆外围资源潜在储量丰富的地区建立了一些考察站，特别是在被认为有丰富矿产资源及碳化物的罗斯海和南极半岛、在被认为富含天然气的威德尔海等地。[④]

基于在南极进行资源勘探、开发、利用的高经济成本和高科技要求，一般国家显然无法参与进去。因此，事实上美国等主张的对南极资源开发的“门户开放”政策主要是为自身参与南极资源开发提供条件。面对一些领土主权要求国的反对，美国甚至做好了在发达工业国家与新兴国家（如巴西等）之间，用最小化结盟战略达成开发南极资源的决议。此外，美国

---

① Auburn. *Antarctic Minerals and the Third World*：207 – 209. 转引自 Peter J. Beck. 1986. *The International Politics of Antarctic*［M］. Chicheste：Croom Helm Ltd.：254。

② U. S. White House. 1975. Office of the White House Press Secretariat［R］. October 13.

③ U. S. Congress［Senate］. *Statement of Assistant Secretary of State Dixy Lee Ray on U. S. Antarctic Policy to Subcommittee on Oceans and International Environment*［Z］, May 15.

④ Slevich，L. ed.，1977. *Leningrad*：*Russian Soviet Federated Socialist Republic Basic Problems of Antarctic Exploration*，转引自 F. Auburn. 1977. *German Yearbook of International Law*：20。

还计划必要的时候从经济、军事等方面向反对国家施压，以实现开发南极及深海海底资源的目的。[①]

在资源问题，也即当时南极地缘政治主要问题上的第三方力量是条约体系外的国家。长期以来，以《南极条约》为基础的南极条约体系垄断着南极事务的治理权，但南极条约体系因其成员少、代表性不足而被认为是排他性的“富国俱乐部”。自20世纪70年代开始，国际环境发生了巨大变化，越来越多的国家及国际组织开始关注南极问题，并表达出积极参与南极事务治理的愿望和要求。这一现象的出现主要受到以下几个因素的影响。

首先，一些国家希望将已为国际社会广泛接受的“人类共同遗产原则”援用到南极地区，作为处理南极事务的基本原则。传统上领土主权的获得主要是基于“发现”和“占有”两个原则，但随着技术的进步，人类生产活动的领域已经大大超出传统领土的范围，扩展到月球、太空、国际海底等这些新兴领域，这些新兴领域的主权归属问题显然无法用“发现”和“占有”等传统原则来确定。于是，一些国家提出月球和其他天体及其资源应适用“人类共同遗产原则”。[②] 这一原则随后被移植到联合国海洋法中，适用于不在任何国家管辖之下的海底资源。1970年12月联合国大会通过7249（XXV）号决议宣布，“国家管辖范围以外的海床和洋底及其底土（以下称区域），包括区域的资源，属于全体人类的共同遗产”。[③] “人类共同遗产”的核心内容就是月球、国际海底等这些新兴领域，它们属于全人类共同所有，对其资源的开发、利用与保护要符合全人类的利益，其权益要由全人类共享。于是，一些国家也据此提出将南极作为人类共同遗产，并引起了不少发展中国家的共鸣。

其次，第三世界国家力量逐步强大，在国际舞台上日益扮演着重要角

---

① Morris, E. 1979. Brazil at the Third United Nations Conference on the Law of the Sea [J]. *Ocean Development and International Law*: *Journal of Marine Affairs* 7 (1): 131 - 177.

② Bin Cheng. 1997. *Studies in International Space Law* [M]. Oxford: Clarendon Press: 365.

③ 联合国文件［Z］：A/RES/2749（XXV），10 ILM（1971）：220。

色，对处理包括南极事务在内的国际事务的信息和能力都大为提高。随着广大殖民地、半殖民地国家走上独立发展的道路，第三世界国家作为一支重要政治力量登上国际舞台。七十七国集团、不结盟运动等组织不断壮大，提出要求改变不合理的国际政治经济旧秩序，建立政治经济新秩序的主张。国际社会先后在外层空间、联合国海洋法会议等谈判中取得重大进展，增强了第三世界国家参与国际事务的信心。而南极作为潜在资源宝库的地位推动一些国家关注南极问题，一些发展中国家提出在南极资源的开采、利用方面享有平等的权利。如 1976 年几内亚在联合国粮农组织会议上便向南极条约体系成员国发难，质疑南极条约体系通过设置条件将发展中国家排除在南极事务之外这一做法的合法性。

不过，“人类共同遗产原则”和联合国海洋法会议上第三世界国家维护自身海洋权益所取得的成绩运用到南极问题时，实际上产生了一定的互相冲突效果。共同遗产原则有利于第三世界国家冲击南极条约组织的封闭性，增强自身在南极问题上的发言权，而 12 海里主权区和 200 海里专属经济区的概念一旦被对南极提出过主权要求的国家加以利用并且成为既成事实的话，无疑又会使得南极大陆更为封闭。这种冲突导致的结果是，第三世界国家内部在争取南极事务的参与权上被分化，而南极条约体系国家在面对第三世界国家对其合法性的质疑上变得团结一致。

在联合国海洋法会议进程中，阿拉伯国家在 1976 年、巴西在 1979 年先后提出将“南极问题”纳入会议议程，认为应将“人类共同遗产原则”应用于南极地区。1982 年，马来西亚总理马哈蒂尔在联合国全体大会上郑重提出，“《南极条约》应当被一项国际协议所取代，如此，各国对南极的主权声明这样的历史插曲才不会成为既成事实”。① 但是，这个提议遭到条约成员国的激烈反对，1983 年协商国集体授权澳大利亚政府向马来西亚驻联合国代表提出备忘，坚决反对联合国对南极事务的介入，并且发出强硬的警告，声称“放弃《南极条约》是对国际法和南极秩序的破坏，并且会

① Klaus Dodds. 1997. *Geopolitics in Antarctic*: *Views from the Southern Oceanic Rim* [M]. Chichester: John Wiley &Sons Ltd. : 39.

对国际安全和合作产生严重的影响”。[①]

不过，这一警告并未能够阻止马来西亚的努力。在同年3月举行的不结盟运动峰会上，马来西亚争取到不结盟运动对自己主张的部分支持。在马来西亚的不懈努力之下，1983年11月“南极问题”被正式列入联合国大会的议事日程，其结果是形成了1984年的《联合国南极研究报告》(The 1984 UN Study on Antarctic)。但是与马来西亚的期望相反（马来西亚希望用一个以联合国框架为基础的国际性组织来完全取代《南极条约》），这份研究报告肯定了《南极条约》的价值，认为这一条约的存在“使得南极在20世纪50年代后期得以避免冲突的发生”，“维持了南极地区25年的和平状态”。[②] 对于马来西亚等非条约成员国与南极条约组织成员国之间的矛盾与分歧，研究报告也只是予以确认，并认为应当将这些问题留待以后的联合国大会解决。对于马来西亚所期望出现的状况则只字未提，此后的多次联合国大会的决议也只是重复1984年报告的论调。可以说，以马来西亚为代表的发展中国家要求联合国介入南极事务的要求被南极条约组织协商国集团成功狙击了。

出现这一情况的原因一方面是发展中国家步调不一，既有马来西亚这样的“彻底革新派”，也有巴基斯坦和印度这样并不要求将《南极条约》彻底推倒，而只是寻求南极事务决策程序更为民主化的“有限改良派”。[③] 这一分歧的存在客观上有利于协商国集团进行分化瓦解，而协商国集团事实上也这样做了。1983年，巴西和印度被正式接纳为南极条约协商国，印度同时还是不结盟运动的主席国，其立场的改变使得马来西亚难以取得足够多的不结盟国家来支持自身的立场。而阿根廷等国虽然也属于发展中国家阵营，并且在争取海洋权益的斗争中发挥过作用，但是在南极事务方面却和发达国家一起坚持排外立场，维护条约组织的封闭性。同时，美苏两

---

① P. Peter J. Beck. 1986. *The International Politics of Antarctica* [M]. Kent: Croom Helm Ltd.: 289.

② P. Peter J. Beck. 1986. *The International Politics of Antarctica* [M]. Kent: Croom Helm Ltd.: 292.

③ P. Peter J. Beck. 1986. *The International Politics of Antarctica* [M]. Kent: Croom Helm Ltd.: 277.

个超级大国在维护南极条约组织上立场一致，使得马来西亚彻底推倒《南极条约》的意图更加难以实现。当然，马来西亚的失败恐怕还在于未能充分认识《南极条约》本身的价值，虽然《南极条约》并未彻底解决主权纠纷，也未能完全终结各国在南极的争夺，但是条约毕竟将各国的主权纷争予以搁置，同时缓和了20世纪50年代末期日趋紧张且极有可能擦枪走火的英阿关系，美苏的共同支持也使得两国在全球范围内激烈的军备竞赛并未发生在南极地区，南极的科学考察和信息交流等活动才得以顺利开展。对于条约的这一成果，国际社会是承认的，1984年联合国的研究报告也确认了这一点。如果将《南极条约》彻底推翻，主权声索国之间被冻结的主权之争极有可能会再次激化，而且南极一旦被完全纳入更为错综复杂的整个国际格局中，其相对平静的局面势必会被打破，这也是与马来西亚声明中"确保南极真正被用于和平目的"相悖的。不过，马来西亚持续不断的努力并非全无效果，协商国集团和马来西亚等国之间的争执提升了国际社会对于南极问题的关注与了解，1983年的南极条约协商国会议也通过决议要求"提升公众对于南极事务的了解，提高民众对于南极条约体系运作和成就的认知"。[①] 国际社会对南极事务兴趣的增强和条约体系运作信息的公开，有助于减弱条约体系本身的封闭性。

不过，在第三世界国家的推动下，南极条约协商国在坚持南极事务由其治理的前提下，还是做出了部分让步。首先体现在南极条约协商国有条件地接受了外部的"干涉"。如允许南极问题在联合国大会上讨论，同时注意吸纳联合国大会的部分建议，满足了体系外国家的部分要求。南极条约协商国将其关于南极问题的讨论内容逐步公开，其关于南极事务的决策逐渐透明化，并邀请联合国一些专门机构以及非政府组织成员作为观察员参与南极条约协商国会议。1987年的南极条约协商国会议第一次邀请了一些国际组织，如联合国粮农组织、联合国环境项目组（United Nations Environmental Programme）参与了南极环境保护的讨论，国际气象组织、国际电信联盟等参与了与其相关专业问题的讨论。

---

① P. Peter J. Beck. 1986. *The International Politics of Antarctica* [M]. Kent: Croom Helm Ltd.: 299.

南极条约协商国成员面对外界的压力，采取的另外一个应对措施就是扩容。通过有条件地拉拢外部国家，扩大南极条约体系成员的阵容，从而削弱国际社会反对体系的力量，维护其在南极事务治理中的合法性和权威性。《南极条约》1961 年生效，其 12 个原始条约成员国自动作为南极条约协商国。尽管《南极条约》对加入条约体系也做出了规定，但直到 1977 年波兰加入南极条约体系，此前一直没有吸纳外部国家加入。但整个 20 世纪 80 年代，共有包括中国、印度、巴西、秘鲁、乌拉圭、联邦德国、民主德国、瑞典、西班牙、韩国、意大利、芬兰等在内的 12 个国家成为南极条约协商国，成为南极条约体系吸收成员最多的一个 10 年。中国 1978 年就开始讨论与其他国家进行联合南极考察的可能性。1979—1980 年，中国有两位科学家加入了当年的澳大利亚南极考察计划。1981 年，中国建立了国家南极考察委员会来协调南极研究和与他国的合作，截至 1983 年已有 35 位科学家到不同国家的南极科考队中工作。中国 1983 年 8 月加入《南极条约》，1984 年 6 月成立第一支南极考察队。1985 年 2 月，中国在南极洲乔治岛上建立了中国南极长城考察站，并于同年 10 月 7 日获得南极条约协商国资格。

发展中国家最终并没有坚持将南极纳入“人类共同遗产”，而是与南极条约协商国达成某种程度上的妥协，即南极问题被允许放到联合国大会上讨论，同时南极条约协商国成员适度地听取联合国大会的建议，并逐渐对外界开放协商国会议的内部文件、信息等。对于这种结果的形成，有专家分析认为主要原因在于，当时国际社会尤其是发展中国家将主要精力放在了《联合国海洋法公约》的谈判上，一些国家担心在南极问题上提出过多要求，一旦与南极条约协商国关系陷入僵局，将不利于联合国海洋法公约的谈判。换言之，一些发展中国家是将南极问题作为谈判的筹码，以迫使发达国家在联合国海洋法问题上做出让步。①

尽管国际社会对南极潜在的资源储量做了乐观的估计，但一些专家对短时间内开发利用南极资源的前景却并不看好。考虑到南极恶劣的自然条

---

① D. Shapley. 1977. Antarctic Problems：Tiny Krill to Usher in New Resource Era［J］. *Science*196：505.

件、南极资源远离市场及其脆弱的生态环境等因素，南极资源短期内被开发利用的可能性大大降低。一些南极专家也指出，在未来相当长的一段时间内，南极最重要的“出口产品”仍然会是科考数据。[①] 这也是一些发展中国家放弃原来坚持的原因之一，而这从另一个方面说明，一旦南极资源尤其是大陆矿产资源的开发利用成为现实，南极地缘政治问题还会重新复杂化。

与资源问题的开发利用考虑同步，南极地区的资源保护协定也在这一时期取得重大进展。《南极条约》签订生效后，协商国又于 1964 年签订了《保护南极动植物议定措施》，1972 年签订了《南极海豹保护公约》，1980 年签订了《南极生物资源养护公约》。1988 年 6 月通过了《南极矿物资源活动管理公约》的最后文件，该公约在向各协商国开放签字之时，因《南极条约环境保护议定书》的通过而中止。但由于《南极条约环境保护议定书》中的很多条款系直接引自矿物资源活动管理公约，因此《南极矿物资源活动管理公约》仍被视为可引为参考的重要法律文件。当然，保护并非完全等于否定开发利用，如《南极矿产资源活动管理条例》就曾规定，各国在南极可开发时能够享受的资源份额将由其对南极科考事业的贡献程度来决定，反映了在南极问题中存在的“投入与收益相匹配”的思想观念，虽然该公约由于分歧太大未能生效，但也等于是为可能的开发利用提前做了规范。这些条约和《南极条约》共同构成了南极条约体系，构成了南极治理的制度基础和框架，体现了国际社会在南极问题上合作的一面。

20 世纪 70 年代南极地缘政治发展的另一个特点是非国家行为体对南极事务的关注和参与开始兴起，尤其是在环保领域，如绿色和平组织等。1975 年，美国参议员佩尔（Senator Pell）就向参议院海洋和环境委员会提议，应当将私人工业企业，尤其是与重金属和石油相关的企业作为美国在南极条约协商国会议上的部分官方代表。[②] 前面所讲的南极和南大洋联盟

---

① Quigg. P. W.. 1983. *A Pole Apart*: *The Emerging Issue of Antarctica* [M]. New York: New Press: 39.

② Klaus Dodds. 1997. *Geopolitics in Antarctic*: *Views from the Southern Oceanic Rim* [M]. Chichester: JohnWiley &Sons Ltd.: 116.

（Antarctic and South Ocean Coalition，ASOC）也是个典型例子，它成立于1977年，是在南极条约体系成员国之外独立运作的一个多国生态联盟，通过向相关方输送环境信息施加政治影响，参与南极事务的讨论。1987年，绿色和平组织在美国麦克默多南极考察站（McMurdo station）附近设立营地，并先后走访数个考察站，以确定科研考察对南极造成的污染和破坏。南极条约体系也顺应了这种发展变化，允许非政府组织参与会议。不过，这种开放并非完全体现了公众参与的开放性和民主性，因为事实上非政府组织的能力分布是非常不平等的，这种不平等比国际政治中的不平等还要严重，只有以发达国家为依托的非政府组织才具有相应的专业和资金能力，因而非政府组织的参与事实上是增添发达国家在南极问题上的影响力和知识供给、观念塑造能力。

南极条约体系之外的其他国际机构，尤其是联合国系统从20世纪70年代开始对南极的关注也在增多。1971年，联合国秘书长提议联合国经社理事会下的资源委员会关注南极的资源问题，认为“如果资源委员会不将与南极资源相关的信息及其评估纳入其项目之内，则其工作将是不全面的”。[①] 1975年2月联合国环境项目组织（United Nations Environment Pregame）建议联合国在南极资源的开发、勘探时的行为规则方面提供指导，以保护南极的环境。面对来自外部日益增多的压力，南极条约协商国总是运用其在国际机构的影响力来迫使这些机构减少对南极事务的干预。同时，协商国自身也通过召开会议，制定相关的规则，采取相应措施，以向外界表明其应对南极挑战的能力，从而回应外界的压力。1976年联合国环境项目组织拨款202000美元，支持由联合国粮农组织实施的南大洋渔业调查项目（Southern Ocean Fisheries Survey Program）。这个项目到1979年就以“需要将经费投入到更合适的发展中国家去”为由而中止，但据知情人透露，联合国粮农组织停止该项目的决定主要是受到来自南极条约协商国的压力。与此同时，与南极条约体系关系密切的南极科学研究委员会（SCAR）也在组织进行一项与联合国粮农组织相似的项目——南极海洋生

① 联合国. 1971. UNGA E/C 7/5［Z］。

态系统与生物资源考察（BIOMASS）。[①]

最后，我们还要回到一个问题，即这段时期南极的地缘政治与整个世界的冷战大格局是一种什么样的关系。研究发现，作为一个次级区域的南极，其地缘政治既受到冷战大格局的影响制约，也明显表现出一种背离，以至于有一些学者提出“冷战从未波及南极”的判断。[②]

从小环境与大格局的一致性来看，尽管美苏两个超级大国都刻意渲染南极地区是一个和平与合作的地区，但两大集团互相的戒心仍然很深，南极并非东西方对抗的“世外桃源”，比如澳大利亚和新西兰就一直对苏联在南极的活动感到担忧，始终注重与美国协调南极活动，美国也将苏联在南极的活动描述为“来自南极的红色威胁”。[③]

不过，两者的背离也是明显的，除了两个超级大国需要南极这样一个“反例”来衬托和平与合作氛围外，在冷战最激烈时期，南极地缘政治的冲突焦点实际上在西方内部，尤其是在英国、阿根廷与智利三国之间，而这三国又都与美国存在结盟关系。美国之所以接受暂时冻结主权问题的南极政策，考虑之一就是为了不至于让南极问题破坏整个地缘政治世界大格局，西方内部不至于因南极问题而陷入分裂。在条约签订之后，虽然此前的种种问题未能得到真正的解决，各国在南极的争夺也不时有加剧的趋势，但南极地缘政治整体上摆脱了冷战时期东西方激烈的政治军事对抗而逐步演化出自己的发展特点，即由条约协商国集团对南极事务进行管理，非条约国家则遵循从非条约国—缔约国—协商国的顺序逐步进入南极事务的决策圈。

这种既一致又背离的现象是可以解释的。首先，在整个冷战时期，南极并非超级大国始终关注的重心，与中东、柏林这些东西方对抗的焦点相比，南极的地位无疑是相对次要的，因此南极可以作为一个“例外”而存

---

① Barbara Mitchell. 1980. The Politics of Antarctica［J］. *Environment* 1（22）：12－41.

② Klaus Dodds. 1997. *Geopolitics in Antarctic*：*Views from the Southern Oceanic Rim*［M］. Chichester：John Wiley &Sons Ltd.：213.

③ Klaus Dodds. 1997. *Geopolitics in Antarctic*：*Views from the Southern Oceanic Rim*［M］. Chichester：John Wiley &Sons Ltd.：211.

在。其次，第三世界的兴起对国际政治格局形成了冲击，冷战的紧张气氛与广大第三世界国家求和平谋发展的趋势对立。如果两个超级大国再把冷战对抗扩大到南极地区，这会使它们更不得人心。如在《南极条约》签订之前，美英两国一度声明保留各自在南极进行核试验的权利，但此后却为阿根廷等国成功劝阻。第三，南极自身的地理位置处于地球最南端，离两个超级大国相隔万里之遥，其在全球地缘政治中的位置还没北极重要，如美国虽然在南极执行了“腾跃计划”和“风车计划”，投入了大量人力与物力，但其最终目的却是为了测试人员与装备在极地的运转情况，以适应北极战略的需要。这也决定了一些具备地缘接近优势的国家（如阿根廷和智利）能够在南极的地缘争夺中占据重要地位。离南极较远的地理位置甚至使得最早对南极宣示主权的英国也不得不承认自身在南极争夺中的不利地位。最后，虽然第三世界国家甚至非国家行为体在政治上发起了挑战，但南极气候严酷，环境恶劣，对南极进行勘探需要先进的技术和巨大的投入，除了具备地缘优势的国家（阿根廷）外，只有那些具备雄厚经济和技术实力的发达国家才能在南极展开竞争，因此这种挑战最多也只是政治上的，对南极的实质性活动并未构成严重问题。这也是20世纪70年代后期以来，面对发展中国家的巨大压力，以美国为首的协商国集团坚持“投入与收益相匹配”原则的原因。而南极条约体系一定的开放性也瓦解了第三世界国家的一致立场，在南极成功进行活动以及具备条约协商国身份成为一国科技实力与国际地位的象征，因此印度这样的协商国集团“后来者”也转变了立场，转而维护条约的地位。

三、环境生态驱动阶段

环境保护意识的兴起对人类发展来说是个巨大的发展和变革力量。环境运动在20世纪60年代就已形成，不过当时主要是与“反战”，尤其是“反核”运动联系在一起的，可以说是国际社会对冷战的一种抗议表达。70年代环境运动更多地体现为对资源问题的担忧，而80年代人类开始把环境与生态联系在一起，尤其是全球气候变暖成功地把环境运动引导到生态保护的方向上来。

《南极条约》签订时各方就认识到南极的环境保护问题，条款第一条就禁止南极被用于军事目的，第五条规定了禁止在南极丢弃核材料。这两条对南极的环境保护提供了基本的轮廓，但还没有对环境保护做出具体的规定。此后的历次协商会议又通过了许多保护环境的措施。

1964 年第三次协商国会议上通过的《南极动植物保护议定措施》提出要在南极建立“特别保护区”（Special Conservation Area）。该议定措施与其后的其他环境保护协议的一个显著不同之处在于其规定了与《南极条约》地理上一致的适用范围，即包括南纬 60 度以南的广大南极大陆及其冰雪地区，但不包括其邻近的海洋生物资源。

此后，南极的环境保护开始扩大到附近海洋。1972 年签署的《南极海豹保护公约》（The Convention for the Conservation of Antarctic Seals）是专门保护南极海豹的协议。该公约主要规定了保护南极海豹的具体措施，包括在南纬 60 度以南地区捕杀海豹的种类和数量限制等。1980 年又进一步从海豹扩大到其他海洋生物资源，签订了《南极海洋生物资源养护公约》。

最后，南极的环境保护问题又回头关注矿物资源问题，1988 年 6 月通过了《南极矿物资源活动管理公约》的最后文件，不过该公约在向各协商国开放签字之时，因《南极条约环境保护议定书》的通过而中止。

尽管通过了诸多从陆地生物到海洋生物，再到矿物资源的条约措施，但困扰国际社会的南极资源的开发利用问题并没有得到解决，这些条约反而给人一种暗示，即保护条件下的开发利用是可能的。围绕这个问题，各种带有不同含义的观念争论也在继续，如人类共同遗产、投入与收益相匹配、主权与反主权等。如《南极矿产资源活动管理公约》出于环境保护对矿产开发做出了极其苛刻的专门规定，几乎使得短期内无法开采矿产资源。[①] 同时，为便于公约履行，还建立了专门的委员会。委员会如果认为开采行为可能给南极环境带来负面影响时，有权决定禁止或限制开采。但它毕竟还是为开发利用留出了一道门，因此公众对环境保护的热情，仍然导致对矿产资源开采的谈判归于失败。于是，一向反对矿产资源谈判的澳大利亚率先于 1989 年 5 月公开反对公约，发表声明称“宁愿将南极变成一

① Skn Blay. 1992. New trends in the protection of the Antarctic environment：the 1991 Madrid Protocol [J]. *The American Journal of International Law*：2：86.

个世界公园或者天然保护区”。紧接着法国、印度和比利时也表示对澳大利亚立场的支持。比利时甚至认为公约是“危险的、不合时宜的”产物。[①]在这些国家的支持下，南极条约协商国决定制定一项关于环境保护的综合性条约来取代此前的《南极矿产资源活动管理公约》。《南极矿产资源活动管理公约》的夭折可以说是国际社会对南极环境日益关注的结果。

1991年《南极环境保护议定书》的签订则带有里程碑意义，议定书宗旨就是保护南极自然生态。议定书规定，严格禁止“侵犯南极自然环境”，严格“控制”其他大陆的来访者，严格禁止向南极海域倾倒废物，以免造成对该水域的污染，禁止在南极地区开发石油资源和矿产资源。与此前分散的环境保护条款不同，议定书在南极环境保护上取得了一系列的突破。（1）议定书统一了南极环境保护的行为规范，协调了各条约之间的关系。（2）议定书弥补了南极环境保护中的空白领域。之前关于南极保护的条款散见于各个领域，主要针对具体问题领域而设置。议定书采用统一的标准，将人类在南极的所有行为都囊括其中，进行规范管理，从而弥补了南极环境保护的法律空缺。（3）议定书终止了对于矿物资源开发利用的争论。

其他隐含的争论也因议定书的签订而暂时满足了各方的需求。首先，一些国家希望对历年来南极条约协商国批准的各种环境保护的建议进行更新和发展，从而为南极环境保护提供一个综合性的国际机制，以有效地推动南极大陆环境的保护。这些国家主要是南大洋国家，如澳大利亚、阿根廷、智利等。这些国家在地理位置上与南极大陆相邻，担心南极环境遭到破坏，其本土大陆将首当其冲地受到影响。其次，矿产资源开发更多地涉及到领土主权归属问题，一些国家如阿根廷、澳大利亚等于是借环境保护之机，禁止了矿产资源的开发、勘测，以维护其在南极的领土主权要求。《南极环境保护议定书》以环境保护的名义禁止了各国在南极开采矿产，从而暂时缓解了各国围绕南极资源问题展开的争论。再次，议定书也满足了条约体系外国家的目的，因为有实力实质性在南极存在的国家都已被吸收到南极条约体系中，停留在体系外的国家自身还不具备这方面的能力，

---

① Mercury. 1989. Belgium Snubs Antarctic Plan [N]. July 7.

但又担心有能力的国家根据“投入与收益相匹配”原则先行从南极开发中受益，议定书对开发的禁止基本上也缓解了它们这方面的担忧。

这一重大转折的发生是有其深刻的国际大背景的。首先，从全球来看，20世纪90年代冷战的结束使传统的军事安全威胁降为相对次要的位置，各种非传统安全的重要性凸显出来，全球环境问题便是西方学界关注的一个重点问题领域。1992年6月在巴西里约热内卢召开的联合国环境与发展大会更是直接推动了人们对环境问题的关注。而南极地区生态系统尤其脆弱，在20世纪80年代因矿产资源开采问题引发的讨论将南极问题引向“国际化”，成为公众关注的一个焦点。

其次，随着人类在南极活动的频繁，加之全球性问题的影响，南极自身也面临着一些亟需解决的环境问题。随着到南极进行科考、参观的人员数量的增加，南极所承受的生态压力日益增大。大量的科考和旅游等人类活动对南极的地质和生态环境造成了破坏。在南极建立的大量观察站，以及相关基础设施的建设和生产工具的使用改变了地形地貌，破坏了南极地质环境。如对罗斯岛西岸的阿德雷企鹅栖息地的监测表明，由于大量游客毫无限制地自由参观，其生态环境已遭到破坏，导致阿德雷企鹅数量快速下降。[①] 此外，随着人类在南极活动的增多，一些突发性事故的发生率也大为提高，增加了南极地区环境破坏的风险。南极地区本身环境的变化也引起南极条约协商国的注意，需要采取更为严格的措施来维护南极地区的可持续发展。

第三，各种环境保护的非政府组织越来越频繁地介入也是推动南极环境问题成为20世纪90年代地缘政治焦点的重要因素。到20世纪90年代后，各种非政府组织如人权组织、环境保护组织、野生动物保护组织等异军突起，积极影响政府决策和国际事务的发展，对于南极事务也不例外。20世纪90年代以后国际社会将关注的焦点转向环境问题，为NGO施加影响力提供了有利的渠道。各种环境组织积极介入南极的环境保护，如地球之友、绿色和平组织等都在积极推动政府在南极的环境保护立法，从而推

---

① 陈杰：“人类活动对南极陆地生态系统的影响”，《极地研究》2000年第3期，第62—74页。

动国际社会对南极的环境保护。

对20世纪90年代以来南极地缘政治的分析我们放在下一部分一起讨论，这里最后想指出的是，环境保护议定书的签订促成了南极地缘政治发展的一个重大转向，环境问题成为影响南极地缘政治走向的主要问题，各国也围绕着南极环境保护的话语权展开了竞争。这一转向加上冷战结束而导致国际格局的复杂化，从某种意义上使得南极地缘政治的格局变得更难以清晰辨认。这一转向和我们在地缘政治理论里讨论的批判地缘政治学的兴起也有着大背景上的吻合，显示了各种观念、信息和知识的竞争，以及话语构建的重要性。不过，议定书也并未使南极的地缘政治和之前的南极问题决裂，在一定的条件和背景下老问题还会继续以新的方式冒出，就像我们前面比喻的表面与“暗流”的关系所表明的那样，如伴随着2009年的到来，在《南极条约》冻结主权声明50年的期限将满之际，英国就在2007年表示将向联合国提出对南极地区部分海床拥有主权的动议，招致智利、俄罗斯等国的反对。

第二节　南极地缘政治的现状分析

南极地缘政治的演变历史表明，南极问题并非是一个孤立的存在，相反，其受制于国际政治整体格局的起伏变化。南极地缘政治在发展演变过程中呈现的阶段性特征已经非常明显地体现了这一点。自冷战结束以来，国际地缘政治格局发生了迅速变化。美国学者戴尔·沃尔顿（Dale Walton）在其《地缘政治与21世纪的大国——多极与战略观革命》一书中，以1991年苏联解体为界限，将国际政治体系分为“哥伦布时代”和“后哥伦布时代”两个阶段。他认为，在前一时代，由于受科技发展缓慢的制约，地理因素在世界政治中的作用非常突出。在这一阶段中，地理因素既是各国制定战略的重要依据，也是影响世界政治的重要因素。但是，在科技快速发展的冲击下，地缘政治因素在后一阶段的影响被削弱，但仍在发挥重要作用。[①] 从这一意义上讲，南极地缘政治格局的现状应该有着不同于其历史上的新特征。但与此同时，我们也不能忽略南极特殊的地理条件对其地缘政治格局的独特影响。因此，我们对南极地缘政治的现状分析，一方面要意识到国际地缘政治格局的变动给其带来的新趋势，另一方面也要结合南极自身的独特地理条件来考察。唯此，我们才能对南极当前以及未来一段时期内的地缘政治格局有一个较为准确的把握。

一、地缘政治格局及其分析方法

地缘政治格局被定义为“在特定的历史时段内，以政治行为体为单元（国家、国家集团、国际组织等）的地缘政治力量中心，通过地理空间进行的相互作用所形成的相对稳定的空间结构”，其由地缘政治单元、空间连接体以及各要素之间的互动等三个基本要素构成。这一概念包含以下含义：其一，地缘政治格局是由地缘政治力量中心塑造的，地缘政治力量中心必然是地缘政治行为体主角，非力量中心在地缘政治格局形成中不具有主导作用；其二，地缘政治格局存在空间形态，具有覆盖的空间范围、主角行为体的数量、位置关系等；其三，结构内行为体之间的关系互动是地缘政治格局维系和演变的主要动力。[②]

对地缘政治格局的分析，显然要受到地缘政治理论本身的演变的影响。鉴于地缘政治理论在其长期演变过程中形成的丰富理论体系，我们用其来研判地缘政治格局时可能会无所适从，但是作为一门分析世界政治的工具，其演变和发展仍然没有偏离其核心要义。英国学者杰弗里·帕克指出：“地缘政治学的核心手段是政治地图，其方法则包含于对其特性的考证之中，借此理解其所揭示的现象和滋生其形态的过程。”[③] 由此可见，地缘政治格局是构成地缘政治理论的重要组成部分。

---

① C. Dale Walton, Geopolitics and the Great Powers in the Twenty - first Century: Mulitipolarity and the Revolution in Strategic Perspective, London: Routledge, 2007, pp. 1 - 13.

② 陆俊元：《地缘政治的本质与规律》，时事出版社 2005 年版，第 247 页。

③ ［英］杰弗里·帕克，刘从德译：《地缘政治学：过去、现在和未来》，新华出版社 2003 年版，第 9 页。

地缘政治格局分析的目的在于解释地缘政治空间客体作为整体组成部分的行为及相互作用，其所要达到的根本目标在于了解整体地缘政治空间和任何既定时间里在其中发挥作用的过程。这一点将地缘政治学与传统的地理学研究区分开来。后者集中分析诸如气候、自然资源和地貌等地理因素对人类活动的“影响”，而前者显然要涉及更为宽泛、全面的内容。这也体现了地缘政治分析方法的两个突出特征：强调整体和过程。

其一，整体分析方法。地缘政治格局的分析基于这一假设：无论世界政治的结构多么复杂，其总存在一个拥有特别重要地位的“中心位置”。① 当然这种特殊重要性并不单指政治的，其包含着政治、商贸、技术、文化、人口和军事等多种因素的结合。地缘政治理论将这种中心位置描述为“核心区域”、“心脏地带”。一个中心的存在必定意味着一个完全与其相反的世界外围的存在，即“边缘”。如果我们将中心地区视为各种力量以不同形式的聚合点，边缘地区则是权力空白地区。由此可见，“中心”总是相对于“边缘”而言的，“中心”与“边缘”共同构成了地缘政治的全貌。也正是在这一意义上，我们说地缘政治格局的分析尤其强调整体思维。我们对任一地区地缘政治格局的分析，都需要将其置于世界政治整体视野之下，由此判断其在地缘政治中的总体情况。

整体分析方法对于分析南极地缘政治格局尤为重要。首先，对南极地缘政治格局的分析需要将其置于世界政治格局的整体趋势之下。南极被誉为人类科学研究的“实验室”，其原因在于南极独特的地理环境和特殊的国际地位。尽管如此，南极地缘政治格局仍然未脱离世界政治整体发展演变的大环境和大趋势。我们在前面对南极地缘政治发展演变的历史分析也证明了这一结论。同样，南极地缘政治格局的现状以及未来趋势，仍然会受制于当前和未来世界政治演变趋势的影响。其次，对单个国家南极政策的分析需要与对南极整体地缘政治格局的分析相结合。根据不同国家在南极领土主权问题上的态度及诉求差异，我们可以将南极地缘政治格局分成几大不同板块。但不同行为体的南极政策并不是孤立的，其不仅受到国内

---

① ［英］杰弗里·帕克，刘从德译：《地缘政治学：过去、现在和未来》，新华出版社 2003 年版，第 178 页。

政治的影响，而且受到其他行为体的南极政策和活动以及整体国际局势的影响。最后，南极问题中的某一特定领域的问题，诸如渔业问题、矿产资源问题、环境保护问题等等，受到南极地缘格局的整体影响。

其二，过程分析方法。批判地缘政治学者强调，研究地缘政治学的意义在于其能够为我们提供一张“与现实更相符”的世界地图。① 如何能够确保这张地图“与现实更相符”这一问题，凸显了动态过程分析在研究地缘政治格局中的重要性。地缘政治理论从强调“心脏地带”到“边缘地带”，从陆权论到海权论、再到制空权论，都鲜明地体现了地缘政治的动态变化。正是基于国际和地区局势的变化，地缘政治学者们在不同的历史阶段强调了不同要素在地缘政治中的重要性。

南极地缘政治格局的动态特征也是非常明显的。人类在南极的近两百年历史活动中，先后经历了领土驱动阶段、科考和资源驱动阶段以及生态环境驱动阶段等三个时期。在不同的历史时期，南极地缘政治格局也呈现出不同的形态。深究其背后的原因，不难发现，南极地缘政治格局的变动受到两大因素的驱动。其一，当时整体的世界地缘政治局势。如冷战时期南极的地缘政治格局明显不同于冷战结束之后、全球化进一步深化拓展之后的地缘政治格局。其二，主要行为体之间的互动历史。在当前的南极地缘政治中，领土主权归属、资源开发、环境保护、旅游业发展等问题往往相互交织、相互影响。其中，领土主权归属问题系南极地缘政治变动的一条红线，但领土主权问题往往又是基于行为体在南极的活动以及相互之间的互动历史。南极地缘政治的复杂性，使得我们在对南极地缘政治格局进行分析时，不能忽略其演变的历史过程。

二、南极地缘政治格局特征

结合前面对南极地缘政治一个多世纪以来的历史分析，利用地缘政治格局分析的整体分析方法和过程分析方法，我们可以发现：第一，南极地缘政治是一个动态的发展进程，而不是一个静态的、固定不变的结构；第

---

① Agnew, John., *Geopolitics: Previsioning World Politics*, London: Routledge, 2003.

二，南极地缘政治既是一个全球地缘政治系统的子系统，受大格局的影响和制约，同时也有一定的独立性，呈现出一个相对独立的子系统自身的特点和发展逻辑。

从其自身的构成来看，大致可以把南极的地缘政治分成以下几个板块。一是主权声明国板块，主要是七个已经提出过对南极领土的主权要求的国家。这些国家立场的一致之处在于不放弃它们已经提出过的对南极的领土主权要求，这与其他没有提出要求的国家形成了鲜明的区别。不过，由于部分国家间领土要求存在重叠，因此内部是有矛盾的，特别是在南美国家和其他国家之间。即使没有领土要求交集的国家间，有时想法也会不一致，一个明显的例子就是英法两国在1984年南极条约协商国会议第十二次大会上的争执，英国要求各国有权在自身已提出主权声明的领土上从事矿物开采，而法国则要求抛弃以主权声明界定矿藏开采区域的做法。[①]

二是南极条约体系国家板块。这个板块的共同特点是承认南极条约体系是对南极活动的主要治理机制，其作用至少到目前为止还无可替代。这个板块包含了主权声明国板块，但二者又无法完全一致，主权问题时不时会困扰体系的运转，没有提出过主权要求的国家经常得提防任何南极的倡议、活动和条约措施是否会掉进主权陷阱，从而妨碍它们的南极存在和活动。

三是体系外国家板块。这个板块的共同特点是这些国家一方面因自身实力有限而无法组织南极方面的实质性行动，另一方面又不愿意让有实力的国家独享任何南极活动所获得的收益，更反对主权声明国对南极的领土主权要求。

四是地缘板块，包括直接与南极大陆隔水相望的国家，以及不隔水相望但地理上接近的像巴西这样的新兴大国。这些国家因地理接近而显得比其他国家更重视南极问题，有些国家甚至把南极划入其国家安全考虑的范围。下面我们将会再详细提到，有些国家因《联合国海洋法公约》的生效而对南极地区提出了外大陆架的划分要求，从而成为事实或潜在的南极地

---

① Klaus Dodds. 1997. *Geopolitics in Antarctic*: *Views from the Southern Oceanic Rim* [M]. Chichester: John Wiley &Sons Ltd. : 39.

区（这里不仅指南极大陆，也包括其附近的海洋，或者说南大洋，尽管国际社会对南大洋的确切地理范围还存在争议）的主权要求国。

最后，也许可以把非国家行为体看做南极地缘政治的一个板块，其共同特点是与国家政府的政策有一定的出入。不过，除这一共同特点外，非国家行为体可以分为立场对立的两大类：一类是大的公司企业及其背后支持的非政府组织，主张对南极地区进行利用开发；另一类是激进的环保组织，主张实行严格的南极生态保护，甚至认为任何人类获得的踪迹都可能对脆弱的南极生态造成破坏。

不过，第一，这些板块分割并非泾渭分明的，有些国家的利益和立场可能同时跨越两个甚至更多板块；第二，即使是同一板块内部，除有着基本利益的一致性外，国家间的矛盾分歧也是明显的，有时甚至这种矛盾构成了某一时间段整个南极地缘政治的主要问题，如主权声明国板块；第三，板块是随着南极地缘政治的发展而变动的，一些地缘政治板块会发生分化，如体系外国家板块中的一些国家被吸收进了体系内，而新的板块也会形成，地缘板块就是个典型例子。这说明我们要用发展的眼光来看到不同板块的力量，今后新的分化组合也会随形势的发展变化而继续发生。

从南极地缘政治的发展历史看，我们根据主要行为体的参与动机和南极问题本身的发展动力，把它分成领土驱动、资源驱动和生态驱动三个阶段，每个阶段各个地缘政治板块对南极事务的推动，或者说南极问题发展的驱动力各不相同。在领土驱动阶段，主权声明国板块是南极地缘政治的主体力量，它们互相竞争，推动了人类对南极的探险和考察。其他有条件和能力的国家受此影响，也快速加入了探险考察行列。主权问题的激化和国际政治格局的大变动促成了《南极条约》的产生，从而结束了南极地缘政治的第一阶段。在资源驱动阶段，南极条约体系国家板块，特别是协商国成了主要的推动力。主权问题的暂时搁置为科学考察开辟了道路，而20世纪70年代的资源危机更是加大了各国投入的力度。尽管资源的开发利用问题并没有得到解决，但通过科学考察为此做准备的动机是非常明显的。同时，在这一阶段，体系外国家板块作为一种外部压力的促变因素开始显著，非国家行为体板块也在这一阶段开始介入，推动了人们对南极问题主流观念的转变。而在生态驱动的第三阶段，下面我们可以看到，南极地缘政治呈现出多元的发展趋势，不同发展方向之间明显存在话语竞争。南极条约体系板块在经历了一段危机后重新夺回南极事务的主导权，不过第四大板块——地缘板块开始作为一个干扰性变量加入，尤其是在《联合国海洋法公约》生效之后。非国家行为体的板块也变得比以前更为活跃。这两大板块如何影响到南极地缘政治的发展还有待于继续观察。

不过，阶段的发展并不意味着以往的问题得到解决而递进，相反，许多问题是以被搁置或冻结的方式累积了下来，如领土主权和资源开发的问题，这也使得南极问题变得越来越复杂和具有多面性。尤其是领土问题，它实际上贯穿了南极地缘政治发展的始终，只不过会以暗流的形式时涌时伏，任何一个地缘政治板块对此都从未掉以轻心。对于20世纪90年代以来的南极地缘政治发展，大致可以从以下几个方面来认识。

第一，非领土性议题继续考验着南极地缘政治。《南极条约》签订后，主权问题被搁置了起来，但南极问题继续以各种非领土性议题的方式发展，构成地缘政治竞争的新舞台。就目前来说，海洋生物资源就构成一个突出问题。

南极大陆周围海域蕴藏着丰富的生物资源，磷虾、鲸鱼以及其他鱼类为人类提供了丰富的蛋白有机质，成为一些国家开发利用的对象，因此非法、未报告和违规的捕鱼活动（Illegal，unreported and unregulated，缩写为IUU 捕捞）长期以来成为困扰南大洋渔业管理的难题。1998年生效的《南极环境保护议定书》以环境保护的名义，禁止了各方在南极的矿产资源的勘测、开发，而海洋生物资源则并没有被完全禁止，其捕捞主要依靠《南极海洋生物资源养护公约》进行规范。

《南极海洋生物资源养护公约》的签署主要是为了应对南大洋周围海域的海洋生物资源尤其是磷虾不断减少的情况。磷虾是南极及其海域生物如海豹、企鹅以及其他鱼类的主要食物来源，磷虾数量的急剧下降将直接导致南极及其周围海域生态环境的破坏。根据公约成立的南极海洋生物资源养护委员会是南极条约框架下管理南极海洋生物资源的唯一多边机构。到目前为止，共有包括欧盟在内的25个国家和国际组织加入。公约于1982年4月7日生效，并在澳大利亚塔斯马尼亚州首府霍巴特设有委员会秘书处。公约签订初期对于有效调节南大洋周围海域的渔业起了重要作用，有效地管理了南极周围海域的捕捞行为。但公约生效近30年来，国际环境发生了较大变化，对于南大洋上的捕捞行为管理已经表现出越来越不适应。

首先，在南大洋上从事捕捞行为的国家数量迅速增多，捕捞技术不断更新。在新的捕捞技术下，南大洋生态环境更易遭到破坏。长线多钩钓鱼法在南极捕捞活动中被广泛采用。现代捕渔技术的发达使人们更多地摆脱了自然环境、气候等外在因素的限制，在海上作业时间更长，产量更高。

其次，《南极海洋生物资源养护公约》签订之初，在南大洋从事捕捞行为的船只大多是公约成员国，船只只要悬挂国旗就很容易辨认，可以进行较为有效的管理。但现在越来越多的非养护公约签署国的船只也开始在南大洋从事捕捞活动，同时从事捕捞活动的公司性质又大多变成跨国公司，这给南大洋上捕捞行为的管理带来了混乱，也带来了新的法律和地缘政治问题，即从法律上讲养护公约是否对非签署国有约束力，从地缘政治上讲南极条约体系是否可以合法地垄断南极事务，以及它和体系外板块的关系到底该如何处理。

最后，生物资源养护委员会的运作程序不利于南大洋整体生态环境的维护。委员会负责监督成员国执行养护公约的情况，并根据南大洋的生物资源现状制定养护公约执行的具体措施，但委员会采取了全体成员一致同意的决策模式，这使得各国在捕捞数量、捕捞区域等方面的决策往往从各自利益出发，难以有效维护南大洋整体的生态环境利益。同时，委员会缺乏监督的机制，也缺乏执行的能力，导致南大洋生物资源的开发事实上处于无政府状态。各国在南大洋就生物资源的开发利用与有效保护之间展开的博弈将日趋激烈。

南极的开发与保护之间的较量还在另一个问题上存在，这就是南极的商业旅游业。南极独特的自然景观及原始的自然环境成为人们前往南极探险旅游的主要吸引力，事实上最早人类前往南极探险在很大程度上可以视作原始的旅游活动，不过南极真正现代意义上的商业旅游活动则始于1957年的美国。近年来运输工具、通讯手段的发展，使得越来越多的普通公民去南极旅游观光成为可能，去南极旅游的游客人数迅速增加。据国际南极旅游协会组织（IAATO）统计，2014—2015年度前往南极旅游的游客超过

36702人次。[①] 南极生态环境极其脆弱，一旦破坏，短时间内难以自我修复，大量游客的涌入势必影响南极脆弱的生态环境。而目前国际社会并未在南极旅游问题上制定专门的协议或法规，仅有的规范南极旅游行为的主要是《南极条约》与《南极环境保护议定书》。前者规定了国际社会对南极和平利用的责任，后者则提出了对在南极开展活动时的环境保护义务。如同南极其他领域的问题一样，南极旅游活动的行为规范主要是靠行为体的自律。

目前国际社会主要有两股相反的力量影响着南极旅游业的发展：一股来自于国际旅游业相关的组织，如国际南极旅游业协会、亚太旅游协会等，积极推动国家支持南极旅游业的开发；与此同时，一些国际组织出于保护环境的目的，试图推动政府通过立法阻止南极旅游业的发展，如绿色和平组织、地球之友等，都大力反对在南极开展旅游活动。

一些国家对于南极的旅游业大都采取了暧昧的态度。通过开展南极旅游等活动，可以加深国内民众对南极的认识，从而为更好地在未来关于南极的谈判中采取强硬政策赢得国内认可和支持。同时，南极旅游业也面临着潜在的巨大市场利益。

南极旅游业的发展已经给南极的生态环境带来了很大压力，而且游客的行为更少受到南极条约体系的束缚，尤其是来自于非条约国的游客，其行为是否会妨碍南极大陆的科学研究等传统事务也引起了国际社会的关注，但如何协调旅游业的发展尚需国际社会做出更多的探讨。

第二，外大陆架问题带来了新的领土问题。《南极条约》虽然暂时冻结了各国对南极大陆的领土主权要求，但并未对大陆周边海洋的经济专属区、大陆架等问题做出规定；而1982年通过，并于1993年生效的《联合国海洋法公约》针对沿海国对附属于其国家领土上的大陆架、专属经济区等权利进行了专门规定。一些国家在联合国海洋法框架下，提出了划分南极周边海域大陆架的要求。

各国与南极相关的大陆架的划界申请案可以分为两类。一是以本国领

---

① 数据来源于国际南极旅游协会公布的统计数据，详见http：//iaato.org/zh/tourism－statistics。

土的全部自然延伸为基础，超过 200 海里，涉及南极大陆架的国家。这主要是英国和澳大利亚提出其在南极海域之外的领土，有延伸到南极海域的大陆架。二是以本国所谓南极大陆领土的全部自然延伸为基础，超过 200 海里，涉及南极大陆架的国家。2009 年 5 月 11 日，英国向联合国大陆架界限委员会提交外大陆架申请案，其大陆架划界主张包含了福克兰群岛（阿根廷称为马尔维纳斯群岛）、南乔治亚岛和南桑威奇群岛周围扩展的大陆架面积的确切范围，其中福克兰群岛是英国声称的英属南极领地范围，与阿根廷在南极洲声称的范围重叠。2004 年 11 月 15 日，澳大利亚向联合国大陆架界限委员会提交外大陆架申请案，其中包括了其在南极大陆所主张的领土主权要求地区。挪威于 2006 年 11 月 27 日和 2009 年 5 月 4 日分别向联合国大陆架界限委员会提交外大陆架申请案。后一份划界方案主要涉及南极部分毛德皇后地附近的大陆架，面积约 250 万平方千米。2009 年 4 月 21 日，阿根廷正式向联合国大陆架界限委员会提交外大陆架申请，涉及南极外大陆架部分位于其南极主张的领土，包括南斯科舍海以南和威德海地区。2009 年 5 月 8 日，智利向联合国大陆架界限委员会提交外大陆架的初步信息，也提出其基于在南极所主张领土主权要求的部分大陆架主权要求。

第一类以本国领土的全部自然延伸，超过 200 海里涉及南极大陆架的国家，并不是真正意义上的南极大陆架申请国，虽然有其国际法的依据，但这里会涉及南极地区的界限问题。《南极条约》冻结了南极大陆的领土主权问题，但作为南极地区组成部分的海洋则还没有类似规定，因此南大洋问题究竟怎么定性，就会成为南极地缘政治接下来发展的关键。第二类以本国所谓南极大陆领土全部自然延伸，超过 200 海里，涉及南极大陆架的国家则与南极问题更为密切相关，它们的要求一旦得到满足，这等于是承认了它们对南极大陆领土主权要求的主张。因此，在第二类国家中，只有阿根廷明确提出了其基于南极大陆主权领土要求的大陆架划界，并要求大陆架界限委员会审议。澳大利亚、挪威和智利只是提出南极大陆领土的大陆架的划界主张，并不要求大陆架界限委员会审议。尽管如此，不难发现这些国家的用意也是想通过大陆架的领土主权要求来强化其在南极的领土主权声明。新的领土问题无论是在法律还是地缘政治上都对南极问题提出了新的挑战。

第三，南极地缘政治板块发生了新的变化，这种变化既有体系外的，也有体系内的。

马来西亚和印度等国曾极力主张南极问题“国际化”，要求在联合国框架中来讨论南极问题，认为自己是南极事务中第三世界利益的主要代言人，主张将南极界定为“人类共同遗产”。但值得注意的一个现象是，近年来印度和马来西亚对南极条约体系的政策都发生了微妙的变化。印度于1985年8月成为南极条约成员国，并在1991年《南极环境保护议定书》的签署及生效中发挥了积极作用。马来西亚总统马哈蒂尔也于2002年9月参加了在华沙举行的南极条约协商国会议，开始参与南极事务的讨论。马来西亚还于2005年直接推动联合国结束了关于南极问题的讨论，此后一直以观察员身份参与南极条约协商国会议。

马来西亚和印度作为联合国大会关于南极问题讨论的主要倡议者，印度在20世纪50年代《南极条约》尚未签订之际就积极主张将南极问题纳入联合国框架之下进行，而马来西亚更是在第三世界和伊斯兰联盟等组织中推动实现南极为“人类共同遗产”的目标。其最终放弃了一贯的体系反对者的角色，选择向南极条约体系妥协，并试图逐渐融入南极条约体系。这种转变维护了南极条约体系的存续，同时降低了南极条约体系自身改革的压力。不过，从两国对南极问题的持续关注来看，它们立场的转变，从体系外进入到体系内，为南极地缘政治的发展增添了新的不确定因素，它们的目标无疑不只是简单的加入，而是要实质性地参与到南极地缘政治的竞争中来。

印度和马来西亚的转变促成了联合国关于“南极问题”（Question of Antarctica）讨论的终结，这至少在一定程度上缓解了南极地缘政治体系板块与非体系板块之间的竞争。联合国从1983年发起关于“南极问题”的讨论开始，一直试图增加其对南极事务的影响力。1983—1992年间，联合国大会每年就“南极问题”举行一次公开讨论，并就此发布公告。联合国为广大发展中国家参与南极事务的讨论提供了平台，其关于南极问题的主张基本上代表了广大发展中国家的利益，在推动南极条约成员国关于南极事务的信息公开、决策民主以及发展中国家的参与权等方面发挥了重要作用。

不过，一般性和原则性的讨论可以，但要进入具体问题则离不开科学和信息的支持，这是没有相当实力、实质性地进行过南极考察研究的国家所无法担当的。因此，历经十年的热情后，联合国对南极事务的兴趣开始下降，从1993年开始联合国大会关于“南极问题”的讨论由一年一次变为每两年举行一次，而从1999年开始联合国大会关于“南极问题”的讨论则变为每三年举行一次。2005年，联合国大会南极问题讨论的发起者之一的马来西亚的代表向联合国第一委员会提交修正案，建议将南极问题排除在联大议程之外。同年，联合国通过60/47决议，决定不再将南极问题作为联大议程之一，这标志着联合国对南极问题讨论的终结。这一转变对南极条约体系来说虽然是个好事，等于是承认了它在南极治理问题上的恰当性和某种合法性，但从另一方面也说明南极事务遵循的最根本逻辑仍然是实力逻辑，而相信凭实力说话最终只会加剧南极地缘政治中的无政府秩序和竞争状态。

在发展中国家因联合国停止对南极问题的讨论而失去了参与南极事务的重要平台的同时，随着新兴国家在国际体系中的崛起，其在南极事务中变得日益活跃。在地理位置上紧挨着南极的拉美国家，近年来在南极事务上表现得尤为积极。阿根廷是世界上最早在南极建立科学考察站的国家之一，目前在南极洲设有14个科学考察站。[①] 名为“伊里萨尔上将”号的破冰船曾于1978年在阿根廷军方服役，2007年被大火损毁，2015年完成修复工作。据悉，在俄罗斯技术和资金的支持下，阿根廷正计划采购第二艘破冰船“尼古拉耶夫船长”号。[②] 目前智利也已在南极建立了4座常年科考站。智利正计划拨款1.5亿美元设计并建造排水量8000吨级的破冰船。2014年8月，由智利阿斯马船厂新建的用于极地作业的近海巡逻舰已完工并进入调试期。同一年，秘鲁也宣布斥资8000万美元打造本国的破冰船。

---

① 张建松：“我国计划2015年至2025年在南极建立第4个科学考察站”，新华网，2010年9月26日，网址：http://news.xinhuanet.com/politics/2010-09/26/c_12608534.htm。

② “南美洲多国拟购买破冰船共同瞄准南极洲开发”，2014年8月6日，环球网，网址：http://world.huanqiu.com/exclusive/2014-08/5097143.html。

此外，乌拉圭、厄瓜多尔、哥伦比亚等国都对南极展开了不同程度的探索。与欧美发达国家相比，拉美国家对南极的研究依然有一定差距。尽管如此，但如果按照人均国内生产总值来计算，智利、阿根廷等拉美国家在南极科考方面的投入仍然遥遥领先于大部分欧美国家。

在拉美国家中，巴西近年来的南极政策尤其值得关注。巴西不是南极条约协商国，也没有对南极提出领土主权要求，可以视其为参与南极事务的后来者，但其在南极事务中的影响力却迅速增强。一些国家对南极提出主权要求是基于南极扇形原则提出来的，根据这个理论，几乎所有的南美洲国家都可能是潜在的主权要求国，但国际社会对巴西表现出更大的疑虑。有西方学者就认为，像巴西这样一个重要竞争者一旦对南极大陆表现出兴趣，将是一个特别严重的政治问题。1972 年巴西国内一个私人小组建立了巴西南极研究所。1975 年巴西加入《南极条约》时声称，作为一个具有南大西洋最长海岸线的国家，巴西在南极具有直接的、实质性的利益。早在 20 世纪 70 年代，就有国外专家预测“巴西可能将是非南极条约协商国家之外，第一个开发南极矿产资源的国家”。[①] 1973 年在挪威南极条约协商国举行的一次关于南极开发利用问题非正式会议上，与会专家讨论了未来在巴西等邻近南极大陆的国家建立南极研究基地的可能性。[②] 作为新兴国家中的重要一员，巴西在南极问题上做一个“南极大国”的志向越来越明显，2008 年 2 月巴西总统卢拉在纪念巴西在南极存在 25 周年之际考察巴西南极考察站时表示，“我们（巴西）应该有更大的实验室，以让科学家更好地完成他们的工作”，并强调“巴西政府有条件、有资金，也有政治愿望来完成这些研究”。[③]

中国于 1983 年 6 月 8 日加入《南极条约》，并于 1985 年成为南极条约协商国成员，1986 年成为南极科学研究委员会成员国。早期国际社会主要

---

① Morris, E.. 1979. Brazil at the Third United Nations Conference on the Law of the Sea [J]. *Ocean Development and International Law* 7 (1): 131 – 177.

② FNF. 1973. Antarctic resources [Z]. Report from meeting of experts at the FNF meeting on mineral exploration at Polhogda, Norway, May 30 – June 10.

③ “巴西总统卢拉访问南极称将增加在冰冻大陆的存在”，2008 年 2 月 18 日，网址：http://world.people.com.cn/GB/1029/42358/6892127.html。

关注中国在南极问题上作为第三世界代表的身份，但最近随着中国的崛起及在国际社会影响力的增强，国际社会对中国参与南极事务也表现出疑虑和担忧。其一，中国对于南极领土主权问题的模糊态度引发外界的猜测。尽管中国没有对南极提出领土主权要求，但对七个领土主权要求国并未表达明确的态度。鉴于中国在国际上的重要地位及其安理会常任理事国身份，这种模糊态度更易引发外界的猜测。其二，中国经济迅速发展，伴随着资源短缺的矛盾日益突出，引发“中国资源威胁论”。鉴于资源问题在南极问题中的敏感性，中国在南极的参与必然引起国际社会的关注。其三，中国最近加大了对南极的科考投入，加之中国国内关于中国海洋强国的战略，外界关于中国试图成为南极领导者的疑虑在增加，有国外学者认为，中国经济迅速发展，国力增强，为大规模开发利用南极提供了经济支撑和技术条件，因此南极将成为中国继非洲、拉美之后的又一“殖民地”。并且预测，鉴于中国将成为现有国际体系的挑战者，其必将挑战现有南极秩序。[1]

第四，全球性问题成为影响南极地缘政治的一个新因素。对南极保护来说，这里存在正反两方面的影响。气候变暖已成为全球性问题中最引人关注的方面，南极又是受气候变暖影响最脆弱的地区。2015 年《自然地球科学》杂志刊登的一份报告称，受全球气候变暖的影响，如果保持目前的融化速度，南极洲的冰川有可能在 2100 年消失。[2] 这种气候变化后果可以促使人们更重视对南极的生态保护，评估人类活动的影响，反对资源的开发利用。但是全球性问题中也存在能源危机、水资源危机、粮食危机等问题，这些问题的恶化会成为影响一国乃至国际社会稳定的主要因素，而南极因其潜在的丰富自然资源而很可能成为各国寻求解决国内资源危机的目标。在 2006 年召开的全球气候变暖问题峰会上，英国国防大臣约翰·里德曾警告说，随着水资源地沙漠化、冰川消融、水库污染等情况愈演愈烈，

---

① Anne – Marie Brady. 2004. China's Rise in Antarctica? [J]. *Asian Survey* 50 (4): 759 – 785.

② “研究称南极冰川或将在 100 年内坍塌”，2015 年 10 月 14 日，环球网，网址：http：//world. huanqiu. com/exclusive/2015 – 10/7758014. html。

爆发武装和政治冲突的可能性越来越大。[①] 而目前全世界的淡水资源仅占总水量的2.5%，其中70%以上被冻结在南极和北极的冰盖中。[②] 又如，受土地荒漠化、气候变暖以及人口增长等因素影响，粮食危机日益严重，早在2008年的八国峰会上，缓解粮食危机就被纳入大会的主要议题之一。[③] 而南大洋是世界上产磷虾最多的海域，磷虾富含丰富的蛋白质，可以作为人类的食物来源，同时还可以作为重要的工业原料。苏联、日本等国早在20世纪60年代就开始在南大洋一带捕捞磷虾等，作为其国内重要的海鲜食品。此外，目前在南极已发现的矿产多达220多种。据已有的地质数据和测算，在南极大陆及周边海床，煤、铁和石油的储量均为世界第一。在全球性问题不断加剧的背景下，南极极有可能成为一些国家转移全球性问题的目标，从而在南极掀起新一轮的"殖民扩张运动"。

另外，技术的进步拉近了南极与世界其他地区的距离，使得南极更易受到外在因素的影响。交通技术、信息传播技术等的改进，方便了人们之间的联系，从而将整个世界变成一个地球村。就南极而言，最直观的表现就是前往南极的人数不断增多。去南极科考、旅游参观的人数近年来一直保持了较高的增长比例。从《南极条约》生效到20世纪80年代末的30年间，南极人类活动很少，主要是少量的科考活动。20世纪80年代，每年到南极地区度夏的人员在3000人左右。但进入21世纪以来，随着南极旅游业的兴起，前往南极的人数逐年递增。据统计，近五年来，每年登陆南极大陆观光旅游的平均人数达3.5万人次左右。[④] 随着前往南极活动人数的增多，人类活动对南极造成的负面影响也在上升，如长时间生活在各考察站的工作人员每年消耗大量的食品和生活用品，产生了大量的生活垃

---

① "全球水资源紧缺恐是未来战争第一导火索"，2009年6月6日，凤凰网，网址：http://finance.ifeng.com/huanbao/hbsd/20090606/754524.shtml。

② "丰富资源令人心动 世界大国纷纷奔向南极"，2007年11月13日，环球网，网址：http://www.huanqiu.com/www/115/2007-11/22695.html。

③ "八国峰会面对世界难题，粮食危机等问题成热点"，2008年7月8日，新浪网，网址：http://news.sina.com.cn/w/2008-07-08/092815892201.shtml。

④ 张建松："中国成为世界第三大南极旅游国，我们准备好了吗?"，新华网，2014年6月11日，网址：http://news.xinhuanet.com/finance/2014-06/11/c_111108524 0.htm。

圾和污染源。据统计，南极人类活动每年向南极地区的大气中排放的铅大约就有 1.8 吨，几乎相当于南极大气中铅总量的 20%。[①] 又如，人类活动不可避免地会把新物种带入南极，尤其是各种微生物与致病细菌，这对南极地区原有的生物与生态系统会构成威胁。现已有科学家考察后发现，在南极土壤中有多种外来微生物，尤其是嗜热性细菌。[②]

最后，南极可能作为全球性问题的一个组成部分，成为影响国际政治走向的一个干预因素。在全球化时代，一些传统的普通问题经由媒体、各种组织机构等的传播、放大，很容易诱发成全球性的问题，如国际政治中时而出现的民族主义情绪。《南极条约》只是冻结了各方的领土主权要求，并没有彻底解决南极的领土主权归属问题。领土主权要求国也没有放弃其要求，相反一些国家如阿根廷还通过国民教育来强化其国民对南极的认同感。随着国际环境的变化，南极很可能由领土主权问题引发潜在的矛盾冲突。越来越多的国家加入南极的科学研究及和平利用的行列，在全球化背景下，这些问题经过放大，很可能衍变成世界性的问题。

三、南极地缘政治的发展趋势

从地缘政治的理论、南极地缘政治的历史和现状的分析可以得知，南极地缘政治实际上处在一个动态的建构进程中。同时，由于人们认识的不断丰富和加深，加之新老问题的堆积，南极问题的复杂性、多面性也在不断增加，因此要对其未来发展做一个明晰判断是非常困难的，而且国际政治中的其他问题也会时不时地对其产生影响，如最近英国和阿根廷之间的领土争端再次升温。这里我们只能做这样一些大趋势的判断：

首先，可以预计南极条约体系在南极问题管理中的地位仍无可替代，如果乐观估计的话，它很可能朝系统化的治理方向发展，治理的强度和力度也会增加，2001 年 7 月南极条约国决定将阿根廷首都布宜诺斯艾利斯作

---

① Wolff E. W. 1990. Signals of atmospheric pollution in polar snow and ice [J]. *Antarctic Science* 2: 189 – 205.

② 陈杰："人类活动对南极陆地生态系统的影响"，《极地研究》2000 年第 3 期，第 65 页。

为条约常设秘书处的永久所在地，这可以看作是治理强化的一个表现。当然，其前提是要国际社会就此形成基本的共识。

到目前为止，南极条约体系已经由单一的《南极条约》发展为涵盖海洋生物资源养护、环境保护、科研合作等众多内容的综合性条约体系，而且每年一次的南极条约协商国会议针对南极出现的新问题不断出台新的政策文件及条约协议和措施，形成了较为完善的机制，并不断趋于成熟，这是处理南极事务最为全面、系统的平台。

来自外界的对《南极条约》的压力在20世纪80年代达到一个高潮。以南极资源问题为突破口，不少发展中国家提出将“人类共同遗产原则”适用于南极的要求，有些国家甚至主张在联合国框架下重新建立管理南极事务的机制。如1978年斯里兰卡外交官克里斯托弗·平托（Christopher Pinto）在一次联合国大会发言中指出，联合国要采取行动协调各国在南极之间的关系，并对南极潜在的经济价值开展综合研究，同时建议联合国成立一个由现有南极条约体系协商国成员及另外15名联合国成员组成的南极委员会来代表联合国处理南极事务。[①] 马来西亚、印度等国也在不同场合提出了联合国介入南极事务的要求。外部对南极条约体系不断增多的质疑和批评，使南极条约协商国在处理南极事务上面临着丧失主导权的威胁。[②] 面对外部压力，南极条约协商国采取了一致立场，维护了南极条约体系的权威性。1983年11月苏联代表在联合国大会上发言时指出，不能低估南极条约及南极条约体系的意义和作用，苏联已经并将继续支持南极条约体系，并将积极推动基于此基础之上的国际合作。[③] 就在次日，美国政府也发表声明，认为南极条约体系在国际合作方面取得了卓越的成就，在实现联合国宪章的原则和目标方面具有里程碑式的意义。美国将坚决反对任何试图削弱、瓦解南极条约体系的行为。[④] 1984年英国外交部发表的一篇纪念《南极条约》签署25周年的纪念文章也表达出类似的观点。文章指出，

---

① M. C. W. Pinto. 1978. the International Community and Antarctica [J]. *University of Miami Law Review* 2 (33): 475.

② Final Report of Ninth Consultative Meeting [Z], 25.

③ 联合国，1983. UNGA A/C 1/38 PV 43 [Z]，1983年11月29日，16.

④ 联合国，1983. UNGA A/C 1/38 PV 45 [Z]，1983年11月30日，7.

近年来南极条约体系尽管受到一些批评，但其卓有成效的工作表现将确保体系的继续存在。那些人无视南极条约体系在缓解国际紧张局势方面所做出的贡献，没有资格对南极条约体系评头论足。[①]

而且，作为国际体系中的一个子系统，南极条约体系在50多年的发展历程中，也起到了一定的调节国际体系关系的作用。冷战时期，南极就被塑造成一个和平与合作的地区，在南极问题本身趋向紧张时，大多数争议也能在体系内得到较好的控制。冷战结束后，国际局势发生巨大变化，和平、合作成为国际关系的主旋律，多边外交日趋活跃。南极条约体系已经由最初的12个成员国发展成49个成员国，其中28个已经成为南极条约协商国。南极条约协商国的成员涵盖了当今世界的主要大国和联合国安理会常任理事国全部成员。以科学研究与和平利用为旗帜，南极条约体系逐渐为国际社会所接受和认可。南极也成为各国实施多边外交的平台。据报道，2012年1月美俄两国联合进行了为期6天的《南极条约》及《南极环境保护议定书》履约情况视察。这次活动在美国国务院和俄罗斯外交部的领导下开展，活动结束后两国外交部发表了联合声明。[②] 2014年，中国国家主席习近平访问澳大利亚期间，两国政府共同签署了《中华人民共和国政府与澳大利亚联邦政府关于南极与南大洋合作的谅解备忘录》。2016年2月，两国联合召开了南极与南大洋合作联委会第一次会议。[③] 除了通过在南极的合作来影响双边关系外，南极可能还为国际社会合作应对全球性问题的挑战提供了一块试金石。2013年11月，由香港、纽约、日内瓦、巴黎等地精英人士参与发起的首届“南极论坛”在南极大陆成功举办，吸引了来自世界的170多名行业领军人物的参与。作为“南极论坛”发起人之一的中国前驻法国大使吴建民指出：“作为一个国际性的论坛，大家坐在一起共同探讨今天的世界该怎么办，全世界无论大国还是小国都面临很多

---

① FCO. 1984. British Foreign Office Background Brief, Antarctic Treaty: 25th Anniversary. London: FCO: 5.

② “美俄首次联合视察《南极条约》履约情况”，2012年1月30日，新华网，网址：http://news.xinhuanet.com/tech/2012-01/31/c_122635318.htm。

③ “中国与澳大利亚举行首次南极对话”，2016年3月2日，人民网，网址：http://world.people.com.cn/n1/2016/0302/c1002-28163799.html。

问题。从这个意义上讲，‘南极论坛’也是致力于为21世纪的人类寻找一个美好的未来。”[①] 南极为国家之间缓解紧张冲突，沟通国家之间关系，开展民间外交和公共外交提供了重要平台，已经引起越来越多国家的重视。

当然，内外两重矛盾还会继续困扰着南极条约体系，内部矛盾主要存在于主权要求国和其他国家之间，同时主权要求国内部的矛盾有时会更尖锐，特别是在英国和阿根廷之间。除领土问题外，体系内国家对南极的利益界定和认识也存在一些分歧，特别是在资源的开发利用上。来自体系外板块的压力还会继续存在，尽管作为南极事务管理的主要平台已为国际社会更广泛地接受，但随着治理可能的强化和增多，南极条约体系究竟是否对体系外国家有同样的约束力，这个问题仍然困扰着体系内外的关系。体系外的压力还来自非国家行为体的板块，随着全球化的进一步发展，非国家行为体的数量和活跃程度无疑会较以往大幅增加，而不是下降。南极条约体系虽然也向非国家行为体做了一定的开放，但非国家行为体的主要特点之一就在于其目标和价值的多元化，这种多元化会通过其对南极事务的参与而进入南极问题中来，从而更增加了南极问题的复杂性。许多非国家行为体还拥有广泛的公众影响和社会基础，这使得南极条约体系对它们的参与不能掉以轻心。当然，这其中还存在一些国家利用非国家行为体来推动自己利益和目标实现的考虑，在这样的情况下，地缘政治板块的划分不是变得清晰了，反而是更模糊和复杂了。

其次，非政府组织对南极问题的参与预计将上升。[②] 公民社会的发达是当今世界政治发展的一个重要特点，非政府组织因此获得了更大的活动舞台和活动影响。与国家行为体参与国际事务直接影响国际决策的方式不同，非政府组织的国际影响更多地是通过社会动员、舆论塑造和认知构建来完成的。一些国家尤其是西方国家越来越重视非政府组织的作用，借助非政府组织来实现其国家利益，达到其战略目标。在南极问题上，参与的

---

① “‘南极论坛’即将开幕　南极大陆迎来史上首次人文盛会”，2013年11月19日，新华网，网址：http://news.xinhuanet.com/gangao/2013－11/19/c_118205438.htm。

② 郭培清：“非政府组织与南极条约关系分析”，《太平洋学报》2007年第4期，第10—16页。

非政府组织达30多个，主要有南极研究科学委员会（SCAR）、南极洲和南大洋联盟（ASOC）、绿色和平国际组织（International Green Peace）、国际自然及自然资源保护联合会（IUCN）等，它们广泛活跃在美国、澳大利亚、新西兰、英国和法国等南极大国。非政府组织的参与主要有环保和科学两大类，它们共同的一点在于传播和扩大了人们对南极的认知。它们与南极条约体系和各自主要背景的国家之间的关系最值得地缘政治的研究加以关注。它们与南极条约体系的关系既有契合，又有冲突。当体系外板块对南极条约体系发起攻击，要求南极问题国际化和联合国化时，非政府组织支持南极条约体系，而它们对南极条约体系的参与也等于是认同了后者的合法性。不过，某些非政府组织从“参谋”向“夺权”方向的努力又遭到南极条约体系的抵制和反对。如1987年2月，绿色和平组织在新西兰南极“属地”伊万斯角建起一座考察站——“世界公园”，其本打算通过建立考察站挤入协商国集团，可遭到大多数缔约国的反对，“阴谋”最终未能得逞，“世界公园”考察站于1992年被拆除。与跟南极体系的关系相比，非政府组织与其主要背景的国家之间的关系更难说清楚，我们只能判断，如前所述，非政府组织的分布是极不平等的，主要分布在西方发达国家。从大的国家利益的一致性来推测，它们之间在根本利益上还是没有大的分歧的，而且许多非政府组织名义上是非政府的，但其运行的经费很多来自政府课题，因而难免会成为政府的工具。

第三，领土问题正在以新的方式影响着南极地缘政治，这可以从陆地和海洋两方面来看。

南极大陆的主权问题虽然被《南极条约》冻结，但科考站和南极特别保护区的设置仍然给人以难以挥去的“占地”联想。在科考站的设置上，苏联采取了等距离和环南极大陆的战略，这使得任何领土主权的要求都会有其考察站的存在。美国则在南极点设立科考站，它同样使得任何引用“扇形原则”的领土主张无法绕开。还有些国家设立了没有什么实质性科学考察研究活动的站点，更给人以只是“占地”的联想。科考站在和平时期的研究用途是明显的，但在国际局势极端激化的情况下，它可以发挥怎样的作用就值得思考了。许多国家对科考站的补给和后勤就是通过军事部门保障的，这一点就能提供一定的说明。南极特别保护区（Specially Protected Areas，SPAs）首次在1964年的第三届条约协商国会议上提出，1972年和1975年又分别在第七届和第八届协商国会议上提出建立特别科学兴趣区（Sites of Special Scientific Interest，SSSIs）。到1991年，协商国共提出设立八类南极保护区：特别保护区、特别科学兴趣区、特别旅游兴趣区、历史遗迹、坟墓、特别保留区、海洋特殊科学兴趣区和多用途规划区，共建立了42个保护区。2002年，协商国根据南极环境保护议定书又将各类保护区重新划分为南极特别保护区和南极特别管理区两大类。为实施南极特别保护区的管理目标和保护其重大价值，各国均采用严格的保护措施并建立进入许可制度来加以管理。除非符合南极特别保护区管理计划的要求并取得进入许可证，否则禁止进入南极特别保护区。从首次提出设立保护区的概念至今，共有16届协商国会议通过设立新的南极特别保护区的建议案或措施，南极特别保护区目前为70多个，另有七个特别管理区。中国首个特别保护区哈丁山地区在2009年第31届协商国会议上获准同意设立。① 与科考站一样，特别保护区的设立对于生态保护和相关研究来说意义重大，但在极端条件下其可能的用途变化也值得考虑。

海洋问题主要有大陆架划界和南大洋概念的提出。大陆架问题在前文已有交待，这里不再赘述。南大洋也称南冰洋或南极海（Southern Ocean 或 Antarctic Ocean），是围绕南极洲的海洋，也是太平洋、大西洋和印度洋南部的海域。以前人们一直认为太平洋、大西洋和印度洋延伸到南极洲，南冰洋的水域被视为“南极海”，但因为海洋学上发现南冰洋有重要的不同洋流，于是国际水文地理组织于2000年确定其为一个独立的大洋，成为五大洋中的第四大洋。但在学术界，依旧有人依据大洋应有其对应的中洋脊而不承认“南冰洋”这一称谓。但由于这些水域在气候方面的均一性，以及在沟通三大洋使三大洋深层和底层保持含氧的低温环境方面有重要作用，另一些科学家认为，把这些水域合为一个整体更便于研究。海洋学家们则考虑该水体的物理特性及其中供养的同一动物区系，把它们划为一个独立的海域。南大洋的北界划定也有分歧，一般以“副热带辐合线”为其

---

① 凌晓良：“南极特别保护区的现状与展望”，《极地研究》2008年第1期，第48—63页。

北界。副热带辐合线是一条海水等温线密集带，几乎连续不断地环绕南极大陆，表层水温 12℃—15℃，呈现明显的不连续性。因是水文界线，平均地理位置随季节不同而变化于南纬 38°—42°之间，故南大洋的面积也不固定，约为 7700 万平方公里，占世界大洋总面积的 22% 左右。

国际社会在南大洋问题上尚未达成共识，有的国家不承认，有的国家则把它标注在地图上，如澳大利亚的地图就将澳大利亚和新西兰以南的洋面都标注为南冰洋，而不是印度洋。不过，其概念的提出可以说典型地反映了地缘政治发展的新趋势，即知识建构影响着地缘政治的现实。如果按照实际的地理区隔来讲，南大洋确实无法和太平洋、印度洋和大西洋分开，但随着海洋学和生物学对这一水域认识的深化，它的相对独立性已被越来越多的人所认识。知识建构了一个地理的存在，导致了地缘政治的重组，这就是新时期地缘政治的新型动力（非权力驱动）和发展趋势。如果南大洋（概念及其界限）成为国际社会的共识，并成为南极地区的有机组成部分，那么适用于南极问题的一些原则也可适用于该地区，包括对领土问题的处理方法、生态保护，或者有争议的“人类共同遗产”或“投入与收益相匹配”的原则。这些问题无疑还会处在继续构建当中，并不断影响着南极地缘政治的发展。同时，南极大陆保护区的概念也在影响着海洋地区，第一个海洋保护区——南奥克尼群岛南大陆架海洋保护区于 2009 年设立，不过在保护对象是否涉及海底矿产资源、保护的程度有多大等问题上，目前还不是很清楚。从理论上讲，由于禁止一切非相关船只进入，实际上也等于是保护了海底矿产资源。而这种措施是否还会进一步扩大，南大洋是否也会像南极大陆那样设立众多保护区，这是今后值得密切关注的问题。

南大洋概念的一个潜在问题是，它会影响到大陆架划界问题。如果把相关水域都划为南大洋范围，那么一些国家从自己领土出发的大陆架要求就会与此相抵触，从而形成大陆架主权要求国和南大洋支持国两个地缘政治板块。

第四，新问题引致的地缘政治板块新变化将会继续演绎。例如，领土问题的新趋势可以把有关国家细分为这样几个板块：传统的主权声明国、地缘板块、南极地区的事实存在板块（通过科考站和保护区的形式）、南大洋支持国板块，随着国家实力的兴衰变化，新兴国家是否会形成一个具有较大相互一致性的板块也是个值得观察的趋势。2014 年 10 月在澳大利亚闭幕的南极海洋生物资源养护委员会会议上，中国和俄罗斯联合“阻挠”美欧等发达国家试图建立南极海洋保护区的计划，就引起了一些西方国家对新兴大国在南极事务上合作的警惕。①

最后，国际大势变化对南极地缘政治的影响。历史表明，南极地缘政治作为一个子系统有其一定独立性，同时它也难免受到全球地缘政治大格局的影响。如果说全球化和国际关系的多极化与民主化的大趋势判断能够成立的话，那么它对南极地缘政治的影响一方面是要求南极条约体系更具有整合性、规制性和保护性，另一方面是通过决策的规范化、民主化和程序化以及更大的开放性来提升其合法性。总之，地缘政治的竞争性和占有性将被国际合作的包容性和共有性所逐步替代。

① “中俄反对美欧等国建立南极海洋保护区”，2014 年 11 月 3 日，新华网，网址：http：//news. xinhuanet. com/world/2014 - 11/03/c_ 127171363. htm。

第三章 南极地缘政治的安全分析

当今世界，要把安全和南极联系起来似乎并不容易，无论是传统安全还是非传统安全，比南极紧迫或严重的问题多得是，从中东到朝鲜半岛，从非洲到北极，从气候变暖到能源危机，所有这些都不会和南极产生直接的联系。

人们不仅不会在安全上联想到南极，而且南极的一切似乎都给人以尽在掌控中的感觉。冻结南极领土主权要求的《南极条约》虽然在2009年已满签约时的50年有效期，但没有任何一方有足够的动机和意愿要终结条约。20世纪80年代关于矿产资源开发利用的条约谈判也最终终止，被强调环境保护的《马德里议定书》取代，消除了因矿产资源开发而引发冲突混乱的隐患。南大洋的生物资源养护也得到规范。南极治理制度更加“厚化”（thickening），管制更加完善，安全忧患可以更加放松。

与此相反，本章想要指出，安全问题事实上从未在南极地图上被完全抹去，而是时隐时现地伴随着南极地缘政治一个多世纪的发展进程。我们在制定南极战略和政策时，安全这根弦即使不需一直紧绷，也要始终存在，不能彻底放松。常言道，无近忧必有远虑，保持安全这根弦主要是为了让南极变得更安全，能够远离冲突和纷争。

本章内容将分四个部分阐述：（1）安全内涵和意义的发展；（2）南极安全的历史演进；（3）南极面临的安全隐患和挑战；（4）南极问题的“再安全化”。基本的观点是，南极地缘政治在《南极条约》签订前面临安全挑战，主要表现为领土占有和领土争端。《南极条约》签订走的是一条

“去安全化”的路径，办法是冻结南极的领土主权问题。但是，伴随着人类南极活动的增加，来自于非领土主权性质的安全威胁正在形成并不断增多，以《南极条约》为基础构建发展起来的南极治理体系也不具备安全功能，加上最近领土问题又有所抬头，因此南极地缘政治正进入一个“再安全化”的过程。安全挑战——去安全化——安全威胁——再安全化，这是南极地缘政治发展的一个历史理路，再安全化是下一阶段南极地缘政治发展的一个新形势。

第一节　安全与安全化

安全是国际关系研究的核心问题。由于历史上受国家间连绵不断的战争所困扰，安全最基本、最初的含义就是国家不受侵犯，国家间不爆发冲突和战争。为此，国际社会把国家主权列为国际关系最基本的原则，主权国家间一律平等，国家间互相尊重主权。尊重主权意味着尊重一国主权所管辖的领土范围，承认其领土边界的合法性，通过承认并尊重各国合法的领土边界，安全得到基本的保障。联合国的建立以及战后非殖民化运动的推进，使得主权原则在世界范围内得到普遍的实现，理论上讲，也使得安全比以前有了更多的保障。

但是，冷战在二战结束后立即爆发，把安全问题大大复杂化了，使安全不仅与一国自己的领土边界相关，还与权力、意识形态和他国安全有关。

一、冷战时期的安全形势和安全观念

现实主义国际关系理论认为：(1) 国际社会处于无政府状态；(2) 国家是国际社会中最主要的行为体，国家以自我利益为中心，总是根据本国利益的需要理性地制定对外政策；(3) 自我保存（自身安全）是国家利益的核心，是国家在无政府的世界中追求的首要目标，自助（self - help）是国家在国际关系中最基本、最可靠的行为方式，以军事力量为基础的物质权力是维护国家利益的最根本和最有效保障；(4) 国际政治的本质是争取

权力与安全的斗争，在无政府状态的世界中，冲突是常态而不是例外。

由于国家的大小强弱差别很大，不是每个国家都可以靠自助实现自身安全，追随强国，与强权结盟也就成了安全实现的一种理性选择。强权者依靠自身庞大的军事力量构建了超群的安全能力，成为国际政治的权力中心。当强权者之间形成对抗时，处在夹缝中的中小国家被迫选择了结盟的方式，依附于某一强国，为自己获得安全保障。安全联盟也扩大了强国的权力，强国间的权力竞争进一步体现为安全联盟间的竞争。

安全联盟把一国的安全与他国的安全联系在了一起，因此导致的国家间权力关系的重组改变着地缘政治格局，这是冷战爆发后国际安全变化的主要特征。与历史上联盟所表现的灵活性相比，由于两个主要强权之间的高度对抗，以及对各自联盟内国家的强力控制，冷战期间的安全联盟是固化的。

冷战时期的安全还与意识形态相关，或者说安全的意义已从军事国防扩大到制度和价值。由于两个主要的超级大国实行被视为对立、互相否定的社会制度，奉行互不相容的意识形态，强权间的对抗就不只是权力的竞争，也是制度及其意识形态的优劣比较。

制度及其意识形态的竞争不只在两个超级大国之间进行，也在两大安全联盟之间进行，因为每一安全联盟内部实行相同的制度和意识形态，这样，竞争的失败就意味着国家政权的动摇和合法性的下降，也意味着强权的衰减，会造成安全威胁。

传统安全研究由于强调军事因素的极端重要性，所关注的问题往往与战略研究密切相关，安全研究也就成为战略研究的同义词。[①] 这种从狭隘的军事战略层面考察安全问题的理念长期支配着人们的思维方式，尤其是在20世纪下半叶东西方尖锐对抗的冷战时期得到充分体现，以至于这一时期称视为战略研究的“黄金时代”。这一时期安全战略研究的重点是核武器的威慑、常规武器的有限使用以及核与常规武器的控制问题等议题。在这些研究议题的推动下，威慑理论、军控理论和有限战争思想应运而生，并成为这一时期安全思维的主流观点。

---

① 朱峰：“非传统安全解析”，《中国社会科学》2004年第4期，第142页。

传统安全观是冷战这一特殊政治环境下的产物，对于防止大国战争和维持东西方战略关系稳定起到一定作用，但同时这种安全观也带来了许多消极后果。首先，传统安全战略无助于缓解国家之间的安全困境。安全困境是现实主义安全思维的结果，以敌对各方相互猜疑和恐惧为催化剂，以军备竞赛螺旋式上升以及由此导致的彼此安全交互递减为核心特征。其次，传统安全把安全保护对象局限在单一的“国家”层面，致使其他需要加以关切的安全主体如个人、社会和人类共同体的利益未能得到应有的重视。再次，传统把安全威胁限定在军事领域，导致人类所面临的其他许多生存性问题，如经济不平等、能源短缺、生态失衡、环境恶化等，未能受到各国政府和国际社会的足够关注。最后，由于冷战时期的安全思维所关注的是美苏两个核大国之间以及更大范围内的东西方之间的战略平衡问题，加上安全事务的话语权被极少数西方大国所垄断，广大第三世界国家所面临的、对国家安全具有潜在破坏性影响的众多问题（如贫富分化、环境恶化、种族冲突、粮食短缺等等）并没有被纳入全球安全议程之中。

二、非传统安全议题的兴起

自 20 世纪 70 年代开始，在全球经济一体化的推动下，世界政治呈现出新的特征。经济全球化迅速推进，国际格局逐渐趋向多极化。尤其是冷战结束后，两极格局时期以核威慑等常规武力为基础形成的均衡局面被打破，大国之间爆发大战的可能性大为降低。与此同时，过去在冷战对峙时期存在的各种矛盾正在以新的方式显露出来。民族矛盾、宗教冲突、大规模杀伤性武器扩散、恐怖主义、全球环境恶化、资源短缺、发展中国家人口膨胀、粮食危机等等正成为威胁世界和平的新的因素。在这种背景下，非传统安全问题作为国际政治中的新概念被提了出来。

20 世纪 70 年代开始，在国际组织、政府的官方文件以及学者的著作中开始讨论我们今天所谓的“非传统安全问题”，环境问题、发展问题、平等问题、生态问题乃至文化多元性问题等日益受到重视。1972 年联合国在斯德哥尔摩人类环境会议上发表了《人类环境宣言》，环境安全的重要性受到重视。在本次大会召开之前由来自 58 个国家的 152 位成员组成的一个非官方委员会还发表了一份呼吁保护环境的报告——《只有一个地球》。[①] 报告涉及的许多内容正是我们今天谈论的非传统安全问题。报告指出，人类的生存和地球的生存息息相关，生态环境的破坏、自然资源的枯竭、食物的短缺、人口增长等问题，已经成为人类生存面临的“十分迫切的事情了”，如果不加以关注，“人类正在走向一条自我毁灭的道路”。1980 年发布的布伦特报告（Brandt Report）也首次明确提出了应该用“非传统的方法”看待安全问题，并认为解决国际安全的重要途径之一是各国能够更多地重视“非传统安全”。[②] 国际关系学者巴里·布赞在 1983 年出版的《人、国家与恐惧》（Man，State and Fear）一书中也将经济、社会与环境问题同政治和军事问题并列，认为对安全的威胁并非只来自军事，受安全问题影响的不仅有国家，还有社会和个人。[③]

这样，自二战结束以来，安全概念的内涵和外延有了大幅的拓展。在冷战时期，主权国家免受来自外部的军事攻击和威胁被视为主要的安全议题，这一安全概念事实上也超越了狭隘的以军事行动为唯一内容的安全范畴。冷战一开始，大国权力均衡（balance of power）战略以及核扩散战略就成为国际安全关注的主要议题，比起二战前国际安全主要关注如何避免战争，已经发生了巨大的变化。[④] 1975 年签署的《赫尔辛基协议》（Helsinki Accords），为西方与苏联讨论人权问题提供了第一个正式的条约，推动欧洲安全合作组织（OSCE）朝着综合安全观迈进。这一综合安全观涵盖了政治、军事、经济、生态以及人权等多个不同的领域。随着美苏两个超级大国之间核军备竞赛日趋激烈，美国总统里根时期核遏制战略（nuclear deterrence policy）的出台直接导致 20 世纪 80 年代共同安全（common

---

① ［美］芭芭拉·沃德、内勒·杜博斯著：《只有一个地球》，吉林人民出版社 1997 年版。

② Trevor C. Salmon（ed.），*Issues in International Relations*，London and New York：Routledge，2000：61－62.

③ ［英］巴里·布赞著，闫健、李剑译：《人、国家与恐惧》，中央编译出版社 2009 年版。

④ M. D. Dubin，“Toward the Concept of Collective Security：The Bryce Group's ‘Proposal for the Avoidance of the War’ 1914—1917”，*International Organization*，24，1970：288－318.

security）概念的诞生。共同安全主张在国家之间通过建立信任、裁军等手段来缓解紧张的国际局势。随着阿基莱·劳伦号（Achille Lauro）船被劫事件的发生，国际海事组织（the International Maritime Organization）自1985年开始着手解决海洋安全问题，海洋航行中对运输船只及人员的非法武力袭击等问题纳入安全议题。同期签署的《联合国海洋法公约》承认了沿海国在不同海洋区域内如专属经济区、毗连区等的安全关切，并确认了相应区域的非法捕鱼、海洋污染以及军事活动等的协调与治理规则。①

冷战结束后，安全话语已经超越了传统的军事层面，扩展到一系列非传统领域，包括经济安全、环境安全、食品安全、生物安全、卫生安全、人的安全等。对此，2000年千年发展峰会已有所阐发。2004年由联合国大会高级小组发布的一份报告指出，经济和社会威胁、国内冲突、恐怖主义和杀伤性武器的扩散等正成为主要的安全威胁来源。② 在次年联合国秘书长发布的一份名为《一个更为自由的世界》（*In Lager Freedom*）的报告中，诸如贫困、致命性传染病以及环境退化等问题也被列入安全议题。③ 安全话语不仅在议题上有突破，在地理和空间意义上也超越主权国家的边界，延伸至公海④和外层空间⑤。

纵观各方关于非传统安全的论述，可以发现与传统安全相比，非传统安全观呈现出以下几个特征：

首先，传统安全主要研究国家与国家之间的安全互动或安全问题，而

---

① D. R. Rothwell and N. Klein, "Maritine Security and the Law of the International Shipping Community", *WAU Journal of Maritime Affairs*, 3（2）, 2004：123 - 138.

② Secretary - General's High - level Panel, "*A More Secure World*：*Our Shared Responsibility*", 2 December 2004, UN Doc A/59/565, at 23.

③ K. A. Annan, *In Larger Freedom*：*Towards Development*, *Security and Human Rights For All*, New York, United Nations, 2005.

④ Natalie Klein, Joanna Mossop, and Donald Rothwell（eds）, *Maritime Security*：*International Law and Policy Perspectives from Australia and New Zealand*, London：Routledge, 2010.

⑤ Michael Bourbonnie and Ricky J. Lee, "Legality of the Deployment of Conventional Weapons in Earth Orbit：Balancing Space Law and the Law of Armed Conflict", *European Journal of International Law*, 18, 2007：873 - 901.

非传统安全则主要指向“跨国家”（trans - state/transnational）的安全互动，以及国家内部（intrastate）产生的安全威胁。

其次，传统安全研究的是“国家行为体”之间的安全互动，并把国家视为主要的安全威胁，而不像传统安全那样着重研究的是“非国家行为体”所带来的安全挑战。这些“非国家行为体”包括恐怖主义、极端民族主义、跨国贩毒和人口走私组织以及煽动暴力和反人类思想的邪教组织等等诸多威胁来源。

第三，传统安全研究侧重安全议题中的军事安全，而非传统安全研究的则是非军事安全对国家和国际安全造成的影响。非军事威胁之所以成为“安全问题”，是因为其同样对人类的和平与发展造成了巨大的危害。不解决这些非军事危害，人类就难以享有真正的安全。①

第四，传统安全更倾向于将“国家”视为安全主体，强调安全问题的本质是“国家安全”，而非传统安全则希望完成对安全观念的重构，更多地将“人”——在概念解释中无差异、无区别的人类整体——视为安全主体和实现安全的目的。换言之，传统安全致力于保障主权、领土和利益差异基础上的国家安全，而非传统安全则将重点转向超越国家差异之上的社会和人的安全，以人类维持日常生活、价值和免于匮乏、天灾以及专制的迫害为最基本的内容和目的。②

非传统安全的“问题领域”虽然很广，但为了分析的需要可以将其分为五大类：第一类是人类为了可持续发展而产生的安全问题，包括环境安全、资源利用、全球生态问题以及传染性疾病的控制和预防；第二类是人类社会活动中单个国家或者社会失控失序而对国际秩序、地区安全乃至国际稳定所造成的威胁，包括经济安全、社会安全、人权、难民等问题；第三类是跨国界的有组织犯罪，如贩卖人口、毒品走私等；第四类是非国家行为体对现有国际秩序的挑战和冲击，最典型的是国际恐怖主义；第五类

---

① J. Ann Tickner, “Re - visioning Security”, in Ken Booth and Steve Smith (eds.), *International Relations Theory Today*, Oxford: Oxford University Press, 1995.

② Ken Booth, *Security and Emancipation*, pp. 313 - 26; Steve Smith, “Strong States and Security”, *Review of International Studies*, vol. 12, no. 2 (Fall 1991): 325 - 39.

是科技发展以及全球化所产生的安全脆弱性问题，例如网络安全、信息安全以及基因工程安全。

三、"安全化"（Securitization）与去安全化、再安全化

冷战的结束为安全研究领域注入了新的活力，同时也使得安全研究领域更富有争议性。随着全球化的发展，安全主体呈现出多元化的趋势，以民族国家为分析单元的传统安全研究已经无法适应时代的发展，军事安全也不能再垄断安全研究的话语。"以往安全研究中被忽略的问题，如第三世界国家对安全的影响，包括国内政治、社会文化因素对安全的挑战、个人权利缺乏保障等引起的种族、宗教冲突，以及大规模的难民、流行病等问题，都成为安全探讨的新热点。"[①] 被称为"哥本哈根学派"的奥利·维夫和巴里·布赞发展出"安全化"理论，推进了国际关系的安全研究。

巴里·布赞在1998年的《安全：一种新的分析框架》（Security：A New Framework for Analysis）一书中认为，安全是可以进行再定义的。[②] 安全不但是一种认知，更是一种"言语行为"（speech acts）。布赞认为"实际上，没有什么既定的安全，当一个事物被视为安全问题时，它就是安全问题"。按照这种逻辑，所谓"安全化"就是，掌握安全话语的行为体，经过"话语行为"渲染，把一个问题作为最高优先权提出来，通过对该威胁的集体反应和认同而贴上"安全"标签，"这样行为体就可以要求一种权利，以便通过非常措施应对威胁"。[③] 安全化"不仅通过打破规则，也不仅仅依靠存在性威胁的出现来推进，而是以'存在性威胁'的出现为理由，以宣布打破规则为合法来实施"。[④] 在"安全化"的过程中，安全化的推动者通过"话语行为"来表明一个具体标明的客体所受到的威胁，并说

---

① 朱峰："非传统安全解析"，《中国社会科学》2004年第4期，第142页。

② Barry Buzan and Ole Wver, *Security: A New Framework for Analysis*, Boulder: Lynne Rienner Publishers, 1998.

③ ［英］巴瑞·布赞、奥利·维夫等著，朱宁译：《新安全论》，浙江人民出版社2003年版，第13页。

④ ［英］巴瑞·布赞、奥利·维夫等著，朱宁译：《新安全论》，浙江人民出版社2003年版，第36页。

明现存的威胁意味着有必要使用非常手段去遏制。如果相关听众接受这种说法，通过一种社会的、主体间的建构，从而导致相关国际规范的产生，这样这个问题就被“安全化”了，也就是说成为一个安全问题或者是安全的一部分。[①] 当然，“安全化”理论并不认为所有的“话语行为”都可能导致相关问题“安全化”的过程。布赞认为，一个成功的“安全化”包括三个步骤；识别存在性威胁——采取紧急行动——通过破坏和摆脱自由规则来影响单元间关系。[②] 上述任何一个步骤对于某个问题“安全化”的成功启动乃至相关国际规范的确立都是不可或缺的。

这里，存在性威胁、言语行为和主体间性是“安全化”理论的三个核心概念。

存在性威胁是指在特定的领域、针对特定的指涉对象所存在的威胁，这种威胁是如此严重，“故在常规政治中不应当无所顾忌地讨价还价，而应当被最高决策层优先于其他问题来果断地予以考虑及处理”，[③] “它可以要求采取紧急行动或非常措施”。[④]

言语行为是“安全化”理论流派从语言学建构主义中采用的一个分析工具，即从一个“言语行为”的观察角度研究安全，将安全行为主体与定义及认识安全的“分析者”（Analyst）之间关系这类问题提升到安全议程。一个成功的“言语行为”是语言和社会的结合，在它的所有内部条件中，最重要的是遵循安全体制、安全的文法规则，建造一个包含“存在性威胁”的秘密计划、极限点和一种摆脱困境的可能方法，从而成为某个问题“安全化”的催化条件。一个“言语行为”的外在形态具备两个主要条件：第一，言语者的社会资源，这个“安全化”行为主体必须处在权威地位，

---

① ［英］巴瑞·布赞、奥利·维夫等著，朱宁译：《新安全论》，浙江人民出版社2003年版，第35页。

② ［英］巴瑞·布赞、奥利·维夫等著，朱宁译：《新安全论》，浙江人民出版社2003年版，第13页。

③ ［英］巴瑞·布赞、奥利·维夫等著，朱宁译：《新安全论》，浙江人民出版社2003年版，第13页。

④ ［英］巴瑞·布赞、奥利·维夫等著，朱宁译：《新安全论》，浙江人民出版社2003年版，第40页。

虽然这种权威地位并不一定是作为官方权威来定义的；第二，必定与威胁连在一起。

“安全化”推动者的“言语行为”是成功“安全化”的必要条件，但不是充分条件。“主体间性”是指安全主体之间对某个“存在性威胁”的认同程度，它强调了“安全化”的实践过程。一个问题是否是安全事务，并不是由个体独自决定的，因为“安全化”是由“主体间性”和社会性构成的。成功的“安全化”不但由“安全化”推动者决定，而且要由安全“言语行为”的“听众”决定，即这些“听众”是否接受该问题对一种共有价值造成“存在性威胁”的说法。也就是说，“安全化”过程是一个行为体适应其他行为体对一种“存在性威胁”内容构成的认知，是一种国际体系内的安全互动。

在“安全化”过程中存在着三个要素：安全指涉对象（谁或者什么将会被视为外在的威胁）、安全化推动者（securitizing actors，谁使得该议题成为安全问题）以及功能性行为体（functional actors，谁影响决策制定的变动）。[①] 以环境安全为例，在环境问题“安全化”过程中，环境问题可以视为安全指涉对象，一群特定的行为体（安全化实施者）通过与相应的行为体如造成污染的公司以及其他利益相关者（功能性行为体）互动，最后环境议题占据着决策者的首要位置。

哥本哈根学派研究了安全化的理论，从国际政治的发展来看，不仅有“安全化”，也有“去安全化”。去安全化的核心要素和内容与安全化是一样的，无非是走了一个逆向的过程。它针对的是本来已存在严重威胁的安全问题，通过暂停原先的言语行为，发展新的言语行为，转换问题范式，构建新的参与者并让其在相关讨论甚至决策中发挥重要作用，降低原先存在性威胁的安全级别和议程优先性，发展新的优先议题，构建相应合作机制，达到让原先的安全问题不致形成严重后果的目的。去安全化的基本目标是暂时搁置原先的安全问题，最优目标则是使原先的安全问题得到解决，或者使原先的安全问题变得不重要，无足轻重，相关方面不再愿意为

---

① Barry Buzan and Ole Wver, *Security: A New Framework for Analysis*, Boulder: Lynne Rienner Publishers, 1998: 23 – 26.

之冒很大的风险。

但是，由于两方面的基本原因，去安全化了的问题有可能会“再安全化”：一是因为原先的去安全化只是简单地通过搁置问题的方式实现的，问题本身并没有得到解决，在一定的气候环境条件下，问题会再次爆发；二是因为安全议题的转移，以及安全内涵和安全范围的扩大，原先不构成安全级别的问题变成新的安全威胁。再安全化的问题往往会比去安全化更复杂，更具有多面性和系统性，应对的难度因而也会更大，需要付出更多的努力和更多的主体间性构建。

第二节　南极安全的历史演进

纵观南极地缘政治的安全形势，我们大致可辨别出这样四个发展阶段：(1) 围绕领土主权问题而形成的安全困境；(2) 南极条约机制的建立与去安全化；(3) 新的安全威胁的形成与发展；(4) 南极地缘政治的再安全化。

一、南极地缘政治的安全困境

南极地缘政治的困境是由一些国家提出对南极的领土主权要求造成的。较早对南极进行探险考察的国家主要是英国、法国、澳大利亚、新西兰、挪威、阿根廷和智利，七国先后提出了对南极大陆的领土主权要求。由于一些要求之间存在重叠，安全冲突的隐患也随各国主权要求的纷纷提出而形成。第二次世界大战的爆发打断了各国的南极计划，但南极的安全价值也因此而凸显。二战期间，英国在南极半岛建立了基地，智利和阿根廷紧随其后。南极北部的火地岛和南福克兰群岛之间的德雷克海峡是连接大西洋与太平洋的交通咽喉，是除巴拿马运河之外唯一连接太平洋与大西洋的海上通道，有重要军事价值。英国在南极海域设立观察站，为南大西洋往来的军事船只提供气象信息。德国曾派军舰游弋于南极半岛周围海域，袭击盟军经此过往拉美的船只。

二战一结束，一些国家立即恢复在南极的活动。智利总统加夫列尔·

冈萨雷斯·魏地拉（Gabriel Videla）于1948年视察了其在南极的基地，表示要加大对基地建设的投入。美国和苏联两个超级大国虽然没有提出领土主权要求，但一方面声明不承认任何国家对南极的领土主权要求，另一方面保留自己将来对南极提出领土主权要求的权利。美国海军1946—1947年间在南极进行了“跳跃行动”，调用了12艘舰船，参与人数达500多人。领土主权要求的争端还直接引发了军事冲突，为争夺南极的霍普湾基地（Hope Bay），英国和阿根廷在1952年发生了激烈的军事冲突。

冷战爆发给南极安全带来了新的威胁，曾有国家就建议将南极洲作为核武器试验基地。随着美苏两极格局对峙局面的形成，西方国家对苏联介入南极事务的担心日益增加。同时，南半球国家担心美苏两个超级大国把南极变为新的军事角逐场所，进而危及自身安全。越来越多的证据表明，南极地区的军事冲突一触即发，地区安全阴云笼罩。

三大安全风险最引人关注。其一，南极事务的管辖权问题，即已有的国际条约、法律、协议等对南极地区是否适用？针对阿根廷和智利在南极的领土要求，1955年英国曾向国际法院提出了两条独立且又相互关联的诉讼请求。由于阿根廷和智利拒不承认国际法院在南极领土主权纠纷上的管辖权，到1956年之后国际法院的介入就无法再继续下去了。① 如果既有机制不适用，那么新的机制怎么创建。其二，西经90度到西经150度的南极地区还未被提出领土主权要求。这一区域包括玛丽伯德地（Marie Byrd Land）和埃尔斯沃斯地（Ellsworth Land），在地理上比邻美洲，美国南极探险队曾数次造访该处，且代表美国提出过领土主权要求，但未被美国政府正式肯认。这个未被宣示主权的区域由于无主意味着未来更多的主权要求，由此可能导致新的地区不稳定。其三，尽管美国和苏联长期在南极周围活动，包括远征和经济活动（例如捕鲸），但是两国从未对南极正式提出领土主权要求，但两国在南极都保留有重大利益，包括实

① *Antarctica Case*（United Kingdon v Argentina），Order of March 16，1956［1956］ICJ Rep 12；*Antarctica Case*（*United Kingdon v Chile*），Order of March 16，1956［1956］ICJ Rep 15. 该两项诉讼请求涉及“某些陆地和岛屿”，在阿根廷部分，即南纬60度以南西经25—74度；而智利则为南纬58度西经53—80度。

际上的物理存在。[①] 这两个超级大国是否会把他们的争霸斗争扩展到南极地区。

二、南极地缘政治的去安全化

在南极领土主权问题面临激化并可能失控，南极可能成为新的战火燃烧的地区的情况下，形势发生了一个大的转向。与当时两极冷战安全形势严峻，美苏争霸正酣相背离的是，南极突然构建起新的国际机制，南极地区被塑造成和平与合作之地，成了当时国际政治的一个“反例”。促成这一“反例”成功构建的主要因素是，两个超级大国及国际社会努力把南极的地缘政治进行了去安全化。

南极地缘政治的去安全化，主要是通过三方面实现的：一是改变了南极的议题，领土的重要性让位于科学与交流合作；二是转换了南极讨论的言语，冲突的威胁被和平与非军事化取代；三是南极地区安全与全球安全的意义互动，全球安全的高度安全化需要南极安全的去安全化来反衬和支持。

面对当时南极所处的安全困境，国际社会曾设想了许多不同的解决方案，包括共管解决方案、美国提出的托管制度以及为方便科研暂时搁置领土主权要求的建议。[②] 这些方案间的争论直到1957—1958国际地球物理年的举办才出现新的眉目，国际地球物理年活动的启动以及此后的华盛顿会议推动了南极的“去安全化”进程。国际地球物理年由12个国家和55个不同大小的科考站共同参与，讨论南极大陆的科研问题。包括比利时、日本、南非、苏联和美国五个非南极领土主权要求国在内的12个国际地球物理年的参与国，一致同意各国可在其他国家主张领土主权的区域建立科学考察站。不过，在1955年国际地球物理年的巴黎筹备会上，各国也确保科学研究不会动摇南极的主权归属。

---

① 美国比苏联更早在南极建立常设考察站，后者迟至1956年方设立和平站（Mirnyy base）。参阅 D. R. Rothwell, *The Polar Regions and the Development of International Law*, Cambridge: Cambridge University Press, 1996: 65 - 66。

② D. R. Rothwell, note 14 at 64 - 65.

从科学研究合作与共同努力上来看，国际地球物理年是个巨大的成功，这为美国邀请相关有利害关系的国家参加 1959 年 10 月的华盛顿会议提供了帮助。在最初的建议里，美国提出会议讨论的条约应基于以下原则：所有对南极科学研究有兴趣的国家都可以进入南极地区；扩大参与国科学合作和信息数据交流；对南极地区的使用仅限于和平目的；南极地区非军事化原则；所有参与方对南极全部地区明确享有单方进入和视察的权利；冻结南极法律地位，使得任何国家都不需要放弃现有的领土权利；设立管理机构，让所有参与方都能平等参与。① 在历时六周的协商之后，华盛顿会议于 1959 年 12 月 1 号闭幕，与会各方签订了《南极条约》。

《南极条约》是治理南极事务的纲领性文件，由 14 个条款组成。首先，第六条规定了《南极条约》适用的范围是南纬 60 度以南。为了避免引起《南极条约》在试图影响公海自由权这样的误解，《南极条约》承认南极地区公海的自由使用，也就等于承认了南大洋上的海上安全。第一条和第五条对陆上安全进行了规范，规定了对南极的开发利用“仅限于和平目的”，分别禁止了“军事性质的利用手段”和“核爆炸以及放射性废料的处理”。在冷战时期，美苏曾在南极两边对峙，考虑到这层因素，在南极建立起一个无核区域的尝试应该是极具开创性的举措，它保证了南极大陆不会成为核武器的试验场。该条款也是《南极条约》里唯一一款直接规定南极的环境安全方面的条款。不过在此以后，南极条约体系开始制定更多更细化的专注于环境保护的条款。

第四条是《南极条约》的核心条款之一。该条款虽然主要关注国家安全，但对区域安全和制度安全也有所涉及。这一条款旨在解决与七个国家的领土主张相关的遗留问题，美苏两方对南极的潜在领土要求，以及未来可能的领土宣称。为此，条款四规定了《南极条约》对现有的任何领土主权要求及其基础不造成任何影响，这一规定实质上是在寻求维持现状，并把所有现有、潜在和未来的领土要求者的地位都维持在法律范围以内。此外，条约规定在条约生效期间发生的任何事件均不会影响已有的主权要

---

① J. Hanessian，“The Antarctic Treaty 1959”，*International Law and Comparative Law Quarterly* 9，1960：456.

求，也不得再提出新的主权要求或扩大已有的要求。该条款的作用在于中立化并最终控制条约生效期有关各方就南极洲产生的一切主权纷争。以此为基础，条约为国际地球物理年所倡导的各种科学探索和研究方面的自由创设了充分的机会和前提，从而消弭了南极科学研究可能面临的因领土纷争而导致的障碍。条约的第八条则进一步支持了第四条的内容，它反对基于国家管辖权的区域性管辖权，借此进一步消除因领土主权产生争端的可能性，确保南极能够在合理的国内法框架下解决所涉的民刑事争议。

《南极条约》对于推动南极事务实现“去安全化”产生了直接影响。第一，条约于 1961 年 6 月生效，因此确保了华盛顿会议所达成的关于南极问题的解决方案迅速实施。南极大陆新安全框架迅速有效的批准增加了国际社会对南极新的合作模式的信心。第二，同年条约第九条关于各参与方定期举行南极会议的机制被激活，第一届南极条约协商会议在堪培拉举行。这些举措为最终南极条约体系的形成铺平了道路。第三，1961 年波兰成为成员国，为那些并未参加华盛顿会议却最终成为条约成员国的国家开创了先例。由于这些国家参与了南极事务，它们具有南极条约成员国以至协商国（ATCP）的资格。第四，条约第四条的立法目的并非要消除主权冲突，而是敦促各方专注科学研究，但从其实施效果来看，即使不能消除主权冲突，至少也起到了遏制其爆发的作用，这属于有些意外的收获。第五，第一条和第三条意在南极地区实行非军事化和非核武器化，这不仅有利于保证地区的机制安全，对整个南极大陆的安全都有重要推进。①

在《南极条约》生效初期，国际社会借此暂时冻结了各方在南极领土主权问题上的争端，规定南极仅用于和平和科研目的，从而缓解了潜在的由领土安全问题引发的紧张局势。这一时期，国际社会在南极问题上开始形成由科研主导的局面。《南极条约》本身及其相关的条约协商会议最大限度地推动了南极事务的“去安全化”，避免了各方受到南极安全困境的影响，从而避免了潜在的冲突扩大升级，维护了南极在冷战背景下的和平稳定。

---

① D. R. Rothwell, note 14 at 71 – 73.

三、南极安全的意义变迁与外延拓展

《南极条约》的签订促使南极问题实现了从领土范式向科学范式的转换，科学范式的展开又逐步使人们对南极安全的意义和范围获得了越来越丰富的认识。

因科学研究的带动，首先进入人们视野的是南极的生物安全，这方面发展的第一个跨越是1964年南极条约协商会议通过的《保护南极动植物议定措施》。之后，生物安全的议题不断得到推进，1972年达成了《南极海豹保护公约》。基于人类在南大洋经济活动的不断增加，特别是不断壮大发展的磷虾捕捞产业，接下来一个重要的公约是1980年的《南极生物资源养护公约》。由于海洋捕捞和食品加工产业的发展，磷虾捕捞有着巨大的经济吸引力，但是过度捕捞磷虾对南极生态系统产生危害，需要在南极海洋区域监管海洋生物资源活动以避免生态破坏。《南极生物资源养护公约》对海洋生物资源管理采取预防态度，在生态保护方法上是对《南极条约》的补充。公约还对《南极条约》做出了一个重要发展，《南极条约》的适用范围是南纬60度以南地区，而为了考虑生态系统的完整性，以生态而非简单的地理划线作为行动依据，公约则将其管辖范围延伸到南纬60度以北的部分南极海域。

自20世纪70年代开始，能源和资源问题作为安全的一个部分开始出现，尤其是在第三次巴以冲突中，石油被作为战略武器使用，能源和资源安全的战略地位凸显。而美国的中东战略更进一步凸显了能源在国家安全中的重要性，这种考虑几十年来一直处于美国的战略中心，就在不久前还有学者指出美国2003年用武力更迭伊拉克政权的动机就在于通过打击“异类”，获得对中东石油的控制权。[①] 在能源危机和资源开发极限忧虑的背景下，南极首先是作为问题解决方案而出现的，关于南极拥有哪些资源，以及这些资源的分布及其储量方面的科学报告开始出现。但是，显而易见的一个矛盾是，南极在作为备选的解决方案的同时，解决一个安全问

---

① I. Routledge, *Addicted to Oil*: *America's Relentless Drive for Energy Security*, London: I. B. TaurisCo., 2006: 65.

题的结果很可能会引发另一个安全问题，即各国为维护本国资源安全而在南极展开激烈的竞争。这种前景不是天方夜谭，也正是出于对这种前景的担忧，关于资源问题的讨论在接下来的20世纪80年代末出现了一个180度的大转弯。

在主权也即资源所有权问题没有解决之前，要开发利用南极的资源就得建立一定的法律规范，这样，20世纪70年代出现了关于是否有必要创设南极矿物体制的讨论。在《南极生物资源养护公约》达成共识后，这一问题显得更为紧迫，在1982年到1988年期间，南极条约协商国先后12次召开南极条约协商特别会议，会议举行期间一切与矿物资源相关的活动停止。经过多方协商与妥协后，协商国最终于1988年签署了《南极矿物资源活动管理公约》。就在条约最终达成时，戏剧性的一幕出现了，澳大利亚和法国突然倒戈，不但反对该矿物条约的内容，还主张继续中止对南极矿产的开发，并提议建立一个内容更为全面的环境保护机制。这样，取代《南极矿物资源活动管理公约》的是《马德里南极环境保护议定书》的签订。

《马德里南极环境保护议定书》的制定宗旨有二：第一，通过永久停止在南极大陆及其临近的南大洋的采矿，从而有效禁止所有南极矿产资源开采活动，该目标主要体现在协定书第七条的相关规定："禁止任何非科学探索性质的矿产资源开采活动"；第二，在1964年制定的动植物保护措施基础上，因应时代变迁，建立符合现代标准的环境保护机制。为此，《马德里南极环境保护议定书》通过了环境效果评估机制以及相关附加的配套措施，并设立一个监管相关动议的新组织——环境保护委员会(CEP)。

环境保护议定书取代矿物资源活动管理公约，这可以说是20世纪80年代人类环境意识发展的成果，使得环境安全最终战胜了资源安全。

环境安全的提出并不是基于环境问题可能导致武力冲突这一考虑，而是环境恶化本身已经成为一个安全问题。[①] 1987年世界环境和发展委员会

① H. G. Brach, *Facing Global Environmental Change*, Berlin, Springer, 2009: 781 - 790.

（The World Commission On Environment And Development）发布的一份题为《我们共同的未来》（*Our Common Future*）的报告是环境安全话语的一个分水岭。在这份报告中，官方第一次给环境安全进行了定义，[①] 之后环境安全的定义被大大扩展。

1992 年联合国安理会的国家领导人大会广泛地讨论了包括经济、社会、人类和生态等范围广泛的、被认为与安全威胁相关的议题，安全概念的扩展得到官方的正式承认。[②] 2000 年联合国安理会讨论了 HIV/AIDS 对非洲乃至世界和平与安全的影响，这是第一次将全球卫生问题作为安全议题讨论。[③] 2007 年，英国政府在安理会上散发了一份关于能源、安全和气候变化议题的文件，供成员公开讨论。英国代表认为气候变化问题在当前日益相互依赖的时代已经成为威胁全球集体行动的安全问题。[④] 与此同时，有些国家认为这些非传统安全问题仅仅是个发展问题，并不同意将其纳入联合国安理会议程之中。[⑤]

从生物安全到资源安全、环境安全，以及更广泛意义上的人的安全，即与人相关，包括与人本身的生存和发展相关的一切问题都可从安全的高度来认识，可以说安全化获得了很大的发展。这样，针对传统的安全困境，《南极条约》通过问题的范式转换实现了去安全化，而在传统安全去安全化之后，条约又开启了一个新的安全化时代。也正是在这种新的安全化思维驱动下，在《南极条约》签订后，一个又一个新的条约经条约协商国会议的努力得以诞生，形成了现在我们所看到的南极条约体系。

在做这样一个大跨度的安全历史考察后，接下来要提出的问题是：南极安全是否真正普遍地得到实现；是否越安全化越有利于安全的实现；迄今为止南极安全构建的路径是分领域、分阶段地推进，这样的路径是否隐

---

① The World Commission On Environment and Development, *Our Common Future*, oxford: oxford university press, 1987, chapter 11.

② UN Doc S/PV. 3046, 31 January 1992.

③ UN Doc S/PV. 4087, 10 January 2000.

④ UN Doc S/PV. 5663, 17 April 2007.

⑤ 同上。持这一观点的国家主要有南非、俄罗斯、巴基斯坦、纳米比亚、埃及、委内瑞拉、苏丹以及印度等国。

含着新的安全问题；南极安全当前面临什么样新的形势；现有的范式和路径是否能够适应新的安全形势的需要，等等。这里有一点是显然的，一方面，安全无止境，随着人类社会的发展和科学技术的进步，人的不安全感不但没有相应下降，反而似乎在不断上升；另一方面，安全化并不一定是越多越好，如果没有界定好，跨过一定界线后，安全化可能反而会导致安全意义的衰减。

因此，下面我们将集中探讨南极当前面临的新的安全威胁，最后再进一步提出南极的再安全化思考。

第三节　南极安全的新威胁

《南极条约》的去安全化，以及条约之后新的安全化并没有让我们可以对南极的安全问题高枕无忧：一方面，老的安全隐忧并没有真正地、完全地去安全化；另一方面，新的安全威胁随着国际形势的发展变化不断出现，对现有的南极治理体系构成挑战。归纳起来，南极问题面临以下几类安全隐忧。

一、南极再领土化的隐忧

《南极条约》的去安全化只是暂时冻结了南极的领土主权问题，实际上它并没有否定最初七国对南极提出的领土主权要求，只是规定领土主权问题不能妨碍科学研究的开展与交流，国际社会也不正面讨论南极的领土主权问题。老的问题没有解决的同时，新的问题又因《联合国海洋法公约》的实施而被提了出来。

由于南大洋概念的提出，南极的范围被大幅扩大，南极的领土问题因而也可被分为两大类：一是南极大陆的领土问题；二是外大陆架问题。这两类问题都存在南极再领土化的危险。

2012 年 12 月 18 日，英国外交部宣布将以英国女王伊丽莎白二世的名字命名英属南极洲领地的南部地区，作为英国外交部赠予女王登基 60 周年钻石庆典活动的礼物。这片被命名的土地占地 43.7 万平方公里，大约是英国国土面积的两倍，英国南极考察队在那里驻扎有三个研究工作站。英国外交部称这片土地将来会作为英国领土的一部分出现在英国的版图上。尽管英国的这一举动还未引起其他国家的效仿，但这种强化领土主权宣示的做法象征意义巨大，处理不好会重新点燃已被成功冻结半个世纪多的南极领土主权争议。

主权象征还只是表面上的文章，暗地里变相的“占地”运动可以说从未停止过。这里仅以对科考站选址的意图分析为例，显示其背后存在很强的领土意识。

就在《南极条约》签订之前，1957—1959年的国际极地年活动以搁置主权、科研考察为旗帜，有效缓解了各国在南极的领土冲突，但其间各国在南极大陆兴建了约50个科学考察站（见图3—1）。

图3—1 国际极地年（1957—1959）期间各国在南极兴建的考察站

资料来源：Beau Riffenburgh：*Encyclopedia of the Antarctic*，Routledge，2010：1146。

我们可以拿这张图和此前一些国家对南极提出主权要求的领土范围做一对比。在1908年后，加上最先提出领土要求的英国，总计有七个国家对南极提出了领土要求，这七个国家主权要求的面积占据南极大陆面积的83%，除挪威对北界没有限定外，其余国家都将北界限定在南纬60°。具体主张见表3—1：

表3—1　七国南极领土主权要求范围

国别	领土主权要求范围
英国	20°E—80°E
新西兰	150°W—169°E
澳大利亚	45°E—136°E、142°E—160°E
法国	136°E—142°E
挪威	20°W—45°E
智利	53°W—90°W
阿根廷	25°W—74°W

资料来源：Klaus Dodds，‘Governing Antarctica：Contemporary Challenges and the Enduring Legacy of the 1959 Antarctic Treaty’，*Global Policy*，Vol. 1，No. 1，2010：109. 图表根据原文资料制作。

图表中的数字或许过于抽象，我们可以将各个主权声明国所声明的主权区域落实到地图上（见图3—2和图3—3）。

上述七国可分为三类：一类是英、法、挪威等基于“首先发现”原则提出主权要求的国家；二是作为英联邦国家的澳大利亚和新西兰，接受英国所谓的部分领土转让的国家；三是距离南极最近的智利和阿根廷。在这三类国家当中，以英、法、澳、新、挪五国为一方，形成“五国集团”，这五国所要求的领土紧密衔接，不仅没有重叠，还加入了法国一条窄窄的“楔子”，它们在主权问题上也相互合作，彼此承认各自的领土要求。而智利和阿根廷则受到“五国集团”的排挤，处于相对弱势，它们的领土要求

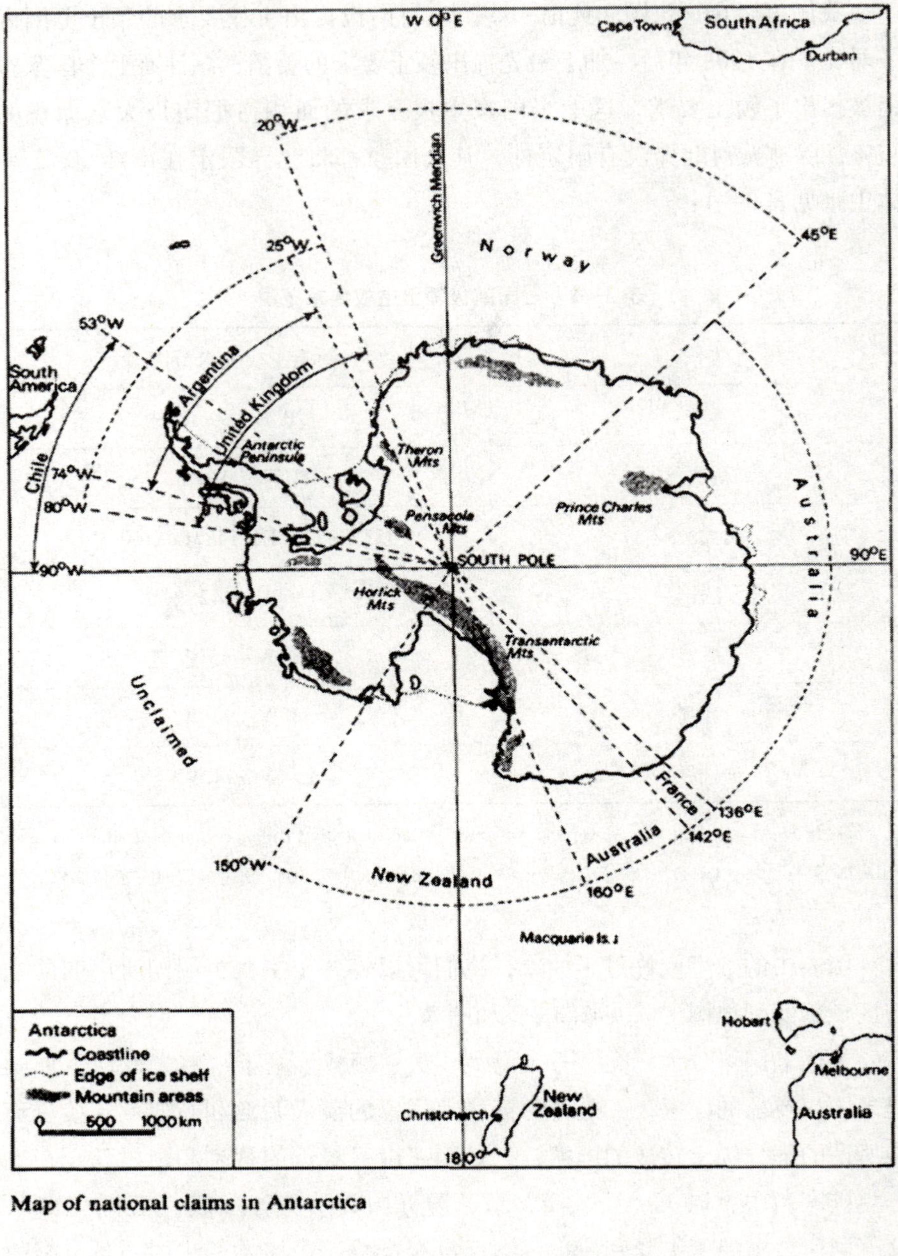

Map of national claims in Antarctica

图 3—2　七国南极领土主权要求范围示意

资料来源：Gillian D Triggs, *The Antarctic Treaty Regime*, Cambridge University Press, 1987, chapter Ⅳ。

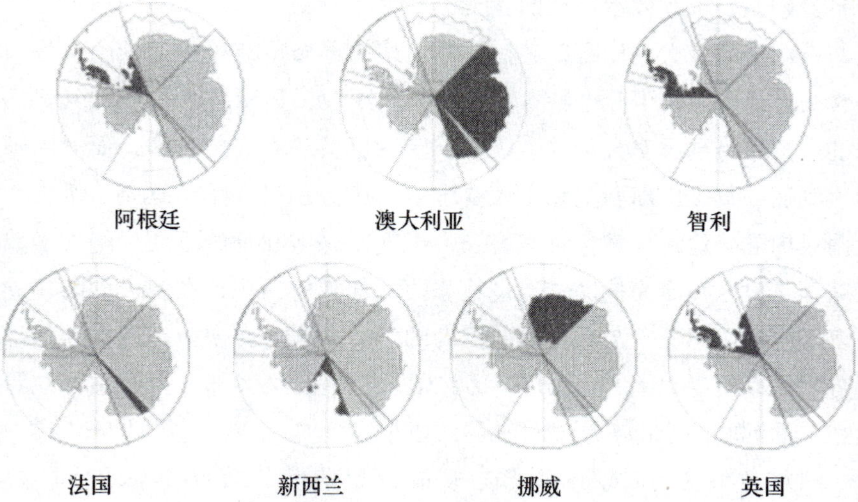

图 3—3　各领土主权声明国所声明区域的分图示意

资料来源：http：//zh. wikipedia. org/wiki/% E5% 8D% 97% E6% 9E% 81% E9% A2% 86% E5% 9C% B0。

范围不仅分别和英国存在着重叠，两国之间也存在着诸多矛盾。[①] 此外，还有美苏两个超级大国，一方面不承认七国的领土主权要求，另一方面又保留自己将来提出领土主权要求的权利。

就领土声明国而言，七个领土声明国的科学考察站无一例外都是建筑在自身所要求的领土范围之内。虽然一些国家由于自身实力有限，修建的考察站数目较少（如挪威仅一个，澳大利亚仅两个），有的国家甚至只得与其他国家共同修建考察站（新西兰），但是这些考察站无一不是位于自身所要求的领土范围之内，起着彰显和强化自身在南极的政治存在的作用。作为英国、阿根廷、智利三国领土要求重叠区的南极半岛（Antarctic Peninsula）则集中了 11 个英国考察站、7 个阿根廷考察站和 6 个智利考察站，英国和阿根廷考察站的大多数和全部的智利考察站都集中于此，其彰

① 陈玉刚、周超、秦倩：“批判地缘政治学与南极地缘政治”，《世界经济与政治》2012 年第 10 期。

显自身领土要求和政治存在的含义更是明显。

就两个超级大国而言，其科学考察站的分布也有很强的领土或势力范围含义，体现了以下几个特点。第一，范围广，显示各自的霸权气势。苏联的考察站跨越了澳大利益主权要求区和挪威的主权要求区，而美国则在澳大利亚、英国、新西兰和主权要求空白区分别设立了考察站。第二，深入南极内陆腹地，炫耀各自实力。由于气候恶劣和补给不便，绝大多数考察站都是设立在沿海地区，但是美苏两国却独树一帜，在南极内陆建立了诸多考察站。第三，与其全球范围内的对峙一样，在南极地区也默契地东西分治。以西经 30°、东经 150°为界限，美国的绝大部分考察站都在界线以西，而苏联的全部考察站都在界线以东。

通过考察这一时期南极考察站的分布情形并结合考察站前后南极地缘政治的历史和冷战的大背景，我们不难看出这一时期南极科考站分布的地缘政治意义。首先，传统地缘政治意义上领土的争夺依然明显。主权声明国的科考站无不位于自身声明区之内，而英、阿、智三国主权要求重合区之内则聚集了各自科考站数目的大多数，这都说明了科考站对于领土争夺的意义。美苏两国对于领土争端的基本态度是既不承认任何国家对于南极的领土要求，同时又保留自身将来对于南极提出领土要求的权利，但是它们自身在南极争夺上处于后来者的地位，这就决定了美苏两国的科考站建设有着超出特定主权要求区的某种跨越性。作为后来者，美苏需要通过自身实际的行动来打破主权声明国的领土要求而强化自身在南极的存在。比如苏联就先后在澳大利亚和挪威的主权要求区内建立了八个考察站，而且苏联在澳大利亚主权要求区内建设的七个考察站基本等距，各站相互扶持以强化苏联在南极的地缘政治存在的意图是十分明显的。美国则在南极点建立了考察站，这样，按照七个主权要求国自己提出的“扇形原则”，任何对于南极利益的分割都不能不考虑到美国的存在。① 其次，冷战东西对峙地缘政治意义的体现。南极作为冷战大背景之下的一个子系统，自然不

---

① 陈玉刚、周超、秦倩：“批判地缘政治学与南极地缘政治”，《世界经济与政治》2012 年第 10 期。

可能完全摆脱冷战的影响，南极科考站的设置和分布也是一样的。与冷战东西对峙的大背景相类似，美苏在南极科考站的分布也是“东西分治”，笔者相信这决不是一种巧合。对于美国科考站云集的南极大陆西经30°、东经150°以西，苏联没有一个考察站；而对于苏联考察站密集的东部，美国在西经30°、东经150°以东也仅有一个考察站。很显然，志在争夺世界范围内权力优势的美苏两国，既不会允许南极地缘政治（不是美苏全球战略考虑的重点）的运作扰乱其全球部署，也不会允许自身在南极没有存在的象征。而且相比只期望看管好自己“一亩三分地”的七国，美苏两国显然对于南极的领土有着更大的贪欲，因此两国凭借自身的技术优势深入南极内陆修建考察站，通过到达主权声明国所不能够到达的领域来强化自身在南极地缘争夺中的地位。这几重动机的共同作用，使得美苏两国的极地考察站建设呈现出跨越性、深入性和东西分别集中分布的特点。不过，美国虽然大范围地建设考察站，但是对于英国、阿根廷和智利三国激烈对抗的南极半岛却并未建站。笔者认为，这除了因为南极半岛已经有足够数量的考察站进行科研考察的任务之外，恐怕还与美国希望保持自身结盟体系的稳定、不愿在几个盟国已经激烈对抗的地区火上浇油的考虑有关。

第三，变相的“占地”与科学考察的交流合作并存。1957—1959年的国际极地年毕竟是以搁置主权争议、科研考察合作为旗帜，因此从各国南极科考站的分布来说，这个要求还是得到了落实。南极半岛是英、阿、智三国主权要求重叠区，虽然三国纷纷在此大量建站以强化其存在，但三国还是彼此允许其余两国在此建站，这与二战结束前后对于领土争端寸步不让的态势相比有所弱化。而澳大利亚和新西兰一直对苏联在南极的活动深感担忧，始终注重与美国协调南极活动，美国也将苏联在南极的活动描述为“来自南极的红色威胁”。① 但是，苏联绝大多数考察站却处在属于西方阵营的澳大利亚主权要求区域内。这除了基于苏美之间对于分割的默契以及澳大利亚面对苏联这个超级大国的无奈之

① Klaus - Dodds, *Geopolitics in Antarctic*: *Views from the Southern Oceanic Rim*, John Wiley&Sons Ltd., 1997: 211.

外，应当还是国际极地年强调科学考察与合作的精神使然。

纵观这一时期南极科学考察站的建设与分布情况，我们可以看出，决定这一时期各国南极科考站分布的建设动机是领土驱动与科研考察驱动并存的。其中，科研考察是南极科考站分布的地缘政治意义的“明流”，虽然只是表面含义，但绝不仅仅是一个虚壳；而领土占有和分割的含义是“暗流”，虽然相对沉寂但是却更为顽固和具有决定意义。

《南极条约》生效后的最初十年，被西方学者认为是南极问题自提出之后的短暂平静时期，这一时期主导南极事务的主要是科学研究。20 世纪 70 年代是世界政治发展的一个转折性年代，罗马俱乐部发表的一份《增长的极限》研究报告引起了全世界对资源耗竭的恐慌，中东战争以及阿拉伯国家因此对西方实施的石油禁运更加剧了人们对于资源问题的担忧。西方世界经济发展的黄金期也步入尾声，在整个 20 世纪 70 年代经历了长期的经济滞胀，迫切需要找到突破经济低迷的出口。第三世界的国际政治斗争取得了一定成果，尤其是海洋法制定方面取得了一定成绩，对超级大国的海洋活动形成了一定约束，石油禁运更是显示了资源“武器”的威力。这些问题都和南极有着直接的联系，资源恐慌让人们想到了南极这块未开垦的世界“处女地”，南极的开发利用对于西方经济来说或许是个摆脱长期不振的“药方”，而围绕海洋权益的斗争更是直接关系到南极问题。[①] 国际形势的发展、第三世界国家的崛起，以及非国家行为体作用的上升，加之西方国家对于新资源的渴求，都无疑影响到南极地缘政治的运作以及南极科考站本身。而世界各国对南极长期的科学考察使得南极大陆巨大的资源潜力逐步明朗化。因此，这一时期南极科考站分布的地缘政治意义呈现出资源驱动和多样化的特点。

南极是名副其实的资源宝地，美苏等国在南极进行的科学考察使得这一宝库的巨大“库藏”逐渐展示在世人面前。根据考察和统计，南极存在

---

① 陈玉刚、周超、秦倩：“批判地缘政治学与南极地缘政治”，《世界经济与政治》2012 年第 10 期。

着大量有色金属矿和油气资源，南极洲可能有矿床900处以上，其中在无冰区有20多处。已发现的矿床、矿点100多处。除铁和煤之外，还有南极半岛的铜、钼以及少量的金、银、铬、镍和钴；南极横贯山脉地区的铜、铅、锌、银、锡和金；东南极洲的铜、钼、锡、锰、钛和铀等有色金属。① 南极有着可供全世界开发利用200年的“世界铁山”和总蕴藏量约5000亿吨的巨大煤田资源。南极半岛的铜、铅、锌、钼以及少量的金、银、铬、镍、钴等有色金属储量也很丰富。南大洋海底的锰矿资源也非常可观。南极的石油和天然气主要分布在南极大陆架和西南极大陆。据调查，罗斯海、威德尔海、别林斯高晋海陆架区和普里兹湾海区是石油天然气资源潜力最大的主要远景区和勘探区。南极地区的石油储存量500亿—1000亿桶，天然气储量30000亿—50000亿立方米。此外，南极地区还存在着巨大的风能、波浪（或潮汐）能和地热能等潜在资源。南极还是一个巨大的“淡水宝库”，南极洲面积约1400万平方公里，98%以上的面积常年被冰雪覆盖，形成一巨大而厚实的冰盖，其平均厚度达2450米，冰雪总量2500万—3000万立方公里，占全球冰雪总量的90%以上，储存了全世界约72%的可用淡水。有人估算，这一淡水量可供全人类饮用7500年，而且其水质极好，没有受到任何污染。② 除此以外，南极还有着丰富的海洋生物资源和特种微生物资源。人类的存续需要依赖资源的消耗，而在发展历程中已经消耗了大量资源的西方国家和因经济逐步起飞而渐渐需要消耗大量资源的发展中国家，不可能面对这一巨大库藏而无动于衷。南极大陆的部分资源分布情况见图3—4。

虽然矿产资源条约最终胎死腹中，但如果看一下这一阶段各国科考站的设置和分布情况，我们就可发现背后有着明显的资源考量。

---

① 详见：http://www.gov.cn/fwxx/kp/2005-11/09/content_94386_2.htm，2015年11月1日浏览。

② 详见：http://www.gov.cn/fwxx/kp/2005-11/09/content_94386_2.htm。

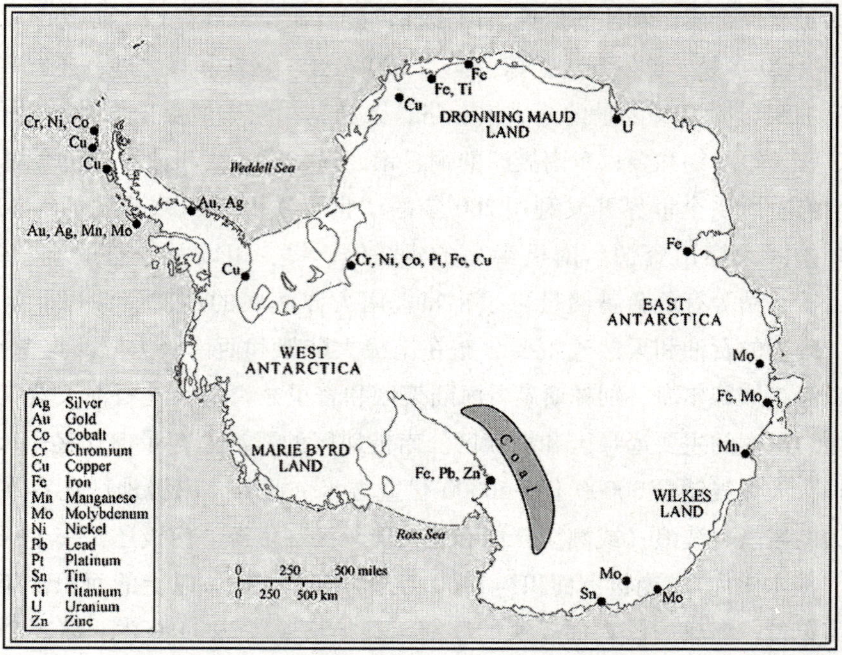

图 3—4　南极大陆金属矿藏资源分布图

资料来源：Beau Riffenburgh，*Encyclopedia of the Antarctic*，Routledge，2010：1146。

表 3—2　各国南极科考站位置及名称（截至 2005 年南半球冬季）

1	Amundsen – Scott	United States	89°59′51″S	139°16′22″E
2	Troll	Norway	72°00′07″S	02°32′02″E
3	Maitri	India	70°45′57″S	11°44′09″E
4	Novolazarevskaya	Russia	70°46′26″S	11°51′54″E
5	* Marion Island	South Africa	46°52′34″S	37°51′52″E
6	Syowa	Japan	69°00′25″S	39°35′01″E
7	Molodezhnaya	Russia	67°40′18″S	45°51′21″E
8	* Alfred Faure，Iles Crozet	France	46°25′48″S	51°51′40″E
9	Mawson	Australia	67°36′17″S	62°52′15″E
10	* Port aux Français，Iles Kerguelen	France	46°25′48″S	70°12′20″E
11	Zhongshan	China	69°22′16″S	76°23′13″E

续表

12	Progress	Russia	69°22′44″S	76°23′13″E
13	* Marttin de Viviês, Ile Amsterdam	France	37°49′48″S	77°34′12″E
14	Davis	Australia	68°34′38″S	77°58′21″E
15	Mirny	Russia	66°33′07″S	93°00′53″E
16	Vostok	Russia	78°28′00″S	106°48′00″E
17	Casey	Australia	66°17′00″S	110°31′11″E
18	Concordia	France/Italy	72°06′06″S	123°23′43″E
19	Dumont d'Urville	France	66°39′46″S	140°00′05″E
20	* Macquarie Island	Australia	54°29′58″S	158°56′09″E
21	McMurdo	United States	77°50′53″S	166°40′06″E
22	Scott Base	New Zealand	77°51′00″S	166°45′46″E
23	Rothera	United Kingdom	67°34′10″S	68°07′12″W
24	San Martin	Argentina	68°07′47″S	67°06′12″W
25	Vernadsky	Ukraine	65°14′43″S	64°15′24″W
26	Palmer	United States	64°46′30″S	64°03′04″W
27	Capitan Arturo Prat	Chile	62°30′00″S	59°41′00″W
28	+ Presidente Eduardo Frei	Chile	62°12′00″S	58°57′51″W
29	+ Escudero	Chile	62°12′04″S	58°57′45″W
30	+ Great Wall	China	62°12′59″S	58°57′44″W
31	+ Bellingshausen	Russia	62°11′47″S	58°57′39″W
32	+ Artigas	Uruguay	62°11′04″S	58°54′09″W
33	+ King Sejong	Korea	62°13′24″S	58°47′21″W
34	+ Jubany	Argentina	62°14′16″S	58°39′52″W
35	+ Arctowski	Poland	62°09′34″S	58°28′15″W
36	+ Comandante Ferraz	Brazil	62°05′00″S	58°23′28″W
37	General Bernardo O'Higgins	Chile	63°19′15″S	57°54′01″W
38	Esperanza	Argentina	63°23′42″S	56°59′46″W
39	Marambio	Argentina	64°14′20″S	56°39′25″W

续表

12	Progress	Russia	69°22′44″S	76°23′13″E
40	Orcadas	Argentina	60°44′20″S	44°44′17″W
41	* Bird Island	United Kingdom	54°00′31″S	38°03′08″W
42	* King Edward Point	United Kingdom	54°17′00″S	36°29′37″W
43	Belgrano Ⅱ	Argentina	77°52′29″S	34°37′37″W
44	Halley	United Kingdom	75°34′54″S	26°32′28″W
45	* Gough Island	South Africa	40°21′56″S	09°52′00″W
46	Neumayer	Germany	70°38′00″S	08°15′48″W
47	SANAE	South Africa	71°40′25″S	02°49′44″W

资料来源：Beau Riffenburgh, *Encyclopedia of the Antarctic*, Routledge, 2010：1135。

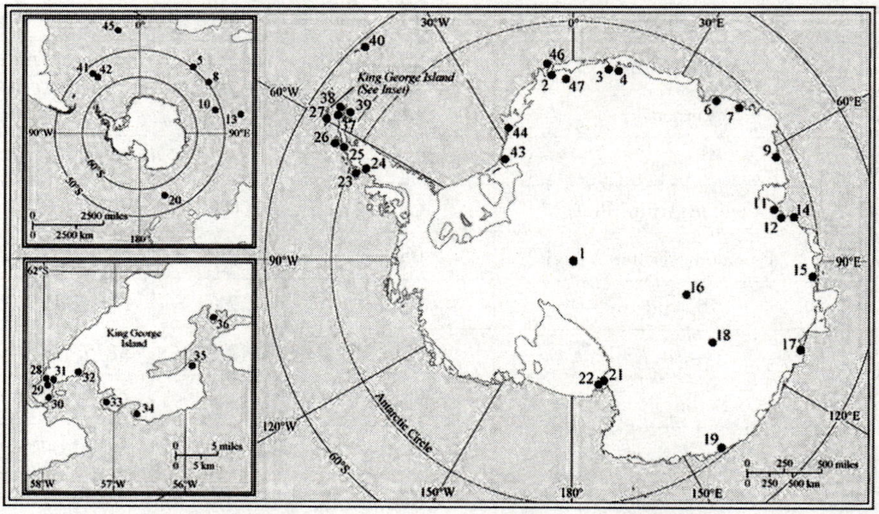

图 3—5　南极科学考察站分布图

（现状图，截至 2005 年南半球冬季，图中尚未注明中国的

昆仑站和日本的富士圆顶站）

资料来源：Beau Riffenburgh, *Encyclopedia of the Antarctic*, Routledge, 2010：1141。

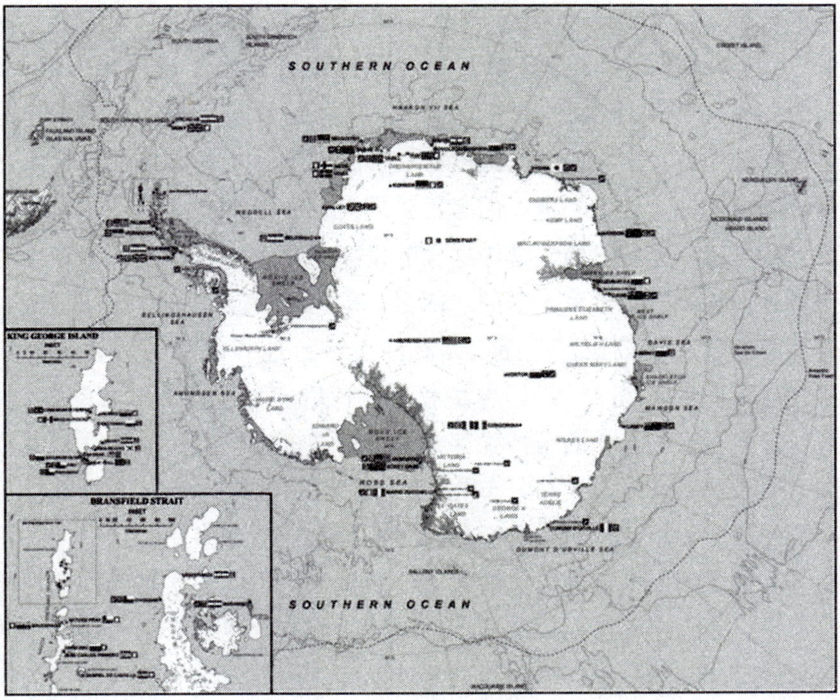

图 3—6　南极科学考察站分布图（图中对中国科考站标示不全面）

资料来源：http：//zh. wikipedia. org/wiki/% E5% 8D% 97% E6% 9E% 81% E7% A7% 91% E5% AD% A6% E8% 80% 83% E5% AF% 9F% E7% AB% 99。

以上几张图表虽然都有一些欠缺，但是综合几张图表，我们不难发现：第一，资源驱动的明显含义。自 20 世纪 60 年代后期以来，南极资源的储藏逐渐明朗，将南极矿物资源存储图和南极科考站分布图重合一下，我们就不难发现这一时期科考站建设的资源动机。南极半岛因矿藏资源密布而再次成为各国考察站云集之所。在国际极地年时期并未在南极半岛建站的美国这时也在南极半岛建立了帕尔默站（The Palmer Station）。蕴藏着丰富资源的乔治王岛（The King George Island）更是聚集了八个国家的九个考察站（详见表 3—2）。值得注意的是，南极大陆西部的玛瑞·伯德地区（Marie Byrd Land）并未发现矿藏，第一个极地年时期美国曾经在此建有两个考察站，此时却全部撤去。苏联在南极大陆东部的内陆地区一度拥有四个考察站，此时也仅余一个，而被撤去的苏联站点所在地也并未发现丰富的矿藏。在艾默瑞冰架区（The Amery Ice Shelf）发现了藏量巨大的铁矿矿床，苏联则在 1988 年于靠近该矿藏的地方建立了进度站（The Progress Station）。能够解释这一现象的除了内陆站补给不易，负担较重的因素之外，理应还是出于既然周围没有资源，那么在资源贫瘠的地区维持耗费巨大的考察站实在无利可图的考虑。同时，一些后来者，无论是德国这样的发达国家，还是巴西、韩国这样的发展中国家，其建立的考察站也是无一例外地位于资源储藏丰富的北部沿海地区或乔治王岛。应当看到，这一时间段虽然跨度较长，但无论是在南极进行地缘争夺的“老牌劲旅”，还是初次露面的“新贵”，其建立考察站背后的资源争夺动机是明显的。第二，科学考察与合作的精神犹存，领土争夺的意图有所淡化，但是依然存在。通过观察南极科考站分布的变化就能够发现这一点。在各领土主权声明国的领土要求范围内，它们允许其他国家建设考察站，这说明各主权声明国并未顽固囿于自身的主权要求，这显然是科学考察与合作的精神使然。但是，领土声明国并未改变其科考站的分布情况，声明国考察站的绝大多数或全部依然位于自身的领土要求范围之内。就非主权声明国的美苏而言，虽然两国都放弃了大部分内陆考察站，但是彼此最为深入南极大陆的考察站——美国位于南极点的阿蒙森·斯科特站（The Amundsen - Scott Station）和苏联（后为俄罗斯）的沃斯托克站（The Vostok Station）却依然保持，并未因周围没有资源而被放弃。深入南极内陆建立全年考察站，是南极科考中费用上花费最多而技术上最为困难的环节，即使是各主权声明国也因自身实力限制而长期无法深入内陆建立考察站。美苏（俄）两国的内陆考察站是对抗或抵消主权声明国领土要求和加强自身在可能的领土争夺中之地位的最有力武器，其得以存续的主要推动力毫无疑问是领土争夺上的。而且，在南极内陆建站的国家数目也日趋增多，比如日本就在南极内陆建立了富士圆顶站（The Dome Fuji Station），法国则携手“新贵”意大利在南极内陆建立了康科迪亚站（The Concordia Station）。通过图 3—3 我们可以看到，日、法、意三国的考察站周围并无丰富的资源，那么这三国向南极内陆进发的动机，除了进一步考察南极大陆以获取更为丰富的科学数据之外，加强和突出自身在南极的存在以增强自身在未来可能发生的领土争端中的地位就是最主要的原因。第三，多样化。这一时期的南极科考站建设和分布呈现出鲜明的多样化特点。首先，建设主体的多样化。通过表3—2、图3—4和图3—3我们可以看到，这一时期在南极建设考察站的国家数目大增。既有意大利这样的发达国家，也有诸如乌拉圭、巴西等发展中国家，而且发展中国家在南极事务中的影响力不断加强。1975年巴西加入《南极条约》时就声称，作为一个具有南大西洋最长海岸线的国家，巴西在南极具有直接的、实质的利益，在20世纪70年代就有国外专家预测“巴西将可能是非南极条约协商国之外，第一个开发南极矿产资源的国家”。[①] 2008年2月，巴西总统卢拉在纪念巴西在南极存在25周年之际考察巴西在南极的考察站时表示，“我们（巴西）应该有更大的实验室，以让科学家更好地完成他们的工作”，并强调“巴西政府有条件、有资金也有政治愿望来完成这些研究”。[②] 中国在《南极条约》体系中的地位也不断提升。中国自1983年6月8日加入《南极条约》，1985年成为南极条约协商国成员，1986年成为南极科学研究委员会成员国。目前中国共在南极拥有四个考察站，其分布呈现出横贯南极大陆的态势。其中，昆仑站（位于南纬80度25分01秒，东经77度06分58秒，高程4087米，位于南极内陆冰盖最高点冰穹A西南方向约7.3公里）位于南极大陆的最高点，也是历年来未被他国考察人员所到达之处。同时，昆仑站深入南极内陆的程度仅次于美国的阿蒙森·斯科特站，加上至高点和横贯南极大陆的分布态势，中国在南极的科学考察站无疑将大大有助于加强自身在南极的实际存在。因此，这一时期南极科考站分布的态势呈现出明显的参与国多样化和发展中国家影响力逐步加强的态势。其次，南极科考站关注者以及南极科考站所被赋予的意义也渐趋多样化。南极考察站最初被看做是科学考察与合作的象征，伴随着南极资源争夺趋势的加强，南极科考站又成为各国进行资源争夺的工具。比如《南极矿产资源活动管理公约》就曾规定，各国在南极可开发时能够享受的资源份额将由其对南极科考事业的贡献程度来决定，即“投入与收益相匹配”的原则。在科考贡献方面，无论是登陆考

---

① Morris, E., “Brazil at the Third United Nations Conference on the Law of the Sea”, *Ocean Development and International Law*, 7 (1), 1979: 131－177.

② 详见：http://world.people.com.cn/GB/1029/42358/6892127.html。

察还是空中考察，其考察价值都无法与常年运作的考察站相比，因而考察站在资源争夺上的工具价值是独一无二的。虽然该公约因法国和澳大利亚的中途退出和《南极环境保护议定书》的通过而成为泡影，但是南极条约环保议定书中的很多条款直接引自矿物资源活动管理公约，因此《南极矿物资源活动管理公约》仍然被视为可引为参考的重要法律文件，其中“投入与收益相匹配”的原则可看作是为可能的开发利用提前做了规范。而能够从该规范中受益的，无疑是已经在南极建立了科学考察站的国家。最后，在这一阶段，伴随着全球生态议题的凸显和非政府组织的活跃，南极也逐步进入非政府组织的视野，成为如绿色和平组织（International Green Peace）的关注对象。1987 年，绿色和平组织在美国的麦克默多站（The McMurdo Station）附近设立营地，并且先后走访数个考察站以确定科研考察对南极造成的污染和破坏。当年年底，绿色和平组织更是在新西兰“属地”伊万斯角建立了一座考察站——“世界公园”，企图以此挤入协商国集团。虽然此举因大多数协商国的反对而最终告吹，但是绿色和平组织的视察和建站尝试无疑赋予了南极科考站一层生态保护的色彩。

如果说南极陆地的“再领土化”还缺乏国际法的明确依据，领土意识还只能藏着掖着，“占地”还只能变相地进行的话，那么从海洋出发的领土要求可就来得“名正言顺”，可以完全公开了。《南极条约》虽然暂时冻结了各国对南极大陆的领土主权要求，但并未对大陆周边海洋的专属经济区、大陆架等问题做出规定。而 1982 年通过并于 1993 年生效的《联合国海洋法公约》则针对沿海国对附属于其国家领土上的大陆架、专属经济区等权利进行了专门规定。根据《联合国海洋法公约》的规定，领土主权和大陆架主权权利是不可分割的，拥有了领土主权，必然拥有大陆架主权权利。因此，领土主权是大陆架主权权利的基础；反之，对大陆架主权权利的主张，其实质也是对领土主权的主张。按照大陆架划界审议规程，2009 年 5 月 13 日是大多数沿海国提交外大陆架划界申请案的最后期限。在这一期限到来之前，南极领土主张国纷纷向联合国大陆架界限委员会提交各自的南极外大陆架划界案。

各国与南极相关的大陆架的划界申请案可以分为两类。一是以本国领土的全部自然延伸为基础，超过 200 海里，涉及南极大陆架的国家。这主要是以英国和澳大利亚提出其在南极海域之外的领土，有延伸到南极海域的大陆架。二是以本国所谓南极大陆领土的全部自然延伸，超过200海里，涉及南极大陆架的国家。

2004年11月15日，澳大利亚向联合国大陆架界限委员会提交外大陆架申请案，面积约68万多平方公里，[①] 其中包括了其在南极大陆所主张的领土主权要求地区。2006年4月，新西兰在提交的划界案中表示，这是一个部分划界案，“不包括属于南极的大陆架区域”，但新西兰将在以后就该区域提出申请。[②] 挪威于2006年11月27日和2009年5月4日分别向联合国大陆架界限委员会提交外大陆架申请案，后一份划界案主要涉及南极部分毛德皇后地附近的大陆架，面积约250万平方公里。[③] 2009年4月21日，阿根廷正式向联合国大陆架界限委员会提交外大陆架申请，涉及南极外大陆架部分位于其南极主张的领土，包括南斯科舍海以南和威德海地区。[④] 2009年5月8日，智利向联合国大陆架界限委员会提交外大陆架的初步信息，也提出其基于在南极所主张领土主权要求的部分大陆架主权要求，称53°—90°W之间的南极大陆架是智利南极领土的一部分。2009年5月11日，英国向联合国大陆架界限委员会提交外大陆架申请案，其大陆架划界主张包含了福克兰群岛（阿根廷称为马尔维纳斯群岛）、南乔治亚岛和南桑威奇群岛周围扩展的大陆架面积的确切范围，其中福克兰群岛是英国声称的英属南极领地范围，与阿根廷在南极洲声称的范围重叠。法国也

---

① 参见《澳大利亚大陆架划界案执行摘要》，第11页，http://www.un.org/depts/los/clcs-new/submissions-files/aus04/Documents/aus-2004-c.pdf.2015-11-25浏览。

② Receipt of Submission Made by New Zealand to the Commission on the Limits of the Continental Shelf, http://www.un.org/depts/los/clcs-new/submissions-files/nzl06/clcs-05-2006e.pdf, 2015-11-25.

③ Continental Shelf Submission of Norway with Respect to Bouvetoya and Dronning Maud Land, Executive Summary, http://www.un.org/depts/los/clcs-new/submissions-files/nor30-09/nor2009-executivesummary.pdf, 2015-11-25.

④ Outer Limit of the Continental Shelf, Argentine Submission, Executive Summary, p.9, http://www.un.org/depts/los/clcs-new/submissions-files/arg25-09/arg2009e-summary-eng.pdf, 2015-11-25.

宣称将在未来提出涉及南极的大陆架划界案。因顾及国际影响，在澳大利亚和挪威的划界案中，两国都重申遵守《南极条约》，要求联合国大陆架界限委员会不对其南极大陆架划界案采取任何行动。

两类大陆架划界案的申请产生的影响不全相同。第一类以本国领土的全部自然延伸为基础，超过200海里涉及南极大陆架，并不是真正意义上的南极大陆架申请国，虽然有其国际法的依据，但这里会涉及南极地区的界限问题。《南极条约》冻结了南极大陆的领土主权问题，但作为南极地区组成部分的海洋则还没有类似规定，因此南大洋问题究竟怎么定性，就会成为南极地缘政治接下来发展的关键。第二类以本国所谓南极大陆领土全部自然延伸为基础，超过200海里涉及南极大陆架，这种情况包含更强的领土意义，与南极大陆的领土主权问题直接相关，它们的要求一旦得到满足，就等于是承认了其对南极大陆领土主权要求的主张。因此，在第二类国家中，只有阿根廷明确提出了其基于南极大陆主权领土要求的大陆架划界，并要求大陆架界限委员会审议。2016年3月，联合国大陆架界限委员会宣布接受阿根廷在2009年提交的关于阿根廷领海范围的认定报告，判定阿根廷领海范围拓展35%，而主权备受争议的马尔维纳斯群岛也被划定属于阿根廷海域。澳大利亚、挪威和智利只是提出南极大陆领土的大陆架的划界主张，并不要求大陆架界限委员会审议。尽管如此，不难发现这些国家的用意也是想通过大陆架的领土主权要求来强化其在南极的领土主权声明。

更具体一点看，情况又可大致分成四类：（1）对南极洲大陆架提出明确主张，如澳大利亚、挪威和阿根廷，其中对委员会是否审议有关南极洲大陆架划界问题的态度又有所区别，澳大利亚和挪威请求委员会暂不审议，而阿根廷并未有此表态；（2）岛屿或陆地的大陆架延伸至南纬60°以南区域，这涉及澳大利亚、阿根廷和英国，如上所述，这类划界问题不仅仅是科学问题，更包含法律和政治问题；（3）暂时搁置南极洲大陆架问题提交部分划界案，如英国、法国、新西兰；（4）在有关确定大陆架外部界限的初步信息中，对南极地区有所提及，但究竟是采取第一类提交有关南极洲大陆架划界案同时请求委员会暂不审议，还是采取第三类先提交部分划界案，仍持保留态度，如智利。此外，值得注意的是，阿根廷、英国和智利在南极洲领土主权的重叠，意味着三国南极洲大陆架主张的重叠，一旦南极洲目前的表面和平被打破，南极洲大陆架之争的复杂局面必将变得更加难以控制。

这些主权主张，无论是陆地还是海洋，都包含严重的安全问题。这里仅从这些主权要求国出发的视角进行一些分析。

主权作为国家的灵魂，是国家身份及权利的核心；领土作为主权的物质依托，是国家行使主权不可或缺的支柱。一旦国家将南极纳入主权领土的范畴，南极就成为其国家安全的核心内容之一。一方面，主权要求使声明国获取了南极问题上相应的政治权益，并在一定程度上将声明国对南极事务的介入锁定在一定级别，尽管其他国家不一定承认。而且，虽然南极领土主张或许不会最终实现，但在“不可实现”这一点上也带来了一些不可预期的收益，主权要求国或将此视为在南极条约体系中确立其主权国地位的工具。如未生效的1988年的《南极矿产资源活动管理公约》中规定，为矿产资源活动管理设立的10个协调委员国应包括任何南极主权要求国以及保留主权主张的国家（美国、俄罗斯）。但1991年的环境保护议定书没有对主权要求国提供任何特别的待遇。目前的南极条约体系内的共识决策模式并没有对主权要求国有任何政策倾向。另一方面，南极领土主权要求国看待南极的方式不同于其他国家，其把对南极地区的力量投入视为国家主权的一部分，或视为主权赖以存在的一个客体，如同其国内的其他领土一样。尽管从地理上而言，南极不同于境内的国土，但其作为国家基本的安全问题同样会给国家安全带来挑战，[①] 对国家安全构成威胁。具体地讲，主权要求会引出以下几方面的问题：

一是领土要求存在合法性不足的问题。尽管《南极条约》第四条的规定只是冻结既有的主权声明和禁止提出新的主权要求，对既有的权利要求并未明确否认，这明显有利于已提出主权要求的国家，但其领土主张并未在国际社会上得到广泛承认。澳大利亚与英国、新西兰、法国和挪威虽然

① 具体参见 Alan D. Hemmingst，“Beyond Claims：Towards A Non－Territorial Antarctic Security Prism for Australia and New Zealand”，*New Zealand Yearbook of International Law*，6，2008：77－92。

在领土要求上相互承认，但国际社会对此却没有给予认同，美国、俄罗斯、日本、荷兰、印度均不承认其任何领土要求。某种意义上而言，这种对南极的领土主权要求只是主权国在各自国内法范围内的一种“虚构”。鉴于目前七个主权声明国的国家实力与世界大国存在差距，加上世界强国对南极利益的觊觎，主权国要维护这种拥有南极领土主权的“虚构”地位备受挑战。

二是在道义层面具有争议性。首先，南极面积占地球表面约10%，这10%的面积被仅仅七个国家宣布占有，南极资源作为人类共同遗产仅仅被几个国家所管理，这对其他国家而言是个道义问题，同样也存在合法性不足的问题。其次，非殖民化的浪潮并未波及南极，因为南极不存在需要独立的居民，也就无所谓的“被殖民”问题。然而，七个国家宣布对南极的领土占有，实际上是将南极“殖民地化”了。特别是对澳大利亚和新西兰而言，还存在一个道德层面的问题，因为这两个国家均通过作为大英帝国殖民体系的一部分沿袭了对南极主权的要求，这与其宣称支持非殖民地化之间存在道义上的矛盾。

三是南极资源开发问题挑战领土主权的归属问题。领土是资源的依托，领土安全问题未解决，资源的归属也无法下定论。随着全球资源特别是非再生资源日趋枯竭，一旦南极资源的开采技术成熟，且在不破坏南极环境的前提下，人类不可能永远不动用南极的资源。直到今天，没有任何一个国家或者南极研究者否认南极资源在未来开发的可能性。美国已经突破了在北极地区开采石油而不破坏环境的技术难题。有研究预言，南极“资源开发时代”的到来只是一个时间问题。有些国家已经采取各种方式在南极洲圈占领势力范围，占据最佳战略位置，进行议定书失效后的资源开发准备。比如上文所分析的南极的诸多考察站，实际上就是一个个势力范围之争。这些非主权主张国的种种南极活动，对主权主张国而言是极大的挑战，甚至被视为是对其领土内资源的“抢占”。一旦资源被各国机会均等地开发利用，这七个领土主权要求国面临的不仅是巨大的经济损失，而且其领土主权诉求也会受到削弱。

四是就国内而言，对南极领土主权的主张和立场使得主权要求国需要付出一些额外且昂贵的代价，耗时耗力，若处理不好，反而会给其国内政治带来一定的风险。对于主权国而言，主权要求是否能够维持具有很大的不确定性，这可能引发一些行为，如对其他国家的南极意图及南极活动的猜疑，以及对其他国家的商业性活动如捕鱼和旅游的极度在意。如主权要求国对南极水域的 IUU 捕鱼业实行监督及禁止，典型例子是新西兰。这些国内的要求和压力，实际上给主权要求国家增加了额外的政治成本。

总之，对主权主张国而言，由于其南极的主权主张视为国家特定及法定权利的一部分，对这种主张的挑战自然而然地被视为对国家安全的挑战。相比国内的领土，这种对南极领土主权主张的挑战可能层级较低，但仅仅是程度问题。挑战潜在性地引发了在软权力、外交、经济、军事范围内的相应回应。以澳大利亚为例，这种主张的动员及回应不再仅仅局限于国家手中，尽管国家仍是最主要的行为体。如澳大利亚媒体对日本捕鲸极为关注，将其称为在“我们的”水域进行的行为。如果走向极端的话，这种领土权利可能会引发关于南极事务的无益的国家主义。此外，对主权的主张可能引发他国对主张国真正意图的质疑，如 1999 年新西兰申请建立南极特别保护区的失败，原因之一在于这被视为新西兰为增强其在南罗斯海的主权利益而采取的计谋。

主权主张国的国家安全问题还反映这些国家与其他国家在南极问题的互动，既有合作面，也有竞争面，甚至是敌对面，英国与阿根廷之间的马岛战争即起因于南极的“霍普湾冲突”，这是领土主权问题引发的军事冲突。目前，南极领土主张国之间存在的现实矛盾是七个领土主权主张国中有三个的领土要求范围大量重叠且相互竞争。此外，俄罗斯和美国不承认所有的主权要求但保留自己的领土要求权。对于那些在南极问题上没有直接利益关联的国家，它们或许期待南极条约体系下的多边主义的成功终有一天会使主权问题褪色，但技术革新提升了资源开发的可能性，加上经济利益的驱使，主权主张的要求再次登上历史舞台，特别是大陆架划界问题，再次使领土主权问题成为南极议题的核心。

二、南极治理的制度安全隐患

南极治理构建的可喜之处在于，与许多其他全球性问题相比，南极地区的国际制度要“厚化”得多。但是，这并不意味着它就没有相应的安全问题，南极治理的制度存在四大安全隐患：一是某些条约自身存续性的隐患；二是制度对某些问题的模糊化处理，这固然使得制度得以成功构建和运行，但也是相关制度安全方面的一颗定时炸弹；三是制度叠加而导致的制度不相容；四是制度的管理负荷。

关于制度存续问题，《南极条约》自身表现得最为明显。

依据《南极条约》第12条规定，条约生效30年届满后，如一个或多个协商国认为条约的实施情况有待商榷、有变革之必要，可申请召开相关会议，审议条约的实施情况，对部分条款进行修改或修正。经ATCM对条约的修正案以多数表决通过后，由条约的保存国（美国）通知各成员国上述修正事宜，并经各协商国全体完成批准程序后生效。若两年内任一协商国未予批准，则任一成员国就此可宣布退出《南极条约》。《马德里议定书》也有类似的退出机制，允许这类审议会议在生效50年后召开，据此有关议定书本身的审议机制最早可能在2048年启动。不过，为尽量限制该程序的启动及其负面后果，议定书设置了两种程序：第一，议定书生效50年后，南极条约协商国可申请召开有关议定书一般性的审议会议，针对其某些条款进行修改或修正，对此成员国不享有退出权；第二，议定书考虑到在此类审议会议召开后，协商国可能就议定书第七条禁止采矿的规定出台一个有法律约束力的新的采矿制度，因此特别规定，如果各南极条约协商国就矿物问题修正案达成一致意见，但三年内该修正案未能满足议定书规定的条件生效的，两年后任一成员国可以宣布退出议定书。那么按照该条款，在某些条件下，至少在理论上，有成员国有可能于2053年退出议定书。这就同时意味着在可能召开的2048年审议会议前几年，各成员国将围绕这一南极矿物开采的开放问题，面临强大的内部政治压力和政治投机局面。

议定书的积极效果在于，ATCM各方通过一部法案全面有效地应对日益增长的南极环境安全，特别是非生物资源安全问题，同时将有关问题搁置50年的做法也化解了南极条约体系本身面临的机制和区域安全风险。到1991年南极条约体系经历了其最为动荡的10年，《南极条约》也生效30年届满。其实，《南极矿物资源活动管理公约》和《马德里议定书》的出台已经有效说明了南极条约体系的基本条款已被审议，说明成员国在根据条约第十二条（二）款召开条约实施审议会议方面的需求不是很高。[①]《马德里议定书》显示了南极条约体系在新时期面临的环境安全问题及其应对措施，且与其他像《南极生物资源养护公约》这些文书一起，进一步稳固了南极条约体系本身的机制安全。正如欧瑞格（Orrego Vicuna）所言，《马德里议定书》本质上是对条约某些条款的重新规范，将已经存在的南极条约体系的规则语言进行凝练，以增强法典的内部连贯性。[②]

制度的存续问题还面临合法性危机，这种危机主要来自制度外力量对制度的挑战。南极条约体系主要专注于处理南极条约原始成员国之间的南极争议，最初只有这些国家是南极条约协商国，也才有资格参加南极条约协商会议。该机制给那些后来加入《南极条约》的国家及其参加条约协商会议（ATCM）的资格带来挑战。依照《南极条约》，能够成为协商国的标准是其在南极有实质性科研活动，例如设立科考站或者派遣科考队，来展示对南极事务的兴趣。虽然波兰甚至早在某些原始成员国正式批准《南极条约》之前，[③] 即于1961年6月第一个被批准加入《南极条约》，但若要成为协商国仍需满足条约第九条的资质要求。由此，波兰拖至1977年才符合相关要求正式成为南极条约协商国。然而波兰的加入并未使南极条约协商国敞开怀抱，容纳更多的成员，直到1981年《南极条约》生效20年

① 根据《南极条约》第十二条第二款，在条约生效30年后，南极条约协商国有权要求召开全体成员国会议，以审议条约实施情况。该南极条约审议会议有权提出对条约的修改意见，但若该条文修改或修正案经各方签署后两年内未满足生效条件，则任何成员国都有权退出《南极条约》。本程序产生的效果在于，若审议会议成功召开但并未能对相关条约条款的修改达成一致，主要成员国有可能要求退出条约组织，从而危及整个条约体制的存续，特别是如果领土要求国，或美国及苏联采取这种措施的话，其后果不言而喻，南极条约体系的安全和稳定将有可能受到损害。迄今为止，该程序未曾被启动过，南极条约协商国反而更加强调南极条约体系将来的存续和发展。

② Orrego Vicuna, "The Legitimacy of the Protocol on Environmental Protection to the Antarctic Treaty", in O. S. Stokke and D. Vidas (eds), *Governing the Antarctic: The Effectiveness and Legitimacy of the Antarctic Treaty System*. Cambridge: Cambridge University Press, 1996: 268 - 269.

③ 波兰1961年6月8日加入《南极条约》，而澳大利亚、阿根廷和智利三国迟至当年6月23日才完成《南极条约》的批准程序。《南极条约》亦是于该日方满足生效条件从而正式生效。

后，才有第二个成员国——联邦德国获得资格参加 ATCM。

南极条约协商国数量相对缓慢的增长使得联合国内对南极条约体系的批评声此起彼伏。许多发展中国家认为南极条约体系缺乏合法性，呼吁设立其他管理南极地区的国际组织。这些呼吁引起了联合国大会持续的争论，它们同洛杉矶会议协商的结果一致，均认可“人类共同遗产原则”以及之前为满足南极矿物区域需求的协商结果。有关“南极问题”的争论在1983 年到 2005 年间构成联合国大会的常规议事日程，其后果是使南极条约体系的合法性受到质疑，对区域现有的制度稳定构成威胁。为此，南极条约体系的主要成员积极做出回应，一方面在联合国舞台上极力维护条约的合法性，一方面开放门户，降低其他国家加入南极条约体系的门槛。从1982 年到 1989 年七年间，有 14 个国家相继加入《南极条约》，其中七国，包括中国在内属于发展中国家，由此一来安理会五大常任理事国全部成为南极条约成员国。同时于此期间印度也加入了南极条约，使得世界上两个人口最多的国家均被纳入南极条约体系。更值得一提的是，这一时期南极条约协商国新增加 11 个，包括联邦德国、巴西、乌拉圭、意大利、秘鲁、西班牙、中国、印度、瑞典、芬兰和韩国。这些新鲜血液的加入改变了南极地缘政治的格局，也弱化了联合国对南极条约体系合法性的批评和关注。

国际机制的有效性以及合法性与机制内成员国的数量以及成员组成密切相关。当年华盛顿会议召开时联合国只有 82 个成员国，而到了 2009 年条约签订 50 周年时成员国数目已经猛增至 192 个。20 世纪 80 年代联合国大会针对“南极问题”的讨论，可以说高度重视南极条约成员国资格的构成，这一极具敏感性的问题一直持续至今。截至 2011 年 1 月 1 日，南极条约成员国有 48 个，其中协商国 28 个，占联合国成员总数的 25%。然而 20 世纪 80 年代南极条约成员国和协商国的扩容仅是一时之盛，近十年来其增长明显回落。20 世纪 90 年代总共只有六个国家加入条约，到新世纪的前十年则只有四个国家。同样，近 20 年成为南极条约协商国的数量也在大幅降低，只有保加利亚和乌克兰分别于 1998 年和 2004 年被批准加入；2011 年马来西亚被批准加入《南极条约》。这在联合国内部引起强烈的批评，使得发展中国家特别是亚非发展中国家对条约的合法性产生质疑。

这就产生了一个问题，《南极条约》及其体系是否能够应用于条约外第三国，包括那些一直在条约框架之外的国家和未来可能运用前文所述的程序而退出条约的国家。这可能是条约和安全所面临的最为严峻的问题之一，因为它涉及到南极条约体系的合法性问题，以及这个制度在面临外部国家施加的压力时能否保持足够的稳定的问题，也涉及到下面要讲的制度管理问题。在这一问题上，我们必须记得《维也纳条约法公约》的基本原则是条约内容对第三国不适用，未经其同意不赋予其权利或克以义务。至于不克以义务，有论者提出《南极条约》及其体系的规定可能构成区域性国际习惯法，由此对参与到区域内事务的条约外国家形成法律上的约束。虽然这种说法有一定的国际法基础，但它的实际运用可能是非常有限的，因为有些国家向来固执地反对一个新的国际习惯法的成立，这样的教条主义使得这些国家不会受到此类法律的约束。①

至今《南极条约》已生效50余年，而这期间国际环境也已是沧海桑田。在外部，联合国有安理会专责维护世界和平与安全问题，南极条约体系则无类似的设置。但是这并不表明南极条约体系已经奄奄一息了，相反，它通过不断出台新的条约文书，以及一系列ATCM上提出的新的建议、措施和决议而与时俱进。2004年设立的南极条约秘书处极大提高了南极条约体系处理问题的能力，也为南极条约体系在下半个世纪的发展奠定了坚实的基础。②

从安全角度来看，《南极条约》以及相关条约构成的南极条约体系能否在南极和南大洋的安全问题上发挥关键性的作用，取决于条约机制的稳定性和面对新挑战时的应对能力。虽然20世纪80年代联合国大会对《南极条约》及其体系有过不少争论，其合法性也一直饱受争议，但它们已经使所有在国际事务中起重要作用的国家都积极地参与到南极问题中来。除了原有的领土要求国和其他有关当事国之外，在20世纪后半叶和21世纪

① 可参阅：*Anglo - Norwegian Fisheries Case*（*United Kongdom v Nørway*）[1951] ICJ Reports 116：131。

② K. Scott，"Institutional Developments within the Antarctic Treaty System"，*International and Comparative Law Quarterly*，52，2003：473 -487.

初才浮现于世的各个大国也都纷纷参与到条约的框架中来。在南极条约协商会议中，最重要的有诸如巴西、中国、德国和印度四国，此外还有西班牙和韩国等其他有影响的国家组成的第二梯队。如果能够从非洲、亚洲和大洋洲吸收更多的国家参与进来，对条约的稳定性无疑是大有裨益的，但对于这些地区的许多国家来说，南极问题似乎并不是一个优先要考虑的问题。

制度的模糊性同样也存在于《南极条约》之中。

条约的成功之处是实现了领土问题的去安全化，但它不是通过正面来解决，而是靠模糊化或搁置问题来取得的。条约的第四条第二款规定："在本条约有效期间所发生的一切行为或活动，不得构成主张、支持或否定对南极的领土主权的要求的基础，也不得创立在南极的任何主权权利。在本条约有效期间，对所在南极的领土主权不得提出新的要求或扩大现有的要求。"① 这实际上导致了两方面的后果：一是已有主权要求国在一定的情况下仍可搬出主权问题，或采取具有显示或强化其主权宣示的行动；二是这一款并没有明确规定南极的外大陆架是否属于不允许提出的"新的要求或扩大现有的要求"的范围，② 从而导致了下面所讲的制度冲突问题。正如克劳福德（J. Crawford）所观察到的："国际法学者的惯性思维常假定各国对领土主张有明确界定；他们喜欢利用这一稳定性作为解决问题的工具。但这种稳定性在南极问题上无法实现，也是《南极条约》在刻意回避的。"③

制度叠加导致的制度不相容，最典型的例子是《南极条约》和《联合国海洋法公约》之间的冲突。

这种冲突已经明显表现在南极大陆架的划界问题上。根据公约规定，对南极提出领土主权要求的七个国家纷纷提交大陆架划界案、部分划界案

---

① 《南极条约》第四条第二款。

② Christopher C. Joyner, "United States Foreign Policy Interests in the Antarctic", *The Polar Journal*, 11 (1), 2011: 22.

③ J. Crawford, "The Antarctic Treaty after 50Years", in D. French, M. Saul and N. D. White (eds), *International Law and Dispute Settlement: New Problems and Techniques*, Oxford: Hart Publishing, 2010: 296.

或者保留未来划界权力，这种国家主权的行使与《南极条约》中关于冻结主权的规定相抵触。另外，就次南极区域岛屿的外大陆架深入《南极条约》管辖范围的部分，《联合国海洋法公约》和《南极条约》有关其资源开发的规定相矛盾，由此构成法律竞合。而《联合国海洋法公约》和《南极条约》针对南大洋部分性质上属于“区域”的海床与底土资源的开发，规定也有扞格，因而未有定论。南极地区部分国家针对大陆架进行的划界表明，这些国家对为《马德里议定书》禁止的矿物资源开发心有觊觎并蠢蠢欲动，这将直接威胁到南极机制的安全和现有地缘政治格局的平衡。本质上讲，南极的资源开发主要受制于南极的现有法律和政策，如果无法完善南极条约体系，缓解与《联合国海洋法公约》之间的矛盾，南极机制的安全将无法得到保障。

这种冲突也影响到了南极的环境和资源安全。目前《南极条约》管辖范围内的南极大陆和南大洋区域的捕鱼与矿物勘探受到限制，而南极大陆架及沿海国200海里以外的外大陆架部分蕴藏着丰富的石油、天然气和多种海洋生物等资源，未来在大陆架、专属经济区、外大陆架、“区域”和公海的资源勘探和开发潜力将关系到南极的资源和环境安全。在这个问题上，南极的政治和法律因素的影响力超越了经济因素。然而，南极条约体系在《联合国海洋法公约》的冲击下，凸显其关于南极大陆架、专属经济区、外大陆架、“区域”和公海的领土主张存在着法律和政策难题，同时关于生物资源和矿物资源的勘探、开发和利益分配也有着重大缺陷。南极条约体系能否应对资源和环境安全的挑战，避免体系外行为体的干涉，满足各国对南极的利益需求，决定了这一机制未来的生命力，也决定了南极地缘政治格局的稳定性和未来的演变。

至于制度的管理负荷，明显是受到日益增多的包括南大洋在内的南极地区人类活动的挑战。

目前，南极大陆地区的科学考察和旅游，以及南大洋地区的渔业，这些方面的人类活动已是相当频繁。南极地区的制度虽然已有相当的“厚度”，但制度的运行及相关规定的管理并没有足够的资源加以支撑，无法满足人类活动不断增多的管理需要。在这种情况下，国际制度的一般做法在这里开始体现，即制度的执行依靠各国自身的自律，制度的监督有赖各国相互之间的执法，但这么做的背后其实很容易带来安全挑战。

制度管理如果是针对制度成员国，其有效性还能得到一定的保障，而更严重的问题是如何应用到非成员国。

非成员国是指南极条约体系外国家，主要包括那些虽然与南极条约体系没有直接关联，但也在南极地区活动，主要是其船舶在南极海域及南大洋水域活动的国家。这引发了其在南极领域的安全方面的相关利益，但这种利益的层级最终取决于其从事的活动的性质以及其与南极事务的相关度。

南极条约体系外国家在南极的安全利益症结在于南极条约体系对体系外国家是否同样具有约束力的问题。具体体现为以下几个方面：

一是关于南极水域的通行豁免权问题。由于国际上尚未有统一的规则，南极条约体系是否可对体系外的、在南极水域活动的国家船舶行使管辖权及有效的控制权，存在争议。目前条约体系主要针对赴南极旅游的旅客船舶行使豁免权，国家的非商业性船只或科考船只的豁免权问题未最终确定。对条约体系外的国家而言，是否需要遵守南极条约体系的规则进行活动，关系到其在南极海域活动的直接利益及相关安全问题，如航行事故的处理等。

二是体系外国家的科考活动与沿海国之间的利益关系问题。根据南极条约体系内相关条约的规定，沿海国有权利在其管辖的海域内（200 海里专属经济区）对任何外来的科考船舶进行管理及规范，并禁止任何破坏性的科考行为。这里涉及南大洋沿海国与科考国之间的权利与义务的平衡。科考国家有义务防止其科考行为对南大洋的环境造成污染或破坏，当然沿海国也有义务允许以和平为目的，且有利于整个人类福祉的科考活动的执行。沿海国与科考国之间的安全关系核心是其利益分配问题。这些国家之间的利益关系与冲突是复合型的，并非简单地划分为沿海国关注环境利益而科考国只想取得科研利益，实际上，沿海国对科考成果也有兴趣，科考国也并非全然不考虑南极及南大洋的环境保护。鉴于南大洋的科考带来的收益与日俱增，如何平衡科考与环保之间的关系，特别是科考国与南极条约体系各方的利益（主要指各方在南极地区拥有的关于资源及地区安全的利益），亟待解决。

三是关于人的安全问题，即体系外国家的国民在南极旅游中的安全问题。南极旅游规模日益扩大并呈现多样化，越来越多的各国国民赴南极旅游。南极旅游主要有东西两线：西线经南美赴南极半岛，占总旅游人数的90%以上；东线主要经澳大利亚、新西兰或南非赴威德尔海、罗斯海附近海域和大陆。体系外国家在此类活动中涉及的安全问题主要包括两个层面：一是人的安全问题，即事故中的营救等；二是国际对南极旅游问题的管理，特别是南极旅游的规范化问题。

最后也是最重要的一点是，体系外国家对南极主权问题及南极未来发展方向的看法。体系外国家将南极视为人类共同财产，南极资源亦为全人类共同拥有，所谓南极条约体系协商国对南极的管理实际上是一种少数国家的"强权"治理，协商国通过行使管辖权实质性地享有在南极的利益和权益，与保护人类共同遗产之间存在对立性的矛盾。

三、非传统安全挑战

南极地区的非传统安全主要可以从环境和资源两个互相冲突，但同时又严峻地摆在人类面前的视角来看，而这两大问题又直接关系到人的生存和发展。

虽然到目前为止，由于主权归属、开采难度、环境保护等一系列问题，南极的矿产资源仅供科学考察而尚未被进行商业开发和利用，但是不少国家还是对南极资源虎视眈眈。南极蕴含着大量的矿产资源，包括石油资源和天然气资源，虽然受《南极矿产资源管理公约》的保护，2041年之前禁止开采，但是一旦过了条约所规定的保护期，如何合理利用矿产资源以促进人类利益则成为世界共同关心的问题。但是，资源开发必然导致对南极环境的破坏，2010年墨西哥湾漏油事件作为前车之鉴，引发了大家对南极石油开采是否安全的重新审视。南极大陆是最后一片未遭人类破坏的净土，而对此区域进行人为的生态破坏，不仅会遭到环保主义者的抗议，更有可能由一个环保问题升级成为一个政治问题。①

---

① Caroline E. Foster, "Antarctic Resources and Human Security", in Alan D. Hemmings, Donald R. Rothwell, Karen N. Scott (eds.), *Antarctic Security in the Twenty - First Century: Legal and Policy Perspectives*, London: Routledge, 2012.

相比之下，海洋生物资源的情况则大为不同。鱼类和海产品可直接作为粮食的替代品，满足人类对于食品安全的需要。根据联合国粮食和农业组织（FAO）的统计数据显示，全球渔业产出的75%都直接由人类消费，而剩余的25%则进入食物链的循环。FAO数据显示，全球大约有5.2亿人口靠捕鱼和水产养殖为生。[①] 鱼类在人类食品安全中的重要性地位日益凸显，对于鱼类产品的消费量和需求量也不断增加，渔业贸易的经济增长十分显著。

早期在南大洋捕捞巴塔哥尼亚齿鱼和其他鱼类主要是为了迎合各国中产阶级的消费需求，正是这种需求，滋生了在南大洋的捕捞活动。虽然这种捕捞活动有时是非法的，但在很大程度上促进了捕捞国家的经济增长。然而由于科学技术的限制，在这一阶段，对南极周边鱼类资源的获取往往要付出高昂的成本，因此仅仅能满足那些发达国家或高收入国家的消费需求，并未有益于那些经济贫穷的国家。一个典型的例子就是对南极磷虾的捕捞，在南极海洋生物资源养护委员会成立之前，对于南极磷虾的捕捞大多是提供给高收入国家，或者作为养殖鲑鱼的饲料，亦或者进行生物制药，而后者也是高收入国家的消费对象之一。因而在这一时期，往往会出现一些诡异的现象，虽然南极沿海国家离南极非常近，捕捞也十分容易，但这些国家的内陆地区竟然会出现食物短缺和饥荒，原因是高额的捕捞成本和发达国家的高消费需求使得他们无法以鱼类产品为食。[②]

而近年来，由于科学技术的提高，对南大洋海域进行捕捞的成本有所下降，对于磷虾的“有限捕捞”也在持续增长。如何不破坏南极生态链，又能满足人类的食品需求，这对有“人类食品库”之称的南大洋提出了严峻挑战。

随着人口增长和环境污染的加剧，地球上可供利用的淡水资源越来越少。淡水总量的不断减少，加上对淡水资源的不合理开采和利用，使得很多国家和地区已无法应对水资源短缺问题，甚至威胁到人的“生存权”。

---

① Food and Agriculture Organization（FAO），*Fisheries and Aquaculture*，2011.

② J. Scheffran，“Climate Change and Security”，*Bulletin of the Atomic Sciences*，64（2）2008：19 – 25.

目前，各国之间普遍面临着淡水资源的匮乏，世界一些著名的河道以及河流流域均遭受严重的干旱威胁，其中包括湄公河、印度河和约旦河。世界上共有261条跨界河流，并负责灌溉地球上45.3%的土地，一旦河流干旱或地下水量减少而无法满足土地灌溉的需求，那么就不得不寻找水源以保障粮食生长。通常传统上的做法是通过挖河引流来应对旱灾，而将来则可能转向南极的冰山来解燃眉之急。

全球气候变暖使得南极冰山逐渐融化，南极冰山是天然无污染的纯净水资源，即使很小的一块，大约也有100亿升的水含量。面对持续升高的气温和日益紧缺的淡水资源，合理利用南极淡水资源将为解决水资源的匮乏提供新的支持。虽然就目前情况，运输和保存这些冰山的淡水资源，使其缓解其他地区的水资源短缺就技术和经济上来看，是非经济且无法完成的，但是随着现存人口密度增长，环境污染和现存水资源耗竭，南极水资源势必成为人们开采的对象。

然而对于能否利用南极的淡水资源，现在存在着一个争议。一方面，对南极冰山的开采一定程度上会破坏南极地区的生态环境，必然会破坏《南极条约》中有关生态保护的条款。① 另一方面，水资源作为人类必不可少的关键资源，也是保障人类“生存权”最低限度，而《南极条约》订立的初衷也是要“促进全人类共同利益”。因此，对于因“人的安全”概念衍生而来的议题，开采南极淡水资源，显然符合人类的共同利益，而其合法性自当是无可争议的。②

在资源方面，下面几个问题表现得较为突出：

一是在南极进行生物勘探。尽管南极条约体系的一些方面涉及到生物勘探，但并未对此做出明确的规定。例如，《南极条约》要求各国应自由交换从南极获取的科学观测（数据）和研究成果，而“议定书”规定各种南极活动事先应进行环境影响评估。一些人坚称，（南极条约体系）现有

---

① E. A. Zuccaro, “Iceberg Appropriation and the Antarctic’s Gordian Knot”, *California Western International Law Journal*, 9 1979: 405 – 429.

② Caroline E. Foster, “Antarctic Resources and Human Security”, in Alan D. Hemmings, Donald R. Rothwell, Karen N. Scott (eds.), *Antarctic Security in the Twenty – First Century: Legal and Policy Perspectives*, London: Routledge, 2012.

的制度能有效管理生物勘探，这与管理其他南极研究（活动）是一样的，但一些人对此持怀疑态度。虽然生物勘探从2002年以来一直在ATCM上进行过讨论，但对这一问题的考虑未能延续进行，也没提出具体的管理措施。UNU－IAS的工作和条约成员国均提出并参与了这一讨论，这促成了大量相关文件的形成。一些十分复杂的政治和法律问题已被提出，大量的相关问题已列入进一步讨论的议题，这其中包括诸如其研究所发现的潜在商业价值如何与自由交换科学成果相协同等问题。第28届ATCM（2007，印度新德里）上荷兰提议对生物勘探的管理框架进行讨论。成员国决定会间工作须为下次ATCM的深入讨论与研究提供要点。现已经建立一个联络组，一是为了弄清南极生物勘探的相关问题和当前的活动情况；二是协助ATCM对此问题的讨论，提出推动未来工作方式与措施的建议。荷兰将作为该小组的召集方，南极条约秘书处为此提供支持，包括在网站上创建一个交互式的论坛。澳大利亚加入这一会间讨论并有兴趣来推动这项工作。在南极有可能真的发生这种情形——微不足道的开端引发大的事件。此外，围绕南极生物多样性的生物勘探（诸如澳大利亚凯西站附近海冰下的生物勘探），已成为南极条约成员国的讨论热点。①

目前，生物勘探作为一个行业在全球增长迅速，涉及范围较广，包括南极大陆及其周围的海域。近十余年来，在一些国际组织，如联合国大会有关海洋问题的非正式协商议程中，以及《联合国海洋法公约》、《生物多样性公约》、世界知识产权组织和世界贸易组织的谈判中，都出现了与南极生物勘探相关的议题，表明国际社会对南极生物勘探活动及其带来的资源安全的关切与担忧。但由于缺乏对该产业发展的制度意识和未来影响的总体评价，南极条约体系尚未有一个全面的生物勘探保护机制。虽然相关的条约，如CCLMARA和《马德里议定书》均对此有所涉及，近年来的ATCM上也都有协商国提交提请协商会议注意相关的发展态势，但未形成统一的监管活动与机制。主要的问题体现为：

---

① http://www.aad.gov.au/MediaLibrary/asset/MediaItems/ml_394356865972222_12%20bioprospecting.pdf，澳大利亚南极局首席政策顾问Andrew Jackson撰稿，凌晓良译。

第一，各成员国对于作为科学研究的生物勘探缺乏共识上的定义。

虽然国际社会对"生物勘探"存在一个极具包容性的定义，认为它是指"针对动物、植物和微生物所包含的化学成分和遗传物质进行的研究，由对这些成分及物质进行的提取和实验，以及将这些结果运用到科学研究和商业上的一系列活动所构成"。[①] 这个定义从多方面定义了生物勘探，虽然受到普遍赞同，但并未纳入《南极条约》中。

第二，谁有权进入南极进行资源勘探活动。

目前，南极资源勘探活动受各国国内立法的制约。《南极条约》规定，在不破坏南极环境的条件下，各国拥有平等开发南极的权利。但勘探活动需要在一致商定的基础上才能进行。而《南极条约》虽然暂时冻结了领土主权的要求，但是有不少国家依旧宣称对于南极部分地区拥有主权。那么，对进入那些已有国家宣示主权的地区又该怎么限制呢？在这些地区进行生物勘探和捕捞，是否侵占了宣示主权国家的利益？私人公司是否有权进入南极进行勘探活动呢，又或者是否只有当这些公司的所在国加入了《南极条约》之后才有权进行勘探活动呢？

第三，如何共享在南极资源勘探活动上所获得的财富收益。

对于在南极资源勘探活动上所获得的财富收益是否进行分配，如何进行分配，分配给谁，始终存在争议。一些人宣称在南极勘探活动上取得的全部收益都应由付出巨大成本的公司单独保留，那对进入那些已有国家宣示主权的地区进行的勘探活动是否要支付其主权国一笔资金以作为补偿？是否《南极条约》组织应当收取一定费用以组建一个特殊组织保护南极生物资源？又或者建立一个共同基金会使得全世界的人民都能享受南极资源带来的益处？这些关于南极生物勘探所带来的问题将会影响《南极条约》组织今后的商讨方向。[②]

总体上看，目前南极地区的生物勘探并不对该地区的生态平衡构成威

---

① Hemmings, Rogan – Finnemore, *Law and Livelihoods*: *Bridging the North – South Divide*, Cambridge: Cambridge Press, 2008: 537.

② Christopber C. Joyner, " Antarctic Resources and Human Security, in Alan D. Hemmings, Donald R. Rothwell, Karen N. Scott (eds.), *Antarctic Security in the Twenty – First Century*: *Legal and Policy Perspectives*, London: Routledge, 2012.

胁，这项产业仍然亟需一个全面的规范机制。南极条约体系如果无法解决生物勘探的政策问题，可能意味着南极条约体系将在某些方面为逐渐涌现的其他国际治理机制所取代，从而弱化南极治理机制现有的地位与作用。

二是打着科研的旗帜直接进行资源开发利用，最典型的是日本在南大洋从事的所谓“鲸类科研项目”，实际上是打着科研旗帜进行大量捕鲸。日本是战后南大洋的主要捕鲸国。战后，日本国内民众生活困难，为了解决粮食紧张问题，维持国民基本营养水平，日本政府在美国占领军政府的支持下，不顾澳大利亚、新西兰等国的反对，鼓励国民在南大洋大量捕鲸。日本等国的滥捕，导致南大洋鲸资源迅速衰落，这一形势引起国际社会的震惊，1963 年英国和荷兰停止了南极拖网捕鲸。[①] 此问题引发了国际社会在南极海域捕鲸问题上的系列博弈及合作。美国政府的大力倡导，终于促成了 1986 年国际捕鲸委员会通过的商业捕鲸暂停令——《全球禁止捕鲸公约》，要求十年内禁止商业捕鲸（在 1996 年后的每一届年会中，该禁令都得以继续延长）。在商业捕鲸禁令颁布以后，1987 年日本利用公约第九条规定的有关“科学研究”的豁免条款，以“科学研究”的名义继续进行捕鲸活动；挪威则以维护“文化多样性”作为辩护，在 1992 年的国际捕鲸委员会会议上宣布 1993 年将继续捕鲸。日本、挪威等国驾驶“调查船队”，将触角伸向南极地带。1993 年以来日本开始大规模商业捕鲸。日本鲸类研究所组织的“调查”捕鲸每年进行两次，重点是南大洋海域。[②] 以 2008—2009 年间为例，日本共捕鲸 679 头，其中 304 头为雌性，192 头处于怀孕状态，4 头处于哺乳期。[③]

三是打着科学考察的旗号进行资源调查。科学考察依然是最无争议的利用活动，并将在今后一段时间内保持其在南极活动中的优势地位，同时，针对科学活动的环境评估标准正趋于严格。但国际南极考察的大趋势是资源与科学研究并重。可以直言，有些国家的南极考察实际上就是资源调查。以美国为例，1939 年美国政府组织第一次对南极大陆本身的官方考

① 郭培清：“南大洋鲸的保护”，《海洋世界》2007 年第 10 期。

② 郭培清：“南大洋鲸的保护”，《海洋世界》2007 年第 10 期。

③ “令人发指的捕鲸数据”，《海洋热点纵横》2009 年第 7 期，第 1—6 页。

察时，其重要目的之一就是调查南极的资源潜力。[①] 1954 年，美国国家安全委员会 NSC - 5424 号文件开篇即强调，“南极可能具有目前尚不能确定的潜在价值，因此随着知识的积累和新技术的发展，它的重要性必将大大增加”。[②] 1959 年的美国安全委员会 NSC - 5905/1 号文件指出：“南极的战略和经济潜力目前还不能明确描述，但在当今科技进步的背景下，我们必须意识到这一问题。有鉴于此，美国的国家利益是在南极事务中保持领导地位，并且在新的因素出现使我们可以评估该地区的战略和经济潜力时，使美国处于一种有利地位。”该报告还称“在未来任何可能的资源开发中，应制定一些适合所有国家和民族的统一的非优先规则”。[③] 作为《南极条约》的原始缔约国和南极事务最积极的参与者，美国一直认为它有权在任何未来可能进行的南极资源开发中（特别是矿物资源开发中）分得利益。美国决策者们虽然表示他们对开发南极资源并没有强烈的兴趣，但认为“应该给开发可能发现的资源保留一扇开放的大门”，[④] 假如未来开发南极矿物资源变得可行，美国政府将寻求为美国私人企业提供开发的机会。[⑤] 但同时，美国政府强调，美国南极资源开发政策受环境因素制约，必须确保南极环境和生态系统不受破坏。

四、海洋安全

近十余年，在南极政治中，南大洋的海洋安全问题日渐突出，且涉及不同层面。首先是紧邻南极地区的周边国家依据《联合国海洋法公约》进

---

① FRUS, 1939, Vol. Ⅱ, Washington D. C.: U. S. Government Printing Office, 1956: 7 - 8.

② FRUS, 1952 - 1954, Vol. I, Part 2, Washington D. C.: U. S. Government Printing Office, 1983: 1744 - 1745.

③ FRUS, 1958 - 1960, Vol. Ⅱ: 554.

④ Statement of Dixy Lee Ray, in “US Policy with Respect to Mineral Exploration and Exploitation in the Antarctic,” Senate, 94th Congress, 1st Session, May15, 1975: 16. 转引自 Ethel Rosie Theis, “In the National Interest: United States Antarctic policy, 1960 - 1992,” Ph. D. Dissertation, George Washington University, 1993: 362。

⑤ U. S. Congress, Office of Technology Assessment, *Polar Prospects: A Mineral Treaty for Antarctica*, Washington, D. C.: U. S. Government Printing Office: 15.

行的大陆架划界深入南极条约地区引发的安全问题。从国际上看，南大洋的沿海国大多依照《联合国海洋法公约》和相关国际法制定国内法，积极争取国家海洋权益。1982 年《联合国海洋法公约》中大陆架和专属经济区制度的确立，使大片原处于公海范围内的海洋区域纳入沿海国的管辖海域，导致各国之间的海洋争端日益增多，加上很多海域比如南大洋涉及多个国家，其争端的解决比陆域更为复杂、更为棘手。在海域划界争议方面，国家间海域划界的主要矛盾多集中在专属经济区和大陆架的划界上，争议的焦点集中在权利主张重叠海区的划分上，而海区划界的基础则依赖沿海国拥有主权的陆地和岛屿。

具体到南大洋地区，如前所述，虽然有关南极洲的主权归属仍有争议，但按照《南极条约》的管辖范围，地处南纬 60 度以北的次南极岛屿，除南乔治亚岛与南桑威奇群岛外，对其主权归属沿海国并无争议。然而，鉴于在海洋划界中，符合《联合国海洋法公约》要求的岛屿可以与陆地区域一样划有领海、专属经济区和大陆架，沿海国以此为基准划定的海域就不免深入南纬 60 度以南的条约地区，并由此可以给沿海国增加大片的海域，而且更重要的是给国家增加了这片海域的上空、水体和底土及其各种生物和非生物资源。海洋争端是领土之争，但其背后则是资源问题。可以预见，海洋划界及其附带的问题将是南极事务的一个重要方面，以争夺专属经济区和大陆架资源、国际海底区域资源以及深海生物资源利用为主要目的南大洋海洋权益之争将愈演愈烈。

同时，对于次南极岛屿的主权国，特别是澳大利亚、法国、新西兰、挪威、南非和英国而言，如何监管在其次南极岛屿周围海域进行的非法、未报告和违规的捕鱼活动，即 IUU 捕捞（Illegal，Unreported and Unregulated，IUU），则意味着新的安全挑战。①

IUU 捕捞的主要目标是巴塔哥尼亚犬牙鱼。一些国家认为，如果任由 IUU 捕捞发展，该鱼种可能会灭绝。多年来，为解决南大洋 IUU 捕捞问题，南极海洋生物资源养护委员会开展综合治理，推出一系列应对策略，

① 参阅陈丹红：“南极海洋生物资源养护委员会反南大洋 IUU 捕捞活动策略分析”，《海洋开发与管理》2009 年第 11 期，第 31—36 页。

特别是委员会成员国通过对管辖水域进行监控和管理试图制止 *IUU* 捕捞行为,[①] 虽取得了一定实效，但 IUU 捕捞仍是困扰南大洋海洋安全，以及环境与资源安全的一个主要问题。

《南极海洋生物资源养护公约》（CCAMLR）的反 IUU 捕捞是基于以下原则。首先，依照《南极条约》的规定进行管理。无论是 CCAMLR 还是根据其成立的公约委员会抑或其成员国，均未对其管辖海域的资源提出任何主权要求；相反，只是要求那些计划在南大洋从事捕捞活动的各缔约国通过合作的方式来保护南大洋生态系统。[②] 其次，CCAMLR 要求签字国无论是否为南极条约成员国，必须承诺不得从事任何违反南极条约原则和目标的活动。CCAMLR 在第四条中描述：所有缔约方，无论其是否为南极条约缔约国，在南极地区其相互关系受《南极条约》第四条和第六条的约束。如此一来，尽管有些 CCAMLR 成员国并非南极条约缔约国，但也必须受到《南极条约》的制约。但事实上，公约委员会的反 IUU 制度打击非法捕鱼的效果都是有限的。因为其依赖的是自愿原则，缺乏强制措施要求各国有效反对 IUU 捕捞。2004 年联合国粮农组织调查表明：只有不到 24% 的国家国内立法反对 IUU 。此外，没有提出针对非缔约国的可操作性遏制措施。公约委员会采取表决一致的方式，这意味着只要有一个缔约国反对便无法实施。另外有些国家虽然公开对船籍进行严格限制，但实际上却执行不力。

实践中，CCAMLR 的反 IUU 捕捞更是遭遇了若干困境。[③] CCAMLR 虽然对缔约国实施了约束，但在实施过程中存在以下突出问题：一是无法对某些缔约国间接支持 IUU 渔船的行为进行遏制，因为公约的实施依赖于各缔约国的善意和对于非法捕鱼者的执行能力；二是无法对非缔约国进行有效管辖。目前从事 IUU 捕捞的外国船只多数集中在法属南方和南极领地

---

① Marcus Haward, "IUU Fishing: Contemporary Practice", in A. G Oude Elferink and D. R. Rothwell (eds), *Oceans Management in the 21st Century: Institutional Frameworks and Responses*, Leiden Martinus Nijhoff, 2009: 87 - 106.

② 《南极海洋生物资源养护公约》(中译本) 序言，1982。

③ 参阅陈丹红："南极海洋生物资源养护委员会反南大洋 IUU 捕捞活动策略分析"，《海洋开发与管理》2009 年第 11 期，第 31—36 页。

（TAAF）进行非法捕捞活动。管理南大洋海域捕鱼活动的相关国际法只能约束缔约国的船旗国，而对于如何管理第三方仍缺乏实质性的规定。如果一艘船在非缔约国注册，则该国没有实施强制管理的义务。因此在南大洋从事非法捕鱼的船只认识到这一局限，经常在非协定缔约国，如赤道几内亚、多哥和哥伦比亚等“方便旗”国家注册。而且，这些非法捕鱼船只团结协作，互相通报对方临近岛屿主权国的执法船只的位置以逃避处罚，这更进一步降低了对其进行有效管控的可能。

如今 CCAMLR 海域面临越来越严峻的威胁。北半球海域渔业资源被过度捕捞，许多国家正在把目光转向渔业资源丰富的南大洋；非 CCAMLR 缔约国可以以此区域属公海为由，在南大洋进行合法捕捞。只要这些渔船按照《联合国海洋法公约》在其成员国注册，尽管不是CCAMLR 成员国的船只，但从法律上讲仍是合法的渔船。根据《联合国海洋法公约》第 87 条，CCAMLR 成员国无法在公海上采取诸如登船检查、没收捕捞所得和扣押渔船等措施来治理 IUU 捕捞活动。这对于次南极岛屿的主权国，特别是澳大利亚、法国、新西兰、挪威、南非和英国而言，意味着更多的安全挑战。

为此，澳法两国新近采取了一系列应对措施，加重对非法捕鱼船只的处罚，强化其国内渔业法的威慑力，同时加强其在赫德岛和麦克唐纳群岛（HIMI）与法属南方和南极领地（TAAF）的执法力度。比如澳大利亚政府相继出台了一系列渔业法修正案来打击在澳大利亚水域进行非法捕鱼的船只，包括加大罚金数额。从 1999 年到 2004 年，澳大利亚对于无证捕捞的外国船只的最高罚款金额从 250000 澳元上升至 550000 澳元，若构成犯罪的，最高罚金为 825000 澳元，并罚没违法所得，同时由涉案船只的所有人负担紧追费用。法国政府当局同样对在次南极区域日益增长的 IUU 捕捞活动做出了回应，并以留尼汪岛（the island of Reunion）作为活动中心。留尼汪岛不仅为法国南部岛屿专属经济区的合法捕鱼活动提供后勤保障，同时在这一海域扮演着协调中心的角色，法国政府即主要在这一区域进行监督和执法。为了保护这一海域内的生物资源的安全，法国增加了在此区域内的监督和执法力度，包括定期安排配备直升机的护卫舰在此海域巡航，同时特别指定法国海军舰艇 Albatros 号在南部专属经济区进行每年 250 天的巡逻。

但从实践来看，依靠一国打击IUU捕捞活动效果不甚理想，需要通过多国合作建立一支小型舰队才能控制南大洋。为加强综合治理，澳法两国先后于2003年和2007年签署两项合作条约，在两国的临近海域、专属经济区和次南极区域，包括克洛泽岛、圣保罗岛和阿姆斯特丹岛（the Crozet Islands，Saint – Paul Island and Amsterdam Island）联合打击IUU捕捞活动。特别是2007年《同意就澳大利亚和法国在两国相邻海域至法国南方和南极区域（包括赫德岛和麦克唐纳群岛）之间合作执行两国的渔业法》的出台，使得澳、法两国的合作正式化，其实施给澳、法两国都带来了实质性的利益，促使澳法两国得以组成联合舰队，互相交流情报，以协助起诉IUU捕捞船只进行的非法活动。

综上，反IUU捕捞的基本制度保障源于《南极海洋生物资源养护公约》。尽管长期以来，人们对CCAMLR的有效性及成效有过争议与质疑，但不可否认，CCAMLR在处理南大洋海洋资源纠纷的问题上发挥了重要作用，这种作用主要包括CCAMLR的机制结构、协商一致的决策方式以及通过正式流程实施管控。① CCAMLR在相当程度上维护了南极地区的海洋资源安全。

其次，有关南大洋的海上航运安全。虽然近几年国际社会更关注由恐怖主义、海盗、走私等议题带来的海事安全问题，但就南大洋而言，其海上航运安全更多地涉及传统的安全风险，比如冰山、恶劣的天气、航运设备的不足等，以及由此给南极海域带来的环境风险和海难救助问题。在南极水域的通行豁免权问题上，国际尚无统一的规则。南极条约体系是否可对体系外的、在南极水域活动的国家船舶行使管辖权及有效的控制权，即条约体系外的国家是否需组织一个它并不隶属于其中的体系规则，均有待进一步观察。而有关国家提出的在南极海域创设强制性的航运法规，也面临几个问题未有答案：（1）南极水域范围的界定：南纬60度以南的领域

---

① Marus Haward，“Marine Resources Management，Security and the Antarctic Treaty System：An Ongoing Agenda?”，in Alan D. Hemmings，Donald R. Rothwell and Karen N. Scott（eds.），*Antarctic Security in the Twenty – First Century*：*Legal and Policy Perspectives*，London and New York：Routledge：236.

还是《南极条约》所涉及的领域？（2）南极船运强制性法规是针对谁制定的？（3）目前主要针对赴南极旅游的旅客船舶，国家的非商业性船只或科考船只是否有豁免权？创设南极水域强制性法规发展的背后驱动力在于对南极水域海洋环境的整体性安全考虑，法规的确也有利于发生事故的国家规避一些事故责任。事实上若对此强制性法规采取规避的话，也会弱化南极水域的环境安全。因此，南大洋的海上航运问题，同时又涉及人的安全和环境安全问题。

五、南极非军事化面临的挑战

南极的非军事化是南极条约去安全化的重要成果，也是去安全化的主要抓手。《南极条约》第一条规定：（1）南极洲应仅用于和平目的。在南极洲，应特别禁止任何军事性措施，如建立军事基地和设防工事，举行军事演习，以及试验任何类型的武器；（2）本条约不阻止为科学研究或任何其他和平目的而使用军事人员或设备。

可是，这两点的同时存在却给非军事化条款造成一个相当广泛的解释范围。与军事相关的活动都被禁止，但是由于科学考察、为了科学考察或和平目的而使用相关军事人员和军事装备，这一点是被允许的。这一条款大大方便了使用各国海军装备和海军基地去支持科考事业的发展，但是科考的结果可能会服务于国家的军事目的。《南极条约》本身的缺陷为某些国家在南极进行军事活动提供了依据。从第二条款设立的初衷看，我们可以理解为主要是为当时由各国海军所承担的南极后勤保障，所以条约才专门允许使用军事人员和军事设备为科学研究和其他和平目的服务。但是，这一规定却为各国在南极的军事存在提供了法律上的依据。此外，更重要的问题还是那些带有军事意义的科学研究项目，因为《南极条约》并没有指定区分军事性研究和非军事性研究的条款，即便指定，实际上对这些研究活动进行严格的区分也是很困难的。如美国国防部一直开展对南极洲上层大气物理的研究，而这对国防通讯系统有非常重要的价值。再如在海冰下进行的关于声音的研究则对海军的通讯具有很重要的现实意义。这些所谓和平目的的科学研究可以现实地转化为军事用途。当然，这些都是可以公开的活动，而那些被各国秘密进行且不为人所知的军事性活动，目前尚未有一个公开的数据和详细信息。

《南极条约》第一条第一款中关于“军事基地”含义的理解同样是一个值得研究的问题。该条特别禁止在南极建立军事基地，但未指明军事基地的性质和条件，以及与科考基地的区别。在南极地区有几个基地都是由当事国的武装部队建设并管理的，如智利的两个军事基地爱德华多·弗雷军事基地和奥希金斯陆军基地目前运转正常，2007 年为了应对英国掀起的新一轮“南极圈地”运动，智利决定重新启用因预算不足而于 2002 年关闭的阿图罗·普拉特海军基地。很明显，这些军事基地的建立与存在是与《南极条约》的非军事化相矛盾的，但当事国却依据《南极条约》第一条第二款中允许在南极使用军事人员和军事设备为科学研究与其他和平目的服务的规定，辩解说这些基地是为了和平目的服务。然而，这些借口并不能让人信服，因为在这一条款中并没有提到为科学研究和其他和平目的服务而使用的军事人员或军事装备中包括可以建立和使用军事基地。因此，这些军事基地的存在使得南极的非军事化面临着现实的挑战。①

关于《南极条约》的适用范围对南极地区的非军事化也具有重要意义。《南极条约》第六条规定：“本条约的规定应适用于南纬 60 度以南的地区，包括一切冰架；但本条约的规定不应损害或在任何方面影响任何一个国家在该地区内根据国际法所享有的对公海的权利或行使这些权利。”这说明《南极条约》各条款适用于南纬 60 度以南地区，包括冰架以内，但却保留了公海上的自由。② 如果这样解读，问题就出现了，南极非军事化的“和平目的”是否适用于南纬 60 度以南的公海？在南纬 60 度以南的公海进行军事活动是否违反《南极条约》的相关规定？在《南极条约》中并未对这一问题进行明确规定，而一些国家正是抓住《南极条约》这一条款的模糊规定，在南纬 60 度以南的公海区域进行军事活动，为其主权要求提供支持。如英国在马岛战争结束后，还在该群岛保持了相当数量的驻

① 石伟华、郭培清：“过热的南极——南极非军事化面临挑战”，《海洋世界》2008 年第 7 期。

② Alexander, S. Skaridov, “Naval Activity in the Foreign EEZ: the Role of Terminology in Law Regime”, *Marine Policy*, Volume 29, Issue 2, March 2005.

军，其舰艇就经常游弋于南极水域，进行具有威慑效果的军事演习，从而直接威胁南极非军事化原则。

《南极条约》中的“和平目的”也含有很多问题。

首先，中立的科学研究可用于非中立的军事目的。① 南极特殊的地理环境和气候条件使得对南极的各项活动都具有非常重要的军事价值，因为战争的爆发是没有时间和地点限制的，而在南极特殊的地理和气候条件下取得活动的经验无疑具有非常重要的军事意义。美国进行此项活动由来已久，早在1946年就在南极开展了规模空前的“跃进行动”，到2006年美国的C－17“环球霸王”战略运输机完成了飞往南极的“深冻－2007”飞行任务。尽管美国对外宣称这是为了科学考察，以及给南极的后勤提供保障，而实际上其目的是训练军事人员在极寒条件下的作战能力，并且检验在南极特殊环境下军事装备，尤其是飞机的工作情况。事实上，在南极活动的任何国家都可以通过实地观测极端寒冷的气候对人、机器设施、生物药物的影响，从而获得有用的军事知识和数据。此外，在南极进行的破冰实验和在海冰上建设飞机场跑道的经验同样具有军事意义。在冰雪覆盖的南极大陆建设大规模的机场，为各国的大型军用运输机在南极的长期飞行提供了可能。② 美国的“大力神”运输机和俄罗斯的“伊尔－76”运输机就经常光顾南极。俄罗斯的目标就是要成为南极的空运垄断者。

其次，南极的科研项目可能属于军事项目。南极特殊的地球磁场环境成为美军用来进行电磁武器研究的一个重要区域。此外，美军还很有可能在南极进行气象武器的研究。南极是地球的主要冷源，它通过大气环流、大洋环流和碳循环维持着地球的生态平衡。正是南极在影响全球气候变化中的特殊作用，为各国研究气象武器提供了便利。也正是由于南极在地缘位置上的巨大优势，世界各国纷纷加强在南极的军事性活动及相关性研

---

① Jinyuan Su, “The Peaceful Purposes’ Principle in Antarctica and the Stability of its Peaceful Status”, *Australian and New Zealand Maritime Law Journal*, 27（3）2010：152－165.

② Jinyuan Su, “The Peaceful Purposes’ Principle in Antarctica and the Stability of its Peaceful Status”, *Australian and New Zealand Maritime Law Journal*, 27（3）2010：152－165.

究，这无疑会使南极的非军事化面临相当大的压力和挑战。[①]

第三，目前存在的一个问题是军用和民用的界限越来越模糊。由于近代以来学科划分呈现出越来越细化和相互交叉的态势，所以科学技术也出现了大量军民两用的情形，或者说科学技术现在已经愈来愈难以界定是军用还是民用的了。磁场对于通讯的影响，气象观测对于天气预测的影响，既可以归为民用技术，同样也可以划分为军用高科技，甚至说无需划分军用还是民用，因为现代高科技大多处于军民共享资料来源，只是在进一步处理时有所细化，军用会更加详细，民用相对来说只是可以满足普通需要。卫星技术的研究现在聚焦于南极的运营，美国在极点的考察站 McMurdo and Palmer 是美国全球卫星导航系统（GNSS）的全球网络地面站，这项技术与 GPS 相关联，可以为美国的军事武器提供控制和导航服务。[②]

最后，《南极条约》第七条的规定也很值得解读。“第七条：（1）为了促进本条约的目标并保证本条约的条款得到遵守，各个代表有权参加本条约第九条所提及的会议，缔约国有权指派观察员，进行本条所规定的任何视察。观察员应为指派他们的缔约国的国民。观察员的名单应通知每个有权指派观察员的其他缔约国，观察员的任命终止时，应发出同样的通知。（2）按照本条第 1 款的规定指派的每一观察员，有在任何时候进入南极洲的任何或所有地区的完全自由。（3）南极洲的所有地区，包括在此地区内的一切工作站、设施和设备，以及在南极洲的货物或人员装卸点的一切船只和飞机，应随时接受按照本条第 1 款指派的任何观察员的视察。（4）任何有权指派观察员的缔约国得在任何时候对南极洲的任何或所有地区进行空中视察。（5）各个缔约国应在本条约对其生效时将下列事项通知其他缔约国，其后则应预先通知：（a）其船只或其国民组成的前往南极洲和在南极洲内的一切探险队，以及在其领土上组织的或从其领土出发前往南极洲

① 石伟华、郭培清：“过热的南极——南极非军事化面临挑战”，《海洋世界》2008 年第 7 期。

② Sam Bateman, “Strategic Competition and Emerging Security Risks: will Antarctica Remain Demilitarized?”, in Alan D. Hemmings, Donald R. Rothwell and Karen N. Scott (eds.), *Antarctic Security in the Twenty – First Century: Legal and Policy Perspectives*, London and New York: Routledge, 2012.

的一切探险队；（b）其国民所占用的在南极洲的一切工作站：以及（c）在本条约第一条第2款所规定的条件的限制下，打算由其引进南极洲的任何军事人员或设备。”

据此，南极洲一切的工作站、设施和设备以及在南极洲的货物或人员装卸点的一切船只和飞机，应随时接受任何观察员的视察。这个条约在南极的适用范围为所有的考察站、设施和装备。一共有三种机制来确保《南极条约》的检查权：视察、优先检查权和各国科学家的相互交流。这一条款只是笼统地将观察检查权纳入了《南极条约》，而并未具体规定如何行使，没有具体细化到观察员的权利范围、奖惩措施等。所以，民用的、科考性质的项目虽然可以被检查，但是真正被落实的情况恐怕是寥寥无几。这样也就造成了部分国家私自利用民用设施进行军事项目的情况，中立的科学项目也会被用于非中立的军事化目的。此种情况也会愈演愈烈，逐步蔓延至南极大陆的更多民用设施。《南极条约》中设立的检查权是为了确保南极的正常运行，但实际上，即使南极科考站在某种程度上也具有军事方面的效用功能，其可能用于管控进攻性武器。①

当前，各国纷纷加强自己在南极的军事存在，形成了多国陈兵南极周边的紧张态势，但各国又以“和平目的”为理由来掩饰自身的军事行为。智利三军已经聚集在南极周边，2008年智利总统巴切莱特在南极宣布重启阿图罗·普拉特海军基地。虽然智利海军随后发表公报掩饰说，重新启用普拉特海军基地有助于“更好地控制海上运输，确保南极海域旅游人员的安全，并有助于监控环境污染状况”，但是智利这一举动并不能使其他国家信服，它使南极条约非军事化条款的约束力进一步削弱。② 英国派遣潜艇奔赴南极周边海域和南大洋海域进行巡逻。而一向在南极事务中采取积极态势的美国则在“9·11”之后就修改了国防部指定的联合指挥计划，将其全球战区的划分进行了修改。其中将南美洲战区和欧洲战区的防御范

① Sam Bateman, “Strategic Competition and Emerging Security Risks: will Antarctica Remain Demilitarized?”, in Alan D. Hemmings, Donald R. Rothwell and Karen N. Scott (eds.), *Antarctic Security in the Twenty－First Century: Legal and Policy Perspectives*, London and New York: Routledge, 2012: 116.

② 章卓：“多国加紧陈兵南极周边”，《共产党员》2007年第24期。

围扩展到南极洲沿海一线，而其太平洋战区更是将整个南极大陆都包括在内。在2007年新成立的非洲战区接替了欧洲战区的部分防区，即也将防御范围延伸到南极。[①] 尽管美国声称这些措施都是为了全球反恐战争的需要和在南极区域进行搜寻和救援的需要，但实际上美国此举无疑是为了加强其在南极的军事存在，这一战略调整对南极非军事化的威胁和挑战是十分明显的。2005年，经五角大楼特批，太平洋空军专门组建了隶属于第13航空队的南极支援特遣队，该部常驻新西兰，专门负责空军战机飞往南极的行动。由于《南极条约》规定任何国家都不得在南极大陆驻军，因此驻南极美军将指挥权归到美国国家科学基金会的科考项目极地办公室的旗下。美国这一举措无疑是为了必要时能够快速对涉及美国利益的南极问题进行军事干预。

南极非军事化难以真正彻底执行，固然有条文没有详细禁止的原因，但说穿了还是因为南极的一些关键争端难以解决。

首先，主权争端的存在是南极非军事化的主要障碍。目前有七国对南极提出主权要求，由于各国在领土主张上出现重叠，所以各国在南极不时会出现摩擦，甚至出现冲突，如1952年英国和阿根廷的霍普湾冲突。《南极条约》的出现与存在只是冻结了各国的领土主权要求，也就是说并没有从根本上解决南极的主权争端。所以有主权要求的各国才会在南极进行军事目的的行动和一定数量的军事存在，这样就可以为其主权要求提供强力支持。

其次，南极地区丰富的资源也构成南极军事化的要素之一。丰富的矿产资源、难得的气候资源和地质资源促使各国在南极维持并加强自己的军事存在，以保护自身在南极的潜在利益。对南极和平和《南极条约》非军事化条款构成最大威胁的是矿产资源开发，因为在开发技术拥有国与开发技术缺乏国之间缺少一种达成共识的利益分享机制。开发技术拥有国为了保护本国在开采过程中的既得利益和争取到更多的潜在矿产开发权益，必

---

① Klaus Dodds and Alan D. hemmings, "The United States 2002 Unified Command Plan: Antarctica and the Areas of Responsibility of Military Commanders", *Polar Record*, 2008.

然会使用军事手段去加以保护。

各国最初对于南极占领的理由有地理发现、合理使用继承权、地理相邻等，之后的理由也就变得更为现代化一些，包括领土扩张、资源开采、科学考察等。而政治管辖、军事存在、科学考察和合法利用资源则是对南极宣示存在的重要标志。可见，军事对于各国南极战略的意义是最显见不过的了。

在南极建立军事基地不仅仅是一种军事存在，而且是可以作为在当地的政治管辖存在的。虽然《南极条约》暂时冻结了各国在南极的领土主权要求，但是各国依然对领土主权抱有一种不破灭的希望，所以有主权要求的七国以及保留领土要求的其他国家会以其他形式来宣示主权，其中就包括建设和维护军事基地。这对《南极条约》中"南极非军事化条款"是十分明显的威胁和挑战。

大国之间此消彼长的国力也会影响到其在南极军事基地的建设和维护，而且这是在"和平目的"的借口下进行的。即使没有其他关于权力和影响的竞争，这些大国也同样会使用它们的南极基地去进行军事活动，比如说情报侦察、卫星轨迹的追踪和遥感控制。但很重要的一点是，这是在《南极条约》框架下的军事活动。海明斯（Hemmings）在20世纪90年代的一篇论文中提出过相似的问题。①

国家政策也会使国际社会对一国南极基地的用途缺乏判断。以中国为例，由于中国的南极政策缺乏细节和详细阐述，许多外国评论家认为中国显然隐藏了许多自身关于南极的政策和目的。有学者指出，如果将中国与美国、新西兰相比，可以发现中国（也包括印度）在"辞令"中始终表示本国在南极无任何军事存在，而与之相反，美新两国均在其官方报告中明确表示了本国在南极的军事存在。②

---

① A. D. Hemmings, "Is Antarctica Demilitarised?", in R. A. Herr, H. R. Hall and M. G. Howard (eds.), Antarctica's Future: Continuity or Change, Australian Institute of International Affairs, 1990: 225 - 241.

② Sam Bateman, "Strategic Competition and Emerging Security Risks: will Antarctica Remain Demilitarized?", in Alan D. Hemmings, Donald R. Rothwell and Karen N. Scott (eds.), *Antarctic Security in the Twenty - First Century: Legal and Policy Perspectives*, London and New York: Routledge, 2012.

以海监和海岸警卫队为代表的执法力量不算是军事力量，但是却也在南极和南大洋中扮演着南极军事化的角色。在过去的若干年里，沿岸执法力量的发展超过了海军的发展，尤其是在亚太地区，这反映了在领海使用执法力量而不是军事手段去保护本国资源和环境的趋势。[①] 在这样一个大国关系复杂微妙的时代，海上执法力量在处理相关国家海上民事或准军事纠纷时往往具有越来越重要的作用。目前，频繁运用海岸警卫力量处理低强度冲突或民事纠纷的趋势正不断发展，[②] 海上执法力量与海军在领海及专属经济区的职责并不存在交叉与重叠。目前，全球各国海岸警卫队的职能出现了两极分化的趋势：一些较发达、海军实力较强的国家，海军与海岸警卫队分别负责不同的任务；而在一些欠发达的国家或海军力量弱小的国家，其海军本身就具有海岸警卫队的职能。海岸警卫队比海军在处理低强度冲突时更有优势，虽然其定位属于政府公务执法力量，但是目前海岸警卫队有海军化方向发展的趋势。当有关国家将海岸执法力量应用于南极和南大洋时，这也影响了南极的非军事化。

尽管《南极条约》的非军事化条款是一个伟大的创举，使主权要求国家之间避免了激烈冲突甚至发生战争，[③] 但随着能源问题和主权领土问题又一次被各国提上议事日程，在当代国际社会尚未出现能够替代《南极条约》的其他解决方案的情况下，世界各国都在表面的非军事化下进行着军事或具有很强军事含义的活动。

---

① Sam Bateman, "Strategic Competition and Emerging Security Risks: will Antarctica Remain Demilitarized?", in Alan D. Hemmings, Donald R. Rothwell and Karen N. Scott (eds.), *Antarctic Security in the Twenty－First Century: Legal and Policy Perspectives*, London and New York: Routledge, 2012.

② ［美］莱尔·戈尔茨坦著，杨晓波编译："五龙护海：中国海上执法力量的现状与未来"，http://www.fyjs.cn/viewarticle.php? id = 342441，2012 年 11 月 23 日浏览。

③ 石伟华、郭培清："过热的南极——南极非军事化面临挑战"，《海洋世界》2008 年第 7 期。

第四节 南极的再安全化

在南极的地缘政治发展中，去安全化起了重要的历史作用，但是由以上分析可以看出，不但南极的去安全化并不彻底，而且新的安全威胁已经不断挑战着国际社会构建的南极治理体系。鉴于此，我们认为南极应该被再安全化，只有这样才能真正保障南极的安全。

首先可以考虑南极条约体系的安全化构建。由于去安全化的指导思想的影响，南极条约体系迄今未被赋予安全功能。应该在现有条约体系基础上，考虑条约体系如何应对各种可能的安全危机，如可为体系设立争端解决机制，在安全危机酝酿或爆发的初期就能介入。今后也许有些国家将以退出《南极条约》为手段服务于其国家利益，而在21世纪最有可能导致成员国退出的催化剂无疑是资源安全问题。① 鉴于此，南极条约体系的安全化应该明确，无论是否是成员国，只要在条约体系管辖范围内活动，都应服从条约体系的管束。

其次，需要扩大并强化制度的管理作用。南极条约体系有必要随国际形势的发展予以完善，在现有的基本框架下，不断细化其各项具体规定。从目前的情况来看，《南极条约》在南极管理中的地位仍无可替代，并朝着系统化治理的方向发展，治理的强度和力度也会增强。②

南极条约体系必须能够有效地应对各种层出不穷的新挑战。过去，《南极生物资源养护公约》的出现是为了解决磷虾捕捞的监管问题，随后围绕《南极矿物资源活动管理公约》的谈判旨在平衡各成员国对矿物资源的开采需求，而在矿物公约中途夭折后随即达成的《马德里议定书》则反

① Ellie Fogarty, "Antarctica: Assessing and Protecting Australia's National Interests", http://www.lowyinstitute.org/publications/antarctica - assessing - and - protecting - australias - national - interests, 2012年10月5日浏览。

② 陈玉刚：《南极地缘政治格局及其演变》，本课题2011年结项报告（内部资料），第12页。

映了环境安全的凸显。自1991年以来，南极条约体系未再遭遇重大危机，目前所面临的挑战主要是如何处理南极地区的生物资源勘探、日益增长的旅游业和由此产生的南大洋上更高流量的海洋运输所带来的安全问题。这些问题的重要性日益显现但尚未被纳入南极条约体系。而对于像日本开展的南大洋科学捕鲸的合法性所引发的争议，以及因之在南极海域发生的激烈抗议活动，南极条约体系的态度相对保守被动，对此类争议希望交由国际争端解决机制予以管辖或处理。

此外，主权国在主张的南极领土范围内进行资源的抢占。领土主权概念意味着——特别是在人们尚未涉足的地区——对该地区资源的排他性占有，这是主权主张的利益所在。鉴于此，主权要求国对沿海国根据《联合国海洋法公约》第76条的规定（关于大陆架的定义）所获得的权利表示高度关注。主权要求国可能对南极的资源发展采取“先占”行为，但更广泛地看，主权要求国寻求的是成为其主权主张区内的资源及其他商业行为的最大获益者。如上所述，则维持主权主张可能激发以追求经济利益为首要目的的行为，至于该行为是否能维护环境可持续发展则成为次要问题。例如，1996年新西兰决定在罗斯海域开始捕捞海枪鱼，这是基于政治及经济的考虑。其他国家很快就加入了这一行动，尽管遵从南极海洋生物资源养护委员会规定的标准，但仍对罗斯海域的环境可持续发展带来一定的破坏。说白了，就是主权要求国为实现其领土内的“固有”经济权利的行为，是否阻碍了南极条约体系禁止/放缓南极开发的集体决议？主权要求国的行为实际上引发了一个结构性的后果，即为获取收益加大了对南极进行开发的可能。南极条约体系应该具有应对此类问题的功能。

具体来讲，有必要进一步明确制度范围，确立制度优先顺序，解决制度的相容性问题。《南极条约》的核心内容经受住了时间的考验。条约当时的缺陷之一在于适用范围有局限，但后期随着新的国际条约，如《南极生物资源养护公约》的适用范围突破了条约的限制，因此获得一定程度的矫正。其原因在于条约成员国意识到南极大陆和南极海域在物理空间上构成一个独立而完整的生态系统，难以明确分隔。但也正是基于此，南极条约体系未涉及、不规范次南极地区，该地区的主权争议别有枝节。[①] 条约的生命在于主权事务的解决，这也是南极条约体系安全的最基本条款。没有任何国家对南极地区提出新的领土请求，一方面是因为条约在涉及到领土主张地位时有内在歧义，另一方面是因为已有的七个领土要求的国家有内在的脆弱性。

因此，有几个问题可以在此提出：一是从南极生态环境的系统性出发明确南极大陆和海洋的边界；二是可从确定边界范围出发，考虑在现有条约基础上制定一个最高级的新的南极条约，确立一些南极范围内事务的基本原则；三是在因援引不同国际制度而导致冲突的问题上，确定制度的优先层级。

第三，确立非传统安全标准。资源、环境、生态等是非传统安全的重要内容，鉴于南极是地球上的最后一块“处女地”，任何人类活动都要经过科学论证，在没有确立基本标准前应禁止或非常有限地控制活动范围和规模。

最后，坚持南极地区的非军事化。尽管非军事化面临诸多挑战，有些已名存实亡，但毕竟在南极安全的发展中起了一定的作用。

历史证明，南极的安全只有通过国际制度构建来保障，制度安全是南极安全的重要条件和基础。否则，南极会变成各国毫无约束的竞逐场，南极地区引发的国际冲突会外溢出南极范围，挑战世界的秩序和稳定。

---

① 有关讨论可参阅 D. R. Rothwell，“Conservation and Management Frameworks for Sub - Antarctic International Waters”，*Proceedings of the Royal Society of Tasmania*，141，2007：149 - 157。

第四章 主要国家的南极战略与实践

战略是行为体关于目标、能力和手段、方式方法及时间步骤的一系列规划，它会在一个比较长的时间段内指导行为体的行为，并让观察者对行为体的未来走向做出一定的预测。战略分析则是要从种种零散的、表面的信息中抽丝剥茧，得出行为体关于目标、能力和手段、方式方法及时间步骤的真实想法及其体系性的设计，它使得行为体的一连串行为变得可以理解、能够说明。

本章主要讨论的是行为体的南极战略，也即行为体关于南极想达到的目标，能够用以实现目标的能力和手段，以及通过什么方式方法去实现目标，按什么时间规划分阶段、分步骤地实现等一系列的内容。对行为体南极战略的研究，一方面有助于我们对相关行为体在南极问题上的行为和政策形成比较稳定的认识和较为可靠的预测，另一方面也可进一步从行为体的角度对整个南极地缘政治形成一个概念，尤其是其可能蕴含的变化的动力之源。

在进入正题之前，有几点需要事先做个说明。首先，虽然主题是行为体的南极战略分析，但这里的行为体仍主要是国家，非国家行为体如非政府组织或跨国公司虽然对南极事务有一些这种或那种方式的参与，但总体上影响还是很有限，不足以和国家相比，因此这里不纳入研究的范围。

当然，也不可能把每一个国家都研究一遍，截至2015年底，南极条约组织共有 53 个成员国，其中 29 个为协商国，24 个为非协商国。[①] 这里主要选取在南极事务上比较活跃的国家，同时也考虑到这些国家在地理分布上的代表性。

其次，虽然与半个多世纪以前相比，南极已经热闹了很多，这种热闹甚至填补了文明与荒原之间的沟壑，如已有 29 个国家在南极大陆建立了 80 多个考察站，每年约有 30000 人到南极旅游，但当要分析一个国家的南极战略时，它和南极相关的信息却很分散，也很有限，给研究造成了很大困难。当想把有限的、分散的信息串成一个整体来理解时，困难尤其巨大。当然，语言也带来了很大挑战，非英语国家并不愿意把每一条信息都翻成英文对外公布，除非其特意想让外界了解它。

第三，也是最大的一个挑战是知识的碎片化。国际社会涉及南极的活动非常多元，因而所需的相关知识来源于很多不同的学科，从天文到地理，从海洋到陆地，这使得要从相关的信息资料中形成一个整体的战略分析，其知识完整性的欠缺几乎是不可能填补的。但是，如果置这些信息于不顾，那么所谓的战略分析很容易沦为一种空谈。所以，如何处理这些分散多元的信息，如何准确估价这些信息的地位作用，如何建立一个能够统领这些相关信息的框架结构，便成了本研究的一个终极性挑战。

鉴于上述至少三大困难的存在，本章对主要国家南极战略的研究必然错漏百出，许多判断肯定是较为片面的，甚至也许是完全不对的。不过，从学术研究的角度来看，即使是错误、片面的东西，如果能够成为批判的靶子，从而起到一定程度上进一步推进南极战略研究的作用，那么这项研究本身也就有了一定的意义。

第一节　南极战略研究的分析框架

本章的研究定位在对南极事务上的主要国家的南极战略进行分析，分

---

① 数据来自南极条约秘书处官网：http：//www. ats. aq/devAS/ats_ parties. aspx? lang = e。上网时间：2016 年 3 月 5 日。

析的材料不只是这些国家已经制定成文的南极战略或南极政策、南极法律（何况有不少国家还没有出台战略或政策文件），还包括这些国家南极活动上的方方面面、能够收集到的信息，以便能够形成更为完整和实际的判断。但是，基于相关信息的分散多元性，首先需要确立起战略分析的框架，用以统领整理这些信息。

战略分析包含几项要素：对象和目标、能力和手段、方式与方法、时间和步骤。具体到南极战略研究上，对象是很清楚的，即南极（这里的南极包含南极大陆和南大洋）。目标是战略实施想要实现的东西，这是战略研究最重要的目的，是需要深入分析来得出的结论。后面的几项要素落实到具体国家身上虽然并不一定完备，这种不完备性也不一定很大程度上妨碍对战略的研究，但相关的分析还是必要的，因为它有助于对目标形成一个尽可能正确的判断。

这些要素更进一步指向了一个价值问题，即战略对象所具有的价值，以及战略主体怎么认识这些价值。价值越高，此项战略在战略实施主体议程上的位置就越优先，战略实施主体也就会为此战略的实施配套更多的资源。当然，对象本身价值是一回事，战略主体对这些价值的认识又是一回事，限于能力手段的不足，或者战略主体有比这更重要的目标需要去实现，因而同一个对象对不同的主体也就产生了不同的价值。

这样，在价值理论的基础上，围绕着南极的价值，我们区分了不同的战略，以及按战略的相似性区分了主要南极事务国家的不同战略群组，从而建立本章的战略分析框架。

一、价值理论与南极价值

社会科学是以人为研究对象的，而南极在其存在的绝大部分时间上则是人迹从未到过的地方，因此社会科学的研究和南极很难联系起来。但是，南极研究科学委员会（SCAR）社会科学行动小组把“价值”作为一个联系的桥梁，从而把南极和人类文明给串联了起来，这是一个重要的突破。

但是，价值究竟应该怎么界定，这里又存在很多含糊不清的解释。作为动词，价值常与信仰、情感、欲望或需求等词一同出现，关注的焦点从伦理与道德的评判到情感与认知，再到教育和经历，内涵非常多元。有学者认为广义的价值理论要解决三个主要任务：一是在多元的背景下提供一个统一的评价基础；二是广义上对价值现象学的研究；三是发展价值公理系统以整编普遍的估价规则。① 实际上，这里关心的是一个公共评价系统的问题。

价值理解的模糊性也影响到了相关问题的可操作性，《马德里议定书》提出了南极在生态、科研、历史、美学和荒芜五方面的价值，可是从《马德里议定书》生效开始已经过去了十多年，对这些价值的保护却进展很小，在70多个南极特别保护区中，只有十几个地区的保护价值中包含荒芜和美学价值，并且这些保护区中没有一个地区是单独保护荒芜和美学价值的，主要原因是在制定可以接受的定义上十分困难。

比较常见的价值区分是一种二元分法，即内在价值（intrinsic value）和外在价值（extrinsic value），这种二分法也是南极研究社会科学行动小组所持的看法。内在价值被认为是一个事物所固有的内在的本质，它界定了该事物。如对于南极来说，内在价值就是这个地方所承载的价值，《马德里议定书》第三条明确了南极的内在价值："对南极环境及依附于它的和与其相关的生态系统的保护以及南极的内在价值，包括其荒野形态的价值、美学价值和南极作为从事科学研究，特别是从事认识全球环境所必需的研究的一个地区的价值应成为规划和从事南极条约区一切活动时基本的考虑因素。"② 外在价值是出于人的需要或情感、信仰等因素而被赋予的。这种二分法许多时候潜在的一个含义就是内在价值优于外在价值。

类似的还有种说法叫固有价值和工具性价值，这也是20世纪70年代

---

① N. Rescher, *Introduction to Value Theory*, Englewood Cliffs, N. J.: Prentice - Hall, 1969. 转引自 Sira Engelbertz, "Daniela Liggett & Gary Steel, Value Theory for an Antarctic Case Study", workshop on *Exploring Antarctic Value*, held at the University of Canterbury, Christchurch, New Zealand (5 December 2011)。

② Sira Engelbertz, "Daniela Liggett & Gary Steel, Value Theory for an Antarctic Case Study", workshop on Exploring Antarctic Value, held at the University of Canterbury, Christchurch, New Zealand (5 December 2011).

环境哲学兴起后出现的环境伦理概念。固有价值或自然价值在这里被奉为最神圣的东西，是在非人类的自然环境中各种事物包含的自身固有的内在价值。工具性价值通常被认为是某物能对其他事物产生的用途，而这些用途通常和人类的事物有关，例如树木提供木材、河流提供水源。

但是，不管是内在价值和外在价值，还是固有价值和工具性价值，它们都要统合到价值上，而价值本身就是人的认识活动的产物，因此内在价值和外在价值从根本上讲很难说谁比谁更优越，脱离了人这一认识主体，内在价值也就不存在。那么内在价值和外在价值又应该如何加以区分？内在价值确实可以界定为事物本身所具有的，但它又是被人所认识的，因此在诸多可能存在的价值中，内在价值一方面是更接近于公理（被假定为所有人都接受、赞成的）系统的价值，另一方面则更符合事物本身生存的需要。在这个意义上，内在价值又确实优于外在价值。

就南极这一对象来说，内在价值和外在价值之间很难有一个简易的区分法。《马德里议定书》把环境作为其内在的价值，但在没有认识到南极是全球环境系统中一个很重要的组成部分之前，南极的环境价值不仅没有作为其内在价值被认识到，其反而曾被用为开发利用资源的场所，如在捕鲸业繁荣的年代，南极沿海一些地方曾被开发为炼制鲸油的地方。历史遗迹保护概念的提出，也意味着即使强调要把人类活动对南极的环境生态影响减至越低越好，人们仍然想把有限的人类活动的痕迹在这个地区保存起来，而不是相反，设法去消除它，归还它百分之百的自然状态。

而且，在大南极的概念范围内，陆地部分和海洋部分的基本价值有很大的出入，海洋部分通过海洋生物资源养护公约，体现的是合理使用的价值，而陆地部分通过环境保护议定书，要求的是除了科研活动外要尽可能降低人类活动对它的影响。

这样，在考虑南极的价值时，本研究遵循的思路是从假定的南极内在价值出发，分析相关价值对不同南极活动主体所具有的意义，或各有侧重的价值序列，从而进一步归纳出南极活动主体的战略。

即使这样，对南极价值要有统一的认识和理解还是不现实的，对价值的理解在实践中必然是多元的。SCAR 社会科学行动小组（SSAG）对南极价值的界定如图 4—1 所示，共有六个方面，但这里并不打算采用这种多学科的价值分类法，而是从更为传统的领土、安全、科学、经济等方面去认识。不过，有一个观念我们是可以事先确立的，那就是南极价值可以从不同的视角来认识，同时它是动态构建的，不同时代会有不同的价值范式在主导。

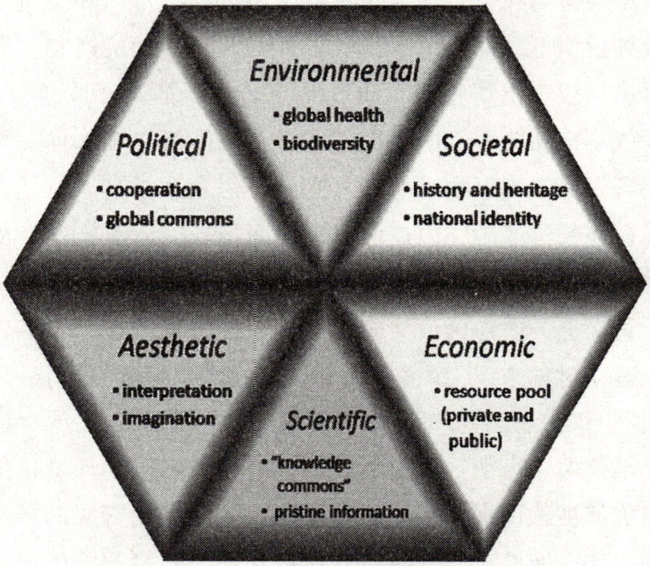

图 4—1　SCAR 社会科学行动小组（SSAG）对南极价值类型的临时性界定

资料来源：Alan D. Hemmings & Daniela Liggett, "Concluding Remarks: Towards Interdisciplinary Study of Antarctic Values", workshop on *Exploring Antarctic Value*, held at the University of Canterbury, Christchurch, New Zealand (5 December 2011)。

1. 领土价值

在人类的活动范围尚未到达之前，南极的领土还没有任何意义，或者说对于人类文明来说，它根本就不存在。而历史具有一定巧合性的是，人类发现南极大陆的时间刚好是近代西方对外殖民的高潮，也意味着其末期的时间。这样，在探险发现后没多久，英国就率先提出了领土主权要求，之后又有一些国家仿效，组成一个发表过领土主权声明的七国集团。暂且不说这些国家愿意投入多少力量来实施并捍卫其领土主权声明（不严重的军事冲突也确实曾经发生过），但至少南极这块大陆对它们的领土意义是非常明白的。即使是在领土问题冻结，南极转向科研与和平利用之后，主权声明国大多把它们的科考站设在了其所主张的区域范围内。

同样很有意思的一点是，出于种种方面原因的考虑，等《南极条约》签订后，领土主权的公开争夺竞争又戛然而止了，用条约的语言来讲是被冻结了。新的领土主权要求不能提出，而原有的领土主权要求也不被废止，南极大陆土地的法律属性就被悬置了起来。

而在这一冻结或悬置的时间点上，霸权国尤其是美国的态度又隐含着第三种可能性，一方面它反对领土主权的要求，同时又保留了自己今后提出领土主权要求的权利，这种似是而非的态度，加上它后来又在南极点上设立了科考站，让人难免产生的联想是它要独吞整个南极。

因此，我们这里指出南极的领土价值，并不限于对七个提出过领土主权要求的国家而言，而是指更宽泛意义上，只要条件一成熟，就想在这块地方分一杯羹的国家。不管怎样，先伸一只脚进去再说，这确实是有些国家的心理，其隐含的领土意义不能说绝对没有。譬如，有的科考站虽已设立，但其中并没有进行多少实质性的科学研究活动。

只有当国际社会完全接受了另一个概念，我们才可排除南极的领土价值一说，这就是针对国际海底区域提出的“人类共同遗产”概念。在《南极条约》签订后，不少发展中国家曾提出希望把南极也确认为人类共同遗产，但并没有被南极条约国家所接受。这就进一步给人以一种暗示，对南极土地的法律属性的悬置，似乎比明确为人类共同遗产更符合一些国家的利益。这也进一步说明，即使没有公开的主权声明，也不能因此就排除南极对许多国家的领土意义。

当我们从陆地移向海洋，领土问题就要更复杂一点。首先，对南极范围的界定有争议。一说是南纬60°以南，一说是根据洋流和海洋生物分布的界线，可以以南大洋辐合带为界线，而我们这里倾向于以《南极海洋生物资源养护公约》的统计区界线为界。但是，公约本身并没有明确这一区域的法律属性，这就造成了这一区域的至少三重领土意义。

一是没有争议的公海，但是它被《南极海洋生物资源养护公约》所覆盖，在其范围内的渔业等活动要向养护公约委员会报告。同时，一些国家又进一步提出了设立保护区的倡议。尽管提议中的保护区（南极大陆也有）远非主权领土的概念，但保护区的设立国对这片土地或海洋至少拥有比一般国家要多一些的权利（当然也要承担相应义务），因而也有其一层领土的含义（尽管非常少。我们也大可不必把领土严格地与主权对应起来，在不同圈层上，主权的意义可以是不断淡化褪色的，如领海、毗连区、专属经济区、外大陆架等）。

二是因《联合国海洋法公约》的诞生，南大洋沿岸国家外大陆架的申请部分地向南大洋延伸，产生了这一区域内的一层领土含义。当然，除了互相的交叉重叠外，这部分的领土问题不会产生更多的争议。

三是对南极大陆领土主权的声明国，从其所声索的领土出发向海洋延伸的外大陆架问题。从逻辑上讲，其陆地主权声明都还没得到承认，很难说对其海洋部分具有相应权利。

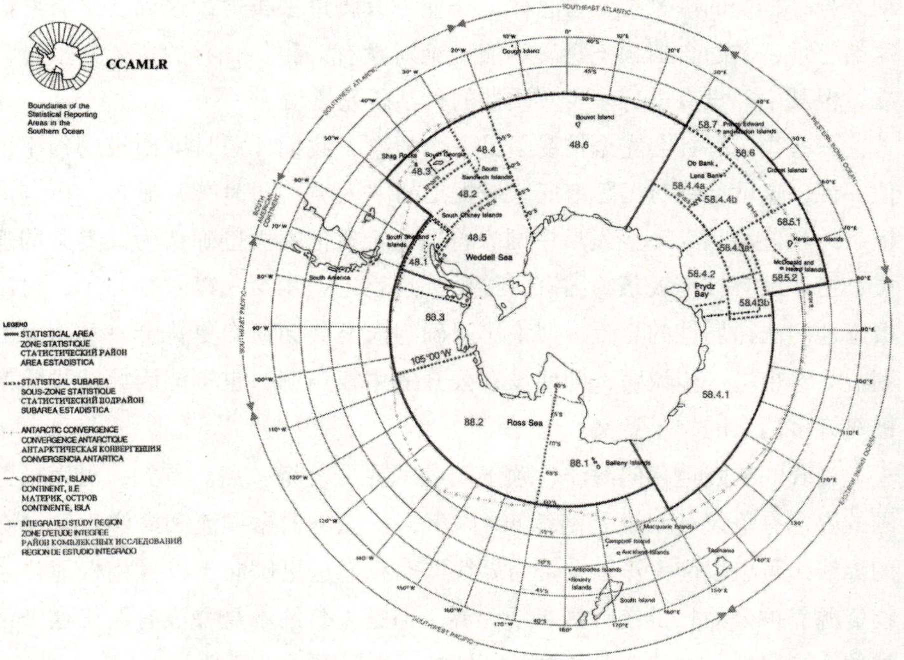

图 4—2 《南极海洋生物资源养护公约》管辖范围示意图

资料来源：图片转引自中国水产科学研究院东海水产研究所黄洪亮教授的会议 PPT，2013 年 11 月 26 日在上海国际问题研究院召开。

因此，南极的领土问题非常复杂，但作为领土的价值是非常明显的，一旦盛宴开始，没有哪一个国家甘愿落后。

不过，尽管南极的土地像“唐僧肉”，人人都想吃一块，但从国家为此投入的程度来看还是各不相同，也即其作为领土的价值在不同国家那里具有不同的地位，换言之，国家在其南极战略的考虑和实施中，愿意为此投入的资源会有较大差异。

2. **安全价值**

安全在国家战略中具有重要地位，在新现实主义者眼里，其重要性甚至是第一位的，因为它事关国家生存，或者说新现实主义者是在国家生存的意义上来界定安全的。当然，这里的安全主要是指一国的领土安全。但是，从现实的情况来看，许多国家的领土安全单凭其自身的领土是无法有效地获得保证的，如欧洲的一些小国，因此加入某一个国家集团或者某一种安全机制就成了它们安全战略的重要部分。而对于另一些国家来说，其安全的保障需要另一些东西来提供，如冷战时期美苏两个超级大国需要势力范围或缓冲区来保障它们的安全。因此，领土界线与一国的安全范围并不一定完全一致，一国海外侨民的安全就超出了其领土范围。

就南极而言，其安全价值可从传统安全和非传统安全两方面来看。传统安全又可分两类来看，一是对那些临近南极的国家而言，南极是其国家安全的南部门户，来自于南面的安全威胁是这些国家的安全战略所需要考虑的组成部分，尤其是对那些提出了外大陆架申请的国家而言；二是对某些国家来说，南极构成了其全球性设施的一部分或一个环节，这样，保障这部分内容的安全也就成了其整体安全的一部分。例如，南极由于其独特的地理位置，可以成为卫星网络地球联系站很重要的组成部分，因此要保障其卫星网络的安全，也就需要保障其设立于南极地区的地面联系站的安全。我们很难说有这类设施就是军事化，卫星被广泛地应用于各种民用领域，包括南极本地区的定位，但这类设施和传统的安全又会以这种或那种方式联系在一起。

非传统安全实际上是把一些原本进入不了安全视野的议题上升到安全级的优先程序，对于南极来说，主要是其环境生态系统的变化可能导致无法逆转的、进而影响到人类生存和发展的后果，以及怎么评估人类的活动对这种环境生态系统变化的影响。这类安全无疑具有公共性，并非一国可以独有，但了解这些变化和应对这些变化的相关知识、技术是可以独有的，而如果掌握更多这类知识和技术，就意味着一国获得了比其他国家更多的安全，也构成了一国对他国的安全资源和安全手段。这种安全不像传统安全那样迫切和可测量，但从今后相当长的时间来看，一国很少需要担心其国家被别国所侵略，但有充分的理由需要担心自己的国家是否能成功地应对环境气候变化可能给其家园和经济活动所带来的破坏性后果。南极是地球环境生态气候系统的重要一环，而且，鉴于人类活动对其干扰要比人类居住地区少得多，南极也就成了研究环境生态气候系统的重要窗口。

在南极的安全价值中，传统安全的价值比较容易评估，非传统安全对一国的价值评估则较难。这样，非传统安全的价值相对比较容易的测量是与一个国家的南极科学研究联系起来的。

3. 科学价值

在领土主权声索被冻结后，南极的科学价值实际上升到第一位，科学研究成了南极最主要的活动。《南极条约》第九条第二款也规定，只有那些开展实质性科学研究的条约成员国才有条件被赋予协商国资格，而只有条约协商国才拥有南极事务方面的决策权。所谓实质性的科学研究，主要表现为建立科学考察站或派遣科学考察队等。这样，科学研究在这里就不纯粹是一种探索发现，还表现为一种权利资质，这是南极的科学价值中很独特的一条。在1991年的南极条约特别协商会议上通过的《马德里议定书》，科学研究的地位再一次获得充分的强调和肯定，其中指出在南极条约区域内的行动应当围绕着科学研究和保护南极环境来进行。

表4—1　各国在南极的科考站及其他基础设施列表（截至2015年2月）

国家	南极科考站及其他基础设施				总数	备注
	常年站	季节站	营地	避难所		
阿根廷	6	7			13	
澳大利亚	3	1	3		7	1个季节站与罗马尼亚共建
比利时		1			1	

续表

国家	南极科考站及其他基础设施				总数	备注
	常年站	季节站	营地	避难所		
巴西	1				1	
保加利亚		1			1	
智利	4	7	1		12	
中国	2	1	1		4	
捷克		1			1	
厄瓜多尔		1		1	2	
芬兰		1			1	
法国	2				2	1个常年站与意大利共建
德国	1	4			5	
印度	2	1			3	
意大利		1	4		5	
日本	1	3	1		5	
韩国	2				2	
荷兰		1			1	与英国共建
新西兰	1				1	
挪威	1			1	1	
秘鲁		1			1	
波兰	1				1	
俄罗斯	5	5	2		12	
南非	1				1	
西班牙		1			1	
瑞士		2			2	
乌克兰	1				1	
英国	2	1	3		6	
乌拉圭	1	1			2	
美国	3		3		6	

资料来源：根据国家南极局局长理事会（COMNAP）官网资料译制成上表。https://www.comnap.aq/Members/SitePages/Home.aspx。（截至2015年2月）

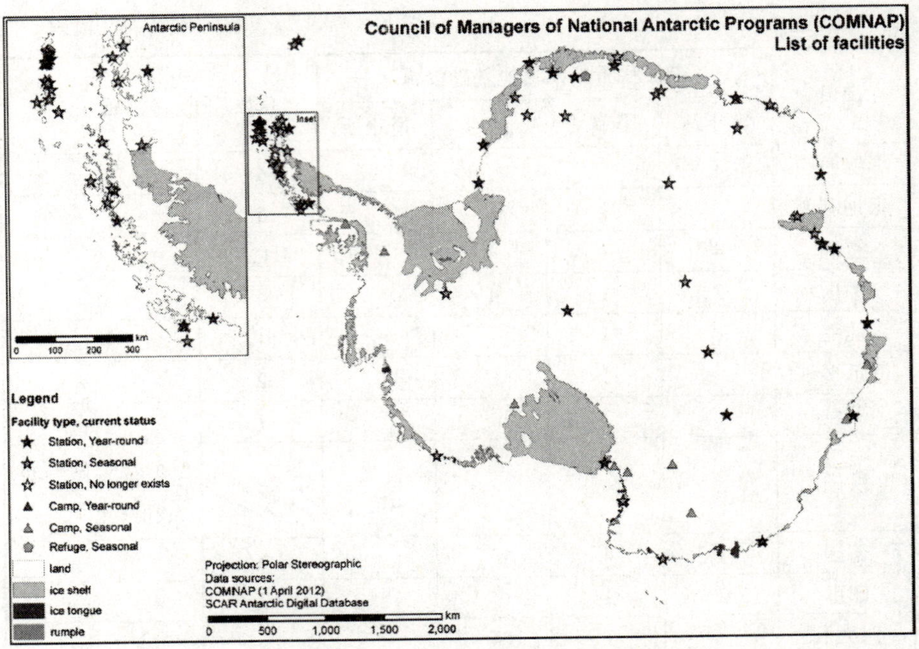

图 4—3　国家南极计划考察站的分布地图

而且，这种资质还必须持续地体现，因为按规定南极条约协商国有原始协商国和后加入协商国的区分，原始协商国的资格是永久性的，这种待遇即使在其南极活动停止后仍然拥有，挪威就是一个很好的例子。后加入国就需要经过严格的资质审查，即使在获得协商国地位后，其南极活动一旦停止，就有可能失去协商国资格。而且，科学还意味着发言权，这使得南极科学价值的独特性更为明显。

除了这种资质性价值外，各国在南极的科学活动大致可分为三类。一是对南极本身的研究，如南极的动植物、矿产资源、环境生态、地形地貌、冰川等，其目的是加深和丰富对南极的认识。二是研究南极作为一个更大系统中的一部分，其对大系统的影响，或者反之，如南大洋的洋流、南极与地球气候系统、南极地区的臭氧层、迁徙生物等。1985 年南极臭氧层空洞的发现，不仅直接影响了人们对南极的认识，还推动了人类对全球范围内保护环境的重要性和迫切性的认知，被认为是 20 世纪世界上在环境科学领域的最重大发现，这也直接导致了 1987 年在加拿大蒙特利尔召开的环境会议通过禁止排放导致臭氧层空洞的物质排放的决定。南极科学研究委员会也重视南极在科学研究中的“窗口”价值，在1989年曾发布《变化世界中南极的角色》报告，指出了南极与世界变化之间的关系，并与其他国际科研机构合作开展研究项目，加大地区性、全球性的专业性科研组织团体的联系与协调。三是利用南极的独特条件来研究人或人的活动、制造物本身，如人的耐寒性或低温条件下人的身体机能的变化，人怎么去适应低温的环境，以及利用低温环境测试产品或制造相关产品等。

之所以对南极科学研究做这样的分类，是因为通过比较可以发现不同国家的南极科学活动还是会有一些不同的侧重。从科学本身来讲，无论是哪一类的研究，并无高下轻重之分，但是对研究的侧重可以反映南极在一个国家战略中的价值所在。

相似地，我们可以把南极科学的发展分为三个大的阶段：一是早期的探险、测绘、命名阶段，这是对南极进行知识编码的第一阶段；二是对南极的生态、地理、资源的研究阶段，这是南极科学的系统化阶段；三是在南极或对南极进行的专门知识领域的研究阶段，如大气物理、磁场、地球历史等，这时的南极科学已经超越了南极本身，成为人类整个知识系统的有机组成部分，甚至是因相关的研究而推进、深化了已有的知识系统。

4. 经济价值

大南极由两个互相独立的系统构成，即陆地和海洋。陆地上因矿物资源禁止开发（从目前来看，很多矿产也不具备商业性的开采条件），直接的经济活动很少，旅游是其主要的部分。但是，对科研活动背后所关联的经济利用，这里就很难进行相关评估了。

海洋部分的经济活动主要是生物资源的捕捞，历史上鲸油作为重要能源和其他工业原料时，南极曾有过繁荣的捕捞作业，为此阿根廷商人1904年就在南乔治亚建立了第一个鲸鱼科考站，挪威建立了第一个捕鲸站。据估计，截至1920年被捕掠的鲸鱼数达130万头。在石油发现和禁止捕鲸后，生物资源的开发利用转向了南大洋中食物链最基础也是最重要的部分——磷虾。作为地球上蛋白质的宝库，南大洋一直是解决人类粮食问题的方案或备用方案，不过总体上南大洋的经济活动总量还不是很大，《南极海洋生物资源养护公约》也较好地起着管理的作用。

南极微生物资源的价值也不容低估。在南极地区高寒、高盐、高辐射的“三高”环境下生活的南极微生物基因的经济价值十分惊人。据有关资料介绍，在美国登记的有关南极洲的生物专利已达92个，在欧洲登记的也有62个，南极生物基因对于生物制药、化妆品等行业，乃至探索外星生命都有巨大价值（极地环境是地球上与火星环境最为相似的地方）。[①] 如联合国大学高新研发院（UNU－IAS）报道了一种叫“放线细菌纲”（Actinobacteria）的属种，其可生产出用于制药的活性复合物。它还报道了有关糖蛋白（glycoprotein）的研究，这种蛋白能增强经济作物抗冷冻的能力，延长冷冻食品的保存期，改善低温手术（cryosurgery）与移植器官的保存，低温活性酶（cold－active enzymes）还可在洗洁剂行业应用。据联合国估计，化妆和医药行业源自基因资源的产品在市场上的总价值可达1000亿美元。[②]

根据联合国大学哈米德·扎克力和萨姆·约翰斯顿的研究报告指出，在南极，虽然商业活动比如采矿和旅游被禁止或管制，但目前还没有什么可以阻止生物技术公司进入南极洲进行“生物勘探”以获取潜在的利润丰厚的生物。科研和商业活动之间的界限已经模糊，由于科学性生物勘探和商业性生物勘探并不具有明显的界限，因此两者兼而有之的趋势越来越明显。比如塔斯马尼亚大学和澳大利亚Amrad天然产物制药公司于1995年签订合同，给予Amrad权利来分析南极微生物，看看其是否可以开发新的抗生素或其他药物。再比如食品巨头联合利华（Unilever）从南极湖泊沉积物中提取了细菌中的一种蛋白质，可以阻止冰淇淋产生冰晶，已经获得了专利。[③] 从南极洲微生物中提炼出来的某种蛋白质可以治疗受损的头发、皮肤。目前，一种从南极洲绿藻中提炼出来的护肤产品已经在德国注册专利。[④] 对南极的生物采集将严重影响南极动植物生态环境，危害南极的生态平衡。萨姆·约翰斯顿博士认为，如果生物勘探处理得当，它可以达到

① 郭培清：“南极的资源与资源政治”，《海洋世界》2007年第3期。

② http：//www. biotech. org. cn/information/11774.

③ http：//www. theguardian. com/world/2004/feb/02/science. research.

④ http：//www. china. com. cn/chinese/huanjing/492553. htm.

正面的效果，对人类发展有益且可对环境的影响降到最低，但前提是必须对南极的生物勘探进行管理，以防止企业活动造成环境损害或者破坏科学运作。约翰斯顿博士说："这是一个原始的全球性公园，它需要被保存下来。"但是，一旦生物技术公司开始与各国政府制定商业协议，这将使南极的生物勘探难以达成全球性协议，对南极条约体系的资源管理形成挑战。南极免费的原始资源已引发了 21 世纪国家发掘商业利益的新型"淘金热"，将使南极洲面临遭受劫掠的威胁，在冻土地带生长的细菌、真菌和藻类都成为被劫掠的对象。在未来的 10 年内，生物技术公司在南极淘金热将成为迫在眉睫的问题，因此必须在南极资源遭到破坏前制定法规。①

除了生物资源外，南大洋的海底矿物资源也是人们重点想要探索的，不过近期之内还不会有什么大规模的经济活动。

因此，南极有经济价值或潜在的经济价值，但它在不同国家的重要性有很大不同。

5. 其他价值

研究可以发现，对有的国家来说，南极本身并不具有很大吸引力，如其国内所拥有的人均资源的丰富程度足以使他们根本不用考虑南极所具有的资源价值，但南极对于这些国家仍然有其价值，我们可以称之为一种"项庄舞剑，意在沛公"的价值。

这种另有所指的价值对不同的国家是很不一样的，如有的国家就要塑造其"南方"的身份认同，而与南极的联系则大大强化了这种身份特性或价值认同。有的国家会利用南极问题上对某些国家的支持（对于这些国家来说，南极在其战略中具有重要地位，拥有可以牺牲其他利益来换取的价值）来换取别的、与南极根本无关的问题上对它的支持。

当然，如果我们因此就说这是有的国家的整个南极战略，未免过于偏颇，但我们至少可以说，在有的国家的战略考虑中，这确实是其比较重要的一个成分。因此，在南极的价值分析中，把这单独列为一项有其特定的意义。

---

① http://www.theguardian.com/world/2004/feb/02/science.research.

二、价值视角下的南极战略

从上一部分的分析看，粗略地讲，南极至少具有五大方面的价值。一个国家的南极战略，简单地说就是它怎么看待这些价值，愿意为追求和实现这些价值投入多少资源，以及如何去实现这些价值。

相关国家之所以愿意花费资源在南极开展活动（一场南极科学考察所需要的花费并不低，更不用说要建立并维护一个科学考察站），是因为南极对于它至少具有某一方面的价值。这种价值也许当前并不能使它获得超出投入的收益，但从长远来看必然是一项有利可图的投资。这也说明，我们从价值的视角来分析判断一个国家的南极战略是可取的，也是能够成立的。

南极对于一个国家的价值少则一个方面，多则几个方面，甚至全部。因此，在对南极活动国进行分类时，我们不再采用以前用过的地缘政治板块的方法，而是根据南极对于一个国家的价值来分，因为即使是在同一地缘政治板块内的两个国家，其南极价值的实现也不可能完全捆绑在一起。如南极的科学研究价值，在起步阶段，一国会派其科学家参与经验先进丰富国家的考察队对南极进行考察（这是国际科学委员会所鼓励的，中国也是这么过来的），但只要条件能力允许，最终还是要建立自己的科学考察队伍甚至考察站来开展独立的南极科学研究的。当然，战略类型和地缘政治板块在一定层面上是联通的，同一地缘政治板块内的国家更容易实现南极战略的合作。

这样，根据价值涉及面的大小，我们可以把战略分为三类：全部价值战略、部分价值战略、机会价值战略。需要做一点补充说明的是，这里基本不涉及南极国际制度方面的价值和国家的相应战略。譬如，关于科学研究的国际制度，早期的南极科学主要是探险、勘探活动，因而比较多的是一种整体性研究，这样南极科学委员会（SCAR）就具有协调和数据收集的相对优势。但随着对南极研究的日益深入，南极科学越来越被纳入各种更细的专业领域，如大气、海洋、电磁等，从而使得专业学科导向的科研机构获得了更大的发言权，如国际自然保护协会、世界气象组织、海洋研究委员会等。在这样的转变过程中，国家的战略如何随之调整，我们这里不再进行专题探讨。

1. **全部价值战略**

国家追求南极所具有的全部价值，为此，国家要投入比别的国家多得多的资源，要具有全面的能力，特别是一些一般情况下不太具备，或者甚至不太使用的能力，而这当中首先得具有的是全球领先的智力资源、科学知识和应用技术。

一般而言，在多数重要的国际领域，拥有领先或领导地位的国家往往也是全球最强的国家。除了个别例外，全球领导国必然在主要的领域也处于领导地位。这样的关系意味着，就南极来说，南极战略同时也构成了实施全部价值战略国家全球战略的一部分，甚至是其全球战略的重要支撑。它对南极战略的设计和谋划，也是从其全球战略的全局和高度来谋划的，譬如《南极条约》之所以能够签订，与当时美苏两个超级大国在冷战的背景下想要刻意塑造一块和平之地、合作之地是分不开的。

反过来，南极战略也变成这样的国家全球战略的一颗棋子、一个环节。譬如，一个国家要宣布具有全球性的行动能力，那么南极就成了它培养锻炼极端气候和环境条件下行动能力的一个理想场所。南极所拥有的科学价值就更不用说了。

全部价值战略有时需要在局部价值上拥有一种超越的视野，不同于一般国家在这一价值上的看法和做法，否则，全部价值就简单地等于各个价值之和了。以南极的领土价值为例，其他国家可以宣布南极大陆的某一块土地为其所有，冷战时期的两个超级大国却没有这样做。并非其当时没有这样的条件，因为即使排除七个主权声明国所宣称的领土范围，南极仍然有剩余的土地没被“瓜分”完毕，而且两个超级大国也有能力到达那些地方，但它们并没有采取和七个国家一样的做法，而是不承认它们的主权声明，同时又保留自己的相应权利，这是一种追求全部价值的战略的体现。全部价值战略意味着，实施国重视南极每一方面的价值，同时又能站在一个更高的高度来追求这些价值。

全部价值战略的实施国能有效应对各种价值所进行的资源竞争，因为每一种价值要得以实现，或更好地得以实现，就必须投入相应的资源或更多的资源，而对于任何国家来说，资源都是有限的，因此资源约束紧张的国家只能追求某项或某些价值，而全部价值战略国家能够有效调动并配给资源，使得每一方面的价值都能得到比其他国家更好的实现。

2. **部分价值战略**

这种战略意味着，南极对于活动国来说价值不是全面的。当然，这并非国家不想要其全面的价值，而是面对资源局限，国家不可能投入追求每一项价值所需要的资源。因此，部分价值并不是指南极本身只有部分价值，而是相对于国家在价值追求上的资源而言的。

首先需要指出的是，有的国家在南极的每一个价值领域都会有所涉及，但并非所有价值领域都有实质性的资源投入，能在每一个价值领域都产生重要影响，对这样的战略我们这里仍然称之为部分价值战略。就像上一部分所说的，全部价值并非简单地等于部分价值之和。做这样的区分对于整个战略分析来说很重要，它能够帮助我们把真正的战略性力量，以及各种力量的战略重点区分出来。

由于之前分列了南极五个方面的价值，因此只要一个国家有实质性资源投入的价值领域不超过四个，我们就称之为部分价值战略。因此，部分价值战略还可进一步区分出很多种，多则可以有四种，少则只需要有一种。从四种到一种的范围内，又可以区分出不同的三种或两种组合，如领土价值、科学价值和安全价值的组合，科学价值、安全价值和经济价值的组合，领土价值和科学价值的组合，或领土价值与安全价值的组合等。可以说，部分价值战略是非常多元的，分析的重点也就需要从多个价值领域进一步深入到其价值的重心，以及形势变化而导致的价值重心的位移。

但是，仍然需要进一步强调的是，这种价值分析需要用动态的眼光来看。一方面，部分价值战略并不意味着战略实施国认为别的南极价值不重要，而只是认为其现有的有限资源还不愿意分散到那些价值领域去，或者认为当前国际国内形势下那些价值的重要性或紧迫性还没那么突出；另一方面，形势的变化会导致价值重心的转移，如南极大陆潜在的资源价值在20世纪80年代中后期就被环境生态价值所取代。

价值的部分组合是由多方面的因素形成的，包括一个国家的总体理念、禀赋结构、整体战略、资源状况甚至国际战略等。而且每一个因素随时间的发展又可能发生变化，如印度在南极问题上的战略理念就有过一些变化，导致它从一个南极体系外的挑战国转变成一个体系内的国家。资源状况也会有变化，当经济面临困境时，许多国家常见的做法就是削减南极活动这种对一个国家的国计民生不会立即产生影响的经费支出。

还需要指出的是，哪怕都是只重视南极某一方面价值的国家，其战略重心仍然会有差异，而不能说这两个国家的南极战略就完全相同。譬如，同样是只重视南极科学价值的国家，这个国家也许更重视对海洋生态和环境的研究，而那个国家可能更重视对冰川和气候变化的研究。这一点，在对价值进行逐项描述时已有所分析。

3. 机会价值战略

机会主义在许多时候是作为一个贬义词来使用的，但在这里它是中性的。在南极战略中，机会价值是指一个国家把它对南极事务的参与更多地是作为一种手段来看待的，而非目的本身。当然，此话不能反过来讲，如前面所讨论的，即使是实施全部价值战略的国家，有时也会把南极作为机会来用。

实施这种战略的国家，一般来讲会比较集中地关心一两个领域的问题，因为在南极事务的决策上，只要它保持协商国的地位，价值领域的内容和多少并不会导致其决策权的变化。相反，把有限资源集中在一两个问题上，会起到四两拨千斤的效果，充分发挥南极的机会价值。

机会主义意味着把一件事与别的一个和这件事并不是直接相干的目的联系在一起。在南极的机会价值战略中，这件事就是南极，但与之相联系的目的则因国家的不同而不同。因此，这种战略的分析重点主要在于两个方面，一是这个国家的机会投入重点在哪个领域，二是这个国家想要利用这个机会达到的目的是什么。

三、主要国家的南极战略群组

上面我们列出了南极五大方面的战略价值：领土价值、安全价值（包括传统安全和非传统安全）、科学价值、经济价值和其他价值，同时也从这些价值出发归纳了国家三种类型的南极战略：全部价值战略、部分价值战略、机会价值战略。现在，在进入具体的国家分析之前，我们可以对主要的南极活动国做一个粗略的区分（见表4—2）。

表 4—2 主要国家的南极战略价值

国家\价值	领土	安全	科学	经济	其他
美国	√	√	√	√	√
澳大利亚	√	√	√	√	√
新西兰	√	√	√	√	√
英国	√	√	√	√	√
法国	√	√	√	√	√
阿根廷	√	√	√	√	√
智利	√	√	√	√	√
日本	√		√	√	
俄罗斯	√	√	√		√
印度		√	√	√	√
南非			√		√
巴西			√		√
韩国			√		√
德国			√		√
欧盟			√		√

针对这些国家的具体战略分析将放在后面几部分进行，这里我们可以先根据表格内容对这些国家做一个战略群组的分类。

实施全部价值战略的国家只有美国一个，原因将在下文具体分析。

实施部分价值战略的国家较多，或者可以说是南极活动国家中的主体。如前面所指出的，有的国家虽然有每一个价值方面的活动，但不能做到每个价值都有重要国际影响力，因此也被视为部分价值国家。这些国家包括英国、法国、日本、俄罗斯、澳大利亚、新西兰、阿根廷、智利。

实施机会价值战略的国家主要把南极作为实现其他价值的工具或场所，南极本身对这个国家的重要性并不是很大。当然，许多时候它和部分价值战略国家很难区分，因为差别只是程度上的。这些国家（国家集团）包括德国、欧盟、韩国、印度、南非和巴西。

第二节　全部价值南极战略

能够奉行全部价值南极战略的主要是美国。作为一个以领导全球为主要目标的霸权国家，冷战时期其核心任务是应对苏联的霸权竞争，冷战后则是设法巩固其全球唯一领导国家的地位。这一全球战略也投射到了美国的南极战略上，其核心使命是确保美国在南极每一方面价值上的领导地位，成为南极事务的引领者。

一、美国对南极事务的主导战略

在南极事务一个多世纪的发展进程中，我们可以看出美国基本上都发挥了主导性的作用，在一些历史性的转变上，美国的作用体现得更为明显，如《南极条约》的签订。

从大的方面来讲，美国参与南极事务可分为两大阶段：一是早前的南极探险活动；二是主导南极治理体系的建立。美国民间自发参与了早期的南极探险和考察活动，据说南极大陆的80%是由美国探险家发现的。① 可以说，在第二次世界大战之前的很长时期内，美国官方只是有限度地参与南极探险，美国民间力量则在南极探险中扮演了主要角色，民间组织对美国在南极的利益有强烈诉求。其中，伯德与埃尔斯沃斯南极探险的成功与发现曾促使美国政府认真思考其在南极的利益所在。1939 年是个重要转变，七个国家陆续提出南极主权要求、纳粹德国在南极的探险活动以及伯德计划第三次南极探险等一系列事件促使罗斯福总统采取更为积极的南极政策，推动以政府活动为主的“美国南极服务项目”的运转。② 在此期间，美国官方组织了多次大规模的南极探险考察活动，其中比较有名的包括

① 参见郭培清：“美国政府的南极洲政策与《南极条约》的形成”，《世界历史》2006 年第 1 期，第 84—85 页。

② 美国的南极政策可参见陈力：“美国的南极政策与法律”，《美国研究》2013 年第 1 期，第 65—86 页。

“1946—1947 跳跃行动”和 1948 年“风车行动”，并且建立了两个常年考察站，由此成为第一个在南极设立常年站的国家。在领土问题上，二战前，美国传统的南极政策是不承认其他国家提出的南极主权要求，同时声明保留自己在南极的权利。二战后，美国政策逐渐转向提出主权要求，但是因受到苏联和盟国牵制，美国最终停止主权追求，转而寻求通过主导国际条约掌控南极事务。美国积极召集组织南极会议，推动签订了 1959 年的《南极条约》。此后在南极条约体系的发展中，美国一直发挥着主导性作用，维护《南极条约》并推动南极的国际治理成为美国参与南极事务的主导方向。

美国通过主导并强化南极条约体系，以保持美国在南极的影响力和存在的战略考虑在之后的南极事务发展中也一再得到体现，如推动和支持全面禁止矿物资源利用的《马德里议定书》。此外，美国对南大洋资源的国际管理也起了推动性作用，如美国政府的大力倡导，终于促成了 1986 年国际捕鲸委员会通过的商业捕鲸暂停令——《全球禁止捕鲸公约》，要求十年内禁止商业捕鲸（在 1996 年后的每一届年会中，该禁令都得以继续延长）。

美国在其新近的南极项目参与指导中指出，美国的南极政策主要包括以下几方面内容：（1）不承认他国的领土主权要求，但保留美国的主权要求；（2）保留美国未来参与南极利用的权利；（3）南极利用仅为和平目的；（4）科学考察自由。[①]

《南极条约》还设计了一个开放视察的机制，每个成员国都有权对其他国家的科考站进行视察，而美国在这方面比任何国家都积极，大有巡视天下的感觉。《南极条约》生效以来，美国充分利用这一机制，已对南极成员国科考站进行了 10 多次视察并制作了非常详细的记录与检查报告，是南极条约成员国中行使视察权最多的国家。

当然，美国对南极问题的主导地位还来自于其他很多相关实力，如其测量能力。美国拥有众多技术先进的海洋测量船，例如 USNS 系列，以及

---

① U. S. Antarctic Program Participant Guide，2010 - 2012，Charpter1，p. 3，available at：www. usap. gov.

T－AGS 60－65 系列，装备了浅/深海回声测深仪、浅/深海多波束系统、海底浅层剖面仪等20多种现代化的海洋测量设备，配备多个测量工作站，能够做到探测海底地形地貌及海底表层底质等多种战场要素。此外，美国还拥有遍及世界的探测站，美国海军在航空母舰上也装有先进的测量设备等。强大的海洋测量技术为美国掌握海洋信息，进行海上作战提供了必要条件。

除了测量船，破冰船也是重要的极地探索平台，并可执行冰区护航任务，具有破冰、搜索和救援功能，起着极地大陆架、海域海底信息等海洋资料搜集和制图的功用，是重要的高纬度科学研究平台，被称为“漂浮式的科研工作站”。美国海岸警卫队的中型极地破冰船队主要由三艘船组成。其中，“希利”号（Healy）号称美国时下最新、最强的破冰船，1997年下水，1999年服役，船长128米，宽25米，吃水9.8米，最大航速18节，满载排水16700吨，是美国最大的破冰船。Polar级极地破冰船，共建造两艘，1976—1978年服役。其全长121.6米，宽25.6米，吃水9.8米，满载排水量13190吨，编制134人，燃气动力率81000马力，航速20节，续航力28275海里/13节，装备两架直升机。

二、美国南极战略的目标及价值

自《南极条约》签订后，美国南极战略的目标始终是维持和强化南极条约体系，支持美国的南极项目，保持美国在南极积极而有影响的存在。美国官方强调，美国在南极具有重大的外交利益，并将根据1959年《南极条约》的规定，提升南极洲作为和平和科研之洲的地位。主导南极事务体现了南极对美国的全部价值，而就每一方面的价值来看，美国也努力保持其主导和领先地位。

从领土价值来看，南极主权问题是美国最主要的关切。美国在此问题上一贯具有明确的主张及立场，即不承认七个南极主权声明国对南极的主权要求，但保留自己对南极的主权要求权利。

从安全价值来看，美国的主要目标是确保南极的政治稳定与法律秩序。自从停止对南极的主权追求后，美国转而寻求通过主导国际条约掌控南极事务。美国积极召集组织南极会议，推动签订了1959年的《南极条约》。1958 年美国国务院向阿根廷、澳大利亚、比利时、智利、法国等国提出了美国关于南极洲政策的公开设想，希望通过谈判，实现包括南极只能用于和平目的、冻结南极法律地位等几项目标。艾森豪威尔以 1957—1958 年的国际地球物理年为契机，邀请 11 个国家到华盛顿共同起草《南极条约》。1959 年 12 月，12 个国家签署了《南极条约》，该条约于 1961 年 6 月 23 日正式生效。《南极条约》规定：南极洲仅用于和平目的，保证在南极地区进行科学考察的自由，促进科学考察中的国际合作，禁止在南极地区进行一切具有军事性质的活动及核爆炸和处理放射性废物，冻结对南极的领土要求等。条约得以签订，主要是因为两方面的机缘：一方面是《南极条约》在一定程度了满足了当时主要大国的要求，特别是美国的要求（可谓实现了南极版的“门户开放政策”①）；另一方面基于当时的技术条件，开采南极资源的可能性几乎为零，因此领土问题可能引发冲突的概率大大降低，也大大降低了主权声明国与非主权声明国因领土要求而爆发冲突的可能。《南极条约》具有重要的国际法意义，亦成为美国日后南极政策的基础。条约使得南极在相当程度上“全球公域化”，而“公域化”的南极对美国而言，在战略上更具有安全价值。一方面，南极“公域化”有利于配合美国冷战时期的战略需求，使其不至于破坏美国与其盟友的团结，也避免美国当时与苏联在南极问题上短兵相接，符合美国的国家利益；另一方面，南极“公域化”不仅将焦点从于美国不利的领土主权问题上转移开来，而且确保了美国进入南极从事相关活动不受主权要求国的阻碍。确保美国在全球公域的自由进出是美国重要的全球考量。2015 年 1 月，美国国防部正式将 2010 年提出的“空海一体战”（ASB）作战概念更名为“全球公域介入与机动联合概念”（JAM－GC）。全球公域作为美国战略聚焦的特点再次凸显，南极对美国而言的战略安全价值亦有增无减。

美国的阿蒙森—斯科特科考站是地理位置最靠南的科考站，由铝制圆顶建筑物和四座独立的建筑群组成，物资由 LC－130 大力神飞机运送，站上设有无线电通讯中心、气象中心（美国各站的气象资料汇集到这里发往

---

① 郭培清：“美国政府的南极洲政策与《南极条约》的形成”，《世界历史》2006 年第 1 期。

世界气象中心）、高空大气物理观测站、飞机跑道、油库等建筑。该站处于极特殊的地理位置，可以对赤道以南的任何向太空的发射物保持全方位的观察，便于跟踪围绕地球的人造卫星，而极点又是进行大气科学和地球物理研究的极好场所。正因为如此，美国在此建站并且不惜代价配备了各种精密仪器，充分发挥了它的技术优势，取得了一批很有价值的成果。麦克默多站位于麦克默多湾罗斯岛的南部底处，是所有美国科考站中最大的一个，有各类建筑200多栋。麦克默多站是美国南极研究规划的管理中心，也是美国其他南极考察站的综合后勤支援基地，建有一个机场，可以起降大型客机，有通往新西兰的定期航班。此外，在该站附近，还有两座小型机场。这里还建有大型海水淡化工厂和大型综合修理工厂。麦克默多站还有通讯设施、医院、电话电报系统。麦克默多可由距此地40公里远的黑岛（Black Island）的卫星接收器接收四个频道，讯号透过数位微波转送至麦克默多站，还有可以联系外界的电话线。

从经济价值来看，经济利益涉及对南极大陆及其附属海域潜藏着的丰富矿产资源的未来开发与利用，以及南大洋的生物资源。从美国国家安全委员会的相关文件中可见，对南极资源的关注是美国南极战略的重要目标。1939年，美国政府组织第一次对南极大陆本身的官方考察时，其重要目的之一就是调查南极的资源潜力。[①] 1954年，美国国家安全委员会NSC－5424号文件开篇即强调，“南极可能具有目前尚不能确定的潜在价值，因此随着知识的积累和新技术的发展，它的重要性必将大大增加”。[②] 1959年的美国安全委员会NSC－5905/1号文件指出，“南极的战略和经济潜力目前还不能明确描述，但在当今科技进步的背景下，我们必须意识到这一问题。有鉴于此，美国的国家利益是在南极事务中保持领导地位，并且在新的因素出现使我们可以评估该地区战略和经济潜力时，使美国处于一种有利地区”。该报告还称“在未来任何可能的资源开发中，应

---

① FRUS，1939，Vol. Ⅱ，Washington D. C.：U. S. Government Printing Office，1956，pp. 7－8.

② FRUS，1952－1954，Vol. I，Part 2，Washington D. C.：U. S. Government Printing Office，1983，pp. 1744－1745.

制定一些适合所有国家和民族的统一的非优先规则”。[1] 作为《南极条约》的原始缔约国和南极事务最积极的参与者，美国一直认为它有权在任何未来可能进行的南极资源开发（特别是矿物资源开发）中分得利益。在有关资源开发的国际谈判启动之前和讨论的过程中，美国的政策呈现持续性和一致性，政府各部门都不断指出美国在极地的资源利益，并分别通过不同的政策宣示加以强化。为此，美国在极地资源开发问题上做了重要的技术准备，一直积极地进行技术上的研究，评估在气候变化和全球变暖的情况下，极地环境所能承载的资源开采范围与程度。[2] 但同时，美国政府强调，美国南极资源开发政策受环境因素制约，必须确保南极环境和生态系统不受破坏。

美国的南极资源开发政策经历了一个从试图建立资源开发制度到更加重视南极环境安全的转变过程，这一过程既反映了南极生态环境的变化，也反映了国际政治和美国国内政治形势的变化。在资源开发被国际法和美国国内法禁止的情况下，美国非常担心其他国家在南极的领土争夺会威胁到自己的利益和整个南极条约体系的稳定性。[3] 特别是《马德里议定书》的生效更使美国认识到矿产资源利益的非紧迫性，其在南极的经济利益也开始让位于环境保护利益。美国越来越意识到开发极地资源与保护环境之间的矛盾，认为需防止因争夺资源而出现严重的国际争端。为了确保南极的长期和平利用，维护南极环境利益成为美国南极政策的重要目标。此外，由于旅游给南极环境带来的压力与破坏与日俱增，美国在南极的旅游利益主要体现为在确保美国公民南极旅游安全的同时，减少旅游活动对南极生态环境的影响，因此美国积极推动南极旅游环保的相关政策和法律的建设。

从科学价值来看，科学研究是推动美国南极战略和实现美国南极利益

---

① FRUS，1958－1960，Vol. Ⅱ，p. 554.

② 沈鹏：“美国的极地资源开发政策考察”，《国际政治研究（季刊）》2012 年第 1 期，第 97—116 页。

③ 沈鹏：“美国的极地资源开发政策考察”，《国际政治研究（季刊）》2012 年第 1 期，第 97—116 页。

的最主要力量，也是“反映美国在南极积极而有影响存在的主要表现形式”。[①] 确保美国在南极进行持续性的科研科考，进而有效地服务于美国在南极的地缘战略利益是其重要的战略目标。美国的南极项目支持的科研范围广泛，从美国历年的南极项目报告中，可发现其南极科研的主攻方向主要包括天体物理和宇宙科学（Antarctic Astrophysics and Geospace Sciences）、地球科学项目（Antarctic Earth Sciences Program）、南极冰河学项目（Antarctic Glaciology Program）、南极综合系统科学（Antarctic Integrated System Science）、南极海洋和大气研究（Antarctic Ocean and Atmospheric Sciences）和南极生物和生态研究（Antarctic Organisms and Ecosystems）等，可以说已经构成了一个完整的南极学科体系。美国近年来每年在南极科学研究上的费用超过三亿美元，[②] 这个数字远远大于许多国家一年的国民生产总值。同时，较新的技术如基因测序和遥感也影响了美国的南极科研性质。[③] 从我们对科学研究划分的三阶段来看，显然美国的南极研究已进入第三阶段。而从我们所说的南极研究的三大方面来看，美国也是齐全的。

在南极科研方面，值得注意的是美国的南极气象研究，有说法认为，美国试图利用南极的气象科研进行气象武器的研究。早在20世纪50年代，美国军方就在一份研究报告中明确提出了“气象控制比原子弹还重要”的观点。美政府还在佛罗里达州坦帕湾空军基地建立了“麦金莱气候实验室”，用以开发气象武器。[④]

在其他价值方面，各国的考虑会很不一样，对于美国来说，如本章第一节所说，南极就是美国霸权的一部分，在南极的地位也标志着美国在全球的地位。反过来，美国对南极事务的主导受到挑战的话，也等于其全球

---

① See Richard Atkinson's Remarks in House Committee on Science and Technology, “U. S. Antarctic Program Hearings”, 76, 1979.

② http://www. nsf. gov/od/opp/budget. jsp.

③ Report of the U. S. Antarctic Program Blue Ribbon Panel: More and Better Science in Antarctica Through Increased Logistical Effectiveness. At the Request of the White House Office of Science and Technology Policy And The National Science Foundation, Washington, D. C. July 2012.

④ “美国开发南极军事价值”，华夏经纬网，2011年6月20日，http://www. huaxia. com/hxhy/rdjj/xgwz/2011/06/2461022. html。

霸权地位面临了威胁。

在美国决策层看来，二战后美国一直是全球公域（global commons）的首要保护人，而美国自由进出全球公域则是国际政治和经济秩序的基石。[①]南极战略作为美国全球公域战略的组成部分，必然要服务于美国的全球战略。因此，保证美国自由进出南极，即维护美国主导的南极治理秩序是其首要的战略目标，而南极对美国也因此具有了超越以上各项具体价值的价值意义。

三、美国南极战略的保障及其面临的挑战

一项战略的实施需要一国相关的机制来推进，并投入相应的资源和力量。美国为确保其在南极事务中的主导地位，在机构机制和资源力量方面得到了政府很大的重视。

美国南极事务主要由国务院协调，下设海洋与国际环境及科学事务局海洋与极地办公室，由主管经济增长、能源及环境事务的国务卿领导。同时，南极项目的执行主要由国家科学基金会（National Science Foundation）负责，国务院与其密切合作。国务院率领代表团出席南极条约协商会议，并与条约秘书处保持沟通。国务院也负责向其他条约国家通报在美国组织或从美国出发的非政府南极探险活动，并与环境保护署和国家科学基金会一起决定是否要对这些活动的组织者按美国南极环境保护的规定进行管理。国务院也派官员担任南极海洋生物资源养护公约委员会委员（CCAMLR），参与委员会年度会议。[②] 围绕“国家南极项目”，美国国务院、国家科学基金会、国防部、国土安全部等行政机构在南极事务上分工明确、各司其职。为协调各部门的职能，美国还设立了跨部门的南极政策小组。

战略保障中最重要的要数军队，在南极大陆的美军空中能力十分强大。这支空中力量主要由纽约州空中国民警卫队第 109 空运联队和太平洋

---

① Abraham M. Denmark & James Mulvenon, Contested Commons: The Future of American. Power in Multi - polar World, Center for a New American Security, January 2010, p. 5.

② http://www.state.gov/e/oes/ocns/opa/c6528.htm。上网时间：2015 年 10 月 15 日。

空军第13航空队南极支援特遣队组成。美国的科研依赖于物流及基建能力的支持，美国极为重视在南极的物流能力建设，其南极的交通运输能力尤其是空中运输非常发达，配备了装备先进的洛克希德公司的C－130“大力神”直升机和美国空军的“C－141星”（starlifter，重型战略运输机）① 以及C－17等。用于基建和物流的预算也远远超出科研预算（具体可见下表）。据称，美国还提出打算修一条横跨罗斯冰盖长达1600千米的冰上高速公路，如果此设想得以实现，等于“一路遮南极”。

南极研究还协调公司、大学和科研院所，形成了一个庞大的网络。洛克希德·马丁（Lockheed Martin）公司为南极项目提供后勤支撑，并在科研考察中提供相关协助。肯恩博客航空公司（Kenn Borek Air Ltd）为南极大陆上的考察提供Twin Otter飞机。许多大学、科研院所实验室等研究机构参与南极科研项目，或为项目提供设备，如大学导航卫星联盟（University Navstar Consortium）在运用全球定位系统进行调查、制图以及其他应用方面提供完善的服务，国家海洋和气象管理局的气候监测和诊断实验室（National Oceanic and Atmospheric Administration—Climate Monitoring and Diagnostic Laboratory）对南极的臭氧层空洞、全球气流变化等方面开展了一系列实验。据美国自然科学基金官网公布，每年参与南极科考及为其提供后勤支撑的人员总数保持在3000人以上，其中参与科考项目的人员最高曾达1900人，其中1600人左右在南极大陆，另有300名在南大洋海域的科考船上。

除设置专门部门及部门间协调机制外，美国还通过投入资源加强关于南极的“硬件”与“软件”建设。一是通过充足的资金投入，完善在南极的基建，包括科考站的建设和维护、物流能力建设等，推动南极的科研项目实施。美国南极科考的经费支持十分充足，NSF及其基地项目部门每年投资约7000万美元用于科研，另外2.55亿美元用于基础设施和后勤。

---

① 1965—2005年这40年间，美国制造的C－141运输机一共向南极飞行了4.5万个小时，向美国的科考基地麦克默多站和新西兰的斯科特基地运送人员和供应。2005年C－141完成了向南极飞行的历史使命，最后一架C－141离开新西兰南岛的Christchurch，飞回美国。可参见：http://www.zgjunshi.com/world/hangtianqi/yunshuji/200802/20080217215908.html。上网时间：2015年11月15日。

2015年8月美国国家科学基金会（NSF）发布了最新的一份美国南极项目评估评告，这是近五年中对该项目的第三个重要评估报告，旨在确保该项目在较平稳的预算和不断上涨的基础设施成本的环境下持续推进。[①] 二是注重硬实力的建设与展现，这主要体现为在南极的基地建设，特别是科考站的建设。科考站是国家南极科研能力的风向标和基础保障。美国在南极拥有三个常年科考站，并在南极部署了比其他国家都多的人力资源。三个常年站分别是阿蒙森—斯科特站（Amundsen - Scott South Pole Station）、麦克默多考察站（McMurdo Station）和帕尔默考察站（Palmer Station）。

阿蒙森—斯科特站1956年11月开始修建，于1957年2月竣工。1975年美国对考察站进行了一次大型重修。站内建有规模庞大的建筑群，生活设施较为完备，并建有急救中心。冬季在站的科学家和工作人员达到50人以上，夏季多达150人。该站主要从事天文物理的研究，同时也涉及相关研究，配备有大气物理实验室（Atmospheric Research Observatory）、马丁·波梅兰茨天体物理实验室（the Martin A. Pomerantz Observatory for astrophysics）和计算机信息中心。考察站在南极气候方面的研究成果也很突出，收集了目前全球最完备的南极大陆气象资料。科考站海拔高、气温低、湿度低，因而成为研究月角磁层（the cusp region of the magnetosphere）的极好地方。周围为质地均匀、纯净几乎不含杂质的白雪所覆盖，因而也为从事微中子物理研究提供了天然实验室。此外，考察站还建立了小型的生物医学实验室，对极地冰川、地球物理、地震、海洋和气候系统、天体物理、天文学、生物和医学等领域都有所涉及。

麦克默多考察站建于1955年，是美国在南极最大的考察站，建有直升机起落坪，是美国南极科考的后勤补给中心。该站内的克拉里实验室（Crary Lab）始建于1991年11月，主要从事气流物理学与天体物理学、生物医学、地质和地球物理学、冰川和冰川地质学以及海洋和气候系统研究。此外，考察站还接待一些文学家和艺术家来南极搞创作活动。

帕尔默考察站始于1965年建立的临时考察站，此后于1968年重新翻修。该考察站夏季能够容纳40人左右，冬季有10名左右工作人员。该站

① 张章："美国南极项目又有新目标"，《中国科学报》2015年8月13日。

距离阿瑟港（Arthur Harbor）两公里，在研究鸟类、海豹和其他海洋生态系统方面具有明显的地理优势。考察站建有配备较为齐全的实验室，还建有一个南极海水实验室。1991 年，国家科学基金委员会决定在此建立长期生态研究基地，研究领域涉及海洋和气候系统、气流物理学和天体物理学以及冰川学等问题。

值得指出的是，美国的科考站大多占据了南极地缘的要害位置，美国虽然关闭了一些临时站，但并未拆除，而是将其改为博物馆或另做他用，这样就保证了美国在南极的活动空间。①

除了硬件的投入和建设外，美国对南极的资源投入还包括“软件”方面，主要是出台相关的南极立法并采取有效的执行措施，② 如国会根据需要，对“非自动执行条约”，如《南极环境保护议定书》及其附件进行转化立法。从 1978 年开始，美国国会制定的涉南极立法主要包括 1978 年的《南极保存法》、1984 年的《南极海洋生物资源保护法》、1990 年《南极保护法》以及 1996 年的《南极科学、旅游及保护法》等。对于“自动执行条约”，如《南极条约》，则经国会批准后直接由美国国务院负责执行。国内的南极立法虽然只能对本国公民有效，但立法本身也等于宣示南极事务是国家事务的一部分，既能引起本国人民对南极事务的注意，也能对本国公民合法的南极活动提供保障。

战略保障除了国内的机构设置、资源投入、立法规范外，美国还通过开展一系列的南极科考国际合作强化其在南极事务中的领导地位。如 2004 年美澳发表《环境保护联合声明》，涉及南极环保的合作问题；③ 美俄从 2012 年 12 月 8 日开始对他国的南极科考站及基地与设备进行为期 10 天的联合考察，等等。

当然，美国的南极战略在推进过程中也遇到了一些挑战，如早期美国

---

① 陆俊元在 2013 年 11 月 26 日由上海国际问题研究院和中国极地研究中心主办的“2013 中国极地战略与权益学术研讨会——南极活动前沿与政策”上的发言。

② 参见陈力：“美国的南极政策与法律”，《美国研究》2013 年第 1 期，第 65—86 页。

③ http：//www. state. gov/documents/organization/131489. pdf。上网时间：2015 年 6 月 13 日。

对南极的领土主张要求遭遇到的不便因素众多，包括不希望因提出新的主权要求而与友好国家构成敌对；担心主权要求的提出引起苏联的效仿，进而导致冷战加剧；如果不承认他国的主权要求，则美国也很难巩固自身对南极主权要求的法律基础，进而引发群起效仿的危险等。近期也存在一些挑战，因为国内不同的行为体对南极持有不同的理念，特别是民间组织的环保要求，一定程度上对政府的南极战略实施带来了压力。

值得注意的是，美国的南极战略受当今国际权力转移与国际秩序转型的影响，也面临着转型的挑战。特别是美国本身国力的相对下降与新兴国家的群体性崛起，这种力量差距的缩小使得美国在南极事务方面的完全主导权受到一定程度的挑战。美国也认识到，在新兴国家群体性崛起而美国国力相对衰减的背景下，离开中国、印度、俄罗斯等关键大国的支持，创建任何一种有效的全球公域治理机制都是难以想象的。[①] 为此，美国一方面标榜与新兴国家在全球公域，包括南极事务上的合作，向其解释并输出自己的治理理念；另一方面则联合盟国，极力在南极治理的建章立制方面发挥先发性的主导作用，例如提出建立海洋保护区（MPA）。2012年9月7日美国向南极海洋生物资源养护委员会提交了在罗斯海域建立海洋保护区（MPA）的提案，保护区面积约为180万平方公里。[②] 这是美国提升在南极事务上的软权力的积极表现，虽然该计划遭到搁浅。[③]

第三节　部分价值南极战略

大部分南极事务参与国都属于这一类，不管是自愿的，还是因能力、环境等方面的限制而被迫的，这些国家都只能追求部分的南极价值实现。

---

① 马建英：“美国全球公域战略评析”，《现代国际关系》2013年第2期。

② http://www.state.gov/r/pa/prs/ps/2012/09/197817.htm. 上网时间：2015年7月20日。

③ 桂静：“南极罗斯海海洋保护区缘何遭搁浅”，《中国海洋报》2014年12月9日。

这当中，又可粗略地分为三类：一是近似全部价值战略；二是领土型部分价值战略；三是非领土型部分价值战略。

一、近似全部价值战略

这类国家在我们讲的五大方面的南极价值领域都有投入或考虑，但从战略效果或影响来看，没法在每个领域都保持重要的国际影响，有的领域只能说是凑数性的，目的仅在于表明其存在，表明其应有一分子。因此即使我们在五个价值领域都给它打了勾，其仍然只能算是部分价值战略的南极参与国。在我们考察的国家里面，属于这一类的主要有澳大利亚、新西兰和英国。

澳大利亚和新西兰参与南极的历史较早，两国在地理上同南极非常接近，对南极的主权要求都承袭于英国，因此，两国在南极事务上的立场基本相同。有学者归纳指出，澳、新两国的南极政策目标存在四点相同之处，即和平稳定、领导作用、保护南极资源和鼓励科学考察。[①]

澳、新的南极领土主权要求均承袭于英国，且面积都不小。澳大利亚对南极的领土主权主张所占的面积最大，占南极大陆的42%（相当于澳大陆面积的3/4）。虽然未获得其他国家的承认，澳大利亚还是将南极领土主权列入其国家安全的战略考量中，设立专门机构——“澳大利亚南极命名和奖章工作委员会”为南极进行地理命名，并把其主张的南极土地称为“澳大利亚南极领土”（AAT）而列入国家遗产，AAT俨然成为澳大利亚国家利益的重要组成部分。新西兰自1923年开始就声称对罗斯地区拥有主权，称其为“罗斯属地”。新西兰的“罗斯属地”包括大陆和冰架，大陆面积约为44万平方千米，冰架面积约为33万平方千米，总面积约为77万平方千米，比整个新西兰的国土面积还要大（新西兰的国土面积为27万平方千米）。新西兰每年对属地官员进行任命，以此宣示和强化所谓的“实际管辖”，体现其在南极的实际存在。可见，领土在澳大利亚和新西兰两国的南极战略中极为重要，可以说已构成其国家

---

① 吴依林：“澳新南极战略研究”，《海洋开发与管理》2008年第9期，第27—31页。

属性的一部分，在南极的诸多价值中具有压倒性的地位，是思考两国南极战略的一个起点。

因此，两国对南极条约的态度比其他国家更不一般（其他领土声索国也有同样的心态，但程度上比这两个国家要轻松些）。一方面，条约搁置了主权问题，使得两国的南极领土主权要求未能得到承认，但同时，条约只是冻结既有的主权声明并禁止提出新的主权要求，对既有的权利要求并未明确否认，而且主权的冻结大大降低了南极地区因领土争端而发生冲突的风险，这对国力上不足以保卫其所声索的南极领土安全的这两个国家来说还是有利的。试想，如果南极完全变为弱肉强食的地区，两个国家的声明只能是一纸空文。

为此，虽然《南极条约》让澳、新所划的南极领土没被“抢走”，但两国又确实要为条约可能出现的变化或管理失控做准备，因此它们都把南极视为国家安全的一部分，把南极事务锁定在国家安全利益中的一定级别。某种意义上，甚至可以说两国的安全战略可以不需要为其本土面临外来入侵而担忧，但需要为南极地区出现的领土争端做准备。

这种安全认识使得澳、新看待南极的方式不同于其他国家，他们把对南极地区的力量投入视为国家主权的一部分，把南极视为主权赖以存在的一个客体，如其国内的领土一样。因此，南极领土的安全问题同样会给其国家安全带来挑战，构成安全威胁，尽管层级较低，但仅是程度问题。[①]

这种安全认识对两国来说作用是双面的：一方面，澳、新在巩固既得利益的同时可利用对南极的主权要求设法获取更多的安全价值；但另一方面，澳、新将对南极的主权主张视为国家特定及法定权利的一部分，因此对这种主张的挑战自然而然被视为对国家安全的挑战，其安全威胁就比没有南极领土大了，所来自的方向也更多了。这样一来，维护南极的安全价值实际上给国家增加了额外的政治成本。就国内而言，对南极领土主权的

---

① 具体参见 Alan D. Hemmingst. 2008. Beyond Claims：Towards A Non – Territorial Antarctic Security Prism for Australia and New Zealand［J］. New Zealand Yearbook of International Law. 6：77 –92。

主张和立场使得澳、新需要付出一些额外且昂贵的代价，耗时耗力，若处理不好，反而会给其国内政治带来一定的风险。典型的是新西兰对南极水域的 IUU 捕鱼业实行监督及禁止一例。新西兰媒体建议新西兰国防部采用无人驾驶飞机对南大洋及南极海域进行监控。设想，若新西兰没有提出南极主权主张，或许根本不需要采取此类行动。又如澳大利亚媒体对日本捕鲸极为关注，将其称为在“我们的”水域进行的行为。若走向极端，国家主义则容易引发国际冲突。此外，对主权的主张可能引发他国对主张国真正意图的质疑，如 1999 年新西兰申请建立南极特别保护区的失败，[①] 原因之一就在于这被视为新西兰为增强其在南罗斯海的主权利益而采取的计谋。

其他国家会对澳、新的南极行动和政策多一层防备，澳大利亚和新西兰对其他国家的南极存在和行动也会更为敏感，更为担忧未来的不确定性。在 2013 年 5 月发布的国防白皮书中，澳大利亚指出在南大洋及其南极属地的利益面临日益增多的风险和挑战，维护南极洲的和平利用以及非军事化是其保障南极安全的重要内容。澳大利亚的政府智库——澳大利亚战略政策研究所（ASPI）2013 年 10 月 21 日发布研究报告《冷静思考：我们的南极策略选择》，[②] 对南极“军事化”提出警告，指出已经有国家违反了《南极条约》有关严禁在南极洲部署军事人员的规定，也有不少国家并未通报其在南极洲进行的具体活动内容。更为糟糕的是，《南极条约》各项条款尚不完善，目前没有办法阻止有关国家进行相关活动。该智库副主管安东尼—博金认为，一些国家的南极科考站日趋“双功能化”，一旦其角色发生变化，成为卫星监测站，那么在未来 10 年中，世界主要

---

① J. Burgess，E. Waterhouse，A. D. Hemmings and P. Wilson，“Declaration of Marine Protected Areas - The Case of the Balleny Islands Archipelago，Antarctica”，in J. P. Beumer，a Grant and D. C. Smith（eds）（2003）. Aquatic Protected Areas：What works Best and How Do We Know?［M］196.

② ASPI report：Cold calculations：Australia's Antarctic challenges，21 October 2013. https：//www. aspi. org. au/publications/strategic - insights - 66 - cold - calculations - australias - antarctic - challenges/SI66_ Antarctic. pdf. 上网时间：2015 年 12 月 8 日。

大国有可能在南极洲爆发军事冲突。[①] 显然，按这种逻辑，任何东西都可能有双重功能，哪怕是渔船或测量船，这种战略敏感性已变成一种战略臆想。

澳、新两国也关心南极的非传统安全。作为南极的临近国家，其认为南极的环境保护与自身有着直接的利害关系，因此两国积极倡导南极的环境保护，采取各种措施来保护南极和南大洋的生态环境，维护南极生态系统的稳定。新西兰在南极环境保护方面更是一马当先，成为南极环保方面多个“第一”的国家。新西兰是第一个提交南极环境审计报告的成员国，也是首个在《马德里议定书》生效之后，要求开展南极活动综合环境评估的国家。此外，新西兰还在2008年6月召开的第三十一届协商会议和第十一届环境保护委员会议上提出推广“南极环境地理信息系统”的建议，提交成员国讨论。环境地理信息系统是根据不同地域所特有的环境状况，将南极划分成若干不同类型的区域，建立环境数据库，有针对性地监测、保护和管理，系统是在参照新西兰多年实践基础上开发出来的。同时，新西兰在南极的各种活动都实行环保高标准、严要求，这使得新西兰增加了它在南极国际论坛的威信。另外，新西兰还非常注意与其他国家在环境保护方面的国际合作，例如新西兰和多个国家联合设立了南极特别保护区和特别管理区，以此来保护特有地区的野生动植物和生态环境。其南极考察站的各种环境保护工作也非常到位，堪称各国学习的典范。通过在环境保护上的努力，新西兰逐步获得了在这一领域的主导权和发言权，目前是南极条约环境保护委员会的主席国。

澳、新两国对南极的战略价值诉求及南极战略实施方面有许多相同或相似之处，但鉴于两国的综合国力及国际影响力的差别，两国的南极战略也各具特点。

1. 澳大利亚

相比之下，澳大利亚更紧密地把南极与其本国连在了一起，对南极问题的思考也更为系统，或自我要求更为全面。澳大利亚战略政策研究所

① “澳智库臆想南极军事化称我昆仑科考站或军用”，环球网，2013年10月22日，http：//mil. huanqiu. com/paper/2013－10/4472765. html。

（ASPI）曾发表关于澳大利亚南极未来战略的研究报告——“冰封的资产”（Frozen Assets），论述了澳大利亚在南极的利益以及未来应该采取的战略举措。其南极战略规划包括：（1）发表澳大利亚南极活动白皮书，思考并明确澳大利亚的南极未来；（2）提升南极地位，任命南极大使；（3）提升澳大利亚南极活动在其他国家政策的制定和执行过程中的地位与作用，考虑设立“南极及南大洋事务办公室”，并与澳大利亚南极局（AAD）合作推进南极管理工作；（4）启动南极中高层人才交流计划，探讨设立“世界南极大学”的可能性；（5）开展澳大利亚南极矿产资源开发的前期研究，澳应开始对南极特别是AAT的矿产资源分布、易得性及价值进行评估，以在未来可能浮现的资源问题上占据主动地位；（6）南极政策决策者应与国家安全机构建立联系；（7）进行多用途船舶的可行性研究，如建设大型破冰船，澳需要这种船只在南极极端条件下执行后勤保障、科考环保、渔政管理、海上搜救等复杂任务；（8）通过南极气候科学研究提升南极领导地位，扩大南极气候研究的范畴，并提高其研究质量，气候问题无论是对澳大利亚还是全球而言都是非常急迫的问题；（9）在南极展示国家实力，增强澳大利亚在南极的存在。澳大利亚在南极活动中有必要采取相关行动以巩固其领导地位，如增强澳大利亚向南极大陆的空运能力，加强后勤保障和搜救能力，开辟洲际空中航线的南极着陆点以及对南极基础设施进行优化以适应灵活性业务的需要等。报告还指出，澳大利亚的南极历程不应该只是基于国际外交的历程，它同时也应该成为国家自强的历程。南极洲为澳大利亚提供了巨大的想象空间。①

澳大利亚视南极为其后院和势力范围，认为自己在南极具有包括领土主权、安全、环境、科研、经济和政治等几乎全方位的重要战略利益，并将其南极政策归入国家总体安全与战略政策的构想中，将南极视为其国家利益的重要组成部分。但鉴于其综合国力的制约，澳大利亚的南极目标主

---

① ASPI report：Frozen assets：Securing Australia’s Antarctic future. 05 April 2007. 5. https：//www. aspi. org. au/publications/strategic - insights - 34 - frozen - assets - securing - australias - antarctic - future/SI34_ Frozen_ assets. pdf. 上网时间：2015 年 12 月 8 日。

要还是侧重以下四个方面：（1）维护条约体系并加强对体系的影响；（2）保护南极环境；（3）认识南极对全球气候系统的作用；（4）承担既有显示度又有实际效果的科学工作。① 澳大利亚官方智库 ASPI 在于 2013 年发布的报告《冷静思考：我们的南极策略选择》中指出，应该对澳大利亚以下几方面的南极战略目标进行权衡，这些目标包括保护南极领土主权，确保南极大陆免于冲突和非军事化，保护南极环境，利用南极进行科研，从南极洲获得经济效益，以及防范南极不可预知的发展，并强调要在一个更广阔的国际视野中思考南极政策，特别是在西方在金融危机中相对衰弱以及新兴国家特别是中国崛起，南极政治面临新一轮热化的背景下，必须确保澳大利亚的极地政策安排与能力足以适应南极事务新时代的到来。②

鉴于南极在国家中具有如此重要的地位，澳大利亚设立了专门机构来制定南极政策，管理澳大利亚的南极领土，推动澳大利亚南极研究工作，从而提升澳大利亚在南极条约体系内的利益。这个机构主要就是南极局（Australia Antarctic Division），隶属于可持续发展、环境、水资源与人口社区部，主要负责制定和执行澳大利亚的南极政策，组织实施澳大利亚南极的科研考察活动，负责组织实施位于塔斯马尼亚大学的重点南极科研项目，负责维护金斯顿的南极科学研究图书馆、磷虾研究所和其他实验室，同时还负责对澳属赫德岛和麦当劳群岛地区（the Heard Island and McDonald Islands Territory）实施领土管辖。南极局行政总部位于塔斯马尼亚的金士顿（Kingston in Tasmania），编制约 300 人，包括行政处、政策与法规处、勤务处三个行政管理部门和一个科研部门。

此外，澳大利亚设有南极研究政策咨询委员会（Antarctic Research Policy Advisory Committee），于 1979 年 5 月成立，以保证为南极的科研和考察活动提供有效的指导建议。1985 年南极研究政策咨询委员会改名为南

---

① Australia's Antarctic Science Program, Science Strategy2004/05 - 2008/09.

② ASPI report: Cold calculations: Australia's Antarctic challenges, 21 October 2013. https://www.aspi.org.au/publications/strategic-insights-66-cold-calculations-australias-antarctic-challenges/SI66_ Antarctic.pdf. 上网时间：2015 年 12 月 8 日。

极科学咨询委员会（Antarctic science Advisory Committee），其主要就以下领域的问题向政府提供咨询：为国内的南极项目从整体上提供指导，包括科研、考察和其他相关活动；建议南极科研的优先领域；制定措施确保澳大利亚在有关南极国际项目中发挥积极作用。此外，南极科学咨询委员会每年还负责审批年度南极研究项目的申请。

在南极的实际存在也必须得到强化，而这主要通过建立常年科考站、野外基地以及提供物流、通讯等服务来实现。目前，澳大利亚在南极有四个常年考察站，包括1947—1948年在赫德岛和麦阔里岛建立的考察站——梅克里岛站（Macquarie Island）、1954年在南极大陆的罗伯逊地建立的澳大利亚第一个永久性南极考察站——莫森站（Mawson）、1957年建立的戴维斯站（Davis），以及1959年接管的美国的维尔克斯站［已于1969年重建后更名为凯西站（Casey）］。各站的分布如图4—4所示。

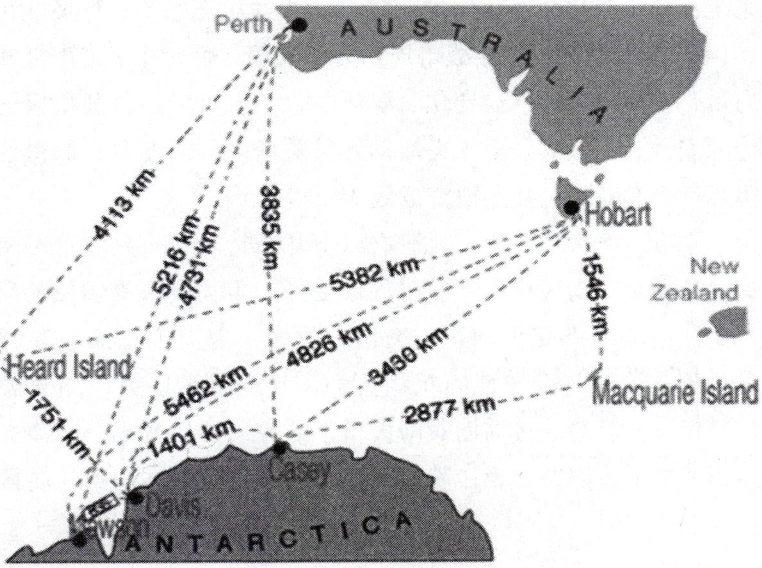

图4—4 澳大利亚南极科考站分布图

澳大利亚十分重视开通与扩展本土与南极的航路，这是实现澳大利亚南极战略的重要步骤，也是其在南极的实际存在和控制能力的体现。澳大利亚南极空中运输系统由澳大利亚霍巴特市（Hobart Australia）至南极凯西站附近的威尔金斯跑道洲际航线和南极洲内航线组成，两架 CASA－212 固定翼飞机和多种直升机承担飞行任务和提供服务。其中，直升机作为澳大利亚各考察站之间的交通工具，同时也为前往南极大陆其他区域开展野外考察工作提供便利。洲际航线设计的运载能力每个夏季为 200 人，最大的货物运载量为每架次 6000 公斤。①

澳大利亚非常清楚，科研是南极的敲门砖，也是南极问题发言权的重要来源，所以非常重视南极科研工作。澳有学者指出，澳大利亚影响南极条约体系演进的能力取决于澳在南极的科研水平和质量以及澳的南极政策。② 2010 年 7 月 19 日，澳大利亚环境保护、遗产和艺术部部长通过了澳大利亚南极科学咨询委员会制定的 2011—2012 年至 2020—2021 年南极科研战略计划。该战略规划作为澳大利亚南极科研项目未来十年的研究纲要，重点关注以下四个主题：（1）气候过程和气候变化；（2）陆地和近岸生态系统：环境变化和环境保护；（3）南大洋生态系统：环境变化和环境保护；（4）前沿科学。十年战略规划力求鼓励、引导并集中南极和南大洋科研力量，在应对全球气候变化、海洋酸化、人口增多及其相应的食品安全和能源安全、南极大陆上人类活动等日益增多的问题时，取得使澳大利亚和国际社会利益最大化的研究成效。③

总的来看，澳大利亚南极科研有以下几个特点：一是注重对南极知识的挖掘，特别是对南极地质地貌、气候变迁、生物资源等领域的研究；二是尤其关注南极生态保护问题，突出生物学、南极生态保护等领域的研究；三是重点关注与全球性问题相关的南极问题的研究，如气候变化问题、海洋污染问题等。按前面对南极科学研究三阶段的划分，澳大利亚的南极科研基本上还停留在第二阶段，最多部分领域处在向第三阶段前进的途中。

---

① http：//www. aad. gov. au/. 上网时间：2015 年 12 月 21 日。

② Hugh Wyndham，“Australia's Antarctic challenge，” 5. http://www. lowyinterpreter. org/post/2011/08/16/Australia－in－Antarctica. aspx. 上网时间：2015 年 5 月 15 日。

③ http：//www. aad. gov. au/default. asp? casid＝33927. 上网时间：2015 年 12 月 21 日。

澳大利亚的南极科研有较强的后勤支持，特别是澳大利亚拥有南极科考破冰船 RSV Aurora Australia，这是澳从事南极及南大洋科考活动的主要平台，同时根据需要还可临时派遣其他船只。此外，澳大利亚的南极科研经费来源渠道广泛，其中主要来自于大学、联邦政府部门以及塔斯马尼亚政府的拨款经费等。为保证南极计划正常开展，维持设施安全运转，澳政府给予了较大的财政支持。2005—2009 年期间，用于南极的航空预算达 4630 万澳元（约 4184 万美元）。根据 2014 年澳大利亚新的南极战略报告，未来澳大利亚将逐步加大对南极科研的投入力度，预计整个投资额度将达到 4.41 亿美元。[①] 不过，澳大利亚的南极科研仍面临着预算紧张及支出分散化的问题，破冰船也面临退役。目前，澳致力于成为“南极知识和后勤服务的中心”，这一目标将极大地提升澳大利亚的国际影响力，更加有效地服务于国家其他的政治利益。[②]

与美国一样，澳大利亚也重视南极的国内立法。澳大利亚的南极立法始于 1933 年的《澳大利亚南极国土接收法》，正是依据此法案，英国移交南极部分“领土”给澳大利亚，后来即命名为澳大利亚南极领地（AAT）。澳大利亚真正认识到南极立法的重要性是 20 世纪 50 年代初，当时南极大陆发生了小规模的武装冲突和武力行为，这从侧面反映了国际关系中南极问题的矛盾开始显露并有加剧的趋势。国际上一些国家对南极归属问题的争议使得澳大利亚迫切需要法律来维护其主权要求，因此《澳大利亚南极领土法》（The Australian Antarctic Territory Act 1954）于 1954 年应运而生，并成为 AAT 其他法律的立法基础。时至今日，澳大利亚围绕南极已经建立了一套较为健全、完善的法律制度。澳大利亚的南极法律主要分为针对领土主权的法律法令、针对环境保护和生物资源的法律法令、关于设立保护区和保护遗产遗迹的法律法令以及针对武器管理和刑事犯罪问题的法律等几个主要方面。其中与环境和资源相关的立法，在国际立法和公约签署或

---

① “澳大利亚发布南极新战略”，中国海洋网，http：//www.hellosea.net/show.php？xuh＝12357。上网时间：2016 年 3 月 7 日。

② 郭培清、石伟华：《南极问题的多角度探讨》，海洋出版社 2012 年版，第 139—145 页。

生效后及时跟进，保持与条约体系的同步性。① 2011 年 11 月，澳大利亚国会提出了《南极条约 2011 年（环境保护）修正案》，以执行由《南极条约》和《关于环境保护的南极条约议定书》缔约国共同签署的三项措施。

澳大利亚还成功地申请了外大陆架，其中有部分就处于南大洋水域。2004 年 11 月 15 日，澳大利亚向联合国大陆架界限委员提交了要求延伸大陆架边界的申请，经过近四年的协商，2008 年 4 月 22 日联合国大陆架界限委员批准了澳方的申请，这意味着联合国大陆架界限委员的成员国都承认澳申请的范围是其大陆架的延伸。经裁定，澳大利亚可延伸它的大陆架界限，使其经济水域范围扩展了 250 万平方公里，这相当于五个法国面积的总和。新增的领土有可能孕育着丰富的海底石油及气体储备。澳资源部长弗格森表示，联合国的决定将容许煤、铀等储备量丰富但石油供应量少的澳洲做进一步勘探。在联合国大陆架界限委员会的此一决定下，澳大利亚开始享有新的经济水域内大片海床以及海床下的资源，其中可能含有丰富的石油、天然气以及生物资源。不过，弗格森也表示，澳大利亚政府不会在南极周边水域展开勘探活动。外大陆架的成功申请实际上更进一步加深了南极与澳大利亚的休戚相关。

在其他价值领域，澳大利亚已把自己塑造成一个与南极有天然联系的国家，把塔斯马尼亚（Tasmania）打造成通向南极的门户。在南极条约体系建立后，澳大利亚也转变了其对南极事务的态度，从盯着主权（当然，也未放弃主权要求）转向致力于维护南极条约体系，进而维护其南极领导国的地位，突出强调其在南极的存在。南极条约体系对南极主权的冻结实际上对澳等主权要求国有利，因此对南极条约体系的维护既有国际道义方面的压力，也有利于澳大利亚实际利益的维护。澳大利亚在南极条约条款形成过程中起了关键作用，对敏感的主权问题提出妥善解决方案，为缔约各方所接受。澳大利亚还根据《南极条约》中规定的观察员制度，通过现场视察其他缔约国对条约的执行情况来体现领导作用。《南极海洋生物资源养护公约》秘书处设在霍巴特，也是其争当领导角色的表现。

---

① 吴依林：“澳新南极战略研究”，《海洋开发与管理》2008 年第 9 期，第 27—31 页。

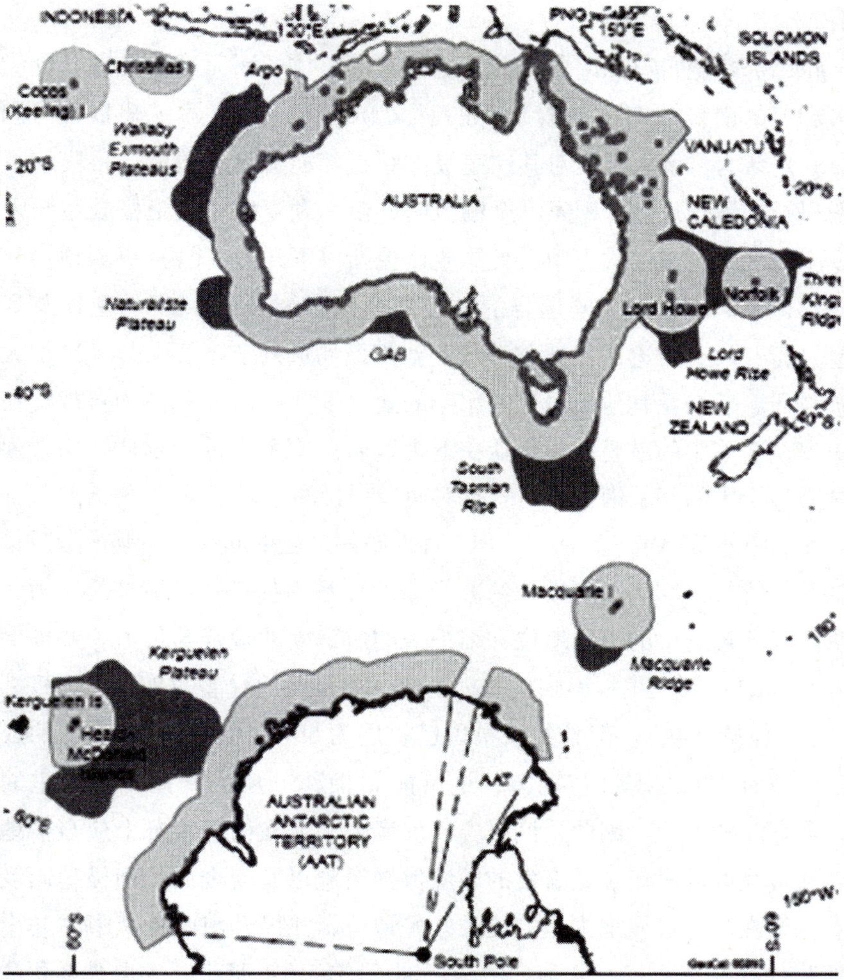

图 4—5　澳大利亚延伸大陆架边界申请图示

注：图中紫色部分为延伸的大陆架。

南极外交一直以来也在澳大利亚的外交政策中占有重要的位置，澳通过开展南极外交加强与其他南极国家的交往和关系并提升其在国际上的影响力。澳大利亚在推动对南极活动实施全面管理中扮演了重要角色，并一直持有这种理念与态势——在许多处理南极事务的国际组织和机构中处于领导地位。澳大利亚也重视开展国际合作，如与美国联合提出设立海洋保护区 MPA 等。可以说，南极政策是澳大利亚对外对内政策的重要组成部分。

正因为要把自己和南极打造成更紧密的整体，因而可以说安全价值在澳大利亚的南极战略中有着特殊的意义和地位。如艾莉·福格蒂（Ellie Fogarty）认为，澳大利亚对其在南极的存在与能力过于约束，将其政策限于科研及环境管理而非国家安全的范畴，澳大利亚应将其南极政策归入国家安全与战略政策的构想中，具体应该包括以下几点：（1）更深地参与南极条约体系；（2）与志同道合的国家先行就2048年将到期的主权及资源问题进行开放式讨论；（3）将澳大利亚南极局重设于堪培拉；（4）加大对南极科研、后勤及其他能力如破冰船的建设投资；（5）阐述南极战略在澳国家安全政策中的重要性，包括在下个国防白皮书中进行阐述，探索国家安全委员会中的相关南极人员安排对南极项目的可能性贡献。①

澳官方智库ASPI于2013年10月发布的报告中亦指出了其南极政策面临的几大挑战。（1）《南极条约》及条约体系面临进一步演进的压力，澳须巩固在此过程中的主导地位，维护条约所确立的规范与价值，并确保其有效性。（2）领土主权面临挑战。虽然《南极条约》暂时冻结了南极领土主权，“保持现状”，但条约成员国已扩展为50个国家，如此多元的成员对条约或有不同的解读与期待，这可能“稀释”澳大利亚在条约中的影响，弱化澳的地位。因此，该报告建议澳大利亚在南极事务上应自信地行动，通过最好的科研、最有效的环境保护措施以及最全面的南极地图及信息确保澳在其南极属地中全方位的领先地位，并提升南极意识中“澳南极属地”的存在感。（3）在科研方面，澳面临着预算紧张及支出分散化的问题，“南极光”号破冰船也面临退役。（4）南极非军事化也面临着压力，如上文所述，报告认为已经有国家违反了《南极条约》有关严禁在南极洲部署军事人员的规定。（5）防卫政策面临压力，在国际上对南极兴趣日增的背景下如何保护澳在南大洋及其属地的利益正在成为更大的问题。此外，在生物勘探、磷虾捕捞及矿产开采方面也面临着各种挑战，如环境议

---

① 具体见Ellie Fogarty，Antarctica：Assessing and Protecting Australia's National Interests，http：//www. lowyinstitute. org/publications/antarctica – assessing – and – protecting – australias – national – interests。上网时间：2015年7月21日。

定书关于矿产资源的冻结条款在条约到期后可能面临各缔约方重新谈判的困境。总之，澳大利亚应严肃对待南极问题，因为它是澳的一部分。澳的角色增强了其在南极事务中的国际影响，也给澳带来了与亚洲国家共同工作的机会。①

2014 年，澳大利亚政府提出了新的为期 20 年的南极战略计划，战略计划核心内容包括建造新的破冰船以替代目前使用的“南极光”号极地破冰船，推动和建立霍巴特作为南极门户的全球地位，升级更新澳大利亚南极科考站，继续推动渔业监管和相关执法行动，反对在南极地区进行矿产开采和其他开采活动，审查澳大利亚南极局资金等。② 该计划的实施将进一步提升南极在澳大利亚国家整体战略中的地位。

2. 新西兰

新西兰的南极战略与澳大利亚有很大的同构性，但没有像澳大利亚那么严肃地把自己和南极捆绑在一起，那么强调南极对自身的安全价值。维护新西兰在南极的既得利益，巩固其在南极条约体系中的地位是新西兰南极政策的核心，其具体的南极战略目标包括：（1）确保南极和平稳定和无核化，保护环境；（2）所有活动无害于南极自然状态，使之贡献于和平和科学；（3）在条约体系中起主导作用，影响决策，使其符合长远利益，确保罗斯属地的存在并承担相应责任；（4）认识保护南极、南大洋，尤其是罗斯海地区的生物多样性；（5）保护南大洋生物资源，实现可持续发展；（6）在南极，尤其是罗斯海地区做出环保示范；（7）支持高质量南极南大洋科考活动。③

为实现上述战略目标，新西兰的对应之策就是加强其在南极的存在，这主要表现在两个方面：一是维护其南极常年考察站——斯科特站（Scott

---

① ASPI report：Cold calculations：Australia's Antarctic challenges，21 October 2013. https：//www. aspi. org. au/publications/strategic – insights – 66 – cold – calculations – australias – antarctic – challenges/SI66_ Antarctic. pdf. 上网时间：2015 年 12 月 8 日。

② “澳大利亚发布南极新战略”，中国海洋网，http：//www. hellosea. net/show. php? xuh = 12357。上网时间：2016 年 3 月 7 日。

③ 吴依林：“澳新南极战略研究”，《海洋开发与管理》2008 年第 9 期，第 27—31 页。

Base）的正常运转，并将其进一步扩建和改造，使之成为南极一流的科研和后勤保障中心；二是加强对其要求的罗斯属地的管理力度，造成对南极罗斯属地的一种司法和行政管辖的事实。例如根据新西兰《南极法 1960》的规定，新西兰《刑事法》在罗斯属地具有法律效力，若新西兰公民在罗斯属地触犯刑律，法院将依法判决；根据《新西兰公民法 1977》，凡出生在罗斯属地的婴儿自然成为新西兰公民等。[①] 同时，新西兰还特别注意加强南极特别保护区和特别管理区的建设和管理力度。

新西兰南极事务由外交部负责，其下设的新西兰南极研究所（Antarctica New Zealand）代表新西兰官方具体负责南极相关事务。研究所行政总部位于新西兰东部城市克赖斯特彻奇市（Christchurch）的国际南极中心，该中心同时也为美国和意大利的南极项目提供办公场所。研究所成立于 1996 年，负责管理及执行新西兰政府的南极及南大洋事务，其主要任务包括开展南极科研、保护南极自然环境以及提升公众对南极洲和南大洋的全球地位的认识。其下辖四个功能性团队，即科学、环境、运营与基建、合作服务部。每个团队有一位主管，每位主管向行政总裁（chief executive）负责。值得一提的是，新西兰尤其注意政府部门间的协调，设有跨部门的南极委员会，外交部为主席，委员包括南极局、环境部、资源保护部、国防部、国防部队、渔业部、研究科技部、总理内阁部、国土信息部、财政部、经济发展部、旅游部、研究科技基金会和海事局，共 15 个部门。

1959 年，新西兰在南极罗斯岛建立了唯一的科考站——斯科特考察站（Scott Base）。罗斯岛距离新西兰东部克赖斯特彻奇市 3900 多千米，距离南极点 1500 米。考察站距离美国的麦克默多考察站（McMurdo Station）仅 3000 米。

南极科研是新西兰南极政策的重点，新西兰南极科研的主攻方向包括地质气候变化研究项目、罗斯海生物多样性及渔业问题、长期气候和环境变化项目等。新西兰的科研水平居于世界较领先的地位，向南极条约协商国会议（ATCM）和南极环境保护委员会（CEP）会议提交报告数量也位

---

① 吴依林："澳新南极战略研究"，《海洋开发与管理》2008 年第 9 期，第 27—31 页。

居前列。[1] 新西兰的科研由政府统一规划，内阁首先确定南极科研战略，再由新西兰南极研究院（New Zealand Antarctic New Zealand）制订具体的科学研究计划。2010 年由新西兰外交部（Department of Foreign Affairs）、科学和革新部（Department of Science and Innovation）以及渔业和农业部（Department of Fisheries and Aquaculture）等三个部门联合制定的《新西兰南极和南大洋科研指南和建议（2010—2020）》（The New Zealand Antarctic and Southern Ocean Science Directions and Priorities 2010—2020）规划了未来要重点攻克的三大领域：气候、冰和天气；内陆和沿海的生态系统；南大洋周围的海洋环境。通过开展研究，以“更好地认识南极在全球气候变化的作用，以及全球环境变化对南极的影响”，“更好地了解南极大陆和周围海域的生态系统，以更好地保护南极的生态环境”，以及“进一步推动对南极及周边海域的生物资源的保护和管理”。为了给新西兰南极科研提供后勤支持，新西兰直升机公司提供了南极大陆上的空中飞行服务，新西兰、美国和意大利三国联合运营一架 EC－130 直升机。

国际上，维护南极条约体系的稳定和长期有效是新西兰南极政策努力的一个重要方向。新西兰在这方面的努力主要表现在两个方面：一是在国际社会扮演南极条约体系坚定捍卫者的角色，反对任何试图破坏南极条约体系稳定的活动和行为；二是加强与其他南极条约国家的合作力度，通过南极条约体系内部之间的交流与合作，巩固体系内部的团结与稳定，以共同应对体系之外的各种挑战。

在南极战略的对外依赖上，新西兰可能是所有南极参与国中程度最深的。在过去的 50 多年来，它非常重视甚至依托于与美国在南极事务上的合作。由于国力和经济等多方面原因，新西兰一直与美国保持了非常紧密的合作关系。根据双方的有关协议，新西兰同意为美国的南极考察和科学研究活动提供方便。美国在新西兰的基督城设有一个南极活动指挥部，负责向南极洲转送人员、派遣船只和安排飞机。同时，新西兰还允许美国在此地建立了一个无线电通讯站，美国则为新西兰的南极活动提供后勤支持，

① 华薇娜、张侠编著：《南极条约协商国南极活动能力调研统计报告》，海洋出版社 2012 年版，第 85 页。

特别是交通运输支援。新西兰在南极的野外活动，在很大程度上要依靠美国的空中力量。新西兰与美国历史上还首次联合在南极建立“限制区”，这为后来条约体系在南极建立“特别保护区”（Specially Protected Areas，SPA）和“有特殊科学价值的地区”（Sites of Special Scientific Interest，SSSI）提供了经验和范本。

2012年12月，新西兰和美国又共同提出在罗斯海海域建立面积为160万平方公里的海洋保护区的提案。另外，澳大利亚和法国也共同提出在东南极海域建立190万平方公里的海洋保护区。无论哪一个提议被通过，都将成就世界上最大的海洋保护区。美国、新西兰共同提议的罗斯海保护方案包括普遍保护区、特别研究区和产卵期保护区等三个部分，涉及的海域总面积为227万平方公里，这相当于九个新西兰的国土面积。其中普遍保护区有160万平方公里，其内不允许捕捞除鲸鱼外的任何鱼类，而产卵期保护区则在冬季禁止捕捞磷虾和南极犬牙鱼。这项提案引起了日本、挪威、乌克兰、俄罗斯等远洋渔业比较发达的国家的反对，因为这个提案一旦通过，这些国家的远洋捕捞事业将大大受损。2013年7月11日至16日，来自25个国家和欧盟的代表齐聚德国城市不莱梅，对海洋保护区的提案进行了谈判。在本次谈判中，美国和俄罗斯身后分别形成了一个阵营。这两个阵营针锋相对，让提案在短时间内难以达成。[①]

中新在南极的合作历史悠久，中国的“雪龙号”科考船在前往南极途中多次停靠新西兰基督城港口时，新西兰多次提供了便利。2014年11月20日，在习近平访问新西兰之际，中新两国联合签署了《中新两国政府关于南极合作的安排》，声明双方将进一步加强在南极科学研究、环境保护、后勤支持以及南极事务等领域的合作，为共同应对全球气候变化对南极的威胁，提升南极科考和后勤保障能力，和平利用南极做出贡献。[②]

---

① 该部分的资料来源于“南大洋海洋保护区方案迟未达成要环保还是要资源?”，新华网，http://news.xinhuanet.com/fortune/2013-07/17/c_125024323.htm。上网时间：2015年11月26日。

② 孙生智：“在两国领导人共同见证下中新签订政府间南极合作协议”，《中国海洋报》2014年11月21日，第591期第A1版。

3. 英国

作为老牌的殖民帝国，英国是南极领土主权问题的始作俑者，也是澳大利亚和新西兰两国南极领土的授予者，可以说领土问题在英国的南极战略中是非邻近南极国家中最重要的。当然，如果把福克兰岛看成英国的一部分，那么它又是最邻近南极的国家之一了。

早在1772—1775年，英国詹姆斯·库克船长历时3年零8个月，航行97000公里，环南极航行一周，几次进入南极圈却最终没有发现陆地，因此认为传说中的南方大陆子虚乌有，即使存在也是在南纬60度以南，但是人类很难在那里生存。1823年2月，詹姆斯·威德尔南下到了南纬74度15分，创造了当时南下的最高纬度记录。1841年，詹姆斯·罗斯试图抵达南磁极，他当时驶入的海湾被命名为"罗斯湾"，但他还是因重峦叠嶂的冰川的阻隔而未能发现南极大陆。1895年初，一支挪威考察队首次成功登上南极大陆。1899—1900年，曾成功登陆南极的挪威人博赫格列文克又率领一支由九名英国人组成的探险队重返南极，首次在南极大陆上建立越冬基地，成功地在沿海岸度过了整个冬天。1908年，英国探险家埃尔涅斯特·沙克尔顿已突围到达南纬88度23分，离南极点只有180公里之遥，却因食物不够充足而无功而返。1909年，道格拉斯·莫森等人首次到达当时南纬72度24分、东经155度18分的南磁极。挪威的卢阿尔·阿蒙森和英国的罗伯特·斯科特率领的探险队历尽千难万险分别于1911年12月14日和1912年1月17日到达南极点，书写了人类南极探险史上最辉煌的一页，但不幸的是斯科特的探险队因食品耗尽，在从南极点返回的途中全部遇难。为此，南极条约国协商会议决定，把斯科特小屋命名为"南极历史纪念点"，以表彰他们的勇气，缅怀他们为南极科考做出的贡献。① 1908年，来自挪威的探险竞争促使英国通过颁布"皇家专利证"（Letters patent）首先对南极领土提出主权要求，并于1917年将其作为"英属地"。"皇家专利证"是一份法律文件，也是一封公开信，表示君主或政府授予的对某人或某实体垄断的权利。英属南极领地（BAT）是英国的12个海外

① 郭培清、石伟华:《南极政治问题的多角度探讨》，海洋出版社2012年版，第11页。

领地之一，领土包括南纬60度以南，在西经20度和80度之间，从福克兰群岛到南纬60度开始的南极北部地区，位于南纬60度以北的桑威奇群岛和南佐治亚岛，位于南纬60度以内的南设得兰群岛和奥克尼群岛，以及英国人考察过的南极半岛和海岸地区，还有南极大陆本身的一些地区。[①]

英属南极领地依附于福克兰岛，直到1962年3月3日南极部分地区才成为英国海外领地。联邦外交事务部（FCO）管理着这片领土，托尼·克龙是英属南极领地专员，也是联邦外交事务部的负责人。英属南极领地除了法律事务和邮政事务自主管理之外，还有一套法律体系。英属南极领地通过收入所得税及出售邮票自筹资金，维持运作。[②] 福克兰岛对于英国的政治重要性不言而喻，1982年爆发的英国和阿根廷的马岛战争，使英国收回了对福克兰岛的主权，马岛之战的胜利被誉为大英帝国殖民荣光的回光返照。大英帝国逐渐衰弱并被取代霸主地位的时代，正值80年代国内经济不断衰退之际，战胜阿根廷收复福克兰岛属地对于英国来说具有重大的政治意义。同样，1908年英国将自福克兰岛延伸出来的英属南极领地视为政治和经济上具有战略意义的一部分。在英国南极调查局撤销风波中，英国下议院斥责英国自然环境研究理事会（NERC）将英国南极调查局与英国国家海洋学中心（NOC）合并以减少开支的意图，认为其缺乏政治常识，甚至忽视了英属南极领地在非科学领域的重要性。[③]

2007年10月，英国又根据《联合国海洋法公约》向联合国大陆架界限委员会提交对其南极地区的海床拥有主权的动议，并称享有在这一区域开采石油、天然气等自然资源的权利，率先引起了南极大陆架主权的争夺战，再次体现了英国对于南极主权和南极潜在利益的敏感性，显示英国已经着眼于南大洋，不会放弃南极和南大洋的科学商业和政治利益。提交审议的地区约100万平方公里，包括南极南大洋沿岸约560公里海域。英国

① ［美］德博拉·沙普利著，张冱辉等译：《第七大陆——资源时代的南极洲》，中国环境科学出版社1990年版，第67—68页。

② http：//ec. europa. eu/europeaid/where/octs_ and_ greenland/countries/british – antartic – territory_ en. htm.

③ http：//www. theguardian. com/environment/2012/nov/02/british – antarctic – survey – merger.

一潜水家潜到大陆架边缘水深超过两英里的水域，发现数量庞大的磷虾、虾状甲壳类动物，以及形似海星的蛇尾及海参。由于气候变暖，先前冻结的海洋冰盖逐渐融化，全球范围内兴起了开发洋底的兴趣，并且为开辟经济新能源而互相竞争。《南极条约》冻结了南极主权，英国的行为引起许多争议。由于阿根廷和智利的南极领地与英属南极领地部分重合，两国均对英国的行为表示坚决反对，随后智利、法国等同样采取了行动，重申南极主权，重燃“南极主权争夺”战。

2012 年 12 月，英国以女王的名字将南极领地约 43.7 万平方公里的陆地，几乎两个英国的面积命名为“伊丽莎白女王”，作为外交部送给女王登基60 周年的礼物。外交部表示，这片土地将来会作为英国领土的一部分出现在英国的地图上。2013 年 11 月 14 日，英国哈里王子和伤残军人一同远征南极活动在伦敦市中心举行启程授旗仪式，哈里王子收到一幅南极旗帜，将作为赞助人之一，与伊拉克战争等为国服役、为“自由而战”时的致残军人徒步南极，进行为期四周的慈善探险。[①]

英国也同样通过国内立法来体现其南极领土是国家核心利益的一部分，2013 年初英国新的南极立法由英国女王签署生效，描绘了十年来英国南极利益的变化，并且重新确立了南极的重要性，以保护英国在南极的领土价值、科研利益和经济利益。新的立法以保护环境为出发点，保留了派遣正规部队前往南极执行任务和参加训练的权利，支持船舰和飞机进出南极，并且确立了商业捕渔的合法性。相比较于九年前的南极立法，此次立法增加了“拥护作为教育和科研目的使用南极”。随着南极活动的增多，新的立法对保护动植物做出了较大的修订，细化了对于受保护植物的定义，特意增加了“海洋”植物，意味着人类的活动已经扩展到南大洋，威胁到了海洋植物的生存。[②] 新的立法重申了英国女王和内政大臣在南极事务上的权威，遵循《南极条约》的精神，加大力度维护南极环境，推崇南极科研，同时又保

① http://www.dailymail.co.uk/news/article-2311669/The-Action-Man-Prince-Harry-week-perilous-trek-South-Pole-seriously-injured-ex-servicemen.html.

② *Antarctic Act 2013 CHAPTER 15*, Printed in the UK by The Stationery OYce Limited under the authority and superintendence of Carol Tullo, Controllerof Her Majesty's Stationery OYce and Queen's Printer of Acts of Parliament.

有了对英属南极利益受到侵害时采取军事行动的可能性。

英国科考站的布局也体现出其对南极重要领土的考虑，地理位置上基本都处于南美南面，分布在其宣称的主权范围以内。

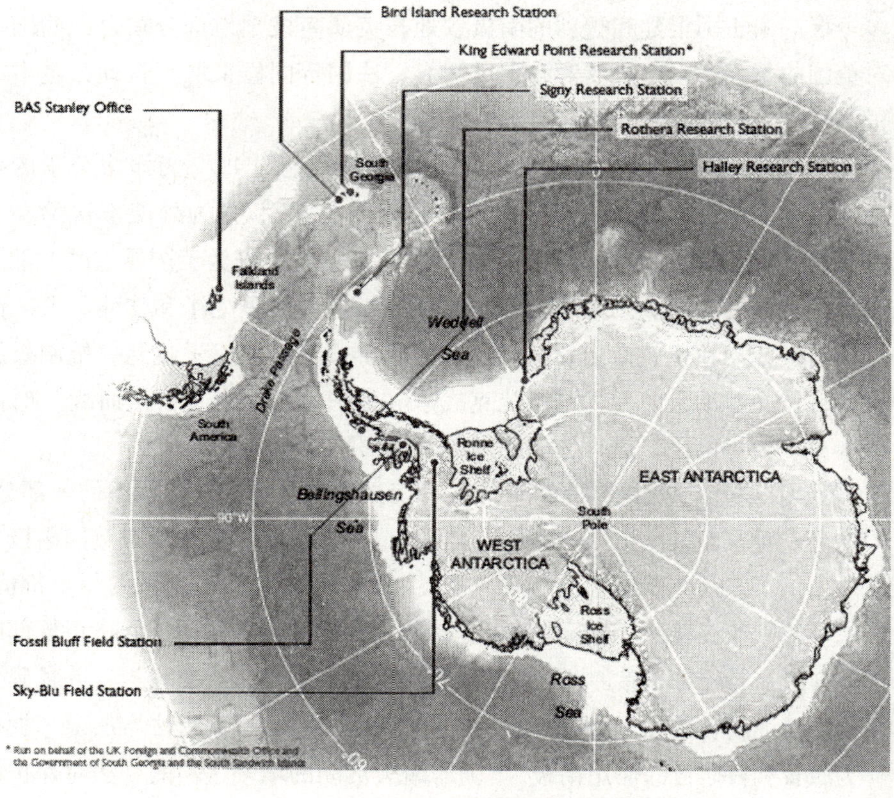

图 4—6　英国南极科考站布局图

资料来源：http://www. antarctica. ac. uk/about_bas/publications/bas_annual_report_2009 - 10. pdf。

英国和阿根廷尽管是唯一在南极地区发生过军事冲突的国家，但毕竟本土离南极很遥远，除了福克兰群岛外，英国并没有像澳大利亚和新西兰那样从“南部国家”角度来定义南极的安全价值，把自己的安全和发展与南极整合在一起。因此，事实上，在英国的国家战略中，还有很多事比南极问题更重要。尽管在宣传和活动上，英国给人留下的印象很深，甚至是先声夺人，如率先提出对南极大陆的领土主权要求，以及对南大洋外大陆架的申请等，但英国还不至于把南极问题上升到与国家定位、国家命运息息相关的程度。

基于上述原因，英国除了积极参与南极国际事务外，如英国是《南极条约》的原始缔约国，同时也是《南极动植物保护议定措施》（1964 年）、《南极海豹保护公约》（1972 年）、《南极海洋生物资源养护公约》（1980 年）、《南极矿物资源活动管理条例》（1988 年），以及关于环境保护的《马德里议定书》（1991 年）的签署国，还在南极政治中扮演极为重要的角色，并把更多的精力放在了科研与环境保护方面。

英国的南极科研规模庞大，从海沟的深处延伸到大气层外部界限，从显微镜下研究昆虫和微生物到研究大陆冰盖，时间跨度涵盖了10 亿年的地质历史。目前，地球的极地科学（PSPE）的优先研究领域包括六大块。一是化学和过去气候。探讨过去地球系统的不同部分如何产生自然的气候变化，海冰和海洋的变化如何影响极地大气。二是气候。通过研究两极的气候来了解自然和人类活动是如何导致气候变化的。三是生态系统。对南极和北极生态系统进行综合分析，研究极地生态系统对地球生态系统的作用。四是环境变迁和演化。环境的演化变迁项目将研究极地地区的地质结构和冰盖、海洋和陆地生物的多样性和自然的复杂性的关键问题，这将揭示极地地区对全球环境变化和进化的作用。五是冰盖。冰盖研究项目将调查冰盖在地球系统中的作用，监控冰盖变化的过程。六是极地海洋。极地海洋研究过程试图观察陆架海和海洋环境的变化过程，进一步帮助人们了解极地对地球系统的作用和影响。①

英国的南极科研由英国南极调查局主管，雇用了超过 400 名员工，并维护着英国的南极科考站。南极活动和科学计划通过英国南极调查局在英国剑桥的办公室管理，② 其经费来自英国自然环境研究理事会（NERC），每年达 3700 万英镑。根据英国南极调查局 2013 年的计划书，南极科研 2013 年获得的拨款达到 100 万英镑。2013 年 2 月，英国科技部长宣布向南

① *BAS Business Plan 2013*，详见 www. antarctica. ac. uk。

② 详见 http：//www. nerc. ac. uk/research/sites/research/bas. asp？cookieConsent = A。

极调查局投资300万英镑，推动剑桥大学和南极调查局更紧密地合作，投入新建立的创新中心的工作。英国自然环境研究理事会的新战略和新的筹资模式也于2013/14年出台。《2013年BAS计划书》还规划了短期战略、2—5年中期战略和10年长期战略。首先，地球的极地科学（PSPE）仍然是英国南极研究的核心课题，这一课题将会更新和反映2009年以来的外部和内部环境变化。皇家研究船欧内斯特·沙克尔顿（ES）的合约将延长到2014年之后，其中一艘极地研究船将被代替。南极调查局和剑桥大学将联手展开工作，为2015年4月开启的创新中心做好准备。英国自然环境研究理事会还在2013/14年度推出科研飞机服务（NERC Research Aircraft Service），将研究调查和物流设施合为一体。中期战略包括科研筹资的多元化，拨款于有必要维护的南极活动。皇家研究船詹姆斯·克拉克·罗斯（JCR）的使用也将延长到2019年。罗瑟拉研究站在未来几年内也需要翻新。南极调查局的10年长期计划包括继续在极地从事英国自然环境研究理事会和欧盟的科研项目，并将可能的科学技术运用超越极地的地域局限。而且在10年后，皇家研究船詹姆斯·克拉克·罗斯（JCR）和欧内斯特·沙克尔顿（ES）也可能由一艘多功能的船舰代替。①

英国南极调查局（BAS）维持着四个常年科研站——鸟岛考察站（Bird Island）、南乔治亚爱德华岬考察站（King Edward Point）、罗瑟拉考察站（Rothera）和哈雷考察站（Halley），这些站点靠詹姆斯·克拉克·罗斯和欧内斯特·沙克尔顿这两艘船以及五架飞机补给。此外，其他一些国家（阿根廷、巴西、保加利亚、智利、厄瓜多尔、德国、韩国、秘鲁、波兰、俄罗斯、西班牙、乌克兰、美国和乌拉圭）在"英属南极领地"都设有科研站和基地，其中有许多在南设得兰群岛。

鸟岛站位于54°00′S、38°03′W，距离福克兰群岛（the Falkland Islands）东南1000千米左右。英国于1957—1982年间在此建科考站，并不定期地进行科学研究。1975年时根据《福克兰群岛保护条例》（the Falkland Island Dependencies Conservation Ordinance）成为特别科学兴趣区（a Site of Special Scientific Interest）；《南乔治亚环境管理计划》（South

---

① *BAS Business Plan 2013*，详见 www. antarctica. ac. uk。

Georgia Environmental Management Plan）于 1997 年开始实施后成为特别保护区（Specially Protected Area）。鉴于其特别保护区的身份，所有参观者和科考人员都需要获得保护区管理委员会的许可方可进入。鸟岛考察站现有常驻人员 12 名，实验室 2 个。岛上鸟类资源丰富，平均每 1.5 平方米就有一只海鸟，是世界上鸟类生活密度最大的地区，为从事鸟类研究提供了难得的天然实验场所。科考站近来主要通过对南极周围海鸟和海豹数量变化的观察，进行南极生态系统和生态修复等方面的研究。该项目旨在制定完善的南大洋生物多样性政策和制度，大部分研究数据提交给了南极海洋生物资源保护和管理委员会的生态环境监督项目（Ecosystem Monitoring Programme）。科考站每年向该委员会提交《鸟类和哺乳动物年度报告》（Bird and Mammal report）、《海岸污染情况》（Beach Litter Study）以及《海豹分布情况》（Seal Disentanglements）等年度报告。

爱德华岬考察站位于 54°17′S、36°30′W。英国自 1909 年开始在南乔治亚岛一带活动，并于 1969 年在此建立考察站。1982 年与阿根廷发生马岛战争以后，英国政府关闭了南乔治亚岛上的考察站。2011 年 3 月 22 日，南乔治亚和南设得兰政府在英国政府原来科考站的基础上，重新建立了渔业考察站。英国政府将南乔治亚 King Edward Point 科考站也划归该政府管辖，但英国的南极调查局负责为考察站提供后勤、人员等支持和科考业务指导。考察站由 James Cook Laboratory 和 Everson House 两栋独立的建筑组成。科考站在夏季时科学家与相关工作人员一般保持在 22 名左右，冬季时为 12 名左右。南乔治亚岛周围渔业资源丰富，磷虾产量大。科考站主要通过对鱼类资源及商业捕鱼行为的观察，对南大洋的生物及生态进行综合研究，并为南极渔业资源的保护提供科学建议。

罗瑟拉考察站位于 67°34′S、68°08′W，所在地为阿德莱德岛（Adelaide Island），距离福克兰群岛南部约 1860 千米，距离智利的蓬塔地区（Punta Arenas）东南方向 1600 多千米。其地理位置得天独厚，将英国其他科考站与南美、福克兰群岛等地联系了起来。而且罗瑟拉岛长达 140 千米，由厚达 2500 多米的坚硬冰块覆盖，从而成为英国南极科考的补给中转站。罗瑟拉考察站全年运转，夏季人数最多时达到 100 人左右，冬季有 22 人左右在站工作，主要进行与海洋和陆地生物、地质学、气象学及大气平流层等相关问题的研究。

哈雷科考站建立于 1956 年，位于 75°35′S、26°34′W，长宽高分别为 19.7 米、10 米和 10 米。由于布伦特冰架每年要移动半英里，旧站就因位移太多而被新站替代，新站外形酷似一辆巨型野营车，能够在冰架位移过多时通过安装在底部的滑雪轮胎的小工作拖动回归原位。科考站所在地也是南极外围主要浮冰与南极大陆交汇处，临近南极企鹅的主要栖息地——the Emperor penguin colony，因此也是南极主要的旅游目的地。冬季在站人员一般保持在 16 人左右，夏季则增加到 70 人左右。哈雷考察站主要从事大气层方面的研究（atmospheric sciences），同时也对南极地质、地震、冰川等进行研究。英国科学家于 1985 年在哈雷站首次监测到南极上空出现臭氧层空洞，引起了国际社会高度关注，并导致世界范围内对排放氟氯碳物质（chlorofluorocarbons）的禁止。因此，哈雷考察站对全球臭氧层空洞、大气污染、海平面上升、气候变化等方面的问题进行了大量研究。英国 NOAA 古气候学项目还建立了世界数据中心冰芯数据门户。考察站的位置也便于进行极光的观测，是从事地理空间轨道研究的理想场所。

图 4—7 英国哈利科考站

资料来源：英国南极调查局网站，www. antarctica. ac. uk。

因此，可以说英国的南极科研令人印象深刻，如2012年《自然地球科学》发表了关于“风在南极是如何导致海冰的变化”的研究论文。英国自然环境研究委员会和美国航空航天局的科学家通过记录过去20年以来不断变化的风对南极海冰的漂移造成的影响，运用计算机模型模拟南极风，发现了南极风对海冰的影响。风的变化导致了冰的漂移和空气温度的变化，冰漂移的变化又造成了南极洲周围海洋的巨大变化。自1992年以来冰漂移的速度增加了一倍，而在其他区域已经显著下降。海冰对于全球环境起着关键作用，因为海冰反射了来自太阳的热量，并为海洋生物提供了一个栖息地。[①] 同样在2008年，来自爱丁堡大学和英国南极调查局的科学家在靠近南美洲的南极半岛拉森Ç冰架（相当于苏格兰大小）钻冰，使用雷达研究南极脆弱的冰架是否会在未来几十年开裂脱落，并可能引发海平面上升，因为拉森A冰架和拉森B冰架分别在1995年和2002年脱落。联合国气候委员会表示，受全球气候变暖驱动，到2100年，全球海平面将上升18厘米至59厘米，这将会带来更多的洪水、干旱、热浪和强大的风暴。[②] 2012年，《自然地球科学》杂志发表了由英国自然环境研究理事会支持，英国南极调查局联合爱丁堡大学、阿伯丁大学、埃克塞特大学和约克大学进行的研究，即科学家发现一个巨大的冰原正坐落于一个威尔士大小的盆地之上，存在着崩塌的风险。威德尔海区域可能会在21世纪末受到温暖的海洋条件影响，触发冰原变化。如果冰原崩塌或解体，世界各地水位估计将升高三米，这将给整个世界带来灾难性的后果，我们可居住的陆地将会迅速大幅下降，使沿海城市埋没在水下，如伦敦泰晤士河两岸会被洪水吞没，而诺福克郡的大部分地区会沉在水下。英国南极调查局的负责人克里斯·拉普利表示，政府间气候变化专业委员会（IPCC）的报告夸大了冰盖的稳定性，IPCC报告将南极洲比作气候变化方面一个沉睡的巨人，但是南极现在已经醒来，不能再对南极对

---

① http://www.dailymail.co.uk/sciencetech/article-2231840/British-scientists-ice-Antarctic-INCREASING-Its-wind.html.

② http://www.dailymail.co.uk/sciencetech/article-1078189/Scientists-probe-fragile-Antarctic-ice-shelf-global-sea-rise-clues.html.

气候变化的威胁掉以轻心。[1] 2012 年下半年，英国南极调查局投入 700 万英镑，钻探到两英里的南极冰层下，希望能找到已隔离至少 10 万年，也许更长时间的微生物生命形式。然而，钻探到冰下湖埃尔斯沃斯湖 300 米下方时便无法铸成充满水的模腔，只能停止，计划第二年再继续研究项目，试图证明深水冰下湖是可行的栖息地这一假设。[2]

英国的南极科研也难以脱离经济对其的影响。2012 年 9 月，英国政府削减开支，给予英国自然环境研究理事会的预算也相应减少。英国自然环境研究理事会决定下调高达 25% 的英国南极调查局预算，并计划将其并入英国国家海洋学中心。这一提议遭到议会议员、科学家、多家 NGO 以及媒体的批评，认为其没有认识到英国南极调查局在科学界的领先地位，并且忽视了南极领地巨大的政治和经济意义。[3] 科学和技术委员会批评英国自然环境研究理事会缺乏围绕南大西洋作业的地缘政治敏感性。时任英国首相戴维·卡梅伦和科学部长威利茨公开表示对英国南极调查局科研工作的支持。[4] 因此，最终英国议会没有通过合并议案，要求英国自然环境研究理事会在别处削减预算。[5] 这一风波从另一方面揭示了南极对于英国非同一般的价值。

从其一些有影响的成果看，英国的南极科研主要还是与环境、气候联系在一起的。同时，英国也十分重视对南极的环境保护。英国“南极领土”拥有丰富的海洋生物，包括企鹅和海豹的大菌落，还有大范围的高山、冰架和冰盖等景观。对这些地区生态的保护成了英国南极事务的一块

---

① http：//www. dailymail. co. uk/sciencetech/article – 2141924/University – discovers – basin – size – WALES – underneath – Antarctic – – cause – ice – sheet – collapse. html.

② http：//www. dailymail. co. uk/sciencetech/article – 2253602/Antarctic – Lake – Ellsworth – project – called – British – team – forced – abandon – 7m – project – drill – signs – life. html.

③ http：//www. independent. co. uk/news/science/exclusive – british – polar – research – in – crisis – 7627014. html.

④ http：//www. theguardian. com/environment/2012/nov/02/british – antarctic – survey – merger.

⑤ http：//www. parliament. uk/business/committees/committees – a – z/commons – select/science – and – technology – committee/news/1201031 – nerc – report/.

重要内容，海洋生物资源保护就是其中的一个典型例子。

英国和澳大利亚等对《南极海洋生物资源养护公约》的实施起着重要作用。南极犬牙鱼的过度捕捞一度成为南极和南大洋最受关注的国际地缘政治和国际法议题，20 世纪 80 年代末至 90 年代是各国疯狂捕捞南极犬牙鱼的时期。南极犬牙鱼是一种生长缓慢的大型底栖鱼类，鱼体长度可达 2.2 米，体重超过 100 千克，可存活 50 年。该鱼种达到成熟需 10—12 年，成鱼体长 70—80 厘米，主要分布在智利南部、阿根廷及在澳洲、法国、纽西兰、南非和英国管辖的次南极区群岛海域。南极犬牙鱼以少骨和肉质白嫩晶莹剔透而闻名，被誉为“白色黄金”，价格昂贵。美国及挪威延绳钓业首先在西南大西洋的阿根廷与福克兰群岛沿岸捕捞该鱼种，其他国家纷纷效仿。一段时间后，南极犬牙鱼很快就进入濒临灭绝鱼类的名单，渔获量开始大幅下滑。尽管南极海洋生物资源养护委员会介入南极犬牙鱼渔业管理，每年为各国的作业渔船核发执照，对渔获量进行限制以养护资源，但南极犬牙鱼渔获量却一直低迷。[①] 因此，这意味着，“沿海国”如英国、法国、南非、新西兰和澳大利亚需要显示其行使管辖权的能力。此外，南极海洋生物养护委员会的 23 名成员国必须更加坚决地杜绝各国在南极过度捕捞的可能性，特别是针对那些无法制止国内渔业公司在国际水域非法捕鱼或无管制捕捞的国家。自 20 世纪 90 年代初起，英国政府已经部署了渔业保护船前往南乔治亚企图阻止非法捕鱼的行为，并于 1996 年逮捕了智利安东尼奥·洛伦佐船舰，阿根廷船舶埃斯特拉也被发现在南格鲁吉亚水域非法捕鱼。[②] 南极犬牙鱼的传奇和系统性非法捕鱼吸引了报纸和电视媒体的关注，它们希望大众认识到非法、无管制和未报告地捕捞南极犬牙鱼正威胁着特定渔业的长期生存能力。这种捕捞也损害南纬 60°以北南大洋上一些国家专属经济区的利益。有些国家如澳大利亚、新西兰和英国，作为沿海国家，展开了关于所谓“门户国家”（gateway states）的权利和责任的

---

① 食品商务网：http：//www.21food.cn/html/news/35/363738.htm。上网时间：2015 年 12 月 12 日。

② Klaus Dodds Reviewed，Geopolitics，Patagonian Toothfish and Living Resource Regulation in the Southern Ocean，Third World Quarterly，Vol. 21，No. 2（Apr.，2000），pp. 229 – 246.

辩论，旨在保护南极和南大洋的环境和生态系统。但是，由于南极地理空间的广袤和品种多样，各个利益攸关国仍然缺乏基本共识，对于南极生物资源的管理仍然是南极地缘政治和法律的一个重大挑战。

有意思的是，在强调环境保护的同时，英国也试图实现南极研究的商业化价值，知识交流—商业化被列为未来英国南极研究的一个目标。[①] 英国自然环境研究理事会（NERC）与牛津大学 ISIS 科技创新公司（Isis Enterprise）合作，将科技转化为实用价值。2009 年 11 月，英国南极调查局（BAS）、Isis 公司以及英国生物科学知识转化网络（UK Bioscience Knowledge Transfer Network）组织了一场交流会议，以发掘潜在的生物技术，发挥其搜集的南极微生物、植物和数据的作用。与生物技术的利用和发展最相关的南极藏品包括由英联邦国际农业局管理委员会（CABI）保管的 1000 个活的栽培物和超过 50000 个植物标本，以及其他从南极收集到的标本。这些物体存在于一个孤立了 3000 万年的原始生态系统中。南极洲的微生物有机体可以适应和生存在极端冷冻气候中，对于这一生物特点的发现为商业项目提供了机会。[②]

英国也把握住了开发南极旅游资源的好机会，推广环保旅游。由于南极冰川受气候变暖影响，1945 年以来，南极温度已经上升了 5 摄氏度，吸引了许多游客前来观赏冰盖融化美景。仅 2008 年一个夏天乘坐游轮前往南极旅游的游客数量就达到 46000 人，[③] 之后基本维持每年 3 万至 4 万人次，其中美国游客最多，往往超过半数，英国人前往南极的游客数量在 2010—2011 年达到 1495 人，排在第五位，德国位列第四，达到 2378 人次。2013 年年初，旅行社还为前往南极洲旅行的游客提供了豪华舒适的球形生态套房，设在南极洲内陆毛德皇后地的生态营地，每年夏季 7 月、8 月接待游客。旅行社还设计了奢华的游猎酒店，外壁采用玻璃纤维材料，并利用清洁环保的风能和太阳能，为游客提供豪华套餐，并且配套图书室、厨房和

---

① *BAS Business Plan 2013*，详见 www. antarctica. ac. uk。

② http：//www. isis – innovation. com/documents/unearthingenterprise. pdf.

③ http：//www. dailymail. co. uk/sciencetech/article – 1093776/A – chilling – sight – Melting – Antarctic – attracts – record – number – tourists. html.

通信室设施。旅行社注意在游客走后清理垃圾，带出南极。这样的旅游套餐价格达到每人居住 3 天费用 2 万英镑，相当于人民币 20 万左右。[①]

对于南极的游客污染问题，英国、澳大利亚、新西兰、德国和法国等国家共同合作，于 1991 年 8 月成立了英、美、新、澳等国较早开展南极旅游业务的七个全球旅游经营团体组成的国际南极旅游业者协会（IAATO），推动环保教育和公众对南极科学事业的支持。现在的成员国已有十多个国家，以及 105 家旅游企业或个人。[②] 1992 年的第 17 届 ATCM 会议上，法国、德国、智利、意大利和西班牙联合提出建议制定了《南极游客指南》（VVIII - 1），以及"组织和实施南极旅游及其他非政府活动指南"来规范南极旅游，开始了南极旅游的法制化进程。随后英国代表建议修改《南极游客指南》，提倡对南极的分区管理，对于南极大陆的不同地点采取不同的旅游管理制度，对南极特别保护区禁止或限制旅游活动，但是在其余地区放宽限制。[③] 如今，ACTM 对南极的游客和旅游组织者都设定了措施、决定和决议三类方式来保护南极的环境，维护南极动植物和微生物的原始生长环境。

南极的环保行动也吸引了知名企业和个人的参与，比如英国壳牌公司（BP）就参与了由极地探险家、环保领袖和演说家罗伯特·斯旺创立并率领的 2041 小队开启的南极之旅。2003 年是他们的首次远征。到目前为止，来自世界各地的超过 700 位企业领导人、教育工作者、学生和企业家加入过南极 2041 小队。之所以起名 2041，是因为《南极条约》将在 2041 年到期，届时冻结的主权以及资源开采权利的规定有可能被取消或修改。为了保护南极的和平科学利用，罗伯特·斯旺组织和影响了众多有志青年，参与南极探险和教育之旅。他们使用的船只也起名叫"2041"，配备有生物柴油的发动机和先进的太阳能技术。除此之外，经过五年的筹备，2008 年罗伯特·斯旺精心打造的"E - Base"南极教育基地在印度中央邦 Pench

---

① http：//discovery. 163. com/13/0108/15/8KN60TIT000125LI. html.

② 陈丹红："南极旅游业的发展与中国应采取的对策的思考"，《极地研究》2012 年第 1 期。

③ 张丽珍："南极旅游的国际法规制"，《中国海洋大学学报（社会科学版）》2009 年第 6 期。

启动，完全利用可再生能源运行，作为化石燃料的替代能源。该教育基地提供课程介绍南极的地质、地理、历史、气候，以及它迷人的风景和野生动物，教育学习者通过实践、创造性的活动和调查，加深对这个美丽大陆的认识，激发学习者采取行动，无论是个人或是集体，都可以发挥积极作用，以改变世界，特别是南极。①

但是，南极的污染往往更多是由国家行为导致的。比如 1989 年 1 月 28 日，阿根廷海军供应舰 Bahia Paraiso 号在南极半岛美国帕尔默站附近触礁，导致 25 万加仑成品油泄入海中，大量磷虾、海豹和海鸟遭殃；2 月 7 日，英国供应船 HMS endurance 号在梦幻岛附近与冰山相撞，大量石油泄入埃斯波兰萨湾；2 月 28 日，秘鲁科考船 BIC Humboldt 号在乔治岛燃油泄漏等。这些事故对南极环境造成了大规模的污染。南极科研站产生的燃油泄漏、垃圾等如果不正确处理，长久以往也会影响南极的原生态环境。因此，《南极条约》《南极海洋生物资源养护公约》和《马德里议定书》中各有条款规定了目标各异的定期视察活动。《马德里议定书》中第 14 条第 11 款规定了成员国必须接受定期检查，包括对各国南极科考站活动对环境影响的评价、动植物的保护、废物管理及保护区的管理等，最后都将公示在检查报告中，并由视察员提出改进建议。②

正如前文提到的，除领土、安全、科学和经济价值外，南极（包括南半球海洋中的英属岛屿）对英国还意味着别的一些无法完全明言的价值，其中最重要的是让英国保留着世界帝国的记忆，或者说世界性帝国重建的一丝希望。这种价值同样赋予南极对英国所独有的含义，使得英国在对南极事务的参与中极力保持领先地位。

总之，澳大利亚、新西兰和英国的南极战略虽然各有侧重，投入力量也不尽相同，但它们基本的一个同构性在于，南极的所有价值对它们来说都很重要。不过，限于国力，它们又无法做到每一方面的价值上都有一流

---

① 详见 2041 南极探险之旅网站 http：//2041. com/about – 2041/bp/。

② “Exploring Antarctic Values” Proceedings of the workshop *Exploring Linkages between Environmental Management and Value Systems*：*The Case of Antarctica* held at the University of Canterbury，Christchurch，New Zealand（5 December 2011）by SCAR Social Sciences Action Group.

的国际影响力，因而只能说是接近于全部价值战略的国家。

二、领土型部分价值战略

执行这种南极战略的国家一般没有能力或没有兴趣像上一类国家那样，希望在南极的所有价值领域都极力参与，力图保持一流的影响力。它们会在其中的一项或两项价值领域上保持较低的参与程度，具体因各国实际情况而异，但其共同点是都属于南极的领土主权要求国。

这里我们主要考察阿根廷、智利、法国三个国家（挪威虽然是主权要求国，但它对南极的投入和参与显著度并不是很高，其更多的精力主要在于北极），而阿根廷和智利可以同类来考察，它们之间的关系就有点类似于澳大利亚和新西兰的关系。

1. 阿根廷

阿根廷是离南极最近的国家之一，其在南极活动已有100多年的历史。1904年2月24日，阿根廷在南极洲南奥尼克群岛建立了世界上首个南极科考站——奥长达斯站。1943年，阿根廷宣布对西经25°—74°之间、南纬60度以南，以南极点为中心的扇形地区拥有主权，并称其为“阿根廷南极属地”，面积达96万多平方公里。之后，阿根廷从未放弃过这一主权声明。阿根廷是《南极条约》12个原始缔约国之一，是SCAR和COMNAP的正式成员国，也是拉美国家南极局局长会议（RAPAL）和南极海洋生物资源养护委员会（CCAMLR）正式成员国。

阿根廷目前在运营的南极科考站共有13个，其中有6个常年站和若干个临时站、避难所，是拥有南极基地最多的国家。阿根廷还拥有多艘考察船和多架飞机，并具备搭建野外营地的保障能力，从而确保能在其声明的“南极领土”区域内实施考察任务和从事科学研究。南极条约秘书处总部设在阿根廷首都布宜诺斯艾利斯。阿根廷外交部发表公报称，南极条约协商会议将秘书处设在布宜诺斯艾利斯的决定，体现了对阿根廷近百年来在南极科学考察方面做出贡献的肯定。

作为南极领土主权要求国及南极地理临近国，阿根廷对南极的战略利益诉求比较明显地集中于领土价值、环境价值（也是安全价值）和经济价值上。

在领土问题上，阿根廷的“南极属地”与英国对南极的主权要求区交叠，也与智利的南极主权要求区产生部分重叠，由此引发了三国在南极领土主权要求上的争议，特别是阿根廷与英国之间甚至发生了军事冲突。早期，阿根廷在主权要求区内升国旗、设邮局以及建立气象站等，清除了英国先前设立的主权地标，进行“有效占领”。1943 年 1 月 28 日，为强化英国南极属地的权利，英国政府派军舰登上南极半岛和周围岛屿，清除了阿根廷主权标志。1948 年，英国霍普湾（Hope Bay）的基地毁于火灾后，阿根廷在距英国原基地不远处建立了自己的考察站。基于霍普湾的重要地理位置，英阿两国都希望把它控制在自己手中，由此引发了 1952 年的军事冲突。至今，英阿两国的南极主权要求角逐仍在延续。英国外交部 2012 年 12 月 18 日宣布，将以英国女王伊丽莎白二世的名字命名部分“南极洲领地”，纪念女王登基 60 周年。英国外交部说，这片土地会在将来作为英国领土的一部分出现在英国版图上。据当地媒体报道，英国政府所命名的区域面积约 43.77 万平方公里，与阿根廷和智利方面提出主权要求的区域重叠。此前，阿根廷参议院曾全票通过了一项拒绝英国命名行为的议案。阿根廷政府表示“坚决反对英国政府最近对阿根廷南极属地一块区域的命名企图”。同时，发表公报表示，“断然拒绝英国政府在南极的一切领土要求，再次重申阿根廷政府对阿根廷南极属地的主权权利”。①

阿根廷官方在各种场合明确表示，其对南极的主权声索是多层面合情合理的体现：（1）来自地理和地质的连接性；（2）是承袭于西班牙的历史遗产；（3）早期在这一区域就进行捕鱼活动；（4）自 1904 年起就在此地区建立科考站；（5）在南极半岛及其附近岛屿建立和维护临时科考站和避难所；（6）对极地进行勘探工作、科考及制图调查；（7）安装灯塔和航标；（8）执行救援、帮助以及提供支持的任务；（9）阿根廷在其主权要求

① “阿根廷抗议英国命名‘南极领地’”，新华网，http：//news. xinhuanet. com/world/2012 - 12/22/c_ 114119548. htm。上网时间：2015 年 10 月 20 日。

区的海、陆、空全方位力量的存在。[①]

阿根廷也在国力范围内尽可能行使其南极领土主权权利。考虑到综合国力上的制约，阿根廷把其科考站都建立在阿根廷南极“属地”内，以充分行使其主权。而且，阿根廷在南极设施也很“生活化”，除了邮局、气象站等设施，其还在南极建立了学校、医院、银行和电视差转站等日常生活的基础设施。1978 年，一位名叫帕尔玛的阿根廷小孩在南极诞生，阿根廷政府宣布其为阿根廷公民，这在南极的国际法发展方面产生了较大影响。此外，阿根廷政府还多次到南极召开国务会议，阿总统甚至常常选择某一时间到南极办公。

阿根廷也对南大洋大陆架提出了主权要求。其于 2009 年 4 月提交外大陆架主权申请，主要包括南斯科舍海以南和威德海地区。[②]

由于邻近南极，南极地区的经济价值对阿根廷来说比其他国家要重要些，主要集中于南大洋的生物资源开采及南极的旅游业方面。渔业是阿根廷的重要支柱产业之一，阿根廷商人于 1904 年在南乔治亚建立了首个鲸鱼科考站，当时估计到的鲸鱼数目有 110 万头，最高峰的产值高达数百万美元。近年来越来越多的国家在南极水域从事捕捞活动，南大洋生物资源的开发与资源保护之间的矛盾日益突出。超大规模的世界捕鱼船队和无节制的经济开发给南极生物资源带来了巨大的压力，[③] 因此阿根廷积极倡导保护南极海洋生物资源。

南极旅游业也给阿根廷带来经济收益。自 1958 年以来，阿根廷利用其毗邻南极半岛和南极大陆的优势，开展了富有特色的南极旅游，引起了世界各国的密切关注。[④] 阿根廷是赴南极旅游的重要中转国，是国际南极旅

---

① http：//www. dna. gov. ar/INGLES/DIVULGAC/ARGANT. HTM. 上网时间：2013 年 11 月 24 日。

② Outer Limit of the Continental Shelf，Argentine Submission，Executive Summary，p. 9，http：//www. un. org/depts/los/clcs – new/submissions – files/arg25 – 09/arg2009e – summary – eng. pdf，2011 – 11 – 25.

③ 郭培清、石伟华：《南极政治问题的多维度探讨》，海洋出版社 2012 年版，第 151—156 页。

④ 郭培清、石伟华：《南极政治问题的多维度探讨》，海洋出版社 2012 年版，第 151—156 页。

游经营者协会的重要成员国。阿根廷最南端的乌斯怀亚更将南极旅游业作为支柱产业。乌斯怀亚距南极直线距离为800公里，这里绝大部分的旅行社都提供南极旅游的服务。在国际社会环保势力的压力下，为防止人类旅游给南极环境带来破坏，阿根廷政府决定开展有控制的南极旅游，但经阿根廷赴南极旅游的人数规模仍然很大。

南极实际上也是阿根廷主要的安全威胁来源地，这主要是出于它和英国的福克兰岛主权之争，而这也会进一步延伸到南极其他地区，1982年的战争恐怕会在很长时间内让阿根廷难以忘怀。同时，南极地区的环境安全对阿根廷来说也是一个重要安全威胁，1985年南极洲上空首次发现臭氧层空洞，这敲响了人类活动破坏地球大气环境的警钟。作为南极临近国，对南极的生态环境保护成为阿根廷南极战略的重要组成部分。

可以说，领土和环境问题也构成了阿根廷南极科研的两大核心动因。在阿根廷的2011—2021的南极科研战略计划书中显示，根据阿根廷的南极政治需求及国家战略重点，在这十年规划中重点关注以下领域：一是全球气候变化的原因及其对南极系统及国家生产系统的影响；二是认识并保护南极自然资源及相关区域；三是发展可用于南极的可替代能源；四是研究古代及当代阿根廷南极属地与南美最南端的物理关联。值得指出的是，阿根廷特别注重对可替代能源的开发，在其2003—2010年的南极战略中就将可替代能源的开发作为优先研究方向之一。[①] 此外，针对旅游业可能带来的对南极环境的不利影响，阿根廷的一些专家指出，如果相关政府部门和旅游服务机构不尽快努力改善这一状况，在南极旅游中将会发生不可预料的灾难性事故，并会加剧南极生态环境的破坏。[②] 阿根廷环境国务秘书处也表示，将与外交部、内政部、国防部及旅游国务秘书处采取联手行动，严格限制阿根廷国内的南极游市场。阿根廷政府还呼吁世界各国从保护南极生态环境的角度出发，对本国的“南极游”线路进行必要的控制。[③]

---

① http：//www. dna. gov. ar/INGLES/CIENCIA/ECIENT. HTM.

② 孙宇：“南极游碰上环保难题”，《世界新闻报》2007年12月18日，http：//gb. cri. cn/12764/2007/12/18/2945@1881681. htm。上网时间：2015年10月20日。

③ 孙宇：“南极游碰上环保难题”，《世界新闻报》2007年12月18日，http：//gb. cri. cn/12764/2007/12/18/2945@1881681. htm。上网时间：2015年10月20日。

阿根廷明确指出，要以科研活动支撑其南极主权要求，通过推进南极科技进步，在全民中树立阿根廷“南极扇区”的领土意识，声称要“积累和充实有关南极领土声明的证据，利用科学与技术手段来表明阿根廷对南极的兴趣”，要继续致力于国家南极政治目标，特别是获取世界对阿根廷“南极扇区”的公认。[①] 阿根廷开展南极科学研究与技术开发的专业机构是“阿根廷南极所”（The Instituto Antártico Argentino），成立于1951年4月17日，也是世界上首家专门从事南极研究的机构。阿根廷南极所隶属阿根廷外交、国际贸易和宗教事务部，其内部组成包括所长、科学协调部门、南极数据中心、出版与印刷部门、研究部门、南极图书馆和博物馆。其科研和技术开发活动主要通过项目的形式来运作，阿根廷南极所编写工作执行报告，然后交给国内外资深的专家予以评议，内容包括各项工作的质量、效率和相关性。[②]

在后勤保障上，阿根廷拥有多艘考察船和多架飞机，并具备搭建野外营地的保障能力，从而确保阿根廷能在所声明的“南极领土”区域内实施考察任务和从事科学研究。阿根廷目前唯一的极地破冰船 ARA Almirante Irízar（伊利萨尔号）建于1975年，1978年下水，排水量15000吨，为阿根廷的历次南极考察立下了汗马功劳。破冰船还负有运送补给物资和回收南极垃圾的任务，[③] 但由于其设备陈旧，一旦天气恶劣，阿根廷的南极科考站就常遇到补给困难。[④]

总之，领土主权在阿根廷的南极战略中占据压倒性的位置，早期为了维护领土主权要求与权益，阿根廷坚持与英国抗争，并明确反对将南极托付联合国共管，甚至不惜与英国发生武力冲突，这也让国际社会认识到这一问题如果不加管制，其失控后果是难以想象的，尤其是在当时冷战正酣的背景下，这客观上推动了《南极条约》的生成。这种领土绝对优先的战

① http：//www. dna. gov. ar/INGLES/CIENCIA/ECIENT. PDF.

② http：//www. dna. gov. ar/INGLES/CIENCIA/ECIENT. PDF.

③ “阿根廷海军一艘破冰船在南极被冰山撞坏”，人民网，http://news. sina. com. cn/w/171616. html。上网时间：2015年12月9日。

④ “阿根廷南极科考站面临补给困难”，科学新闻网，http://news. sciencenet. cn/htmlnews//2008126151138302003OO. html。上网时间：2015年12月3日。

略，也使得阿根廷在别的领域影响有限，尤其是在科研问题上。在南极的国际事务上，阿根廷也不像澳大利亚和新西兰那样力图领导各项议程。

2. 智利

领土在智利的南极战略中也具有压倒性的地位，可以说，如果不是因为其地理位置，智利也许对南极根本就没有兴趣。

智利位于南美洲，与太平洋和南极接壤。智利直到19世纪才开展独立运动，作为建立时间较晚的现代国家，其无缘进行早期的南极探险活动。然而自20世纪40年代开始，智利就频频涉足南极，并宣称以南极点为顶点的西经53°至西经90°之间的扇形地区是智利领土，从而与英国和阿根廷的主权要求发生冲突。

智利官方自1940年起，一直声称南极洲的西经53°至西经90°的南极地域是自身的领土，并称呼其为“智利南极省”，包括整个南极半岛、彼得一世岛、亚历山大岛，以及埃尔斯沃思地至南极高原一带的南极洲大陆地区。

虽然与阿根廷、英国都有冲突，但智利和阿根廷结成了对抗英国的南极领土联盟。举个近年来的例子，2009年10月，英国曾就此地区超过100万平方公里的海床向联合国提出领土要求，此举引发了智利和阿根廷政府的强烈不满，两国议员代表随后在智利的“爱德华多弗雷蒙塔尔瓦总统”基地召开会议，并发表声明说，这次会议的目的是“加强两国在南极领地的法律地位”，支持南极条约体系中所有法律文件。随后一些智利众议员登上南极大陆“宣示主权”。阿根廷外交部长塔亚纳和多名议员也计划前往阿根廷南极考察站“宣示主权”。[①] 2012年12月，英国外交部又宣布为了纪念伊丽莎白女王登基60周年，以及纪念马岛战争30周年，将以英国女王的名字命名英属南极洲领地的南部地区，作为英国外交部赠予女王的礼物。此举又极大地引起了智利与阿根廷的反对，两国表示“坚决反对英国政府对南极区域命名的企图”。

智利与阿根廷在南极的领土争议也影响到了两国的本土，位于阿根廷

① “阿根廷和智利协调南极问题立场”，http：//world. people. com. cn/GB/1029/6658721. html。

和智利交界处的南巴塔哥尼亚冰原（The Southern Patagonian Ice Field）一直是两国争当南极门户的抢占点。南巴塔哥尼亚冰原从南纬 48°15’延伸到南纬 51°30’，总面积 12363 平方公里，是南极大陆外最大的冰原并且紧邻南极洲，是进入南极的重要通道，其中约 9700 平方公里属于智利，2500 平方公里属于阿根廷。[①] 1881 年，由于当时的巴塔哥尼亚尚未被开发，智利和阿根廷以两国边界最高的安第斯山脉划分了大西洋和太平洋流域。到了 20 世纪初，伴随着南极探险活动的发展，智利和阿根廷对以安第斯山峰划界的做法提出了质疑。阿根廷认为 1881 年的边界条约所指的山脉在巴塔哥尼亚地区应该是指大雪山山脉的前沿，而非大陆分水岭，智利占领了应属于阿根廷的部分领土。1902 年，在英国国王爱德华七世的调解下，智利和阿根廷通过划分许多有争议的湖泊暂时缓解了巴塔哥尼亚冰原的争议。但是一个奇特的现象在于，两国对那些有争议的湖泊的归属各执一词，甚至一个湖泊在两个国家有两个不同的名字。[②] 2006 年，阿根廷研究所 Geográfico Militar（IGM）在编制地图时并未将巴塔哥尼亚冰原标注出来或是进行特殊说明，而是将其编制入阿根廷的版图中。这一举动遭致智利的外交抗议，阿根廷政府及时撤回了这幅地图，并且作为回应要求智利政府尽快完成两国边界的最终划定。因为 1881 年和 1902 年的两国边界协议签订是由英国促成的，并且条约规定两国边界的划分需要置于英国的监护下。近年来由于英国在南极事务上对智利和阿根廷的不断挑衅，智阿两国的联系日益紧密，2008 年在智利不断让步的基础上，两国终于完成了边界划定，当然这也招致了智利国内民众的不满。[③]

智利的科考站也主要为其主权宣示所服务，在南极共有 11 个，其中 4

① At about 16, 800 square kilometers, it is second only to southeastern Alaska's approximately 25000 square kilometer St. Elias – Kluane – Malaspina – Eastern Chugach Ice Field. http://whc. unesco. org/en/list/72.

② Garrett J L. The Beagle Channel Dispute: Confrontation and Negotiation in the Southern Cone [J]. Journal of Interamerican Studies and World Affairs, 1985, 27 (3): 81 – 109.

③ "Border agreement between Chile and Argentina". Archived from 1998 the original on 2007 – 01 – 17. Retrieved 2006 – 10 – 27.

个常年站，7 个季节站，大多集中在南极半岛区域，由智利南极研究所（INACH）、智利空军和海军分别管理。其中建立在乔治王岛上的费雷总统科考站是智利在南极最大的科考站，其大部分设施隶属于智利空军。为了鼓励智利国民在南极的智利主权宣示地居住，智利政府许诺给予高额的补贴，并且在南极的智利站建成一个小而完整的社区——“星星村”，在这里拥有诸如医院、小学、银行、邮局、商店、超市、教堂等社会性服务设施。

智利的南极研究所（INACH）是智利研究与认识南极环境、南极过去与目前物理特性与生物特性以及未来趋势的机构，其研究涉及南美洲与南极洲的联系、全球变暖与气候变化、南极生物的丰富与多样性和南极环境与生物资源四大领域。[①] 但是，由于智利的科研水平有限，其南极科考活动更多地只是表达对南极宣示“知识主权”。不过，智利南极研究所的南极考察和研究经费投入近年来还是显著提高，年度考察项目也不断增加。2013 年其投入南极考察和研究的经费约为 200 万美元，项目为 64 项，这足以证明智利对于南极的重视程度。[②] 近年来智利的南极科考主要成果是在南极发现了超过 300 种的微生物，此举或有助于未来的新药研发。[③]

与阿根廷一样，南极对于智利有一定的经济价值。鳕鱼捕捞业是智利重要的产业支柱，南极鳕鱼俗称白鳕鱼，学名南极犬牙鱼，栖息于南冰洋水面下 2200 英尺的南冰洋罗斯海海域。白鳕鱼味美价昂，是智利最主要也是最负盛名的渔业出口品种，2012 年白鳕鱼的出口收益为 1.28 亿美元（全年出口总额 767.91 亿美元）。旅游业也在经济价值中占一席之地，20 世纪 50 年代末，智利和阿根廷利用海军运输船运载 500 余名付费旅客前往南设得兰群岛，标志着南极旅游业的开始。[④] 智利由于紧邻南极，是赴南

---

① “国外极地考察信息汇编”，http：//www. chinare. gov. cn/data/info2008 - 11. pdf。

② “智利的南极”，http：//news. timedg. com/2011 - 07/12/content_ 5199300. htm。上网时间：2015 年 2 月 24 日。

③ “智利科学家在南极发现大量‘强悍’微生物”，http：//tech. ifeng. com/discovery/detail_ 2011_ 04/08/5622023_ 0. shtml。

④ 陈丹红：“南极旅游业的发展与中国应采取的对策的思考”，《极地研究》2012 年第 1 期，第 70—76 页。

极的主要中转国之一，并且在智利最南端的“蓬塔”拥有唯一一条通往南极的航线，通常去南极旅游的游客都会顺道游玩智利，因此南极旅游给智利的旅游业带来不少经济利益。为了吸引游客，从智利到南极旅游不需要额外签证，并且外国人如果搭车乘智利的南极航班，都会得到一个到访过南极的“证明书”，上面有智利空军司令的签名。有数据显示，2010 年智利共接待游客 270 万人次，旅游业在智利国内生产总值中所占比重为 3.2%，而智利政府也多次表示希望在 2020 年将旅游业占国内生产总值的比重提高到 6%。[①]

不过，这当中也给智利带来了领土问题之外的另一种安全威胁。由于靠近南太平洋海域，紧邻南极，智利周边水域的海洋资源十分丰富，沙丁鱼、铁甲鱼、白鳕鱼、竹策鱼大量在此海域活动。自 2001 年开始，智利周边海域开始不断受到不正当的非法捕鱼骚扰，上百条来自日本、俄罗斯和西班牙等的捕鱼船只无视捕鱼大小、捕鱼配额和禁渔期的限制，在智利专属经济区外的公海进行商业捕捞，损害了智利的渔业利益，同时也使得南极海域周围的生态资源大量减少。《南极生物资源保护公约》（CCAMLR）所制定的政策无力解决超规模的世界捕捞船队和缺乏理性的经济开发，因而智利目前正在寻求制定控制公海捕鱼的国际规则，同时加强和改进监视和控制手段，为南极生物保护做贡献。[②] 而出于经济利益的考虑，智利自己也在有些管制上退出国际监管，如由于白鳕鱼的数量减少，如今智利的白鳕鱼捕捞配额已经只有 2001 年的 1/3。非政府组织希望能够削减智利的白鳕鱼捕捞配额，但是由于白鳕鱼捕捞在智利的对外出口中占据重要地位，因此智利在 2013 年不得不悄然退出 MSC 认证（Marine Stewardship Council），后者十分强调水产品的“可持续捕捞”。[③]

智利的南极战略发展出一个其他国家不太有的特点，即设法提供南极服

---

① “智利政府希望 2020 年旅游业在国内生产总值中所占比重提高至 6%”，http://cl.mofcom.gov.cn/article/jmxw/201108/20110807718745.shtml。

② “智利寻求制定控制公海捕鱼的国际规则”，http://ccn.mofcom.gov.cn/swxw/show.php? eid = 1525。

③ “智利鳕鱼捕捞业悄然退出 MSC 认证”，http://www.chinairn.com/news/20130930/15291974.html。

务。一些国家即使有，也没像智利那样把它放在一个很重要的地位上，如澳大利亚。这一点是由智利独特的地理位置决定的，它一直视自己为“世界上最南端的国家”，努力保持在麦哲伦海峡、比格尔海峡、合恩角和德雷克海峡这一区域内的支配地位。这也是唯一一条大西洋和太平洋间不会结冰的航运路线，是绝大多数通往南极的船只的必经之路。利用其地理之便，智利十分注重为他国南极科考队提供后勤服务。2003 年智利为保护各国南极科考人员的安全，还与阿根廷共建南极避难营地，并且积极为各国科考站提供救援和粮食补给。智利还设法扩大旅游业，打造南极旅游区，强化南极旅游中智利的中转站作用，以此强化智利在南极的存在。①

2012 年，智利总统皮涅拉和乌拉圭总统穆希卡在对两国南极考察站进行访问时，阐述了智利在未来南极事务中的四大战略支柱。一是开设新基地以强化智利在南极的存在，并且指出智利国防部正在为新基地研究物色最优地点。二是强化麦哲伦—智利南极大区作为南极大陆门户的地位。麦哲伦—智利南极大区是智利最南端大区，该大区首府蓬塔阿雷纳斯凭借其特殊的地理位置成为赴南极科考船队的重要补给站，因此强化智利在这一地区的存在无疑有利于智利与阿根廷一较高下。三是整合智利 67 个与南极有关的法律机构，使之成为一个单独部门，同时保证其与《南极条约》和南极条约体系严格兼容。四是把麦哲伦—智利南极大区打造为极地旅游区，并以此巩固智利在南极的领导力和竞争力。由此可以看出，南极对于未来智利的战略规划意义匪浅。②

智利参与南极事务亦注重国际合作。长期以来，中国与智利在南极科考及后勤保障等方面保持着密切合作，智利是进入中国南极长城站的门户。2010 年年底，在刘延东副总理访问智利期间，中国极地研究中心与智利南极研究所共同签订了《共同开展南极研究合作谅解备忘录》，以加强两国在南极科学研究、信息共享、人员交流等方面的合作。③ 2016

① 郭培清、石伟华：《南极政治问题的多角度探讨》，海洋出版社 2012 年版，第 151 页。

② “智利总统皮涅拉阐述南极政策四大支柱”，http：//news.xinhuanet.com/world/2012－01/16/c_ 111441030.htm。

③ 蔡壁岭：“深入交流极地及海洋领域合作”，《中国海洋报》2015 年 10 月 13 日，第 172 期，第 A1 版。

年2月，智利南极研究所与韩国海洋水产部开设了智利—韩国南极合作中心。据报道，该中心今后将奠定两国在南极的合作基础，发掘共同研究课题。①

综上所述，智利的南极战略目标在于争夺智利宣示主权的南极部分领地，然而智利并无强大的军事和经济实力，在国际事务中的话语权有限，在南极科研事务中并无显著成绩，因而只能借助自身的地理优势，通过智利科考和向其他南极科考队伍提供后勤保障来强调自身在南极的存在。同时，借助南极旅游和智利的“南极城”，向南极宣示“文化主权”，强化自己对于南极部分领土所具有的合法性。

3. 法国

法国人的南极探险甚至早于英国的库克船长34年，现今南极的布韦岛就是根据最先发现南极附近岛屿的法国人布韦命名的。而在库克船长前往南极的同时，法国人格尔古莱德也开始了南极探险，因此也就有了格尔古莱德岛，其位于印度洋南部毗邻南极洲的海域。1837年9月至1840年11月，法国的迪蒙·迪尔维尔受国王之命南下，最后因海冰挡道而没有突破英国人威德尔的南下纬度最高记录。但他于1840年1月19日发现了陆地，并以他夫人的名字命名为阿德雷地，其周围的水域也被称为迪尔维尔海。后人还以其夫人的名字命名了一种企鹅，即阿德雷企鹅。1904年，法国军官沙里奥实现了对南极的考察旅行。1947年，保尔—埃米尔·维克多在极地远征，这正是法国南极研究所名称的来历。

1955年，法国正式把法属南半球岛屿和南极领地作为法国领土（TAAF），包括克罗泽群岛、凯尔盖朗群岛、阿姆斯特丹岛和圣保罗岛屿，以及阿德利土地和分散的岛屿（格罗里索群岛、新胡安岛、欧罗巴、印度礁和特罗姆林）。法属南极领地的政务由长官，也就是法国政府代表和领土负责人管理。2000年以来，法属南极领地的行政总部一直设在圣皮埃尔（留尼汪岛），位于南回归线内印度洋西南面，南纬21°东经56°，距离法国本土1万多公里。17世纪60年代，法国在留尼汪岛建立航海站并迁入大

① “韩国与智利共同成立南极合作中心”，《中国海洋报》2016年3月2日，第1731期，第A1版。

批奴隶，1810 年曾被英国占领，到了 1915 年 4 月，通过签订《巴黎协定》，英国将岛屿归还法国，之后正式定名为留尼汪岛，成为法国的一个“海外省”，统辖临近岛屿。法国南极属地拥有 2600 万欧元的预算，来源于自身的资源——捕鱼权、集邮、税收、旅游、港口费等，外加海外属地补贴，以及来自法国生态、可持续发展和能源部为了保护国家级自然保护区和生物多样性的平衡性补贴。[①] 为了维护法属南极领地的利益，法国代表出席了南极条约协商会议（ATCM）和南极海洋生物资源养护委员会会议（CCAMLR）。

尽管法国声明了对南极的领土主权，南极也与其南半球岛屿联系在一起，但它没有像英国和其他南极领土主权要求国那样把国家和南极紧密联系在一起，或者说至少没有那么高调，因此这里我们把法国归在了这一类，而没把它和英国放在一起。不过，法国也确实要求其考察船除了海洋研究外，还要起到保护法属南方和其“南极领地”的作用。

渔业是法属“南极领地”最重要的经济活动。根据法国政府、科学家和船主的协同合作，渔民在每个品种的年度捕捞授权框架内捕鱼。1978 年，法国在印度洋上的凯尔盖朗、赫德和麦克唐纳群岛周围建立了 200 海里专属经济区，并关闭了渔业。1979 年凯尔盖朗岛周围渔业重开，但围绕赫德和麦克唐纳群岛的渔业一直封闭到 1995/96 年才开启。[②]

可见，与生物资源的经济价值相比，法国似乎更关心生态保护。近些年磷虾和犬牙鱼的捕捞问题比较受人关注。南极磷虾在南极的印度洋区域曾经产量丰富，是南极生态系统的关键物种，是食物链中的重要一环。它的营养价值、医疗价值和科学价值使各个国家对它趋之若鹜，20 世纪 60 年代初开始试验性捕捞，到 70 年代中形成大规模商业性捕捞，80 年代初达到 55 万吨，不过到 80 年代中期又下降到不足 20 万吨，后来有所恢复，

---

① 详见法国生态、可持续发展和能源部网站，http://www.developpement-durable.gouv.fr/Presentation-des-Terres-australes.html。

② Karl-Hermann Kock, Keith Reid, John Croxall and Stephen Nicol, Fisheries in the Southern Ocean: An Ecosystem Approach, Philosophical Transactions: Biological Sciences, Vol. 362, No. 1488, Antarctic Ecology: From Genes to Ecosystems. Part 2: Evolution, Diversity and Function (Dec. 29, 2007), pp. 2333-2349.

1991 年时增加至 40 万吨。[①] 2000 年到 2010 年间基本保持在 10 万—13 万吨之间，之后超过了 15 万吨，但基本以 20 万吨为上限。克罗泽和凯尔盖朗地区南极犬牙鱼大规模的非法捕捞也引起了法国的担忧，于是法国和英国、澳大利亚一起形成非正式小组“南极洲东部沿海国”，展开非正式谈话，对阿根廷和智利在这些国家的南极专属经济区的非法捕捞和过度捕捞表示不满，试图行使沿海国的权利。[②] 法属南半球和南极领地（the TAAF）的管理功能也因此侧重生态保护，主要包括维护生态系统的平衡、监督捕渔等海洋活动，以及打击其专属经济区的非法捕渔行为。

法国重视对南极的环境保护，还表现在南极旅游和非政府活动的议题上。法国单独或与其他协商国成员一起先后向南极条约协商会议提交过 20 多次建议限制南极旅游和非政府活动的文件报告。[③] 不仅如此，法国还对南极环境保护进行国内立法。2003 年 4 月法国国会批准通过的《2003—347 号法规》是法国在南极环境保护方面最主要的法律，该项法规当时被并入法国《环境法典》第七编，标题为“1991 年 10 月 4 日马德里《关于环境保护的南极条约议定书》的实施”。[④]

法国对于利用南极资源，开发南极旅游潜力颇有心得。如自 2012 年起，专注顶级旅游服务的法国庞洛公司和中国民生银行强强联手，整合民生银行的非金融业务之“旅行家”系列服务和庞洛的六星级游轮奢华巡海旅游，合作推出南极私人专属定制旅游，奉行环保、经济可持续发展原则，打造极地舒适旅游。民生银行和法国庞洛公司非常

① Karl - Hermann Kock, Keith Reid, John Croxall and Stephen Nicol, Fisheries in the Southern Ocean: An Ecosystem Approach, Philosophical Transactions: Biological Sciences, Vol. 362, No. 1488, Antarctic Ecology: From Genes to Ecosystems. Part 2: Evolution, Diversity and Function (Dec. 29, 2007), pp. 2333 - 2349.

② Klaus Dodds Reviewed, Geopolitics, Patagonian Toothfish and Living Resource Regulation in the Southern Ocean, Third World Quarterly, Vol. 21, No. 2 (Apr., 2000), pp. 229 - 246.

③ Meeting documents. http://www. ats. aq/devAS/ats_meetings_doc_database. aspx? lang = e&menu = 2. 上网时间：2016 年 3 月 8 日。

④ 周菲：“法国对南极事务的参与以及对中国的经验借鉴”，《法国研究》2015 年第 3 期，第 15—22 页。

看好南极旅游潜力，已经签订战略合作协议书，开始了未来长期合作的第一步。①

法国的南极科研主要由保尔—埃米尔·维克多极地研究所负责，其他财政、政策等问题由法属南半球和南极领地（the TAAF）管辖。保尔—埃米尔·维克多研究所建立于1992年，现有50名工作人员，每年获得法国高等教育和研究部2800万欧元拨款，大约有65个科研项目研究南极和次南极领土。科技部（Ministry of Research）、外交部（Ministry of Foreign Affairs）、国家科学研究中心（The National Centre for Scientific Research）、法国原子能署（Commissariat a l'Energie Atomique）、法国气象局（Météo－France）、法国国家太空研究中心（Centre National d'Études Spatiales）以及法国极地考察队（the French Polar Expeditions）等单位也参与研究所工作。

法国的科研处于较领先地位，发表的关于南极的论文数量排在全球第五位，超过澳大利亚和英国。法国目前在南极拥有20个研究实验室，科学计划涉及地球和宇宙科学（地震学、冰川学、磁学、天体物理学）及自然科学。阿德利地、南部岛屿和分散的岛屿是进行监测操作的优越地区，卫星监测由国家空间研究中心展开（CNES），龙卷风和海啸警报由法国气象局执行，全面禁止核试验由原子能委员会（CEA）监控。

法国在南极现有两个常年考察站。1956年在南极建立了迪蒙·迪尔维尔科考站（Dumont d'Urville），建筑面积达5000多平方米。同年与意大利共同建立的康科迪亚站，是法国IPEV极地研究中心和意大利国家南极项目1993年合作建成的内陆科考站，位于冰穹C。

迪尔维尔科考站位于海燕岛（Petrel Island）66°40′S、140°01′E。1950年法国开始在岛上建立临时考察基地，1952年竣工投入使用，于1959年成为常年永久考察站，建筑面积约5000平方米。其在3月到11月接待30人左右在考察站从事南极科学研究。考察站所处位置优越，尤其便于从事太阳光球磁场现象（the solar magnetic phenomena）、大气物理的研究。在第一次国际极地年期间，法国科学家在岛上对上述科研项目的研究取得了令人瞩目的成绩。考察站科研设备先进，建有三个大型实验室，其中宇宙

---

① http://roll.sohu.com/20130527/n377103519.shtml.

图 4—8 法国和意大利的康科迪亚站（Concordia）

物理研究所（The Institute de Physique du Globe de Strasbourg）在该站建立了地球磁场实验室（the magnetic observatory）和地震实验室。考察站与美国麦克默多考察站共同建立气候变化实验室，是国际上从事南极大气组成成分变化研究的主要基地。考察站还配有大量的机器人从事水下工作。考察站目前主要从事的科研项目有：（1）地球物理学（Geophysics），如地震监测和宽带高动态地面运动（全球地震监测网络）；磁性记录地磁场的变化研究，数据处理；重力研究，如绝对重力测量，南极冰架长期演变过程中的水平方向运动和垂直运动；海平面的测量和长期变化监测等；（2）外太空物理研究（External geophysics），宇宙射线的测量，太阳耀斑的相对论质子加速问题，日光层中的宇宙射线传播等；（3）生态学、生理生态学、环境变化的应对（Ecology，ecophysiology，response to environmental changes），主要从事环境和鸟类及哺乳动物的生态系统的时空变化研究，鸟类和海洋哺乳动物数量、种群、繁殖等行为的长期监测和研究，磷虾对周围环境变化的生理和代谢反应等；（4）南极冰川研究（Glaciology），如冰川的变化与气候变化的关系、南极大陆冰川的变化与全球水循环的关系等；（5）大气化学研究（Atmospheric chemistry），大气流循环的研究；长期监测平流层臭氧的变化趋势等；海洋科学（Oceanography），如大洋海底的形成、大洋各水体之间的相互作用、海洋冰块的面积与大气动力的关系；(6) 心理学研究（Psychology），小团体现象（Group phenomena）和隔离条件下的心理适应。

康科迪亚站为极端条件下长期居住而设计，是少数几个全年都有人居住的南极内陆科考站之一。其鼓状的外形可以保证热能的最充分利用。每个鼓状建筑物的直径为60.7英尺（18.5米），高度为39.4英尺（12米）。欧洲航天局（ESA）设计的废水处理系统可让淋浴和水槽中排出的废水循环使用。航天局对康科迪亚考察站的兴趣不止于废水处理，由于南极这种隔绝、封闭、拥挤的生活环境类似太空飞船，欧洲航天局正在研究这种长期枯燥的生活对15名冬季居民心理和生理的影响。康科迪亚站还是欧盟项目冰芯探测计划（EPICA）的基地，法国成为冰芯研究的重要国家。法国与意大利科学家在南极内陆冰盖冰穹C地区发现了外星微粒，这些保存完好、由含有有机物质和矿物质组成的外星微粒被证明来自于外太空的彗星。它们的化学和同位素组成，将有助于科学家们进一步了解彗星物质的物理组成和化学反应过程。根据法国国家科研中心网的报道，法国还与中国、澳大利亚、美国等合作，建立了中国南极天文台，此项目被列为中国极地战略发展规划重点和优先发展项目。[①] 2004年到2005年间，法国国家科研中心、法国国家自然历史博物馆以及多支外国研究团队为研究南极洋流和海冰，挑选了58只南极海象，并在它们身上安装了微型传感器，通过传感器，研究人员能轻松获得海水温度和含盐度的垂直变化数据。根据相关数据，研究人员迄今已绘制了1.65万幅断裂海冰的剖面图，其中4520幅是秋冬季节南极大浮冰的剖面图。海象“收集”的数据有助于研究海冰的厚度、形成过程及速度，加深人们对南极附近洋流的认识。此外，科学家还能以很低的代价对海洋中不为人知的区域进行探索，从而更精确地评估气候变暖对南半球海洋的影响。[②]

康科迪亚站的科研重点分为七大块展开。(1) 地球物理学。研究大陆

---

① 法国国家科研中心网，http：//www. ambafrance - cn. org/Investissement - de - milliards - de - yuans - pour - la - science - et - la - technologie. html。

② http：//it. sohu. com/20080815/n258900321. shtml.

构造和大陆漂移，通过仪器的校准工作，以证实卫星数据进行研究。(2) 天文学。由于极地空气尚无污染，冰穹 C 提供了特别有利的观察条件。该项目同时研究外行星、陨石和微陨石。(3) 冰川学。从 3270 米深的冰川中提取的试样有助于研究 80 万年的空气。(4) 气候学。通过发射气象气球研究臭氧层空洞，研究人员还试图利用水同位素重建过去的气候。(5) 社会学和人类医学。研究人类群体生活在一个密闭的空间内几个月的生活条件。(6) 技术。设备必须能够承受极端寒冷的条件。(7) 物流。要确保科研站几个月的独立性。从这些研究项目计划来看，法国已形成近乎完整的南极科学。

对外，法国重视南极事务的国际合作，包括欧盟和南极条约体系框架内的成员国。在制度安排上，法属南半球和南极领地（the TAAF）不受属于欧盟。根据当年《欧洲经济共同体条约》（European Community Treaty），法国南极和次南极属地的捕渔活动不受欧盟管辖，除此之外法国其他地方的捕鱼活动必须遵守《欧盟共同渔业政策》（Common Fisheries Policy）。[①] 不过，2007 年法国审核科学和技术选择议会办公室（French Parliamentary Office for Scientific and Technologic Choice）提出了在南极问题上与欧盟合作的重要性，强调要与欧洲以及世界其他国家发展双边和多边关系。法国还与欧洲科学基金会合作，成为欧洲极地事务的中坚力量，为极地研究做出贡献。除此之外，法国积极推动建立共同的欧洲极地研究中心，促进在科研、物流和基础设施方面的共同合作。在国际层面，法国不仅是南极条约体系的签约国，积极维护南极条约规定，而且与多个国家共同在科研和物流方面合作，例如与澳大利亚、日本携手完成“南极东部海洋协同普查”(CEAMARC) 项目，与澳大利亚、意大利合作从事天体物理（ARENA）项目。除了科研领域，对于法国来说，设立南极海洋保护区是目前的战略重点之一。自 1990 年起，法国等就建立了地中海派拉格斯海洋保护区 (Pelagos Sanctuary)，促使联合国以及世界自然保护大会等组织推动海洋保护区的建立。在第 31 届 CCAMLR 会议上，法国和美国等国提交了东南极海洋保护区提案，但因覆盖范围受到争议而至今未能通过。自 2005 年，保

---

① Anne - Marie Brady, *The Emerging Politics of Antarctica*, Routledge, 2012.

尔—埃米尔·维克多研究所还为国际南极研究科学委员会（SCAR）提供资金。

由上可见，在部分价值战略的国家中，法国是最近似全部价值的南极战略国家。在几大方面的南极价值中，法国的战略显然更重视科研和环境生态保护，以及科研和环境生态保护的国际合作，而在领土和安全问题上相对没有其他国家那么强调。法国也没有刻意和过于宣传其南半球领地与南极的联系性，从而更使得法国的南极战略有别于其他的南极领土主权要求国。

三、非领土型部分价值战略

这类国家的南极活动和前面两类国家一样受人关注，区别只是它们没有正式提出对南极的领土主权要求。但是，没有正式提出南极领土主权要求不等于这些国家没有这方面的想法和意图，通过分析可以发现一旦条件具备，它们很可能立刻就会重新加入南极土地的主权之争。在此，我们主要讨论这一类里俄罗斯和日本两个国家。

1. 俄罗斯

俄罗斯的前身苏联曾经是美国南极战略的主要竞争者，但苏联解体后，俄罗斯受其国内变动和国力下降的影响，其南极地位可以说已大幅下降，因此我们把它放在了部分价值战略国家一类里。

早在19世纪初期，俄罗斯就已经开始了南极探险活动，并主张南极大陆是由俄国人率先发现的，但是苏联在1949年前从未对南极提出任何主权要求。冷战中，当美国提出签署《南极条约》的倡议后，苏联也开始积极响应，呼吁暂时冻结南极的领土主权。[①] 但是这并不表示苏联对南极这块战略要地漠不关心，由于《南极条约》要求南极冻结主权要求、去军事化和仅用于科学考察，苏联转而抓紧在南极兴建科考基地，先后在南极大陆四周建立了八个科考基地。自20世纪70年代初开始，苏联陆续在南极大陆外围资源潜在储量丰富的地区建立了一些科学考察站，特别是在被认为

---

① 郭培清、石伟华：《南极政治问题的多角度探讨》，海洋出版社2012年版，第107—108页。

有丰富矿产资源及碳化物的罗斯海和南极半岛，以及被认为富含天然气的威德尔海等地。这种几乎是环南极大陆等距离建站的行为，可以说与美国率先在南极点建站的做法有异曲同工之妙，不能说它们就绝对没有领土方面的考虑。

随着苏联解体及冷战结束，俄罗斯在成立之初，其经济军事一度陷入低迷，因而不得不在南极问题及南极活动中减少各项投入。近年来，俄罗斯实力大增，希望能够重扬昔日大国的风范，因而重视发展海洋事业，寄希望于利用海洋资源，壮大海军实力，海洋战略成为俄罗斯的大国战略之一。

俄罗斯的官方文件明确指出其海洋战略利益包括：俄罗斯联邦海域（涵盖内海、领海和其上空及水下）的主权不可侵犯；确保在俄罗斯联邦所管辖的专属经济区、大陆架进行自然资源、生物资源的开发和保护之权利不受侵犯，同时确保俄罗斯联邦能够在其所管辖的范围内拥有使用和管理海水、风流和风力生产能源，创建人工岛屿，以及进行海洋科学研究和海洋环境保护的权利；确保俄罗斯联邦拥有在公海航行、操作、渔业、科研、铺设海底电缆和管道的自由；保证俄罗斯联邦能够在参与海上救援、防止海洋污染时，必要的话可对重要的海上交通实施控制，从而创造有利于俄罗斯联邦的海上活动效益。

南极事务被俄罗斯置于其海洋战略之中，俄罗斯将南极视为巩固其印度洋海洋地位的重要一环。俄罗斯将在南极的各项活动视为俄罗斯联邦巩固其印度洋地位的一种长期手段，把俄罗斯舰队在南极大陆附近的海域所进行的活动，以及俄罗斯的南极科考活动都列为俄罗斯联邦的国家利益。①俄罗斯认为，对南极所进行的科学考察、生物勘探甚至是南极周围的救援工作，均从各个方面强化了其在印度洋的存在，进而强化了俄罗斯联邦的海洋权益，对于提振俄罗斯的大国地位多有裨益。也正是因为对南极的这一战略定位，我们说俄罗斯已从苏联时期与美国在南极的同级竞争降级到部分价值战略的国家，南极只是其印度洋区域战略的一大组成部分。

---

① Federation R, Putin V. Maritime doctrine of Russian Federation 2020［J］. 2001.

不过，俄罗斯毕竟不是印度洋国家，因而南极对于俄罗斯的传统安全并不是非常重要，所以在南极的安全认知上，俄罗斯更关心环境气候的变化。俄罗斯认为，南极作为尚未遭受人类破坏的最后一片净土，是研究气候变化十分珍贵的样本采集地。随着全球变暖而引发的一系列非传统安全问题日益凸显，全球气候变暖有可能会导致新的地缘冲突，北冰洋冰盖融化就曾引发了俄罗斯同周边国家关于北冰洋航道的争夺，这种争夺也会慢慢地向南极蔓延。

俄罗斯在科研上也比较重视对气候变化的研究，为了观察 80 万年来南极大陆的气候和温室气体变化周期，自 20 世纪五六十年代开始，俄罗斯、日本、英国等 10 余个国家已经在南极冰盖钻下 180 个不同深度的孔。①

近年来由于全球气候变暖，冰盖变薄，更有专家发现在南极的冰盖下可能存在相当庞大，其面积与美国相差无几的全球最大水域。② 这对缺乏淡水资源的当前世界无疑是一个巨大的好消息，因而更加重了世界各国加紧争夺南极资源的想象。在原先的规模上，2007 年俄罗斯又派出第 53 次南极考察队，携带 102 名考察队员，70 名水手，以及白俄罗斯的考察队代表奔赴南极，续建上世纪 80 年代因资金短缺而停建的南极洲太平洋扇形区的两个基地。③ 2012 年俄罗斯考察队研究人员宣布，经过 20 多年的努力，终于钻透南极冰层，触及冰层下存在大约 2000 万年的巨大淡水湖——东方湖。俄罗斯研究人员打算使用遥控设备继续考察东方湖，并且采集湖水和湖底沉积样本。不少国家认为俄罗斯的进一步行为可能会破坏《南极条约》的相关规定，对南极水下生物生存环境造成破坏，而这一计划目前仍旧在等待南极条约组织的批准。④

---

① “南极深钻冰芯探寻气候往事”，http：//www. weather. com. cn/climate/qhbhyw/04/1856212. shtml。

② 俄罗斯《观点报》：“南极冰盖下暗藏‘生命绿洲’”，http://news. xinhuanet. com/world/2008 -01/07/content_7377577. htm。

③ “南极又成新闻焦点：重视气候变化还是意在夺取资源?”，http：//guancha. gmw. cn/content/2007 -11/12/content_ 696355. htm。

④ Chown S L，Lee J E，Hughes K A，et al. Challenges to the Future Conservation of the Antarctic ［J］. Science，2012，337（6091）：158 -159.

俄罗斯一直是参与南极科学考察的主要国家，目前俄罗斯在南极建有八个常年科考站，其研究领域涉及南极的冰盖、海洋、岛屿、河流、大气层、高层大气以及电离层等，同时在对研究数据进行测量和监控时又不断创造和提升自身的科研能力。俄罗斯的南极科学研究一直处于世界领先地位，其南极科研机构主要由俄罗斯南北极研究所和俄罗斯科学院组成，截至2010年，共产出南极科研论文1065篇，发文名次占世界第九位，主要涉及多学科地球科学、气象与大气科学、海洋学、天文学与天体物理学、地球化学与地球物理等。① 在南极的冰下湖钻探、资源勘探、南极往来船只研发建造、南极海陆空交通运输工具建造等方面，俄罗斯也代表着世界一流水准。俄罗斯还很重视完善与经济和生态之利益休戚相关的法律，利用立法来更好地实现俄罗斯的利益。②

俄罗斯的测量船较多，几乎每两三年就造一艘，而且吨位也比较大，例如6600—9100吨的AKADMIK系列、9920吨的KRYLDB号、7500吨的ABKHAZYA级。近期也建造中等吨位的测量船，像3422吨“西伯利亚柯夫”级，但不是主流。俄罗斯大型测量船常年保持全球海域活动，海洋作业的项目是综合性的，主要包括海洋测量、救生、地质、气象、水文、生物和化学等方面。不过，其测量设备的数量虽多，但战技指标和功能一般、更新周期长，不如美、日等国先进。俄罗斯的破冰能力很强，共拥有九艘核动力破冰船，2007年服役的“胜利50周年”号核动力破冰船满载排水量达到2.5万吨，装备两个核反应堆，最大破冰厚度达到2.8米。世界上独一无二的核动力破冰船队，使得俄罗斯几乎拥有了在北极地区无限巡航的能力。俄海军及战略空军所属舰艇、战略轰炸机，也正式将保护北极科考、掩护破冰船队作为重要战备任务之一。不过，南极事务仍不属于这些能力的重要覆盖范围。

20世纪70年代中期，苏联就已经开始了南极磷虾的大规模商业化捕

---

① 常李艳、华薇娜、李煜：“通过国际南极论文分析南极研究现状”，《极地研究》2010年第2期。

② State Research Center “Arctic and Antarctic Reserch Institute” – leader of Russian Polar science：http：//www. aari. ru/main. php? lg = 1.

捞，1982 年更是创纪录地达到 50 万吨的捕获量，占南极磷虾捕捞量的 93%。苏联解体后，南极磷虾的捕获量也逐步减少，但迄今为止，俄罗斯同智利、日本、波兰一起仍旧是南极磷虾捕捞的主要国家。

美国、欧盟、澳大利亚和新西兰认为俄罗斯在南大洋的捕捞损害了自身的利益，于是向南极海洋生物资源养护委员会提出要在南大洋建立两个海洋保护区，对南极磷虾和其他海洋生物进行预防性保护，保护区内将免受矿业、环境污染、军事活动、过度捕捞等人类活动的侵扰，从而使南大洋一些天然的生态系统得以保留。这一提议立刻遭到俄罗斯的坚决反对，2013 年 7 月在德国不莱梅召开的“南极海洋生物资源养护委员会”特别会议上，由于俄罗斯和乌克兰的坚决反对，在南极海建立两个海洋保护区的提案未能顺利通过。[①] 俄罗斯提出了一个妥协方案，在第一阶段把南极的罗斯海水域变成“科研”区，而后再另行自定和实施有关调解在该地区捕捞海洋生物资源的法律文件。[②]

俄罗斯在南极科考、海洋交通装备、南极运输等领域处于世界领先地位，并且使得“南极事务”在俄罗斯的国家战略的实施上得到进一步保障。2010 年，俄罗斯政府制定并出台了《俄罗斯联邦世界海洋专项纲要》之子纲要——《2020 年及以后南极活动发展战略》（这是在 1998 年制定的《考察和研究南极子纲要》基础上发展而来的），俄罗斯经济发展与贸易部是实施纲要的主要负责机构，相关部门包括国防部、自然资源部、科学与创新署、能源与工业部工业署、海洋和河运交通署、水文气象和环境检测局、外交部和农业部渔业署。

南极活动发展战略提出了三个阶段的规划部署：2010—2013 年为第一阶段，其目标是维护俄罗斯联邦在南极的各项活动；在俄罗斯“进步”科考站建成新的过冬房屋和冰雪起降跑道，并投入使用；全面完成 2007 年 8 月在国际极地年所提出的各项任务。2013—2020 年为第二阶段，其主要任

---

① “国际社会讨论在南极建立迄今规模最大的海洋保护区”，http：//gb. cri. cn/42071/2013/10/24/6611s4296834. htm。

② “俄罗斯反对在南极罗斯海建立保护区”，http：//radiovr. com. cn/2013_ 07_17/228482257/。

务是继续对南极科考活动的基础设施进行现代化改造和技术更新，以及对现有研究的南极区域进行跨部门综合性研究。2020—2030 年为第三阶段，其主要任务是确保俄罗斯在南极研究方面的世界地位。①

发展战略也提出了一些具体目标，如将建造五艘科考船及一架备有轮式及雪上两用起落架的伊尔 114 - 100T 飞机，维修八个科考站和季节性基地，预计将投入 605 亿卢布（约合 20 亿美元）的资金。

俄罗斯总理梅德韦杰夫还于 2013 年批准了《俄罗斯 2013—2017 年南极科考计划》，该计划将继续支持俄罗斯对全球气候变化、冰川下的“东方湖”、地形测量、地图绘制的研究活动以及为俄罗斯航天事业提供保障。该计划明确了俄罗斯南极科考活动的一些具体规定：（1）人员数量：在不考虑科考船船员和飞机机组人员的情况下，每年俄罗斯南极科考队冬季组 110 人，其他季节组 120 人；（2）规定可供使用的俄罗斯南极站为进步站、和平站、东方站、新拉扎列夫斯基站、别林斯高晋站；（3）可供使用的季节性飞行基地为友谊 - 4、联盟、青年人、列宁格勒、俄罗斯、邦杰山（2015 年后投入使用）；（4）航空保障情况：新拉扎列夫斯基站机场和进步站机场为可以起降大中型飞机的冰雪机场，东方、青年、俄罗斯、友谊 - 4、邦杰山（2015—2017 年使用）为可起降中小型飞机的冰雪机场；拥有四架 KA - 32C 型直升机和两架中小型飞机；（5）能源保障为每个南极站或季节性飞行基地 2013—2014 年供应柴油 1900 吨以上，2015 年后不少于 2150 吨，提供航空燃油 550 吨；（6）船只保障：俄罗斯联邦水文和环境监测署所属的“菲奥德洛夫院士号”和“特列什尼科夫院士号”加强型破冰船，俄罗斯联邦地下资源署的“阿列克桑德·卡尔宾斯基院士号”科学考察船。②

为了保障 2020 海洋规划任务的顺利实现，俄罗斯联邦政府海洋委员会发挥了重要的协调和执行作用。俄罗斯联邦政府海洋委员会是常设机构，

---

① On strategy for the development of the Russian Federation activities in the Antarctic for the period until 2020 and longer - term perspective.

② “俄罗斯 2013—2017 年南极科考计划”，http：//www. most. gov. cn/gnwkjdt/201303/t20130313_ 100114. htm。

它以俄罗斯国家政策及有关国际政策为基础，确定俄罗斯联邦海洋工作的优先方向，确定和修改国家海洋政策的目标和任务，制订国家海洋工作发展计划。[①] 海洋委员会设主席、副主席、执行书记。主席通常由俄罗斯联邦政府总理担任，副主席由副总理或国防部长担任，委员有30人左右，从人员构成上来看，均是来自联邦政府各部门、地方政府部门和海洋工作和研究领域的主要负责人，从一定层面上反映出了委员会的权威性，强化了其管理权力和协调作用。[②]

从战略规划到计划制订，再到高级别的协调委员会的设置，表明俄罗斯对海洋发展的高度重视。不过，就像俄罗斯本身的国力那样，在南极事务上要再回到过去苏联时代的地位，确实还需要一定的时间。

2. 日本

日本很早就开始了在南极的科研活动，是最早从事南极考察的亚洲国家。20世纪30年代初，随着捕鲸业的兴盛，日本对南极的兴趣日益增强。日本民族很早即有捕食鲸鱼的历史，从1906年起日本采用现代化技术大规模捕鲸。1910—1912年间，白濑矗中尉率领第一支日本南极考察队到达了南极。为了纪念白濑中尉率领的探险活动，1961年新西兰地名委员会命名Ross Ice Shelf的东北边为白濑海岸。1939年一名日本议员建议政府应该根据白濑矗的探险经历，对南极提出主权要求，以建立捕鲸基地。1940年11月，当智利政府提出南极领土要求时，日本政府正式通知智利，认为在智利宣称所谓的智利南极领土区域内，日本有着重要利益和权利。鉴于此，日本特别保留声明自己要求的权利。日本的南极经历引起了盟国的关注。1951年旧金山对日和约特别规定了日本与南极洲之间的关系，“日本放弃因为日本国家或国民在南极任何地区活动所衍生之所有权利、权力根据或利益之请求权”。和约要求日本放弃的是请求权，丝毫不涉及日本对南极提出领土要求的权利的概念，也就是根本不承认日本的主权索求

---

① ПоложениеоМорскойколлегиипприПравительствеРоссийскойФедерации，http：//www. minsvyaz. ru/industry/1681/2255. shtm.

② Состав Морской коллегии при Правительстве Российской Федерации，http：//www. minsvyaz. ru/industry/1681/2255. shtml2007－09－30.

经历，即日本不是国际公认的“主权要求国”，这一规定具有重要的国际法意义。

条约彻底“斩断”了日本今后在南极寻求领土要求的任何可能，但反过来，条约也保证了这个昔日的战败国得以自由进入南极洲，因为条约并未排斥日本未来的南极活动。基于这样的历史，以及其官方关于南极的立场声明，明确提出关于主权问题，应该保持1959年各方关于保持现状政策的声明或者认可（条约第四条），日本根据第四条拒绝承认任何国家在南极的领土主权要求，① 所以我们很难完全排除日本对南极领土方面的战略考虑。

因南极问题国际潮流的变化，日本很快就把重心转向了南极科研和在南极条约体系内的活动。20世纪50年代中期日本即恢复了南极考察。1956年11月，日本战后第一次进行南极考察。1957年1月29日，日本在翁古尔岛设立了昭和站。日本参加了以考察南极为主题的1957/1958国际地球物理年活动，获得大量科研成果，因而成为《南极条约》12个创始国之一，享有特殊的协商国地位，得以参与南极事务的重大决策。日本自从1961年第一次参加南极条约协商会议以来一直扮演着积极的角色，分别于1970年10月和1994年4月在东京主办了第6届和第18届会议。

到目前为止，日本已在南极洲建立了四个考察站——昭和站、Mizuho站、Asuka站和富士站。昭和站是一个全年站，位于毛德皇后地，其余两个均为夏季站。1956年夏季，日本南极考察探险队乘“宗谷”号破冰船，在东南极的吕佐—夫霍姆湾一带考察，于1957年1月29日建成昭和站。

日本的南极科学研究特色优势明显，侧重关注与其自身国家面临的问题和将来发展战略相关的领域，尤其是在非传统安全方面，比如气象观测站对臭氧层和二氧化碳浓度的持续监测、研究海洋生物、关注地球生物多样性等。考察基地的科学考察项目包括以下几个方面：宇宙射线、极光、电离层、哨声和VLF－ELF释放、地磁、气象、地震、重力、测地和绘制

① 参考日本外交部网站：Antarctic Treaty and Environmental Protocol http：//www. mofa. go. jp/policy/environment/convention/antarctic. html。访问日期：2015年12月1日。

地图、海洋、冰川、地质、地理、生物和医学。船测项目包括：VLF 释放、无线电波传播、气象、地磁、重力、地震、海洋生物、海洋化学和海洋物理。除了地面观测，还利用升火箭和气球，并且开始利用卫星来考察南极。

其一些代表性成果也在世界南极研究中占有重要地位，如 2006 年 1 月，日本第 47 次南极考察队在日本南极“富士”站成功钻取南极冰盖以下 3028.5 米的冰芯，预计冰芯样本中可能包含 100 万年前以来的数据，这也成为人类当时在南极钻取的最古老的冰芯。日本是南极陨石大国，到目前为止共收集了不少于 16187 块陨石。日本发现的南极陨石占已发观的南极陨石总量的 70%，并首次发现了月球陨石，现今发现的月球陨石中至少有一半是由日本发现的。日本在南极发现的陨石数量之多、投入的研究之深是其他国家无法比拟的。另外，日本、法国、俄罗斯等国都启动了南极微生物研究计划，在南极微生物基因的研究和利用方面走在世界前列，南极生物基因有巨大的经济价值。

日本的南极研究主要由日本国立极地研究所承担（NIPR），有空间及高层大气学组、地学组、生物学组、极地工程学组。2013 年日本国立极地研究所的主要课题有：极地中高层大气的变化性和耦合过程；关于极地地层大气的少数成分研究；南极海洋东部的海洋系统变迁；极地电离层和磁力层耦合对太阳风能量输入的响应；日冕物质的起源和进化；从极地地区看固态地球动力学；极地生态系统对环境变化的反应；在南极的极端气候条件下人类生物和医药研究；在昭和站附近影响海冰变化的因素分析等等。①

另外国立研究所也与其他机构共同合作一些极地项目，并以空间和高层大气科学、气象学和冰川学以及生物科学为主要研究领域，从中可以看出日本在关注气候变化、全球变暖、臭氧层保护以及生物多样性等方面的战略考虑。

2009 年日本南极科考队公布 2010—2015 年（日本南极科考队第 52 次至 57 次考察）的科研方向和重点，科学观察分为两类，一类是以项目为

---

① 参考日本国立极地研究所网站：http：//www. nipr. ac. jp/english/。

导向的研究观察，另一类是基本观察。第一类可以分为三种：优先重点的、普通的和探索性的研究观察。“从南极探索全球变暖”已经被定为有限重点研究观察项目，因为这个课题与社会需要高度相关，具有重要科学价值。后一类，即基本观察，由监测和常规观察组成，包括气象观测、继续测量磁场、潮汐观察等。另外一个重点是把破冰船作为提供国际合作的平台。另外，由于日本是地震多发、能源缺乏国家，所以地理、气象、微生物和能源等方面构成了南极考察的重点领域。

日本的南极考察设施与后勤保障也属于世界先进水平，先后建造了三艘考察船——“宗谷”丸、“富士”丸和“白濑”丸。其中，日本保安队的“白濑”号破冰船凭借其先进的技术和设备，已经成为国际合作的重要平台。

日本50多年前就建立了一套很好的南极考察管理和协调机制（参考图4—9），并一直持续至今。这套机制将南极考察作为国家整体事业来推进，外务省、文部科学省、农林水产省、国土交通省、气象厅等参与南极科考的部门通力协作，由南极地域观测统合推进、总部统一协调管理。南极考察与组队由许多政府机构共同实施，队员主要来自国立极地研究所、气象厅、通信综合研究所、国土地理院、海上保安厅、国立和私立大学及私人企业。所有关于南极考察建议的决定留待南极队本部来决定，南极考察队本部包括与南极科学考察后勤及运输支援有关部门的代表和科学顾问，相应的政府部门是文部省国立极地研究所。在这些部门中，国际极地研究所负责日本南极考察项目中的超高层大气物理、地磁、地震、海洋生物等的常规观测，还负责一些短期的研究项目和南极考察的后勤工作，运输省气象厅负责常规气象观测，邮政省通讯综合研究所负责电离层常规观测，运输省海上保安厅负责海洋化学、海洋物理的常规观测，建设省国土地理院负责测地、绘制南极地图。本部组织的秘书处属于文部省学术国际局管理。海上运输是通过考察船“白濑”来完成的，由日本海上自卫队负责船的航行工作。南极研究联络委员会与南极研究科学委员会协作推荐长期的日本南极考察项目，并促使有关国内外组织一起协作。[①]

① 郑名源：“日本的南极科学考察”，《电波科学报》1991年第4期，第78—88页。

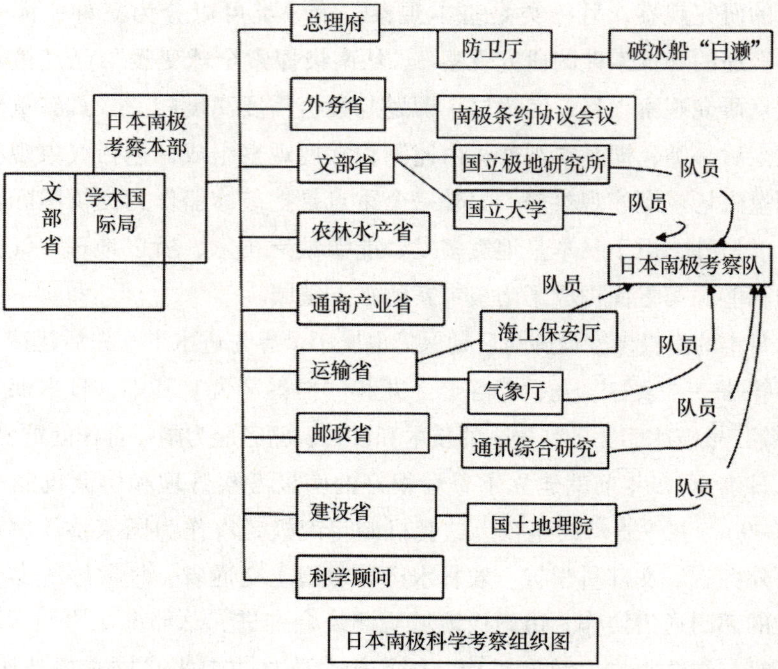

图 4—9 日本南极考察管理和协调机制示意图

日本也很重视南极的国内立法，如 1997 年通过了《关于保护南极环境法案》（The Law Relating to Protection of the Environment in Antarctic），并于 1998 年 1 月 14 日与《南极环境保护议定书》同时生效。法律的主要内容包括：[①] 关于去南极活动的申请需要经由日本环境省批准；除了科研，禁止有关南极海洋资源的探测和开采；关于为了保护动物群和植物群而实施的限制；废物的正确处理和管理；保护南极特别保护区以及南极历史遗址和纪念物。通过《关于保护南极环境法案》，日本确保了国际条约《南极环境保护议定书》在日本国内的执行。另外，这部法案主要是针对在南极的旅游和其他活动，因而将日本民间在南极的活动也纳入到官方的监督和控制范围之内。

① 参考日本环境省网站：Efforts to Protect Antarctic in Japan，http://www.env.go.jp/nature/nankyoku/kankyohogo_en/kankyo_en/hogo/kokunai/。访问时间：2015 年 12 月 1 日。

不过，日本的南极活动在国际上屡遭诟病。日本是目前全球最大的捕鲸、食鲸国，由于日本的捕鲸传统，日本在南极洲附近的捕鲸活动不仅遭到国际非政府组织的强烈批评和抗议，也引起了与澳大利亚等国的矛盾，并且引发了在捕鲸问题上的外交纠纷。澳大利亚、新西兰①、法国等国家对日本的捕鲸行为进行了外交上的干涉，另外一些非政府组织如美国环保组织“海洋守护者协会”②、国际捕鲸委员会、世界自然基金会③、国际人道协会④等组织都对日本以科研为名义的捕鲸行为进行批评。2008 年 1 月 15 日，澳大利亚联邦法院曾裁定，日本在南极水域进行鲸类捕杀的行为违反澳大利亚环境法，要求日方停止对鲸类的捕杀。虽然这一裁决对在公海上活动的日本捕鲸船没有约束力，但却明确表达了澳大利亚对此事的态度。2010 年 5 月，澳大利亚政府又就日本科研捕鲸问题向国际法院提起诉讼。2014 年 3 月，国际法院裁定日本的南极捕鲸活动并非出于其自称的“科研目的”，应当停止。然而，不顾国际法院的禁令，2015 年 12 月 1 日日本又重启“科研捕鲸”。为此，澳大利亚、新西兰、美国等 33 个国家和地区联名向日本政府提出抗议。

在 20 世纪 70 年代，日本与苏联同为南极磷虾最大的捕捞国，严重威胁到南极生态系统的生物链基础，导致 1980 年《南极海洋生物资源养护公约》的出台。

---

① 针对 2011 年日本继续的海上捕鲸活动，新西兰外长麦卡利发表声明，强烈批评日本政府将继续在南极海域的科研捕鲸行为，称其“完全没有尊重新西兰及澳大利亚国民表现出来的强烈担忧”。麦卡利指出，日方以科研为目的在南极海域捕鲸“非常可疑”。澳大利亚政府也已发表声明，批评日本继续科研捕鲸的方针。

② 美国环保组织“海洋守护者协会”多次阻挠日本的捕鲸活动。其中在 2010 年 2 月 6 日，美国环保组织“海洋守护者协会”以及日本水产厅透露，当地时间 6 日上午 9 时 20 分左右，该组织的抗议船只“Steve Irwin”号在南极海撞上日本调查捕鲸船“第 2 勇新丸”，导致后者船尾损坏。撞击没有导致人员受伤。

③ 世界自然基金会（WWF）国际物种计划有关负责人表示，“WWF（世界自然基金会）坚决反对在南大洋开展所谓的为科学研究而进行的捕鲸活动。南大洋是地球上鲸鱼生存最重要的地区之一，多数南大洋鲸鱼种群数量目前仍然没有恢复”。

④ 国际人道协会副主席凯蒂·布洛克表示，“日本的捕鲸行为违背了使这些动物免于商业捕杀的国际意愿。借科研名义捕鲸是滥用权力，并且违反了保护义务，因为日本是国际捕鲸委员会的成员”。

总之，日本在南极活动上的投入属于国际前列，说明了南极战略对日本的重要意义。与其他国家相比，日本在南极问题上最大的不同在于，有国际条约曾明确禁止其对南极的领土权利，这其实从另一面说明了国际条约对日本南极战略的某种防范。为此，日本在南极科研以及南极事务的国际合作上花了很多精力，以此为突破口来显示、证明自身的南极地位。不过，日本对南极海洋生物资源的利用，特别是其捕鲸行为在国际上遭到很大反对，使得其国家的南极形象又遭到很大折损，无法让其凭南极科研和国际合作的优势而在南极国际事务上发挥更大作用。

第四节　机会价值战略

尽管南极条约协商国有29个，但并非所有国家都完全是从南极本身的价值来思考其南极战略的，而是更多地与别的某种考虑或目的联系在一起，我们将此称为机会价值的南极战略。当然，这里所指的机会要比我们一般意义理解上的机会更慎重、更长期些，而不是一种短期行为，一种随时可以牺牲和用之来交换的筹码。

在别的考虑或目的方面，根据我们对几个国家的研究，也分为三类：一是把南极与国家的身份塑造联系在一起；二是把南极作为国家世界贡献的途径；三是把南极作为大国战略的一个部分。

一、南极与国家的身份构建

鉴于南极问题的特殊性，我们这里所说的身份构建主要指南部国家（也即南半球，特别是临近南极国家），南极在这里成了“南部”的一种构成性身份。反过来，由于处在地球南部，这样的国家觉得自己天经地义地不应离席南极事务。

这里我们主要挑选南非和巴西两国为代表。与前面同样处在南半球的澳大利亚、新西兰、阿根廷和智利不同，这两国并没有非常认真地把南极问题上升为重要的国家事务来看，至少可以说现阶段在这两国的国家事务中，南极问题是排得非常靠后的。当然，就它们二者之间来说，对南极问题的考虑又不完全一样。

1. 南非

作为最接近南极洲的国家之一，南非涉足南极及其附属岛屿可追溯至最早的航海发现，好望角由于其地理位置，成为探险家及捕鱼者的停留地。二战后，南非正式参与南极事务，南非的科学家参加了1957—1958年的国际地球物理年活动，南非是南极研究科学委员会（SCAR）的发起国之一，也是12个南极条约原始缔约国之一。南非1959年起就开始了南极科考工作，在南极洲建立了萨纳埃考察站，并在开普敦和考察站之间开通了飞机航线。[①] 很多南极考察活动都将南非作为其探险旅途中重要的物资补给地，例如印度、俄罗斯、德国、英国等，都将开普敦作为南极考察重要的后勤枢纽。南非还是少数几个进入南极大陆的洲际航班的关口之一，每年的11月至次年的2月，从开普敦有飞往南极大陆上俄罗斯新扎列夫或挪威Troll站的洲际航班。

南非在南极的基建设备主要包括科考站和考察船。南非在南极的第一个考察站SANAE Ⅰ（南非在南极考察站的名字与其国家南极考察队的缩写一致）建成于1962年，第一代考察站是一座简易的木制结构建筑物；SANAE Ⅱ建成于1971年。由于两个考察站均位于冰架的边缘，第一代SANAE和第二代SANAE的寿命期都相对较短，最终被积雪掩埋。SANAE Ⅲ建成于1979年，其寿命维持到1995年，该建筑结构在积雪重压下开始变形。SANAE IV的建设从1993/1994年度开始，于1997年投入使用，是南非在南极唯一一个常年考察站。SANAE IV距离海岸线约180公里，为SANAE IV运输补给需要维持一支车队，南非的南极考察也就带有较强的内陆考察色彩。所有的物资将从考察船卸到内陆车队的雪橇上，为考察站补给的油料也是同样的方式，只不过是通过安装在雪橇上的大油罐来运输的。[②]

① “南非将建设通往南极的新‘门户’”，《云南日报》2004年5月26日。

② 张体军：“主要南极考察国家介绍之南非”，《中山一周》总第25期，http://polar.chinare.gov.cn/xuelong/news/200910/2009102009353013699.pdf。上网时间：2015年12月8日。

萨纳站（SANAE IV）由三个大小不等的建筑组成，建筑面积3300平方米，为常年科学考察站，其全名为南非国家南极考察队研究站，于1997年建成，在新一代考察站中服役年限最长。该考察站建在海拔800英尺（243.8米）的冰原岛峰上，岛峰下面的空间像个大旋涡将雪吸进去，防止峰顶的考察站被积雪掩埋。人们称这个科考站为看得见风景的实验室。此外，萨纳站位于内陆，距海约100英里（160.9公里），又建在坚固的岩石上，因而成为进行敏感的地震学和GPS研究的理想地点。萨纳站冬季最多容纳20人，夏季为60人。具体研究的项目包括南极磁层和电离层地面观测、南半球极光雷达实验、宇宙射线、无线电研究和各种国际极地年项目等。

此外，南非还有两个非常年的科考站——莫里森岛站（Marion Station）和戈夫岛站（Gough Station）。莫里森岛站主要从事生态环境领域的问题研究，截至目前已发表论文将近1000篇。长期的生态监测项目为其对气候变化及全球变暖等问题的研究提供了素材。考察站目前主要从事以下领域的研究：天气和气候变化问题；陆地生态系统和海洋生态系统的相互作用；海鸟、海豹和鲸鱼的生活环境变迁；陆地生态系统和海岸生态系统的结构及功能等。①

戈夫岛站建于1956年。戈夫岛是英属特里斯坦·达库尼亚（Tristan da Cunha）的属地，距离好望角约2700千米，由南非政府通过租用建立考察站。考察站一般有6个至8个员工常年在站工作。戈夫岛及其附近岛屿是联合国教科文组织认定的世界遗产，被认为是世界上最少受到干扰的生态系统，也是南极企鹅的主要栖息地之一，以及特里斯坦信天翁（Tristan Albatross）的主要栖息地。考察站主要从事气象方面的研究，每小时进行一次天气观测，每两天进行一次上空大气观测。此外，还有很多临时的鸟类保护及生态系统保护相关研究项目。

目前服役的南非南极考察船MV SA Agulhas建造于1977年，由日本三菱重工建造，1978年首航。该船净吨位7107吨；满员138人，其中船员

---

① http://www.sanap.ac.za/sanap_stations/sanap_stations.html。上网时间：2015年11月14日。

40 人，研究人员 98 人；续航能力 90 天，15000 海里。由于该船服役已经超过 30 年，因此南非也在计划制造新的南极考察船。该船配有南非空军的 Oryx 中型直升机，可载 20 人。某些时候，南非南极考察队也会租用较小的直升机使用（如 Bell 212）。

在机制构建上，南非设有“南非国家南极项目组”（SANAP：South African National Antarctic Programme），代表南非政府负责南极科学研究、科研考察、政策制定、执行等相关事务。南非国家南极项目组的目标是通过有效的科学研究，增进对南极自然环境和生物的了解。同时，为了维持南非在南极的存在和确保未来的主动权，确保南非在事关南极重大利益上的决策权和知情权，需要国家增强对国际社会和其他国家在该地区能力的预测。[①] 国家南极项目组在行政上原隶属于南非环境和旅游事务部（The Department of Environmental Affairs and Tourism），自 2003 年开始由环境和旅游事务部、科技部对南极项目组实行交叉领导，即科技部主要为南非国家南极项目组提供科研指导，具体由南非国家研究基金（The National Research Foundation）代表科技部负责实施，而环境事务和旅游部仍然为国家南极项目组提供后勤保障和基础设施建设等服务。所有列入南极考察研究的项目必须通过一个名叫“南非南极研究委员会”（SACAR）的专家审核，其总部就设于开普敦。

气候和生态环境是南非南极科研的重点，按南非南极项目组的计划，重点关注以下五个方面的主题：（1）发挥南极作为地球窗口的价值，通过萨纳站这一良好的天文观测站来提高对地球空间的物理学认识；（2）了解过去、现在和未来的气候变化，具体包括研究海洋的物理过程和生物过程与全球气候的相互作用；研究板块构造过程、温室气体排放、古海洋化学（包括沉降和具有重要经济价值的金属矿床）、气候变化以及生物地理学之间的相互作用；（3）生物多样性对地球系统变化的响应，具体了解海洋和陆地生物多样性的时空变化；了解生物在个体和生态系统层面上对环境变化的响应；区分自然因素和人为因素对生物多样性的影响；（4）推动南极考察可持续性发展工程，主要是研制、试验和实施最优的工程解决方案以

① http：//www. sanap. org. za/about_ sanap/about_ sanap. html.

达到南极环境影响最小化、效率最大化和更好地服务站基科考活动；为最小化人类活动对南极环境的直接影响提供科学化的政策建议；（5）南极研究与考察的历史学、社会学和政治学研究，主要从历史学、社会学和政治学等视角来研究南非的南极考察与研究，同时可作为学科、机构和研究人员拓展与提升南极研究能力和成就的平台。

不过，对于这样一个研究重点，南非国内的态度有些分裂。国家南极项目组强调保护南极和南大洋的环境对全球及南非的重要性，认为保护南极地区的整个生态系统，包括南大洋和南极大陆至关重要。① 但 1/3 以上的南非人认为生活中有比环保更重要的事，那就是发展，解决气候变化问题不能以牺牲发展为代价，发展比环保对南非更为迫切。这种观点分歧进一步被阶层甚至种族化，认为南极的野生生态价值仍只是属于占主导地位的白人科学家的话语权，对公众而言，并不见得有多重要。从殖民时期和种族隔离时期继承下来的白人对环境的关切更被视为一种霸权话语，被大部分黑人抵触。②

南非的南极科研遇到的最大挑战是科研经费和后勤支持不足。尽管南非政府开始日益重视南极问题研究，但南极科研所获得的国内后勤支持远远无法满足其需求。据南非南极项目组的官方网站公布的数据显示，2004 年 5 月 25 日，在开普敦举行的第 27 届南极条约协商会议上，南非政府宣布其用于南极科研的经费将在近期增长一倍，但尽管如此，当年度南极科研预算才达到 1000 万南非兰特（约 150 万美元）。③ 而且南非科考的物质装备严重缺乏，长期以来仅有一所 Agulhas 考察船，直到 2011 年 Agulhas 2 号才开始运营。

---

① http：//www. sanap. ac. za/about_ sanap/about_ sanap. html。上网时间：2015 年 11 月 12 日。

② Sean Beckett &Heidi Prozesky，“Hegemonic Definitions from the ‘North’：Environmental Concern as a Western Construct and its Applicability to the South African and Antarctic Context”，workshop on *Exploring Antarctic Value*，held at the University of Canterbury，Christchurch，New Zealane（5 December 2011）.

③ http：//www. sanap. ac. za/about_ sanap/about_ sanap. html. 上网时间：2015 年 11 月 14 日。

不过，南非政府仍积极在南极事务上有所作为。南非计划成为继新西兰和阿根廷之后通往南极大陆的“门户国家”，地理位置优越的开普敦将为前往南极的科考队提供给养、通信、运输等后勤保障。另外，南非政府正努力推动“海洋与海岸带综合管理绿皮书”成为南非海洋政策和海洋法。

由上可见，南极对于南非的国家身份构建的影响是双重的：一方面，作为南极条约的原始缔约国，作为最靠近南极的国家之一，作为通向南极的门户之一，南非不可能选择置身于南极事务之外，对南极事务的参与可以说已成为其国家属性的一部分，尽管与其他国家相比其投入非常有限；另一方面，南极问题却被南非国内社会分裂化，对南极事务的态度成了社会阶层和种族的区分标志之一。不过，反过来理解，这种矛盾态度的共存本身也可以说是南非国家特性的表现。

2. 巴西

巴西把南极作为其身份构建的维度之一，一定程度上是被其南美的身份绑架的。许多国际事务上，巴西必须与其他南美国家站在一边，南极问题上也是如此。而为了获得南极事务的发言权，巴西又不得不涉足南极事务。当然，这种说法也许将来不一定还可以用到巴西身上，如果它作为新兴国家的一员，进一步崛起为一个世界性大国的话。

巴西 1975 年签署《南极条约》，为巴西参与南极科学研究提供了国际平台。直到 1982 年，巴西海军成功制造一艘 Danish 号破冰船（后改名为 Barão de Teffé）后，第一支巴西探险队才来到南极，并在 1983 年建起了他们第一个南极基站，从而成为南极条约协商国成员。巴西在南极的活动甚至居于智利和阿根廷之后，作为一个新来者，巴西在南极事务中完全处于劣势。然而近年来由于巴西经济实力的大幅度提升，建立与自身经济实力相对称的海军力量迫在眉睫，但英国在南极事务的频频干涉以及对一些岛屿的虎视眈眈，威胁到巴西的航运交通，因此近年来巴西以南美国家一员的姿态开始参与南极事务，以期在大陆架划界问题上获得南美一些国家的支持。2004 年，巴西向大陆架界限委员会提交了从测算领海宽度的基线量起 200 海里以外大陆架界限的资料，表达了巴西对自身领土边界的诉求。为了换取南美国家对于巴西大陆架延伸的支持，它积极支持南美国家对南极的领土诉求。①

这样，南极在一定程度上也成了巴西的一个安全问题。由于英国在马岛上保留势力，而英国所控制和意图控制的几处小岛（如 Ascensão Island）正好处于海上交通要道，巴西东北部和南美的联系就这样被阻隔了。巴西作为区域性大国，并不希望西方势力过多地插手南美洲事务。为了获取南美国家的支持，巴西在马岛问题上强烈支持阿根廷政府，其代表性行动则是阻止悬挂马岛旗帜的船只靠岸。

因此，巴西军方对南极事务的参与较深，2009 年巴西海军将 Almirante Maximiano 号破冰船纳入海军编队。巴西军队也常为南极科学研究提供技术、管理、后勤人员支持，并在物质装备上提供协助。巴西海军在本土装备了五个现代化的南极模拟实验室。巴西空军也直接参与南极项目的管理和运作。

巴西民间还曾想过分南极土地的一杯羹。一些学者在 1964—1985 年军人独裁时期阐述了南极的地缘政治思想，强调应该利用巴西地缘战略位置的特殊性，尤其是 1982 年马岛战争阿根廷被英国击败后，认为巴西应去填补阿根廷战败后带来的权力真空，并使巴西成为大西洋西南的监护人（guardian of the South - West Atlantic）。巴西学者塞尔希培·卡斯特罗（Therezinha de Castro）提出过一个面对理论（defrontaçao），认为在南极洲面对南美的区域，所有南美洲国家都应移除其基站，将这一区域置于南美六国（巴西、阿根廷、智利、厄瓜多尔、乌拉圭、秘鲁）的共同控制之下，这样就能使面对南极的每一个南美国家，都获得一块从其子午线到南极点中途毫无阻挡的扇形地区。这一划分方法虽然缩小了目前阿根廷和智利所宣称的南极领地，但却能有效地将英国排除出南极与南美相邻的一大块区域，而巴西也能在其中分得一块南极土地。

虽然“面对理论”在巴西的地缘政治学者之间颇受追捧，但却从未得到过巴西政府的官方支持。毫无疑问，这一理论虽然能够给乌拉圭、秘鲁和厄瓜多尔带来一些益处并且得到这几个国家的支持，但由于伤害了阿根

---

① Wiesebron M L. Blue Amazon：thinking the defense of Brazilian maritime territory. *AUSTRAL*，2013：101.

廷和智利的利益，必然会遭致这两国的强烈反对。[1]

作为南极事务的后来者，巴西无论是在设施还是科研上都还很落后。第一次南极探险活动开展后，巴西推出了“南极计划”（Brazilian Antarctic Program），其目的是为了强化巴西在南极的存在。此次南极探险的成功使得巴西于1983年成为南极条约的协商国，其第一个南极科考基地（费拉斯站）也在这年建立，此外还建立了数个进行南极研究的实验室和科研机构。之后又建立了五个避难站（Criosfera 1，Refuge Emílio Goeldi，Refuge Astronomer Cruls，Refuge Engineer Wiltgen 和 Refuge Pe. Balduino Rambo）以及两个营点（Hardy Point Camp 和 Harmony Point Camp），在南极洲外的里奥格兰德（Rio Grande）设有一个支援站点。

费拉斯少校站（The Comandante Ferraz Brazilian Antarctic Base）是巴西目前在南极唯一的全年科考站。考察站于1984年2月开始投入使用，1986年成为全年科考站。考察站位于62°05S、58°24W 的乔治王岛（King George Island），距离南极半岛约130千米，曾是南极捕鲸的主要目的地，至今尚可看见大量鲸鱼的骨骼遗体。考察站所在地夏季气温较高，气温在零下5摄氏度到4摄氏度之间，周围有许多鲸鱼、企鹅在此生存繁衍。考察站建筑面积达2600平方米，配有实验室、工作台、储藏间、机房等设施。

巴西的南极科考站临近南极半岛，其周围鲸鱼、海豹、企鹅等生物资源丰富，因而从事生物学、南极生态研究等就成为巴西南极科研的重点关注领域。此外，相关的物理学、生物化学等的研究也有所涉及。随着巴西对南极科考力度的加大，巴西南极科研领域不断拓展，逐步扩展到南极大气层、南大洋洋流等多个领域。

巴西的南极计划主导机构是巴西海军，一些大学和研究所也参与。政府各部门的参与和分工情况为：（1）国防部，负责管理和协调巴西的海军和空军，实施南极计划；（2）国家科学和技术发展委员会，负责南极研究的资助，协调和实施；（3）科技部，负责制订南极的科研计划；（4）环保

---

① Child J. Stamps of South American Antarctica, the South Atlantic Islands, and Popular Culture. *Studies in Latin American Popular Culture*, 2012, 30 (1): 4 - 17.

部门，监督巴西在南极的科研活动，确保符合国际规则，最大限度减少人类在南极的活动所造成的不利影响；（5）外交部，负责南极事务的国际协调；（6）矿产能源部，为南极一些站点提供设施建设和车辆的特殊防冻燃料。①

在南极活动力量上，目前共拥有两艘破冰船（Almirante Maximiano 和 Ary Rongel）和五艘海洋研究船只［Cruzeiro do Sul（H－38）、Barão de Teffé（H－42）、NOc Almirante Câmara（H－41）、NOc Almirante Álvaro Alberto（H－43）、NOc Professor Besnard］，两架直升机［Bell JetRanger（IH－6B）、HB350 Esquilo（UH－12/13）］和一架军用运输机（C－130 Hercules）。②

总的来说，巴西的南极科考活动起步较晚，并未形成规模，也没有重大的科学发现和理论建树。2009 年巴西科技部表示，将投资 810 万美元用于巴西的南极科学考察计划，其主要研究对象集中于气候变化对南极洲的影响，但是其中大部分项目都要依靠与其他拉美国家的共同合作。③ 不幸的是，2012 年南极科考站意外失火，大约 70% 的设施付之一炬，巴西政府估计需要花费两年时间重建巴西的南极科考站，因此最近巴西的南极科考活动陷入停滞。南极问题上只能通过外交或官方活动象征性地表达自身在南极问题上的立场，在其对外战略中所占比重并不高，与其南美大国或新兴国家地位并不是很相称。不过，如本部分一开始所说的，好在巴西本意也不是要在南极问题上投入很多，其南极战略的目的仅在于团结南美国家，争取自身大陆架界的延伸。

二、南极与国家的世界贡献

南极无论是对于科研还是环境保护，还是对于地球自身的了解，都有

---

① Brazilian Antarctic Program，http：//en. wikipedia. org/wiki/Brazilian_ Antarctic_ Program.

② Brazilian Antarctic Program：http：//en. wikipedia. org/wiki/Brazilian_ Antarctic_ Program.

③ “巴西将出资 800 多万美元用于南极科考”，http：//news. xinhuanet. com/world/2009－08/19/content_ 11911702. htm。

着极为重要的意义，因而有的国家把对南极事务的参与看做实现自己对世界贡献的一个途径，其背后有很强的人类主义的意识。如果这么说有些过于拔高的话，那么也可把这些国家对南极事务的参与看做是对其某些方面世界级力量的一种展示。

这类国家我们主要选了德国和韩国。也许把德国放在这一类不是完全没有异议，但至少从二战以来到目前为止，德国还没有显露出更大的世界性战略，如果有的话，它也许把抱负寄托在了下面要讲的欧盟身上。基于这些考虑，把德国放在这一类里讲也是可以成立的。

1. **德国**

相比较于法国和英国，德国探险队踏上南极征途晚了将近 160 多年。1902 年 1 月，冯·德里加尔斯基带领德国探险队到达克尔格伦岛，建立了首个德国南极站。纳粹德国统治期间，德国人到达了南极毛德皇后地，由于挪威已对其宣布拥有主权，德国将其更名为“新斯瓦比亚”，宣布其为德国南极属地，位于东经 20 度、西经 10 度之间。为了减少鲸油的进口量，德国在南极搜索合适的捕鲸站，希特勒也不满足于仅有的南极属地，迅速向南极扩张势力。然而德国的扩张野心遭到英国的海上打击，第二次世界大战失败后，德国失去了其南极的属地。

20 世纪 80 年代，德国在南极事务上再次活跃起来，积极参与南极考察和南极政治协商会议，在南极事务中扮演着不可或缺的大国角色。在《南极环境保护议定书》通过后，德国国内还出台了《沃尔弗罗姆草案》以保护南极环境，规定任何的科研和旅游活动都必须通过联邦环境局的授权。

德国拥有世界最领先的极地研究机构之一，那就是阿尔弗雷德·韦格纳极地与海洋研究所（AWI - Alfred Wegener Institute for Polar and Marine Research）。研究所设立了四个研究室，包括气候系统、海洋生态系统、深海底生态系统和地球系统，雇用了大概 1000 名员工，2012 年获得了 1.12 亿欧元基金，达到 2011 年德国 GDP 的 0.0043%。其中，德国联邦教育及科研部（BMBF）每年为南极科研提供资金超过 5000 万欧元，占总量的 90%，[①] 不

① 详见德国联邦教育及科研部网站，http://www.bmbf.de/en/2647.php? hilite = antarctic。

来梅州提供 8%，勃兰登堡州和石勒苏益格—荷尔斯泰因州又各提供 1%。[①]

德国在南极设有格·冯·诺伊迈尔站和三个夏季站。始建于 1981 年的诺伊迈尔站是唯一的常年站，现在的第三代诺伊迈尔站是由德国和欧洲航天局投资 2.6 亿欧元，采用最尖端太空技术，于 2008 年建成使用的。[②] 阿尔弗雷德·韦格纳极地与海洋研究所为诺伊迈尔站以及一年四季运行的“Polarstern 号研究船”提供必要的设备和物流。

图 4—10　德国诺伊迈尔Ⅲ科考站

韦格纳极地与海洋研究所的优先研究事项是极地海洋区域及该区域生物群的研究，该研究所会将最新研究成果汇报联邦政府，为政府制定环境政策提供参考。目前，具体的战略研究重点集中在六个方面。第一，不断变化的北极和南极，包括：（1）地球系统中冰盖的作用；（2）在北极气候系统气溶胶、水汽和臭氧对北极气候系统的作用；（3）海冰—大气—海洋

① https：//www. comnap. aq/Members/AWI/SitePages/Home. aspx.

② 郭培清、石伟华：《南极政治问题的多角度探讨》，海洋出版社 2012 年版，第 11 页。

在两极生态系统的相互作用；（4）南极极地附近气候与生态系统研究；（5）冻土退化和沿海，大陆架和深海环境中碳元素流动的作用；（6）海洋变暖和酸化：生物和它们在海洋生态系统中的作用变化。第二，沿海变化，包括：（1）食物网和多样性在全球和区域的变化；（2）将进化生态学与沿海和大陆架整合；（3）海洋系统在全球和区域系统的压力；（4）整合沿海管理的观测。第三，过去的经验教训，包括：（1）过去的极地气候和半球间的耦合；（2）从温室到冰房：构造、气候和生物圈发展；（3）发展和创新：古气候研究进展的基线。第四，从极地的视角看地球系统，包括：（1）当前和未来的地球系统变化；（2）长期以来的地球系统；（3）拉普捷夫海/勒拿河三角洲和北海沿海地区气候变化的现有知识评估。第五，基础设施。第六，大型设施。①

德国的南极科学研究和设备处于世界前沿水平，着重于全球气候变化研究，并且将目前的研究重点放在极地海洋区域及该区域生物群的研究上。研究所取得了不少重大科研成果，托马斯·布雷和团队其他来自美国、德国的成员发表了《南极洲双壳类化石和树木记录下的始新世温室状态中的厄尔尼诺》，通过研究大约5000万年前生活在南极洲海岸的古代蚌化石来揭示厄尔尼诺现象。研究所的冰川学家还在格陵兰冰原下3200米深处钻出的冰核中，发现了一个冰冻在200万年前的鲜松针仍然具有活性，发掘了松针的医药疗效。这一发现在全球引起巨大轰动，其除了有药用价值外，也告诉了我们松树的生命力有多么顽强。2006年德国的冰下机器人探测活动率先突破了人类的极限，进入南极陆架冰边缘之下的海底世界。②

利用其科研，以及科研成果的应用转化方面的力量和优势，德国非常热心于南极事务的国际活动。德国也参与了欧洲南极冰芯钻探项目（EPICA），并为此建立了柯南站提供后勤保障。柯南站海拔2892米，距德国诺迈伊尔站702公里。2002年德国诶尔康风力发电设备公司建造了风力发电

① 详见PACES项目计划书，http://www.awi.de/fileadmin/user_upload/Research/Research_Program/Docs/PACES_Programme_Proposal_AWI_GKSS.pdf。

② 详见PACES项目计划书，http://www.awi.de/fileadmin/user_upload/Research/Research_Program/Docs/PACES_Programme_Proposal_AWI_GKSS.pdf。

机组，取代柴油发电机，投入澳大利亚南极马夫松研究站使用，为南极发电开创先锋。德国的南极数据库处于南极研究的前沿位置，为世界南极研究提供了大量数据。

德国是裁减核武器的中坚力量，是《全面禁止核试验条约》（CTBT）的第三大出资国，遵守该条约的监测站全球网络已完成85%，赋予了CTBT强大的效力。德国《全面禁止核试验条约》的国际监测系统（IMS）的三个监测站中有两个就安设在南极科考站（PS19 | AS035 和 IS26 | IS27）。①

与美国一样，德国也热衷于南极的国际“巡视”。基于《南极条约》第七条赋予的观察国身份，根据《马德里议定书》第14条规定，为了促进该条约的和平利用目标，确保各国遵守其规定，德国和南非共和国代表于2013年1月对南极进行了联合检查，并在外交部网站发布了检查报告。检查队走访了伊丽莎白公主站（比利时）、巨魔站（挪威）、梅特里站（印度）、第六哈雷站（英国），并在报告中指出，虽然没有直接观察到违反《南极条约环境保护议定书》的行为，但是四个科考站实践条约体系标准的程度不同。报告具体调查了物流和运营、环境保护（废物管理和处置、污水和室内液体废物处理、动植物保护管理）、科学考察和国际合作、和平目的使用南极洲、培训和意识、报告以及旅游七个方面。检查队调查认为废物管理和处置、污水和室内液体废物处理还有进步空间。南极的科考站没有雇用军事人员，有些站曾经使用过武装部队进行后勤保障，未违反条约规定，现在只有一个站有少量用于岩石爆破的炸药，使用于正在进行的建设活动，已被安全存储。报告推荐使用先进的技术更新信息记录，并且履行报告义务。报告最后还推荐考虑使用更有效的后勤保障网络，并且要求各国在开展科考项目前必须获得许可证。②

此外，德国也在推动两个话题的国际讨论。一个问题较小，即南极旅游；而另一个问题较大，涉及南极资源开发。参加2013年初走访一些南极

---

① http://www.auswaertiges - amt.de/cae/servlet/contentblob/651074/publicationFile/182348/ABRBericht2012Broschuere_EN.pdf.

② http://www.auswaertiges - amt.de/cae/servlet/contentblob/648064/publicationFile/181258/Antarktisbroschuere_EN.pdf.

科考站的德国联邦政府国际法问题法律顾问和联邦外事办公室负责法律事务的总干事马丁·奈伊博在一次采访中谈到，南极存在两个大问题：首先是如何处理南极旅游问题，虽然旅游被认为对环境保护不利，只能将此限制在非常有限的范围内，但是我们也不能将南极只局限于科考，对于南极长期的环境保护而言，一定数量的旅游也是必要的；另外一个重要问题是我们不仅必须禁止开采南极自然资源，也必须禁止相关资源的勘探。自然资源的开采禁令到了一定期限便会过期。他也晦涩地提出一些国家已经正在考虑如何在科学研究中提取资源。①

但实际上，德国自身企业就善于将南极的资源转化成医药和化妆品，提升了南极的商业价值，从而引起一个值得关注的新问题，即专利法和南极条约体系之间的出入。

当前，世界上并不存在一个单一的连贯的专利制度，但一些国家和地区在区域一体化作用下相互合作，往往使用同一套专利系统，并有一些指标显示现在正形成使用世界通用专利体系的趋势。目前在世界运用最广的是世界贸易组织（WTO）中达成的《与贸易相关方面的知识产权》法规（TRIPS），要求所有成员国对“各个技术领域的任何发明提供专利保护，无论是产品或过程”（1994 世界贸易组织：第 27 条第 1 款）。另外，《生物多样性公约》（CBD）是适用于维护生物多样性和遗传资源的主要国际法律文书。专利法规定申请方必须提交书面申请和说明，但是 20 世纪 70 年代，相关国家决定采用生物物质存储方式来代替书面说明。这种方式比书面申请更容易获得专利，于是很多生物专利都没有详细说明。这在 1977 年制定的国际承认用于专利程序的微生物保存的《布达佩斯条约》中有法可循。该条约对专利的保密性有所规定：任何国际保存都不允许透露微生物保存信息。依据本条约，除了交存的自然人或法人有权取得交存副本，国际保存单位不得向任何人提供交存微生物的任何信息（BT regulations 1977：rule 9.2 secrecy）。因此这个规定限制了公众获得生物材料信息，它并不为本发明的使用开放途径。然而，与之相悖的是《南极条约》第三款

① http://www.auswaertiges-amt.de/EN/Aussenpolitik/InternatRecht/Aktuell/130204-Antarktis-Inspektion.html.

(1)(c) 项的规定："南极科学研究的结果应予免费交换和共享。《布达佩斯条约》却限制了生物样品研究结果的共享性，并且不鼓励这种交流，在这一点上专利制度与《南极条约》一般规则背道而驰。除此之外，关于南极资源信息的规定在现实中也遇到了困境。《与贸易相关方面的知识产权》和《生物多样性公约》之间存在一个受到争议的政治问题，涉及到是否要求专利申请人披露作为本发明基础的生物材料来源/产地/法律出处。发展中国家希望申请人公布信息，共享科学福利，但是专利申请方（往往来自于发达国家）抱怨如此提供信息过分繁琐，而实际上，这些公司是希望能在需要时继续开采专有的资源，独享成果。因此，很少有国家公布生物信息，而只限于内部使用。此外，荷兰、比利时和法国在第30届南极条约国协商会议时提交文件，表明了处理专利的立场，根据《南极条约》第Ⅲ款第1条规定，南极商业化遵循了科学考察报告和成果自由共享的规定，南极洲生物勘探获得的遗传资源发明的物质和/或技术获取专利，被尽可能多地使用于实践，与《南极条约》第Ⅲ款第1条规定并不矛盾。商业化是否应受到进一步规范，是值得考虑的问题（ATCM2007A）。[①] 这些事实表明，在专利法和《南极条约》相互矛盾时，专利法往往占据上峰，申请方更愿意服从专利法规定。这便使得南极的生物资源在专利法框架下被挖掘，用于商业目的，威胁了南极的生态平衡而无法采取有效的法律手段。因此，如何使南极条约体系与专利法结合，保证南极资源在规定范围内被开采，将是南极资源和环境机制安全的一大挑战。

从一定程度上，南极可以说已进入一个资源的"微"开发时代，而德国无疑属于处在最前沿的开发者之一。尽管南极条约体系禁止南极矿物资源开发，要求保护南极环境，但并没有明确微生物资源的规定，而相关方对基于这些资源的研究专利的认证却在变相地承认和鼓励这方面的资源勘探和开发研究。德国把这个问题提了出来，无论国际社会将来的讨论是禁止还是允许这种勘探和研究开发行为继续，其都把自己确立为一个引领者，甚至可能是领导者。

---

① MW Tvedt, Patent law and bioprospceting in Anterctica, *Polar Record*, 2010, 46 (1): 1-10.

2. 韩国

韩国也是一个南极事务的后来者，其对南极的兴趣主要是为了渔业。在朴正熙执政时期，韩国在深海渔业方面的捕获量和出口量已占世界前三，但在20世纪60年代中期，美国和苏联提出了北极海的渔域限制，韩国把注意力转到南极海岸地区。韩国媒体在20世纪70年初期对南极经济发展的潜力开始全面报道，加之其他国家的南极发展现状和主权纷争的可能性，大众对南极的关心也与日俱增。朴正熙政府想通过南极渔业解决当时韩国面临的贫困问题，于是开始大力发展南极渔业。韩国政府为了参与南极渔业，首先与澳大利亚和新西兰进行了外交活动并得到他们的协助。[①]朴正熙政府向南极条约成员国提交意向书，明确表示韩国加入《南极条约》的理由是为了开发南极的矿物和海洋资源。[②]

1978年12月7日，韩国水产部为了调查磷虾的捕获量和经济发展的可能性而向南大洋派遣了研究船。水产部表示："进入南极是韩国政府的主要事业，是为了向国民提供良好的蛋白质。"[③] 同一天，朴正熙出席了关于南极探索的照片展览会，表示要"拿出生死的探索能够表现出韩国的国力，还能够鼓励年轻人冒险和奋斗"。[④] 他还希望通过基地探索表现出韩国人的良好国民性，从而激发国民的民族主义精神。1978年，为预测磷虾的捕获数量，韩国的水产厅要求韩国的渔业公司进军"南极水产"，从1978年到1979年在南极的恩德比地和威尔克斯地的海岸捕捞磷虾。[⑤]

全斗焕政府是通过政变上台的，南极问题成了解决其国内政权合法性的一个手段。韩国外交通商部表示，以增强韩国的国力为最终目标，努力通过外交手段来加入《南极条约》。韩国举办了讨论南极资源独占问题的国际海洋法律研究讨论会议，参加这次会议的有美国、苏联、日本。[⑥]

---

① 정부, 제 3 국통해회신대기 "북양에계속조업희망" 소에한국입장전달 [N]. 경향신문, 1976-12-27.

② 남극조약가입추진 [N]. 동아일보, 1978-03-11.

③ 새우어장조사선출항 [N]. 매일경제, 1978-12-07.

④ 박대통령큰영애아주보도사진전탐험장비전참관 [N]. 경향신문, 1978-12-07.

⑤ 장순근.남극대륙과우리나라의연구[C]. 首尔. 과학사상 No.34, 2000, pp.184-199.

⑥ 서울서열린국제해양법워크샵, 해양새질서를찾는다 [N]. 경향일보, 1981-07-06.

1984 年，韩国外交通商部向南极海洋生物资源养护委员会（CCAMLR）提交申请书后，通过委员会的投票程序，韩国成为成员国，对其加入《南极条约》起了很好的推动作用。[①]

全斗焕政府进一步借助南极问题，用非政府的方式来推动其与其他国家，特别是社会主义国家的关系。1984 年韩国外交通商部计划了第一次南极探索，[②] 组织了由 36 个海洋探索员与研究员组成的探险队。[③] 探险队分成三组，第一组的任务是访问七个外国研究基地，收集对韩国基地建设所需要的资料，并且通过水中摄影来调查海洋生物，以及观测海洋气象。第二组是登上南极顶峰，采集每个高度的岩石和观测风力情况。第三组是以到达南极点为目标。[④] 在美国、智力、阿根廷以及包括一些社会主义国家如中国、波兰的帮助下，探险队成功地完成了探索任务。[⑤] 这次考察成了韩国加入《南极条约》的转折点，1986 年 11 月 27 日韩国成为《南极条约》的第 33 位成员国。韩国外交通商部对此表示，“宣布韩国成功加入《南极条约》，让国际社会知道韩国的地位”。[⑥]

1987 年 4 月 13 日，全斗焕表示第 13 届总统将间接选举产生，在其总统的任期结束后将向卢泰愚过渡政权，这激起了国内的强烈反对。为了稳定国民的反政府示威情绪，5 月 14 日韩国科技部部长发表声明，表示韩国政府正在乔治王岛建设韩国的南极基地。[⑦] 韩国海洋开发研究所与韩国外交部和韩国企业“现代建设”合作勘察了乔治王岛，并同时设立了韩国南极国家开发研究所（KONCAR）。不管它的意图怎样，在乔治王岛上建设韩国的第一个科学基地，的确是考虑到长期的战略性观点。[⑧] 当时有些媒体报道，民众们对南极科学基地和宇宙开发等政府的大规模科学计划表现

① 남극자원보존협약가입신청서제출 [N]. 매일경제, 1984-03-06.
② 11 월 16 일출발예정우리나라척남극탐사 [N]. 동아일보, 1984-03-07.
③ 한국탐험대남극을간다 [N]. 동아일보, 1985-07-19.
④ 남극은무한한가능성의대륙 [N]. 경향일보, 1985-08-22.
⑤ 남극상설기지설치급해요 [N]. 동아일보, 1985-12-18.
⑥ 미래의자원기지확보 [N]. 경향일보, 1986-12-03.
⑦ 남극기지내년 2 월건설 [N]. 동아일보, 1987-05-14.
⑧ 한국남극기지빨리세워야 [N]. 경향일보, 1987-02-13.

出怀疑的态度。[①] 全斗焕政府为了应对向南极建设科学基地持有否定性的意见，让两个广播电视台做关于韩国南极基地建设过程的介绍，以及与其他国家在南极基地的五篇实录，来积极地宣传韩国永久科学基地的历史性作用和意义。[②] 下任前，全斗焕在1988年2月17日针对世宗科学基地发表演说，称南极的开发是韩国国力上升的象征。[③]

韩国第一个南极研究设施“世宗科学基地”的建立对韩国的南极活动来说是个标志性事件，韩国科学技术部从几所大学选派研究员，与海洋研究员一起组成了南极科学研究团，研究世宗王站周边的自然环境。1988年10月韩国政府向10个南极开发的主要国家发出邀请，选出40位学者举办了第一届国际南极科学讨论会。[④] 第二年10月，韩国被正式接纳为南极条约协商国。1990年，韩国成为南极科学委员会（SCAR）的第22个会员国，接着就举办了第二届国际南极科学讨论会。同年还创办了专业性的南极学术杂志《韩国极地研究》来介绍和报告有关南极研究的论文和相关信息。[⑤]

卢泰愚政府也是在整个国际局势中来设计其南极政策的，把南极问题作为其北方政策的一个重要环节来推进。当时的大背景是东西方缓和，以及随之而来的冷战结束，韩国科技部发表了跟着共产主义国家促进科学技术交流的方案作为政策的一部分，韩国科技部跟韩国海洋研究与发展研究所（KORDI）同苏联、中国、朝鲜共同组成了研究编制，进行亚洲海洋资源的调查，设想把世宗科学基地变成和朝鲜共同使用的计划。[⑥] 1990年6月12日卢泰愚政府签署了与苏联合作南极研究的协定，协定包括信息交流、共同研究和运送各类专家和货物，[⑦] 最后1990年9月30日与苏联建立外交关系。

---

① 거대과학과국민합의 [N]. 경향일보, 1987-05-22.
② 남극특집 5편제작양 TV [N]. 동아일보，1987-10-01.
③ 전대통령남극기지와첫통화 [N]. 경향일보，1988-02-17.
④ 극지연구소. 남극세종기지 20년사 [M]. 首尔, 2008，pp.79-80.
⑤ 극지연구소. 남극세종기지 20년사 [M]. 首尔, 2008，pp.79-80.
⑥ 과학계대공산권교류활발추진 [N]. 경향일보，1989-01-13.
⑦ 남극연구상호협력한소합의각소교환 [N]. 동아일보，1990-07-16.

1990 年 2 月 27 日卢泰愚政府同意了韩国和朝鲜研究员的见面，[①] 1991 年 1 月 28 日韩国科技部把科学技术计划向卢泰愚总统进行报告，表示为了促进南极共同调查而建立了韩国与朝鲜的企业合作模式，摸索有关韩国和中国政府之间的科学技术协力的协议。[②] 1991 年 1 月 30 日卢泰愚政府在两国国民的相互合作和半岛统一的角度上，表达了韩国愿意和朝鲜分享一切科学技术上的交流的意愿，以实现所有方面交流的积极促进作用。在快速实现韩国与朝鲜长官会谈中，具体讨论了南北共同研究南极的方案，其中包括有关世宗王站朝鲜建筑追加增建和南极大陆共同进出的协定。[③]

1991 年 8 月 19 日，为了讨论南极研究科学技术的发展协力方案，包括韩国、朝鲜、中国三国在内，300 名相关人士参加的第一次朝鲜半岛科学技术讨论会在中国延吉进行，并设想第二次讨论会 1992 年在平壤召开，第三次讨论会 1993 年在首尔召开。[④] 第一次讨论会的当天，韩国的科学技术部试图与朝鲜的科学技术部进行国家间的接触。[⑤] 在学术性的讨论会中，卢泰愚政府借南极研究，试图向朝鲜在政治上施加压力，但由于朝鲜方面的取消，两国间的接触最终没能实现。[⑥] 1992 年 8 月 24 日，卢泰愚政府与中国建交。

这样卢泰愚政府在南极上的主要政绩是建了世宗王站，但南极事业的规模却比以前的政府要小。[⑦] 这是因为，一方面，这一时期已显示南极并没有很大现实的经济价值；另一方面，和前几届政府一样，南极问题被放在了更大的政策计划中来考虑，成了影响朝鲜，增进与中、苏等社会主义国家交流的一种手段。

随着冷战结束，国际社会开始讨论全球化，韩国称之为“世界化”。韩国的第 14 届总统金泳三 1994 年 11 月 17 日访问澳大利亚时，在悉尼举

---

① 남극원정남북대원정부접촉승인 [N]. 경향일보，1990-03-01.

② 과기처보고개발사업파격적특혜 [N]. 동아일보，1991-01-28.

③ 남북과기교류적극추진 [N]. 매일경제, 1991-01-30.

④ 기대큰한민족과기협력 [N]. 매일경제, 1991-06-12.

⑤ 남북과학자들첫토론장 [N]. 매일경제, 1991-08-20.

⑥ 남북과학자들첫토론장 [N]. 매일경제, 1991-08-20.

⑦ 정부사업계획타당성없어 [N]. 매일경제, 1988-10-19.

办的记者招待会上第一次提到自己对“世界化”的看法。① 为此，金泳三还专门设立了“世界化内阁会议”，自己担任主席。1995 年 1 月 21 日他又设立了世界化促进委员会，同月 25 日发表了针对世界化的具体方案。世界化的最终目的是，在所有方面让韩国社会变成世界中心的一部分，而且要通过很多世界化议题，改善国家的形象，提高韩国在世界组织内的影响力。金泳三认为在国际社会上不能表现出自己声音的国家绝不是先进国家，② 21 世纪是环境保护的世纪，韩国要从经济开发国家转变为环境保护国家。③

南极事务就在这样的背景中被认识和推进。1995 年 5 月 8 日，第 19 届南极条约协商会议在首尔举办，韩国邀请了包括朝鲜与古巴等在内的 16 个非协商国。在新闻采访中韩国提到，希望通过这次会议在促进南极地区的和平利用与环境保护上，提高韩国的作用与贡献。④ 1996 年，韩国声明将在 2000 年着手建设第二个南极基地，增强韩国在南极地区内的存在感。⑤ 金泳三在访问智利时，特地安排给世宗王站的研究队长打电话，说“因为南极研究队的努力和帮助，韩国渐渐靠近世界的中心。为了在国际社会上提高韩国的信誉，请继续保持努力”。⑥ 按照其随行人员的证言，金泳三总统给南极基地有关人员打电话的目的是向世界展示韩国保护南极海洋资源和环境的坚定意志。⑦ 这也就是说，世界化的重要问题是保护环境，韩国通过世界化来提高自己的地位，就要成为国际环境保护的代表国家。

但是，1997 年的亚洲金融危机让韩国的南极政策再一次面临挫折。在韩国要面临国家破产的情况下，金大中于 1998 年 2 月上任，成为新一届韩国总统。金大中政府认为，南极科学不能立即产生经济利益，因此就成了

---

① 세계화는제도개혁부터 [N]. 경향일보, 1994-11-18.

② 21 세기국정운영방향제시 [N]. 경향일보, 1994-11-18.

③ 동남아오염막게남북환경공동체추진 [N]. 서울신문, 1995-06-03.

④ 인터뷰서울남극조약협의당사국회의의장 [N]. 매일경제, 1995-05-08.

⑤ 남극제 2 과학기지만든다/연구-자원선점위해추진/해양부 [N]. 동아일보. 1996-09-06.

⑥ 김대통령남극세종기지김예동대장과통화 [N]. 서울신문, 1996-09-08.

⑦ 한, 칠레남극협력확인/김대통령, 세종기지와통화 [N]. 한국일보, 1996-09-08.

首先被削减的支出项目。韩国海洋研究与发展研究所（KORDI）未能拿到关于建设南极永久基地与建造破冰船的研究预算。[①] 政府把建造第二个基地的计划也推迟到了2006年。

卢武铉总统习惯在面对挑战时，通过转移大众注意力来化解危机，他在某种程度上也利用南极问题谋求保持政府支持率或摆脱民众对政府的挑战。2003年12月8日，在世宗王站工作的八个研究员坐橡皮艇出行时遇险了。第二天，其中七个人被智利和俄罗斯的救援团救出，还有一个人被发现时已经不幸身亡。[②] 事件引发了卢武铉政府很大的危机，为了缓解民众的不满情绪，政府宣布让韩国极地研究所（KOPRI）独立于韩国海洋研究院（KORDI），并且构想建造10000吨的破冰船。极地研究开发作为政府事业，员工从40名增加到100名，年度预算将从300万美元增加到2000万美元。[③] 从某种程度上可以说，韩国南极事业的再次发展，是因为一个研究员的死亡。

曾担任过现代建设公司首席执行官的李明博更重视经济发展，2009年11月11日在与智利总统谈到有关南极开发合作时，他说21世纪的经济成长战略就是促进绿色成长，韩国对南极地域很有兴趣，[④] 兴趣之一就是对海洋能源的勘探。韩国国土海洋部长曾说，要针对能源枯竭问题提前做准备，积极应对环境污染问题，关注海洋纯洁能源。[⑤] 为了探索石油资源和煤水化合物，李明博政府同意投资十几亿美元建造10000吨破冰船“Araon”号。在李明博看来，绿色成长最大的核心就是通过解决资源枯竭问题和环境污染问题（如气候变化等危机）的过程，为经济发展提供原动力。他曾对世宗王站的研究队员说，“南极是气候变化的开始和结束，我在就职仪式中已提到过，应该通过政府来解决气候变化问题，从而促进有关它的国际合作，增加对研究的支援”。[⑥] 韩国开始建设的第二个南极基地

---

① 남극본토진입급한데… [N]. 한겨레, 2000-06-12.

② 김상협. 실종 3 명도구조됐다 [N]. 문화일보, 2003-12-09.

③ 조현석. 남극쇄빙선 1 만톤급으로 [N]. 서울신문, 2004-02-09.

④ 정용관. 한－칠레 ‘두 MB’ 정상 “녹색성장협력” [N]. 동아일보, 2009-11-12.

⑤ 정종환. ‘무한영토’ 바다를개척하자 [N]. 동아일보, 2009-06-01.

⑥ 편집부. 이명박대통령연설문집. 1 [M]. 首尔：대통령실, 2009 : 289-290.

Jangbogo 站，最重要的目标也是研究气候变化。[1]

为了创造国际绿色增长代表性国家的形象，李明博政府进行了持续的外交努力，2009 年 4 月 17 日举行的第 32 届南极条约协商会会议批准韩国成为管理南极特别保护区的第 15 个国家。[2] 韩国环境部地球环境部门科长表示，“企鹅村（位于世宗王站附近）的南极特别保护区域指定，能在环境保护示范方面提高韩国的地位，还会对今后构建第二个南极基地等等活动起到巨大作用”。[3]

由历任韩国总统的南极政策可见，韩国的南极活动虽然有服务国内经济发展的考虑，但这方面实际的成果有限，各届政府最主要的考虑还是国内政治，以及怎样提高韩国的国际可见度和国际地位。如韩国自己所言，南极事务标志着韩国处在世界的中心行列，是个有影响的重要国家。在某些特别时期，南极问题也成了韩国试图突破一些外交困境的出口，如南北分裂问题。

韩国南极研究的主要机构是韩国极地研究所（KOPRI）、韩国海洋科学技术院（KORDI）。韩国国土、运输及海洋事务部负责制定五年一期的“南极研究活动振兴基本计划”，组织南极科学考察，建设南极的基础设施。自 20 世纪 90 年代后期以来，韩国教育部开始制订南极活动的长期计划，聚焦南极环境保护制定南极战略。它表明韩国南极研究的走向，从寻求关于资源研究的方案转到研究气候变化和全球性环境问题，并致力提高韩国的基础与应用科学研究水平。1998 年到 2001 年间，教育部主持了各种南极生态系统的研究就是最好的例证。除了长期计划以外，韩国教育部还研究南极遥感技术和太空探索。尽管韩国教育部要转变南极研究的走向，但是它对北极研究还是坚持以矿产资源研究为主的态度。

韩国环境部在南极方面负责参与制定有关南极活动与环境保护的国内法律，按照国内、国外环境保护法规定来管理韩国南极事务的相关部门和机关的一切活动（任何南极活动在开展前都必须得到环境部的批准），评

---

① 김상연. 남극서귀환김예동대륙기지추진위원장 [N]. 동아일보, 2010-02-24.

② 최용성. 우리나라가남극 ‘펭귄마을’ 지킨다 [N]. 매일경제, 2009-04-19.

③ 김정수. 남극 ‘펭귄마을’ 한국이지킨다 [N]. 한겨레, 2009-04-19.

估世宗王站的运营情况，组织政府检查组考察南极的环境变化与生态环境。韩国外交通商部定期参与南极条约协商会议，收集有关南极条约成员国在南极活动的趋势，分析南极主权问题和世界列强之间在南极的地缘政治矛盾；根据南极地缘政治格局的变化和趋势准备谈判资料，在南极地区内维持韩国的经济、政治利益，并试图推动南极事务朝向以韩国为中心的方向发展；[1] 参与南极海洋生物资源养护委员会加强韩国渔业公司的权利和利益，保护南极海洋生物资源。

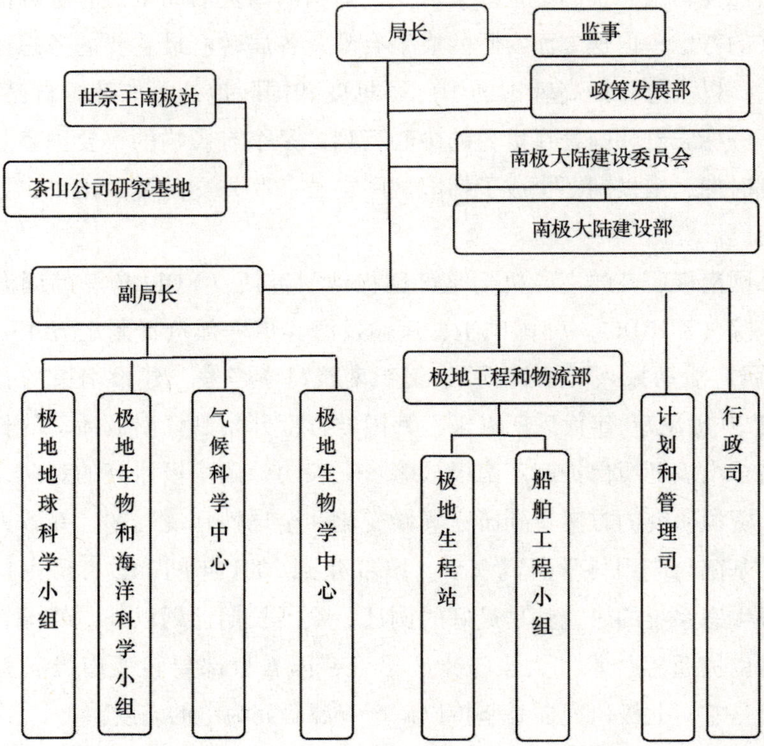

图 4—11　韩国极地研究所（KOPRI）组织图

资料来源：韩国极地研究所官方网站。

虽然有这么多部门参与南极事务，但缺乏一个权威的领导部门，因而

① 김찬우. 내일을위한환경외교펼칩니다 [N], 환경일보, 2007-07-06.

政府对南极的投入往往因领导人的变化而时多时少，很不稳定。韩国极地研究所对南极的科学知识了解也不是很多，很多只是为了基地建设及其运营管理，而不是对南极的综合了解。当然，其他一些机构也在做南极相关研究。如 1991 年，为了加强信息通信方面的研究，韩国科学技术院（KAIST）的人造卫星研究中心在世宗王站设置了韩国第一个人造卫星的收发报机。[①] 同年，韩国的第一艘南极研究船 Onnuri 号起航，配备了海洋、地质学的高级研究设备。[②] 不过，总体上，韩国还说不上是一个南极科研先进的国家。

经费和科研上的不足也会影响到韩国最想达到的目标，即国际地位。李明博政府围绕气候变化对南极研究做了新的规划。第一，在技术开发方面，南极研究通过全球气候变化研究活动确保先进的环保技术。从这一角度来看，李明博政府认为对全球气候变化研究来说，南极是最合适的地方。韩国气象局前任研究员指出，韩国通过南极研究预测全球气候变化。[③] 韩国外务部条约审议员也指出，韩国的南极研究是为了地球未来而做筹备，是一个积极的研究活动。[④] 总之，韩国的南极研究能对将来构建的全球规范性环保技术提供理论性依据。[⑤] 第二，在外交努力方面，李明博政府积极促进"气候变化政策"，在国际社会上提升韩国的主导性。为了掌握全球环保文明的主导权，李明博政府在 2009 年联合国气候变化会议上宣布设立全球绿色增长研究所（GGGI）。[⑥] 2012 年，以政府间条约为基础，GGGI 成为一个国际组织。这是韩国政府的主导下建立于韩国的第一个国际组织，李明博政府要把它建成一个主要国际组织，就像联合国、经济合作与发展组织（OECD）、世界经济论坛（WEF）那样，它标志着韩国希望成为新国际成长模式的领导。李明博政府的努力受到国际社会的好评，特

---

① 이주호. 한국첫인공위성 7 월 1 일발사 [N]. 매일경제, 1992-02-15.

② 송원오. 해양연구선온누리호 [C]. 首尔, 항만 No.45, 1992, pp.34-40.

③ 김윤숙. 남극을보면지구미래가보인다 [N]. 경향일보, 2008-01-11.

④ 남극세종기지의의미 [N]. 동아일보, 1995-05-10.

⑤ 이홍금. Big Science 의미래: 거대과학으로서의극지연구 [R]. 首尔: 과학기술정책연구원, 2010 : 4-5.

⑥ 李대통령 'GGGI, 저탄소지구촌싱크탱크될것' [N]. 연합뉴스, 2009-12-18.

别是 OECD 秘书长安吉尔 · 葛利亚称赞李明博总统是“绿色成长战略之父”。[①] 总之，南极研究是李明博政府促进“气候变化政策”的基础，这对全球气候变化政策而言有推进作用。

不过，南极研究对韩国起了另一个重要作用，它使得韩国在 1999 年把极地研究的范围扩大到北极地区。[②] 2002 年韩国政府在北极斯匹次卑尔根群岛的新奥尔松地区设立了“茶山科学基地”，[③] 主要研究上层大气、宇宙、冰川和资源开发。[④]

由于韩国的南极研究更需要可见度，以及需要服务于国内政治的考虑，因此政府在南极宣传上花了很多精力。如政府曾全力支持一项在韩国颇为流行的电视娱乐节目“两天一夜”远赴南极取景拍摄。从 2009 年 12 月 19 日到 2010 年 2 月 15 日，首尔市在市政府前的广场举行大规模的宣传活动“南极体验”，利用网络让游客和世宗王站的研究员进行视频聊天。[⑤] 在韩国极地研究所（KOPRI）和韩国极地研究振兴会（KOSAP）的帮助下，首尔修建了六所建筑物，来访者成为世宗研究基地的研究员并接受南极的教育以及体验，对完成了两个过程的会员给予名誉研究会员的称号。这两项活动不但引起民众对南极的关注，还给国民留下一个印象，认为南极与韩国存在密切关系。

韩国还于 2005 年组成了极地研究的私人组织——极地研究振兴会（KOSAP），主要为活跃韩国极地活动提供全国性的支持，支持极地研究所的研究并宣传其成就，保持韩国极地研究所与民众之间的关系。它运用自己的网站发布向各界提供极地地区的信息，还积极开发极地地区的教材来支持学校和其他教育机关。极地研究振兴会不仅支援韩国极地研究所，还

① 서승욱. MB’ 원고에없던말하니통역당황… 몇초뒤웃음터지자분위기풀려’ [N]. 중앙일보, 2010-10-26.

② 신수건. 부산항제 3 의개항첫단추북극자원개발참여길도열어 [N]. 국제신문, 2013.05.15.

③ 국토교통부. 북극연구의메카, 다산기지 [R]. 首尔, 2009.

④ 강성호. 지금, 북극다산기지에서는: 마지막남은인류자원의보고 ‘북극’ [C]. 首尔, 2006, pp.70-73.

⑤ 이지희. 세종기지대원과화상통화해볼까? [N]. 공감코리아, 2009-12-31.

支援许多其他极地研究机关和研究员。它通过设立奖学金并提供援助来培训极地研究专家和研究机关。除了宣传和援助以外，为了鼓励研究员，它还收集公众的鼓励信并投递到世宗王站和茶山研究基地。

韩国对极地研究的亚洲合作也很积极，2004 年极地科学亚洲论坛（AFOPS）由韩国、中国和日本联合创立，韩国极地研究所的所长被选为论坛的议长。2005 年，马来西亚和印度加入 AFOPS，成员国变为五个。论坛的主要目的是鼓励尚未参与南极活动的国家加入，向国际极地社区展示亚洲的成就，并为研究活动的合作提供一个基础。极地科学亚洲论坛有五个工作小组——地球科学、生命科学、行星科学、工程 & 物流，还有公共关系及数据管理，每个工作小组由各成员国的代表组成。

三、南极与大国战略

对于有些国家来说，南极更是进阶大国的经由之路，对它们来说，南极不能说不重要，但其对南极事务的参与不一定非常全面，而且这种参与经常会与它们确立世界大国地位的政策或努力联系在一起。这类国家（集团）里，我们主要讨论印度和欧盟。

1. 印度

印度对南极事务的态度可分为两个阶段，即加入《南极条约》之前及之后。从 20 世纪 50 年代到 70 年代，印度极力建议将南极国际化。印度先后于 1956 年和 1958 年在联合国大会上宣称南极在性质上属于“公有物”，所有国家对其应联合进行治理，但任何国家对此不得主张所有权。[①] 1956 年 10 月，印度常驻联合国代表拉奥（A. S. Lall）向联合国秘书长提交了一份“和平利用南极洲”的报告。[②] 印度的建议遭到了南极七个主权要求国及英联邦国家的一致反对，报告未被采纳。在此期间，印度陆续参加了美

---

① Sanjay Chaturvedi, The Polar Regions: A Political Geography, Chichester: John Wiley& Sons Ltd. , 1996.

② Klaus Dodds, Geopolitics in Antarctica. Views from the Southern Ocean Rim, op. cit. , p. 138. Christopher C. Joyner, Governing the Frozen Commons: the Antarctic Regime and Environmental Protection, Columbia: University of South Carolina Press, 1998, p. 55.

国、澳大利亚、苏联等国组织的若干次南极科考活动，属于“搭车”式参与。① 1981 年年底印度组织了首次南极考察，但当时印度尚未加入《南极条约》。在这一阶段中，印度对参与南极的热忱并不突出，其对南极态度的转折始于加入《南极条约》后。1983 年 8 月，印度加入《南极条约》，并于当年 9 月成为南极条约协商国。印度加入《南极条约》意味着其放弃一贯主张的南极国际化的建议，而选择维护《南极条约》所界定的南极“现状”。此后，印度在南极事务上的参与日益加深，特别是在科考、建站、生物勘探等方面的表现较为凸显，尽可能争取在南极各方面的利益

印度的南极战略目标在于确保印度在南极的可见且有影响力的存在。由于印度并非《南极条约》的原始缔约国，也不是南极的主权要求国，地理上还不临近南极，因此南极对于印度的战略价值更多地集中于科研方面，这也是印度发挥其南极事务影响力的着力点。印度的南极考察集中于与印度国家利益相关的领域，包括冰岩芯、遥感、极地湖、气候变化、南大洋勘探、印度专属经济区调研、环境影响的调查及微生物勘探。② 特别是在微生物勘探方面，印度取得了丰硕成果。在所有国家的南极微生物勘探中发现的 130 多种微生物，其中有 20 多种是由印度发现的。此外，印度在过去的二十几年中，对极地科学知识贡献了较大的份额，在国际认可度较高的科学期刊上发表了较多学术论文。

印度设立了国家南极与海洋研究中心（National Centre for Antarctic and Ocean Research，NCAOR），专门负责南极和南大洋科考项目各方面工作的规划、协调和执行，隶属于印度地球科学部。印度于 1981 年开始其南极考察，其南极项目也始于 1981 年，由全国 70 余个机构、大学及实验室参与。印度的南极项目包括以下几方面：（1）南极探险相关的科考与物流任务；（2）科考站的维护；（3）与南极条约秘书处、南极研究科学委员会、国家南极局局长理事会秘书处保持联系；（4）建设新科考站，收集科考极地数

---

① Sanjay Chaturedi，Neloy Khare and Prem Chand Pandey，India in the Antarctic：Scientific and Geopolitical Perspectives，New Delhi：South Asian Publishers，2005. preface V.

② http：//www. washingtonbanglaradio. com/content/72943911 – ncaor – indian – gate-way – polar – regions.

据；（5）建设极地研究船舶。[①]

1983 年印度建立了第一个科考站甘戈德里（Dakshin Gangotri）。1989 年甘戈德里站被冰层覆盖后废弃，同年印度建立了位于毛德皇后地尔马赫绿洲（Schirmacher Oasis）的第二个科考站迈特里站（Maitri）。为了加快实时数据传输，印度在迈特里站安装了卫星地面站。这样，印度国内能直接获取该站的实时数据，同时站上考察队员还可随时与印度国内保持联系。印度还计划在南极建立风力发电系统，这将是南极采用的清洁（能源）技术的发展方向。[②] 2006 年印度宣布在拉斯曼丘陵地区建立第三个科考站巴拉迪（Bharati），但澳大利亚对其选址表达了高度的担忧，因为该站的选址位于澳大利亚声明的一个特别保护区内。[③] 巴拉迪站于 2008 年开始建设，2012 年建成并已投入使用。巴拉迪站由 134 个船运集装箱放置在岩石上构成，位于海边，可用于进行海洋学研究。像其他南极观测站一样，其设计可避免被积雪掩埋。[④] 据称，巴拉迪研究基地包括气象观测台、地磁台站、永久地震观测台、定位站以及冰岩芯钻探等设施。

根据新修订的印度地球科学部 2012—2013 年度战略目标实施框架文件，2012—2013 年印度地球科学部设定了 12 项主体战略目标，其中优先性最高的目标为 4 项，极地科学研究以及海洋资源开发即是其中之一。该项目的主要目标设定为改进对极地科学及其对气候变化影响的认识，主要行动包括规划、协调和实施印度南极研究项目、北极科学考察项目以及南海印度洋区域科学研究项目，启动冰冻圈、极地遥感、古气候、极地生物及环境研究等内部研究项目。海洋资源方面的战略目标是开展面向海洋资源利用的技术研发，主要是开发用于锰结核采矿和浅海实验的水下样品采

---

① Rasik Ravindra, "India in Arctic and Antarctica and its Geopolitical Significance", SaGAA, 2011.

② http：//ncaor. nic. in/.

③ Anne – Marie Brady, The Emerging Economics of Asia and Antarctica：Challenges and Opportunities, in Jabour J, M Haward and AJ Press, Australia's Antarctica：Proceedings of a Symposium to mark 75 years of the Australian Antarctic Territory, Hobart, 24 August 2011. Institute for Marine & Antarctic Studies Occasional Paper#2, pp. 103 – 113.

④ 新华网科技频道："盘点太空时代风格的南极科考站"，http://news. xinhuanet. com/tech/2013 – 07/31/c_125089018. htm。

集及粉碎系统，天然气水合物开采技术研发，包括自主采样系统开发和海洋实验，等等。①

印度的南极战略在很大程度上是基于自身地缘政治的考虑，截至2009年底，印度已进行了29次南极以及南大洋的考察活动，其考察目的都是为了更好地认识南大洋之印度洋扇区的复杂性。② 作为重要的印度洋国家，认识南极和印度洋之间的关联性很重要，无论是从安全角度还是一个国家的发展空间来说，都是如此。

在此基础上，印度借由南极事务追求一个更大的目标，即扩大其在发展中国家的影响力，进而跻身世界大国之列。在推动南极国际化时，印度以代表第三世界国家为由在南极事务上发声。1983年加入《南极条约》后，印度也多次在国际舞台上以发展中国家的立场，代表“南方”国家及新兴国家，呼吁《南极条约》应进一步开放及民主化。同时，印度也关注旅游给南极环境带来的负面影响，在其主办的第30届ATCM会议上，印度提议南极旅游人数应该最少化，且应该对载客超过500人的船舶进行严格规范，系统性地将游客引入事先划定的旅游区。在第31届ATCM会议上，印度再次强调了南极旅游带来的环境问题，指出国家项目资源可能在南极旅游需求方面投入过多。总之，印度将南极治理置于一个重要的战略地位，把南极作为印度可以代表第三世界国家或南方国家的一个重要领域。

印度积极参与南极事务相关的各类国际会议、国际组织和地区组织。2007年主办第30届南极条约协商国会议（ATCM）是印度参与南极国际事务的一个里程碑。时任印度外长慕克吉（Pranab Mukherjee）在会上致辞，强调印度视南极为“独特而公共的人类遗产”，并且肯定了南极条约体系及其规则，认为南极机制可以成为其他领域合作的典范。慕克吉的发言表明了印度政府对南极国际机制的支持与维护。2015年7月，第12届国际

① 转引自张树良整理的：“印度地球科学部战略目标及实施行动（2012—2013）”，中科院国家科学图书馆编发的《科学研究动态监测快报》2013年1月15日第2期。原文：RFD for Ministry of Earth Sciences（2012—2013），来源：http：//dod. nic. in/RFD12－13%20moes%20Apr%202012. pdf。

② 印度政府地球科学部网站，http：//dod. nic. in/expeditions. html。上网时间：2015年7月15日。

南极地球科学大会（ISAES）在印度果阿举行。南极地球科学大会旨在展示当前的南极地学研究，为国际同行提供一个交流的平台。此外，印度是南极海洋生物资源养护公约委员会、南极研究科学委员会、国家南极局局长理事会等国际组织的成员国，同时也是地区性组织——极地科学亚洲论坛会议的成员国之一。这为印度与他国一同制定南极活动规则积累了有利的经验。目前，印度在南极诸多领域，例如环境保护、治理能力建设、旅游活动管理等发挥了建设性作用，这从印度在历届南极协商会议上的关切与提案中可体现出来（见表4—3）。

表4—3　2011—2014年历届南极条约协商会议（ATCM）印度的提案及关切议题

	印度的提案	关切的议题
第37届 2014年	1. 工作文件：印与中、俄、澳共同提出建立“拉斯曼丘陵南极特别管理区” 2. 信息文件：在巴拉迪站实行长期的环境监测 3. 信息文件：视察队关于迈特里站的建议及建议的实施情况报告	1. 南极旅游不仅要关注人的安全，而且要考虑对环境的影响；倡议各方就南极旅游规范的实施和执行进行对话 2. 对于游客在南极收集化石表示关切，认为这或许会阻碍科学家正式的科研活动
第36届 2013年	1. 工作文件：与澳、中、俄共同提出关于“伊丽莎白公主地特别保护区管理计划”的草案 2. 信息文件：与俄关于2012年4月在列宁格雷德湾冰障的联合调查报告 3. 信息文件：与澳、中、俄共同提出关于“拉斯曼丘陵特别保护区管理小组”的草案 4. 信息文件：在印度的巴拉迪科考站启动环境革新以建设地球监测卫星科考站	1. 通报了将在印度的科考站引进最高环境实践标准的计划 2. 表示愿意改善科考站的设备

续表

	印度的提案	关切的议题
第 35 届 2012 年	1. 信息文件：印度位于拉斯曼丘陵的新科考站巴拉迪站的建设与运行 2. 信息文件：印与澳、中、罗及俄共同组建“拉斯曼丘陵南极特别管理区合作小组”报告 3. 信息文件：宣布采用日本视察队近期访问印度迈特里站时提出的相关建议	1. 质询非政府行为体“白沙漠”公司在俄罗斯与印度科考站周边的行为 2. 邀请各国参加印度在印度洋领域的南大洋年度考察活动
第 34 届 2011 年	1. 信息文件：印度位于拉斯曼丘陵的新科考站的综合环境评估以及建设措施的更新 2. 信息文件：与澳、中、罗、俄共同倡议的建立“拉斯曼丘陵南极特别管理区”的各管理方于 2010—2011 年的活动情况	1. 介绍了印度为印度洋沿岸国家建立的海啸预警机制 2. 建议 ATCM 不仅要关注现有的南极旅游管理措施是否足够，还要关注这些措施是否被各国真正施行 3. 强调将南极议题置于更广阔的全球背景下，突出发展的价值，并将其与其他相关的国际举措及国际组织相联系

上表系笔者根据南极条约秘书处官网发布的历届南极条约协商会议相关文件（网址：http://www.ats.aq/devAS/info_finalrep.aspx？lang = e）整理并译制而成。

2. 欧盟

与北极相比，欧盟对南极的兴趣要更小些。不过，在推进南极科研的合作上，欧盟还是希望能更好地整合其一些成员国的力量。传统上，欧盟扶持的南极研究领域包括地质、地球物理、生物和气象；现在，欧盟对气候变化问题越来越重视。例如，冰芯钻探项目用于调查过去 50 万年的自然气候的变化，这将揭示人为污染对于气候变化的作用，并为预测未来的发展趋势提供了基础。科学家也监测着大气中温室气体和南极上空的臭氧层耗竭问题。这些研究项目体现了南极大陆对全球气候研究的突出作用。欧洲南极冰芯钻探项目（EPICA）由欧洲科学基金会 ESF 负责协调，并获得参与国与欧盟的资助。此项目实施于 1991 年，通过提取冰芯的分析，使人类更好地了解末次大冰期与间冰期过程中气候演变的不同机理。项目成员为来自于欧洲 10 个国家（德国、比利时、丹麦、法国、意大利、挪威、荷兰、英国、瑞典和瑞士）的 12 位合作者。[①] 2008 年 3 月 12 日，欧盟将笛卡儿研究奖颁给了该科考小组。

早在第二次世界大战结束后，欧洲已经很清楚其世界中心的地位已不再存在，单凭某个国家已无法与世界其他大国竞争，因此它们选择了一体化的道路。不过，并非所有欧洲人都认同一体化就是要更好地去竞争世界霸权，因此欧洲的合作在步步推进，但又很难让那些希望欧洲能够借合作再夺回世界中心地位的人如愿。南极问题上也是如此，欧盟国家相互间有合作，如冰芯钻探项目，或联合建立考察站项目，但各国也有各自的打算。

对于欧盟来说，南极也是其推进一体化的一个抓手。在北极问题上，欧盟与其北欧成员国之间已展开了很有意思的博弈，南极离欧洲还比较远，类似的博弈尚未出现。不过，无论是出于欧盟的推动，还是一些成员国的需要，欧盟已拿出其一部分经费支持欧洲的科研项目，整合欧洲的科研力量。如果在南极科研上，欧盟能成为全世界的一个引领者，那么对其他领域的合作无疑会产生一种示范效应，从而有助于欧盟效力于成为一个世界性力量的努力。

南极可以说是世界上仅剩的“无主”地，其命运取决于世界各国，特别是主要的南极事务国家在战略上如何定位南极。从大跨度的历史来看，这一点已非常明显，在人类恨不得把自己塞入世界的每一个角落的时代，南极这块“无主”地是列强争相纳入囊中的对象。在二战刚结束，冷战又降临的时代，南极成了和平之地，科研的重要性超越了该是谁把它纳入囊中的问题。在大家担忧资源增长极限的年代，南极又成了解决资源枯竭的

① 详见 http://www.ambafrance-cn.org/%E6%89%93%E5%8D%B0.html?id_article=4533&lang=zh&cs=print。

替代方案。而在人类担心自己的活动对大自然造成破坏，人类会被自己行为的后果所毁灭时，南极又成了一块世界净土。

可见，南极的价值一再被重新界定，因而各国的南极战略也需不断调整。当然，这一逻辑倒过来讲也是成立的，很难说谁就绝对是因，谁肯定是果。但这里有一点需要明确，虽然一个国家的南极战略需要随大流，符合国际潮流，当《南极条约》冻结主权问题后，七个主权要求国也就无法每天纠缠于主权问题，只能同意其他国家在它们所谓的“领地”上建立科考站，但它还是个性化的，每个国家都会有不同重心的南极战略。这就是我们要把一些主要国家的南极战略分开来看的原因。在坐标处理上，我们主要是从横向比较来看，时间点就定位在当下，历史的考察已在之前的报告中有过阐述。

但是，当下并不意味着战略固定，南极价值的演变以及随之而来的各国南极战略的调整已经告诉了我们这一点，因此也有充分的理由可以相信，未来必然会再有新的变化，战略上也要为可能的变化做好预先的准备。不过，战略之所以叫战略，就在于它在一定时间内还是有稳定性的，这也使得我们在对各国南极战略的分析中，能够对南极于一国的相关价值做出判断，并明确归纳出其战略类型。这种归纳也许会有偏颇，但至少代表了我们对战略研究的一种努力，对各国具体南极战略的一种把握。

从全部价值战略到部分价值和机会价值战略，体现了各国南极卷入程度的深浅、资源投入的多少，以及一定程度上南极科研水平的高低、南极活动能力的强弱。当然，这只能是总体上而言，如果具体到某一个细的领域，如微生物勘探，那么国家的排名情况还是会有变化。

最后，还是要回到一开头所说的，由于信息掌握的不完全性，以及专业知识的局限，研究中的许多判断很可能是非常主观和片面的，但哪怕作为被全盘批判的对象，这样的研究仍然具有一定的意义。

第五章
中国南极战略利益和权益评估

第一节　国家的南极利益和权益辨析

国家利益是一国国际行动的主要目标，它可以表现在科学、文化、政治、经济、安全、社会等诸多层面，如提高一国科学研究水平，扩大一国文化影响，提升一国国际地位，增进一国经济利益，增强一国安全水平与维护自身和国际安全的能力，促进一国社会发展等等。维护和实现国家利益，是国家在国际上的正当权益。

但是，国家利益不是一个绝对的概念，不能把它绝对化。国家利益只是国家国际行为动因和目标的一个方面，而非唯一考虑。国家还会出于其他很多方面的原因而采取国际行动，如维护国际公平和正义、维护国际和地区安全、承担一定国际责任、为其他国家提供帮助等等。这些方面的目标实现不一定能增进自身的国家利益，有时甚至需要牺牲自己的一部分国家利益，但它们确实构成了国家国际行动的解释原因。

国家利益应该是一个整体的概念，意味着它应该是面向一个国家的整体，为了国家的大多数人和地区，而非少数人和个别地区。因此，国际行为服务于国家利益的表述很容易被大家接受，但如果要把国家利益做具体化界定时，问题就经常会发生，尤其是当一种利益界定存在损害其他利益的可能性时。为此，国家利益许多时候要依赖于决策者的判断，判断在什么时候，用什么方式，去实现何种利益，并愿意为此付出何种代价。这种判断不太容易在当下得到检验，许多时候需要在更大的格局中，或者在更长的时间阶段内才能看得清楚。

同时，国家利益不是完全自我中心的，它必然要处在众多关系中的一个合适位置。这里的关系包括一国利益和其他国家利益的关系，以及一国利益和地区利益甚至全球利益的关系。一国利益的顺利实现，必然是在这些利益关系网的恰当处理中推进，如果是以损害其他利益为代价，扭曲这种利益关系网，那么这种国家利益的实现是不正当的，也是不可持续的。

国家利益一般是在与其他国家的交往联系中实现，但全球还存在海洋、极地等被称为“公域”的尚未被国家覆盖的地方，这些地方从理论上讲，之所以被称为公域，就在于它可以被所有国家的国家利益所涵盖。同时，它又不是一般的国际关系所能覆盖的，其国家利益的实现方式和机制与一般的国家利益也必然有所不同。因此，在一般的国家利益讨论基础上，有必要就南极的国家利益做专门的讨论，以使其与一般国家利益的联系和区别能够反映清楚。当然，公域的概念能否完全适用于南极特别是南极大陆地区，还存在争议，因为历史上有过对南极陆地的主权要求，现存的南极治理体系也没有完全否定这种要求，而只是冻结。不过，在南极地区的实际活动中，参与国事实上把南极当作了公域在看待，因此以这个概念为基础来考虑和界定国家的南极利益也是可行的，否则就会陷入法理依据缺乏的困境。但是，由于南极条约体系的存在，及其对南极事务所发挥的治理性作用，南极是否属于公域的问题就从公众的视野中隐去了，与公域认定相关的一些规则也就被南极条约体系的规定所取代。这样，问题还得回过来讲，对南极眼下公域属性的判断并不排除其未来发生变化的可能性，因为《南极条约》对主权的要求只是冻结，而非废除。不过，不管怎样，我们这里对国家南极利益的一般性讨论，还是从对其地位的公域假定出发。

公域的基本属性就是它不为谁私有，单个个体无论是谁，都无法宣称其对公域拥有排他性的权利，国家作为国际社会的基本主体，其在公域的国家利益实现至少在机会上是均等的。因此，能力在这里就成了国家在公域实现利益的主要因素，公域的国家利益与权利归属无关，主要与其能力相关。

但是，国际社会已经认识到公地悲剧的问题，因此公域的国家利益实现又不完全是由国家的能力决定的，公域的国家行为必须受到一定规则的约束和管制，以免公地悲剧的发生，所以能力的使用在这里又是受限制的。这种限制与公域的使用成本有关，其边际成本越小，对能力的限制和约束也就可能越少。因此，公域之上的国际规则和制度就成了在考虑国家利益时相关的另一个重要因素，甚至可以说，公域的国际规则和国际制度成了国家利益的一部分。

同时，能力在南极的问题上又与权利有一定相关性，因为南极条约体系对成员国的身份认定需要以一定的能力为条件，这种条件使得不是所有国家，而只能是部分国家能实现其南极的国际规则和国际制度利益，它们能够参与南极规则的制定，有能力履行相应义务。这种与能力相联系的权利和资格曾遭遇来自其体系外部的挑战，但最终还是被维持了下来。

这样，在南极问题上，国家利益可以在这样几个层面上来展开表述：

首先，南极国家利益的法理依据主要来自南极的公域属性，如果一国很难说在别国拥有依据充分的国家利益的话，但在南极应该不会构成问题。因此从理论上讲，任何国家都有其在南极追求国家利益的合法权利，这是一种在国家为主体的秩序中呈现的难得的开放性。这种开放性甚至影响到了国家利益本身，表现为国家在南极地区拥有的设施和开展的活动也具有比其他地理空间上所展现的更大的开放性，如国家极地科考站欢迎其他国家科考队员参观，极地科学考察活动也可以有其他国家的科学家参加。换言之，国家利益在别的方面基本表现为私的属性，而在南极地区许多时候有其公的一面。当然，这方面的意义也不宜过分解读，只要能意识到这一地区国家利益和别的地区有所不同就行。南极的这种开放性或者公共性，本身就构成了南极国家利益的一部分，或者其最为基础的部分。

其次，利益的实现与能力相联系，用现实主义的表述，则是国家利益由国家权力来界定。不过，在南极这种能力是被规范的，有些方面的能力受约束，如土地和资源的占有；而有些方面的能力则鉴于其所产生收益的正外部性而被鼓励，如从南极来研究地球的气候变暖。拥有并在南极合法使用符合规范的南极能力，因此也就成了一个国家的南极利益的一部分。

第三，用于约束和规范南极能力的规则和机制，构成了南极这片全球公域的治理体系，它使得南极的国家利益追求和实现处在基本的秩序状态中。对于国家来说，只要其达到参与所要求的基本条件，对治理体系的平等参与和充分知情也就成了国家南极利益的第三个层面。这种参与权和知情权既是现时的，也包括未来的共有、共享和共治。

最后，在具体的利益形式上，我们也可区分出几个方面：

一是南极地区拥有的各种形式的资源，从曾经对其矿产资源的重视，到海洋生物资源，以及现今受一些科技发达国家所重视的微生物资源。这当中，有些资源的开发利用明确被国际条约所禁止，如矿产资源；有些处在受规范的适度开发利用中，如海洋生物资源；有的则还处于界定不清的状态中，如淡水资源；还有的已经在被开发利用，但还未被纳入讨论议程中，如微生物资源。

二是一些不是南极地区所有，但只有或需要在南极地区实现的国家利益，如利用南极地区特有的地理、环境和气候条件，从事相应的研究、观察和实验。这些活动并不消耗当地的资源，也不会对当地的生态环境造成影响，或者说影响是微乎其微的，但其相应所产生的价值具有重要意义。

三是借助南极而实现的与南极本身无关的利益，也可称为机会利益，如通过对南极活动象征性的参与而获得南极事务的发言权，提高自身国际地位，甚至利用在南极问题上对某些国际议题的支持换取其他议题上别的国家对自己的支持，等等。南极本身对这样的国家的利益和价值是无足轻重的，但它借此换取的别的利益对它来说可能是重要的。这样的南极利益不在于其实际内容，而在于其作为筹码的价值。

权益抽象地讲可以理解为依法可以拥有的东西，这表示这个概念有法律的属性，同时还有时间的内涵，意味着过去、现在和未来与国家利益相关的内容。过去意味着索取某种补偿的权利。以气候变暖为例，发展中国家首先应该获得历史补偿，即先工业化国家应该为其在工业化进程中所造成的排放承担历史责任，而声索历史补偿应该是发展中国家的权益。现在意味着不管有没有实现，它应该获得的利益。同样以气候变暖为例，排放权分配和交易就是一种围绕权益的活动，没有使用的权益可以在交易市场上换取实际的利益。将来意味着预留的空间，每一个行为体拥有这种空间不被侵占剥夺的权利。当然，所有这些还是需要建立在法律规定的基础上，由通过互相约定而建立的一系列制度和规范来保证权益的成立和不被侵犯。

法律和时间的两大属性在国家的南极权益上，可分为这样几个层面来看：一是作为主权国家，它所拥有的对南极的权利，这是由主权国家的身份所赋予的，它同时具有法律和时间双重属性；二是基于投入而产生的拥有相应收益的权利，如建立科考站并进行科研活动；三是参与国际制度、倡议和共同制定国际规则、行使国际制度所赋予的权利等，如监督其他国家的南极活动；四是从事国际制度没有明确禁止，能增进人类社会对南极的认知和从南极活动中获益的活动的权利；最后是一种消极权益，即消除其他国家利用南极从事有损自己利益的活动的权利。

第二节　中国的南极战略利益

战略利益意味着对一个国家发展产生重大影响的利益，或者说在一国的发展战略中具有重要地位的内容。一个国家的利益有很多种，但并不是每一个都称得上战略利益。战略利益是国家利益的一部分，但它在国家利益中的层次和地位不是一般的国家利益可以相提并论的。凡是战略，总要涉及较长时间，关系问题全局。战略利益就是对国家生存和发展具有整体性、全局性以及长远影响的利益。

理解南极的战略利益，从其在国家发展战略中的重要性来看是一个方面，另一个层面的含义是与现实利益、眼前利益、实际利益、可看得见的利益等概念相对的。如果说从实际的投入和收益看，南极的利益并不明显，甚至可能是负利益，而非收益大于投入的正利益。一个国家对南极的实质性参与，需要拥有远洋航行和极地活动的能力，需要在南极地区建立设施，不间断地派人考察甚至常驻，而所有这些背后的耗费是巨大的，与国家从中获取的立即可以握在手中的利益相比也许是得不偿失的，但即使投入远大于收益，南极仍对一个想要对国际社会具有重要贡献、成为世界性大国的国家来说，意义巨大。这就是战略利益，其利益实现不在于一时一事，而在于其全局性和历史性，是一个有抱负的国家才能看得清并下决心去追求的利益。

战略利益总体上事关一个国家的安全与发展。安全是一个国家的立国之本，无法保证自己安全的国家难以在国际上立足，也难以维持国内的稳定；发展事关一个国家的繁荣富强和国际地位，积贫积弱的国家不可能拥有或维护其国际地位，重要的国际地位需要相应的国力为支撑。在此基础上，战略利益可从经济利益、安全利益、政治利益、文化利益等不同层面来看，从不同侧面来展开讨论。

中国的南极战略利益是由中国的发展战略所决定的，中国的发展战略，不一定全面地讲，就是继续创造和平的国际环境，抓住并延长和平发展战略机遇期，实现两个一百年的奋斗目标，使中国成为一个有重要国际影响，能为国际社会的和平、发展和繁荣做出重大贡献的世界性大国。在这一战略中，南极对中国具有重要且无可替代的作用，无论是从自身发展还是国际地位和国际责任来说，南极的战略利益都是明显的。

从安全与发展的角度看，虽然南极对中国并不构成生死存亡的威胁，因此直接的安全关系并不大，但是从广泛一点的意义来看，南极的安全意义又是非常巨大的。例如对大气物理的研究，南极提供了一个非常良好的场所，而这方面研究的深入可以使我们获得更大的气象安全，它所能够带来的收益和价值就不是可以用具体数字来衡量的。再比如太空越来越成为一个国家安全的新疆域，但对于太空的探索和利用，南极构成了一个非常重要的环节，这个意义上的安全价值同样无法估价。总而言之，对于一个想要建立总体安全的国家来说，南极是不可或缺的一部分。

发展的利益也有其同样重要的战略价值，它意味着可以立即实现的利益，也意味着一个国家发展壮大中必然要面临问题的解决方案。南大洋海洋生物资源的合理捕捞和养殖、南极地区的科学考察研究、微生物资源的转化应用等，都已成为立即可以实现的利益，而南大洋的海底资源、南极大陆的淡水和矿产资源、南极大陆的土地价值、南极地区和整个地球及外层空间的独特联系等，都潜藏着今后发展中可能面临问题的解决方案。现实的利益促进发展，潜在的利益预留发展空间，它们共同体现了发展上的战略价值。

战略利益还意味着并非要立时立地实现，它可以有节奏、有步骤地推进，在不同的历史时期，可以有不同的战略侧重点、不同的空间布局、不同的优先方向，以集中精力，调配有限资源获得利益最大化。对于中国的南极参与来说，自 1980 年首次派遣科研人员赴南极考察算起，中国参与南极已有 30 多年的历史。从时间维度来看，随着综合国力的提升、国际地位的变化，以及国家发展的需要，30 多年来中国的南极利益不断发生变化，呈现出明显的阶段性。以 1985 年和 2009 年为时间节点，中国的南极参与可划分为三个阶段：第一阶段是 1980 年至 1985 年，第二阶段是 1986 年至 2009 年，第三阶段是从 2009 年至今。前两个阶段，中国最主要的南极利益分别是获得参与南极事务的资格、增强南极实力。如今，中国正处于第三个阶段，恰好与中国迈向世界大国的历史进程相契合。

在第一阶段，中国从南极事务的局外者，变成姗姗来迟者，再转为南极事务的参与者。这一身份几经变化的过程，也正反映了中国在此阶段最大的战略利益就是成为南极条约协商国，获得参与南极事务的资格。1985 年，中国第一个南极科考站——长城站在乔治岛南端的菲尔德斯半岛东岸建成，为常年越冬站，中国成为第 18 个在南极洲建立科考站的国家，也因此于 1985 年被接纳为南极条约协商国，获得了南极事务完全的参与权。①

在第二阶段，中国的南极战略利益主要是增强国家的南极实力，通过提高科学考察和科学研究水平，加大南极基础设施建设等来完成。2009 年，中国在南极冰盖最高点冰穹 A 建立了昆仑站，是继美国、俄罗斯、日本、法国、意大利和德国之后，第六个在南极内陆建站的国家，此举极大地增强了中国的南极存在。由于冰穹 A 是地球上获取深冰芯、观测天文等

---

① 1983 年 6 月 8 日，中国驻美国大使章文晋向条约保存国美国政府递交了加入书，成为南极条约缔约国。1983 年 9 月 13 日至 27 日，中国首次以观察员的身份参加了在澳大利亚首都堪培拉举行的第十二届南极条约协商国会议。会议期间，当进行大会表决时，中国等非协商国代表被请出会场，安排到咖啡厅“喝咖啡”，连表决结果亦不予告知。中国代表深受刺激，这一事件激发了中国在南极建站进行科考的决心和动力。随后，在 1985 年 2 月 20 日，中国南极长城站落成。同年 10 月，中国成为南极条约协商国。

的最佳地点，这为中国建立世界顶级的南极科研，牵头国际合作创造了条件。[①] 来自冰穹 A 的科研成果不仅能增加中国的南极话语权，而且能使中国在大国折冲中获得更多主动权，如对气候变化认识的加深、为中国的气候谈判提供筹码等。同时，2009 年农业部将南极磷虾列为“国家经济战略资源”，发布探捕令，这是中国渔船首次进入南极，参与南极磷虾探捕。

之后，我们就进入到第三个阶段，这也正好与中国迈向世界大国的历史进程相契合。南极与我们的利益结合就更具全面性，包括国际政治上维护现行的南极治理机制，获得南极事务的话语权，承担南极的国际责任，推动南极治理；安全利益体现在传统安全中的有关军事、国家安全的部分，以及非传统安全中的气候环境安全等；科研利益体现在科研本身的利益以及其作为获得话语权的权利资质；经济利益则是南极本身资源所带来的经济收益，包括淡水资源、磷虾捕捞、旅游资源、微生物资源等等，以及由南极带来的对国内经济的推动。

在考虑安全与发展、有形与无形等的基础上，可将中国现阶段的南极利益进一步具体分为政治利益、安全利益、科研利益、经济利益等，下面各部分将逐个展开分析。结合前文分析，政治利益涉及机会利益；安全利益和科研利益涉及只有在南极地区才能实现的利益；而经济利益则涉及南极资源所产生的利益。这当中可以说政治上的考虑是第一位的，南极考察和研究与我们民族复兴，实现中国梦关系密切。其次是安全利益，总体国家安全观中南极构成了重要一环，新安全法中亦明确提出维护中国在极地的活动、资产和其他利益的安全。[②] 再次是科研利益，但它实际上和前两者很难区分，也可以说前两者的实现需要以它为前提。最后是经济利益，

---

① 冰穹 A 能够获取最古老深冰芯记录，其大气环境具有大尺度代表性，是冰芯记录研究的理想之地。同时，它也是目前地球上已知的最佳天文观测地点，是一个“准空间”的环境，其效果几可媲美太空。中国将在南极安装两台巡天望远镜，研究目标被定位为“两暗一黑三起源”，即暗物质、暗能量、黑洞、宇宙起源、天体起源和生命起源。这一目标的确定使中国的天文学研究直指现代物理学和现代天文学最前沿的领域。

② 《中国人民共和国国家安全法》第三十二条，新华网，http://news.xinhuanet.com/politics/2015-07/01/c_1115787801_3.htm。上网时间：2016 年 3 月 6 日。

虽然利益所占比重不大，但其利益实现不需要通过与其他国家的关系处理，在方式上更接近于国内，同时所能提供的收益没有很强的可替代性。

一、中国的南极政治利益

作为一个新型世界大国，中国肩负着开辟大国关系治理、带动国际关系迈向新阶段的历史重任。① 新国家安全法中明确规定国家坚持和平探索与和平利用极地，加强国际合作。② 因此在诸多南极利益中，政治利益是第一位的。从这个角度来看，中国的南极政治利益属于机会利益的范畴，即借助南极而实现与南极本身无关的利益。

一方面，对于南极来说，中国是一个姗姗来迟的国家。无论是在1959年《南极条约》的签订，还是1961年条约生效和第一届南极条约协商会议的召开，以及其后的南极治理与科研活动中，中国都是缺席的。直到1980年，中国的南极科考人员才首次登上南极大陆。从1985年被接纳为南极条约协商国起，中国的南极参与水平与实力快速增长。尽管如此，中国的南极科研尚未达到顶尖水平，南极国际参与程度还有很大提高空间。

另一方面，就管理南极的南极条约体系来说，自1991年《马德里议定书》签订20多年来，南极条约体系没有再增加重要条约，但这一时期正是有史以来人类南极活动增加最为迅速的时期。③ 南极条约体系落后于时代的发展，导致众多学者对体系的稳定与未来表示担忧，更有一部分学者认为2048年冻结矿产资源的条款面临重新审议，将严重影响整个体系的稳定。

---

① 苏长和："以分歧治理谋划国际关系的新准则——习近平关于大国关系治理的新思想新论断"，《国家治理》2015年第25期，第4—10页。

② 《中华人民共和国国家安全法》第三十二条，新华网，http://news.xinhuanet.com/politics/2015-07/01/c_1115787801_3.htm。上网时间：2016年3月6日。

③ 参见 Alan D Hemmings，"From the New Geopolitics of Resources to Nanotechnology：Emerging Challenges of Globalism in Antarctica"，*The Yearbook of Polar Law* 1（2009）：53；Tina Tin，Daniela Liggett，Patrick T. Maher，Machiel Lamers eds. *Antarctic Futures：Human Engagement with the Antarctic Environment*. Springer：2014。

在这种背景下，中国的南极政治利益可细分为四个方面：首先，中国的南极政治利益在于维护现行的南极治理机制；其次，获得南极事务中的参与权与话语权；再次，承担南极国际责任；最后，推动南极治理，促进全球治理。需要指出的是，中国所追求的南极政治利益不是一国的小利，而是着眼于全球的大利。中国应凭借自身影响力将这种同舟共济、合作共赢的南极精神延展至全球其他地区，来维持和增进世界的和平与发展。

1. 维护现行的南极治理机制

南极治理中有两个极端敏感的问题，分别是领土主权和矿产资源开发，这两个问题又是相互关联的，整个南极条约体系建立在对这两个问题的压制与维稳之上，但凡哪个国家触及到这两条红线，必将会在国际社会引起轩然大波。在如今的国际关系中，任何地区的任何事件都可能产生“牵一发而动全身”的效果，从这点来看，维护现有机制能够对几乎所有相关、不直接相关的南极参与国产生整体性与全局性的影响。从表面上看，维持南极领土主权冻结现状对中国并不构成直接利益，但是《南极条约》的成功之处就在于维持了领土主权声索国、潜在的领土主权声索国与非领土主权声索国这三类国家的利益。中国作为有影响力且负责任的大国，理应维护现有南极机制，这不仅能够维护南极地区的和平与稳定，也是表明和平利用南极的最佳方式之一。

不仅如此，维护现行机制对中国具有更深远的利益。南极大陆没有原住民，各国对南极大陆的领土声索就成为首要问题。就领土主权问题而言，无论是各国竞相争夺南极领土，还是原始缔约国敲定主权冻结方案，作为南极参与的后来者，中国都没有参与其中。但这个问题直接关系到中国的战略利益，七个领土主权声索国已将南极大陆83%的领土瓜分完毕，而尚未被主权要求所覆盖的区域曾被默认为“美国扇形”。承认南极大陆的任何主权要求必将严重限制中国的南极存在，将不利于中国的南极参与。《南极条约》冻结领土主权，维护现行机制有利于中国进一步的南极参与。

在矿产资源问题上，尽管中国没有开采任何南极资源，甚至没有公开声称要开采资源，但是国际上纷纷将中国的南极参与与矿产资源诉求联系起来。由于中国是矿产资源的进口大国，中国的任何举动总是能被解读为追求矿产资源。这种误读或者说是刻意解读并不是小事，寻求矿产资源直接违背南极规范，其产生的后果，小到影响中国的南极参与，大到影响中国的整个国际形象，无论哪一样都损害了中国的国家利益。因此，维护现行机制是表明和平利用南极的最佳方式之一，通过强调中国维护矿产资源冻结的决心，乃至在日后具备影响力之时推动冻结的延续，不仅为中国的南极参与创造条件，还能维护南极地区的和平与稳定。

2. 获得南极事务中的参与权与话语权

自20世纪80年代初以来，中国积极地遵守、履行南极的国际制度。目前中国已全面参加南极条约系统内四个著名公约，并获得一系列南极组织的成员国资格。不过，对于一个有抱负的世界大国来说，仅仅遵守规则是远远不够的。中国在完成参与规则的阶段之后，接下来需要完成的是制定规则。“十三五”规划建议在极地等新领域积极参与国际规则的制定。①

制定规则需要以掌握南极治理的话语权为基础。目前中国在南极治理中的话语权依然有限：一方面是受制于南极科研水平，中国的南极科研大而不强，还算不上是南极科研强国，难以在南极问题上提出有影响力和号召力的议题；另一方面则受制于中国的南极参与策略，使得中国的南极参与姿态不够主动，以至一定程度上限制了话语权的获得。

专业的科研能力调研结果显示，中国的南极科学研究水平远低于美国、澳大利亚等国家。② 除了科研存在差距之外，中国在南极国际会议上的不主动也在一定程度上限制了话语权的获得。中国的南极参与缺少主动，体现在两个方面：一是在国际舞台上，中国政界学界乃至民间南极话

---

① “十三五”规划建议：“积极参与新领域国际规则制定”，新华网，http://news.xinhuanet.com/politics/2015－11/03/c_1117026952.htm。上网时间：2016年3月6日。

② 参见华薇娜、张侠编著：《南极条约协商国南极活动能力调研统计报告》，海洋出版社2012年版，第55—86页。

题出现集体失声的情况；[①] 二是在各种南极会议上，中国的政府与非政府组织表现皆有不足。[②] 目前，中国在南极事务的话语权与中国的国际地位并不相称。获得南极话语权，清晰表达自己的想法，不仅能够展示中国和平利用南极，成为负责任大国的决心，也能影响议程设置，使自身成为南极事务主导国。在南极事务中，中国应加强话语传播和观念供给的能力。由于语言本身有以言行事的功能，获得南极话语权将无疑能够加强中国在南极治理中的权威地位。

参与权与话语权的提升可以从加强与南极参与强国的合作入手。2014年，国家主席习近平访问澳大利亚霍巴特，访问期间两国共同签署了《中华人民共和国政府和澳大利亚联邦政府南极和南大洋合作的谅解备忘录》,[③] 协议将推动两国在外交、科学、后勤和作业等方面进行合作，开展科学研究并且保护南极生态环境。2016 年 2 月 29 日，中澳两国召开中澳南极和南大洋合作联委会第一次会议，此次会议表明双方有意愿加深在南极科学、后勤保障和环境保护领域的合作。[④] 中国的中山站、昆仑站、泰山站皆位于澳大利亚声索的领土区域内，与澳大利亚达成共识、进行合作，不仅有利于中国南极考察事业的展开，也有利于相关国际规则的制定

---

① 在国际舞台上，来自中国的南极发声很少。即使是专门从事南极研究的学者，其学术成果也仅限于国内，而大多未见于国际媒体之中。这就造成了国际上各国学者对中国的南极行动进行任意解读，乃至妄加猜测，而中国方面则无人应对。国外学者通常积极解释本国及他国的南极事务，但是来自中国方面的说法几乎没有，就连重要事件发生之时，中国也没有很好跟进。这方面最为典型的案例是 2014 年年初的雪龙号大救援。在全球媒体热议中国时，中国自己却落入了下风。一方面，并没有一位中国学者在国际期刊上发文借机正确解释中国的南极政策，展示中国和平利用南极、成为负责任大国的决心，而任凭他国漫天的真实或不实分析；另一方面，他国对中国的解读无论是对是错，中国方面都无人回应，这增加了他国疑虑，更是对中国国家形象不利。

② 有国外学者指出，2007 年中国在基辅的会议上相当低调，只在涉及中国利益时才发言，而对于生物保护、旅游规制等近年来热议的问题皆无声息。

③ “习近平慰问中澳南极科考人员并考察中国‘雪龙’号科考船”，新华网，http://news.xinhuanet.com/world/2014-11/18/c_1113301920.htm。上网时间：2016 年 3 月 7 日。

④ “中澳举行首次南极对话”，人民网，http://world.people.com.cn/n1/2016/0301/c1002-28162448.html。上网时间：2016 年 3 月 7 日。

与推行。

3. **承担南极国际责任**

责任往往与权力相连，担当起国际责任是一个大国的应有之义。承担国际责任既与维护现有南极治理机制，获得南极事务话语权相联，又高于前两者，是对中国更高的要求，同时它也意味着更高的利益。中国身为南极参与大国，天然地需要承当相应的南极责任，更具体说就是应对南极出现的各种棘手问题提供解决方案。任何一个大国，如果对南极事务或纷争置若罔闻，而又想获得尊重与话语权，纯属无稽之谈。无论是逃避国际责任，还是没有履行好国际责任，都将会极大地损害自身的利益。

所有大国都会充分利用承担国际责任的有利条件来维护国家的主权利益和发展利益。[①] 对于中国来说，承担起与权力相称的南极国际责任，将是大国地位及风范的最佳体现，也是最直接的利益。此外，国际责任的特殊之处在于其并不囿于一国范围之内，它通常可以超越国家利益，涉及共有利益。中国承担国际责任的过程也应该是国家利益和国际社会利益协调、统一的过程，即共有利益塑造的过程。[②]

承担国际责任需要提供问题的解决方案。目前，气候变化是全人类面临的最大挑战之一，中国的南极参与可以为此探寻解决方案。中国对气候变化问题极为重视，不仅于十八大就确立了绿色、低碳、循环发展的道路目标，还在 2013 年华沙气候大会上正式对外发布中国第一部专门针对适应气候变化方面的战略规划《国家适应气候变化战略》。目前，气候变化立法工作也已进入到法律条文的起草阶段。对外，自 2011 年以来，中国已累计安排 27 亿元人民币帮助发展中国家提高应对气候变化能力，培训近 2000 名来自发展中国家的气候变化官员和技术人员。此外，中美两国领导

---

① 中国的国际责任主要体现在三个方面：一是通过平等互利合作，促进发展中国家的发展；二是援助比中国更贫穷落后的国家；三是参加联合国维和行动，提高联合国会费的分摊份额。见刘建飞：“‘中国责任论’考验和平发展”，《现代国际关系》2007 年第 4 期，第 25—26 页。

② 王公龙：“国家利益、共有利益与国际责任观——兼论中国国际责任观的构建”，《世界经济与政治》2008 年第 9 期，第 21—28 页。

人正式发表了《中美气候变化联合声明》，为全球气候谈判注入能量。[①]

除了从政治上提供解决方案外，中国的南极考察还可以提供科学上的解释并且找到应对方案。由于南极冰芯记录的时间尺度可达几十万年至上百万年，储存着反映古气候及气候的变迁信息，其可用于研究全球气候和大气环境演变。中国昆仑站所在的南极冰盖最高点冰穹 A 具有获取最古老深冰芯记录的有利条件，而利用 70 万年到 150 万年冰芯探求温室气体在气候变化中的作用，是中国被纳入“十三五”规划中突破的七个领域之一。[②]

4. 推动南极治理

自 20 世纪 80 年代以来，越来越多的国家加入南极条约体系，导致成员国利益矛盾加大，协议难以达成。体系旧有问题尚未解决，又面临着一系列新问题，新旧问题混合发酵殊难解决。不过，对中国来说，这更是一个难得的机遇期，中国可以从理念与制度两个方面提供具有中国特色的国际公共产品，为南极治理的推进提供活力。

在理念上，提出更有创意和价值的新的南极治理理念。南极治理供给落后于治理需求，而治理理念严重滞后是导致这一现象的根本原因。南极凭借其在地球生态、气候系统中的重要地位，成为一个需要从全人类共同利益来考虑的全局问题。中国传统文化的家天下理念使得在提出南极治理的整体观上具有文化优势，以保护南极、和平利用南极。在制度上，从目前最主要的两个条约来看，《南极条约》将“主权冻结”定为无限期有效。另一个是《关于环境保护的南极条约议定书》，其规定矿产资源在 50 年内禁止开发，因此在可预见的未来，最为重要的条约会议将是禁令到期的 2048 年，到时议定书的存续还未可知。但议定书生效的 20 多年来，其发挥的作用世人皆有目共睹，中国应该以自身的影响力延长其有效期。

---

① “帮助发展中国家提高应对气候变化能力，发布《国家适应气候变化战略》，与美国一起宣布 2020 年后应对气候变化的行动目标—— 中国为气候谈判注入正能量”，光明网，http://economy.gmw.cn/newspaper/2014-12/03/content_102472455.htm。上网时间：2015 年 12 月 3 日。

② 杨惠根在 2014 年中国极地年会上的报告《中国极地科学研究主要进展》。

除了两个重要条约外，南极治理中还留待许多具体问题需要新的制度来解决，这些都是棘手问题，中国可以挑选其中具有中立立场、不会激化各方矛盾的问题入手，在其中发挥作用，并将积累的经验扩至其他领域。结合中国目前实力来看，中国可以从制定科学标准、论证，以及加强建设保护区或管理区这两处入手来增强自身影响力。

更进一步，南极治理可以促进全球治理，为国际社会解决争端提供可供参考借鉴的模式，这对面临着“失灵”境地的全球治理具有启发性。[①]在南极条约体系这一国际机制中，各成员国利益明显不同，却能良好运转数十年，其中原因何在，这一成功的全球公共产品无疑为全球治理提供了可借鉴之处。此外，就条约本身而言，其搁置争议、和平利用、寻求合作等一系列举措，为国际社会解决争端提供了可供参考借鉴的模式，也为全球治理提供了可供选择的方案。

除了南极治理本身的机制外，其背后的理念也可能为将来的全球治理带来启发。在全球化与相互依存时代，仅仅是国家利益的考量已难以适应时代的要求，全球治理需要具有宽宏的整体视野，即将世界视为一个整体，在相互依存的整体世界中认识和处理国际事务，在有效维护本国合理利益的同时，寻求人类共同利益。

中共十八大第一次把“加强同世界各国交流合作，推动全球治理机制变革”和“坚持权利和义务相平衡，积极参与全球经济治理”作为中国对外战略的重要指导原则与任务。[②] 目前，中国的成就局限于全球经济治理，而在政治、社会、文化、环境等其他众多领域的全球治理之中，中国并没有特殊贡献。如果全面评估中国的全球治理，中国只能算作是全球治理中的“配角”，而非主角。[③] 南极可以作为中国参与全球治理的

---

① 秦亚青：“全球治理失灵与秩序理念的重建”，《世界经济与政治》2013 年第 4 期，第 5 页。

② 胡锦涛：“坚定不移沿着中国特色社会主义道路前进　为全面建成小康社会而奋斗——在中国共产党第十八次全国代表大会上的报告”，人民网，http://cpc. people. com. cn/18/n/2012/1109/c350821 - 19529916. html。上网时间：2015 年 12 月 2 日。

③ 蔡拓：“中国如何参与全球治理”，《国际观察》2014 年第 1 期，第 6 页。

一个突破口。

在南极事务中，仅有强大的财政投入即强大的经济实力，并不会必然转化为权力与影响力。南极参与是对一个国家综合能力的全面考察，其中涉及了国家的经济能力、科研能力、协调组织能力、制定议程与规则的能力等。如今，中国具有“令人艳羡”的财政投入以及呈上升发展态势的科研能力，但是协调组织能力与制定议程规则的能力相对不足。对于任何一个想获得影响力的大国来说，这两项能力是必不可少的要件。

南极治理的推进首先需要提供有效的全球公共产品。从全球公共物品着手，展现中国更积极参与南极治理的立场、意愿与实际行动，从物质、制度、理念三个方面提供更多公共产品。同时，在这一进程中不仅要扩大中国的影响，塑造崛起中中国的文明形象，还要将这一影响力扩大至整个国际社会，引领整个国际社会理念的变革，让全人类在共存共赢、共同繁荣的转型中受益。

二、中国的南极安全利益

安全是人类社会永恒的主题，南极是全球安全中不可或缺的一环。一般而言，安全是指主观上无恐惧，客观上无威胁、无危险的状态；本质上是指国家、人类的生存、发展、繁荣免受威胁。[①] 无论是人还是国家，其存在一定会有安全问题相伴，而安全是动态发展的，不同的时代赋予安全不同的内涵。如今，全球化的深入发展改变了人们的安全观念，安全的概念从长期以来以军事安全为核心的传统安全延展到非传统安全，即发生在战场之外的安全威胁。

习近平总书记在中央国家安全委员会第一次会议上指出，当前中国国家安全的内涵和外延比历史上任何时候都要丰富，时空领域比历史上任何时候都要宽广，内外因素比历史上任何时候都要复杂，必须坚持总体国家安全观，以人民安全为宗旨，以政治安全为根本，以经济安全为基础，以军事、文化、社会安全为保障，以促进国际安全为依托，走出一条中国特

---

① 杨洁勉：《体系改组与规范重建》，上海人民出版社2012年版，第19页。

色国家安全道路。[①] 南极对于我们丰富安全内涵和外延，拓宽安全时空领域，建设军事安全、经济安全、国际安全都有重要意义。

中国的安全利益涉及只有在南极地区才能实现的利益。新安全法中明确提及增强我国在极地安全进出，维护我国在极地的活动、资产和其他利益的安全。[②] 虽然南极对中国并不构成生死存亡的威胁，直接的安全关系并不大，但如果从广泛一点的意义来看，南极的安全意义又是非常巨大的。例如对大气物理的研究，南极提供了一个非常良好的场所，而这方面研究的深入可以使我们获得更大的气象安全，它所能够带来的收益和价值就不是可以用具体数字来衡量的。再比如太空越来越成为一个国家安全的新疆域，但对太空的探索和利用，南极构成了一个非常重要的环节，这个意义上的安全价值同样无法估价。总而言之，对于一个想要建立总体安全的国家来说，南极是不可或缺的一部分，它既可以增强我们的安全能力，极大地拓展我们的安全空间，同时本身也构成了我们战略安全能力重要的组成部分。对于中国来说，南极安全利益同时体现在传统安全与非传统安全两个方面。

1. 中国在南极的传统安全利益

风雪之巅的南极并不适宜人类居住，但也正因为它的极端，南极具有无与伦比的地缘政治价值、环境价值，以及由科技发展所赋予的军事价值。长期以来，中国未曾考虑或者没有能力来利用这些价值，但随着中国国力的增长以及需求的日益增加，一些利益实际已经进入战略利益的范畴。

（1）促进中国的远程投射能力建设和维护海洋安全

海洋安全将在整体的国防和军事现代化进程中扮演更重要的角色。在维护海洋安全中，南极有利于中国锻炼远程投射能力。南极地处地球最南端，距离中国本土十万公里有余，需要跨越大半个地球才能到达，这是中

① “中央国家安全委员会第一次会议召开，习近平发表重要讲话”，中央政府门户网站，http：//www. gov. cn/xinwen/2014 －04/15/content_ 2659641. htm。上网时间：2015 年 8 月 26 日。

② 《中国人民共和国国家安全法》第三十二条，新华网，http://news. xinhuanet. com/politics/2015 －07/01/c_1115787801_3. htm。上网时间：2016 年 3 月 6 日。

国的劣势，反过来看，距离遥远本身也是一个优势，在于每年往返南极本身即可增进远程投射能力。对于任何一个大国来说，缺少远程投射能力都是不能想象的。大国需要有远程战略投射能力为其保障，而具备全球战略投送能力，也是大国实力最直观的体现。远程投射至少有以下三个方面的利益。

首先，从军事角度来说，当今军事界普遍认为，是否具备军事力量的远程投射能力是衡量一个国家军事能力及其是否是军事大国的一项重要标准。[①] 远程投射能力是现代军队不可或缺的战略能力，[②] 其已成为军队战斗力的命脉。[③] 对于中国来说，远程投射作战是中国军队现代化建设三个目标之一。[④] 如何加强战略投送能力建设，已成为一项重要而又紧迫的战略任务。

其次，强大的远程投射能力亦可有效维护中国的海外利益。随着改革开放和各方面的发展，如何保障不断拓展的海外利益成为中国国家安全目标之一。近年来，中国的能源进口需求及海上贸易逐年增多，这在客观上要求中国有足够的能力来维护海上权利和利益，尤其是保障在海外的利益安全、海上交通安全，为周边区域的安全稳定提供支持，对中国海外利益遭遇的各种传统安全和非传统安全威胁加以防范和遏制。

再次，在和平与发展的年代，远程投射更多地被应用于承担各类民事权益保障任务，如大规模的抢险救灾、人道主义救援、为商船护航和参与海外撤侨等非战斗事务，以及对某些危害性极大的传染病实行早期的特殊控制，对严重侵害中国公民的某些突发性国际危机采取预防性打击等，这些很可能是未来对中国国家军事力量的新要求。[⑤] 中国身为安理会常任理事国，肩负

---

① 赵巳阳："全维疆域观与战略投送力"，《解放军报》2013 年 12 月 3 日，第 006 版。

② 曾友春："把战略投送能力建设摆上重要位置"，《中国国防报》2010 年 1 月 28 日，第 003 版。

③ 安亮："远程战略投送能力建设举要"，《国防》2013 年第 6 期，第 9 页。

④ 我国军队现代化建设主要围绕三大军事功能展开：确保国内安全、周边区域封锁和远程投射作战。

⑤ 王逸舟："和平崛起阶段的中国国家安全——目标序列与主要特点"，《国际经济评论》2012 年第 3 期，第 19 页。

着维护二战后国际秩序和地区和平的职责，理应发展与国家实力相当的远程投送能力，以便更好地提供公共产品，维护世界和平与正义。

南极作为中国拓展中的“利益边疆”之一，需要加强战略投送能力来预置。有军事专家表示，目前中国的军事能力、远程投送能力已成为制约国家利益拓展的瓶颈。远程投送能力不足，使中国不能在国家战略利益空间内有效地表达国家意志，在维护利益方面往往捉襟见肘。[①] 加之中国奉行近海防御战略，没有海外基地，缺少远程投射能力的训练机会。从这个角度看，每年往返两极的“雪龙号”常年进行着世界上最长的航行，这在一定程度上能够增强、带动中国的远程投射能力建设。例如，2014 年“雪龙号”就参与了两件举世瞩目的大事，一件是年初“雪龙号”的南极大救援，另一件是 3 月马航 MH370 失联客机的搜寻工作。在这两次行动中，“雪龙号”都是以最快速度、成为国际上首个到达目标地点的船只。[②] 这其中有一定的偶然性，即“雪龙号”皆在事发之时距离目标地点较近，但是偶然中又有必然，尤以搜寻马航 MH370 失联客机为例，“雪龙号”能够临时担任中方船只现场指挥船，主要原因还在于“雪龙号”对疑似海域环

---

① 金一南：“国家战略利益不断拓展”，寿晓松主编，战略理论和战略研究部著：《全球扫描 2006（2006 版战略评估）》，军事科学出版社 2007 年版，第 221—222 页。

② 2013 年 12 月 25 日，“雪龙”号船获悉，载有 74 人的俄罗斯“绍卡利斯基院士”号客轮在 600 多海里以外的南极迪维尔海被浮冰困住，急需救援。“雪龙”号船立即以最大航速赶往俄船遇险地点，成为最先到达的船只。随后，中国南极科学考察队暨“雪龙”号船在极其困难的条件下，冒着极大风险，成功完成对遇险俄罗斯籍客轮的救援行动。其后，“雪龙”号也参与了马航失联客机 MH370 的搜寻工作。“雪龙”号是在完成中国第 30 次南极科考任务归国途中，紧急接到赴南印度洋搜寻任务的，并临时担任中方船只现场指挥船。发现疑似马航失联客机碎片的海域位于南大洋的西风带，最近处距离“雪龙”号约 1430 海里，约合 2600 公里，希沙姆丁表示，中方一直对于我们的搜寻请求非常重视。从一开始，中方就派出各种搜寻力量，中国的极地科考船“雪龙”号也是第一艘参与深海搜寻的国际船只。参见：“海洋局发布‘雪龙’船南极救援脱困大事记”，中国新闻网，http：//www. chinanews. com/gn/2014/01 – 08/5710791. shtml，上网时间：2014 年 12 月 9 日；“英雄本色！——新华社记者亲历‘雪龙号’南极大救援”，新华社，http：//news. xinhuanet. com/zgjx/2014 – 01/06/c_133020560. htm，上网时间：2014 年 12 月 9 日；马代交通部长：“‘雪龙’号对搜寻黑匣子非常有帮助”，中国新闻网，http：//www. chinanews. com/gj/2014/03 – 21/5981237. shtml，上网时间：2014 年 12 月 9 日。

境、海况等有比较丰富的了解，有利于在相关海域开展搜救行动。①

可以想见，随着中国海外利益逐渐增多，以及国力增加所承担起的国际责任越来越重，对远程投射能力的要求将会越来越高。不过，此能力建设并非由军方独自承担才能完成。“十二五”规划纲要中明确提出：要建立军民结合的军事物流体系和军地一体的战略投送力量体系。对此，有军方人士建议，结合国情，我军战略投送后备力量可依托地方大型运输企业或地域为单位成建制、成系统组建，可以单独编组，也可跨企业、跨地域、跨种类编组，其中就有以国家大型远洋和水运企业为基础，组建战备机动船队、以省或地级市为单位组建大吨位特种汽车运输团等，实行准军事化管理，成为随时可以调动的战略投送后备力量等。②

目前，中国已在建造一艘新的极地科考船，其建成后将是中国第一艘真正意义上的极地破冰船，将与“雪龙号”一起编队，赴南北极进行科学考察和后勤补给。③ 这两艘考察船能同时实施南北极多学科综合考察，新船将以科考作业为主，同时具备一定的考察站后勤物资补给能力；“雪龙号”将以后勤保障支撑为主，兼顾综合性调查。④ 这不仅可以大幅度增加南北极海洋调查航次和作业时间，提高中国极地科学考察研究水平和能力，更为重要的是，这将进一步提高和带动中国的远程投射能力。

（2）确保南极非军事化

南极独特的环境是进行军事训练、航天、电磁武器和气象武器的天然试验场。南极的酷寒天气能够有效训练军事人员在极寒条件下的作战能力。而且，在南极的军事训练还能检验军事装备在极端条件下的适用程度，并能够使政府和军方对南极的重要战略位置、基本地形地貌、冰川分

---

① “‘雪龙’号参与搜救马航失联飞机”，新华网，http://news.xinhuanet.com/politics/2014-03/21/c_126297688.htm。上网时间：2014年12月9日。

② 安亮：“扎实抓好远程战略投送力量建设”，《中国国防报》2012年4月19日，第003版。

③ “明星级科考船将陆续试水计划新建南极破冰船”，《人民日报》2015年8月6日，第12版。

④ “新极地科考船可双向破冰将与‘雪龙’号分工配合”，新华网，http://news.xinhuanet.com/tech/2012-12/12/c_124083848_2.htm。上网时间：2014年12月10日。

布等情况有详细的了解。极区空间是太阳风能量进入地球空间的窗口，是从地面探测磁层空间的最佳地区，是研究电磁武器的天然试验场。目前，美军已利用南极地区特殊的地球磁场条件来进行电磁武器的研究。[①] 美国早在“星球大战”计划中就有一种新型武器“电磁武器”的研究开发项目，而南极地区特殊的地球磁场条件是美军进行电磁武器研究的一个重要区域。此外，南极也是观察和研制气象武器的极佳之地，具有进行气象武器研究的潜力。[②]

南极具备地球上其他地区所不具备的独特的训练与试验条件，很容易用作军事用途。对此，《南极条约》明确禁止在南极进行军事活动。然而，《南极条约》在科研上又存在漏洞，并没有区分军事性研究和非军事性研究。这些漏洞或许是人为刻意制造出的模糊，使南极并不能完全与军事绝缘。可以说，南极具有潜在的军事化危险，主要存在于两个方面：一是军事参与；二是新概念武器研发。

首先，在军事参与方面，《南极条约》排除了在南极的任何军事活动，然而条约本身却为军事相关活动提供了依据。继条约第一条第一款[③]之后，第二款是“本条约不阻止为科学研究或任何其他和平目的而使用军事人员或设备”。理由是南极环境恶劣，各国奔赴南极都需要本国海军的支持，而这就为某些国家进行军事活动大开方便之门。如美国、日本、智利、阿根廷等国的南极考察后勤保障工作均是由军队提供。

一些国家以后勤保障的名义开展南极军事活动，将南极科学考察与国家安全战略结合起来，以在将来的领土、资源争夺之中谋取有利的全球战略态势。冷战伊始，美国就开始考虑军事利用南极。从1946年起，美国海军先后在南极实施“跳高行动”（Operation High Jump）、“风车行动”（Operation Windmill）和“深冻行动”（Operation Deep Freeze）等项目。在

---

① 所谓电磁武器，就是全部或部分使用电磁能的武器群体，即使用电气科学技术的武器。从目前看，电磁武器已成为当代新概念武器的主体。

② 气象武器是指通过人工控制风云、雨雪、寒暑等天气变化来改变战争环境，人为制造各种特殊气象，配合军事打击，达到干扰、伤害、破坏或摧毁敌方的目的。

③ “南极洲应仅用于和平目的。在南极洲，应特别禁止任何军事性措施，如建立军事基地和设防工事，举行军事演习，以及试验任何类型的武器。”

美国海军的历次南极军事行动中都有训练人员、测试设备的项目，其目的是训练军事人员在极寒条件下的作战能力，并且检验在南极特殊环境条件下的军事装备，并能够使政府和军方对南极的重要战略位置、基本地形地貌、冰川分布等情况有详细的了解。1959 年，美国总统艾森豪威尔密令国防部在南极设立常年“科考站”，奠定了美军在南极“科考”行动中的主导地位。美国的南极项目是世界上唯一一个以军人为主的极地项目。最新资料披露，尽管“极地计划办公室”挂在美国国家科学基金会的旗下，但美国南极活动相当一部分是由美军实施的。

除美国之外，其他南极主要参与国亦有相关举动，如英国潜艇于 2007 年曾到达南极冰架；智利已在南设得兰群岛建立三个军事基地；阿根廷海军表示将坚决捍卫阿根廷在南极的利益；日本军人常年参加穿越西风带、极地生存等项目的训练；俄罗斯、法国、韩国也有军人参加南极“科考”行动。

2016 年，中国将提升南极航空能力列为“十三五”的 100 个重大工程及项目之一，[①] 将于 2016 年组建首支南极航空队，用于支持国家的南极科考活动。空中支持是南极活动的重要组成部分，既包括为南极科学探险提供补给，也包括科考任务。[②] 空中支持的加强增强了中国的南极实力，促进了中国的南极参与。

其次，在新概念武器方面，《南极条约》禁止在南极进行核试验，但是南极独特的地理气候条件使其成为研制电磁武器、气象武器等的理想场所。[③] 随着科学技术的发展，制权理论不断出现革命性的变化，制电磁权

---

① “‘十三五’体现中国国家战略的百大工程项目”，新华网，http://news.xinhuanet.com/politics/2016lh/2016-03/05/c_1118240939.htm。上网时间：2016 年 3 月 6 日。

② “中国将组建南极航空队外媒称目前是纯粹科学活动”，参考消息网，http://www.cankaoxiaoxi.com/china/20160218/1078482.shtml。上网时间：2016 年 3 月 5 日。

③ 南极地区是影响地球气候的一个重要地区。地球极地仿佛是两个环闭地磁源，控制着全球性的气候运变，它又是气象要素的重要行为活动基地，无论是大气环流还是气候变迁，均与其有着直接的关系。一方面，由于宇宙场、地磁场和环闭地磁场的相互作用，环闭磁场发生着频繁的运变，使大气环流的频变产生成为必然；另一方面，地球各地区电磁波动的频繁发生，产生了区域性能级差异的频繁形成，又反过来影响极地气候。

应运而生。[①] 电磁空间是继陆、海、空、天之后的第五空间。制电磁权产生后，它决定着陆海空三种控制方式。没有制电磁权就意味着丧失制空权、制海权和地面作战的主动权。[②] 21 世纪是电子战的世纪，掌握了制电磁权的一方将有能力控制战争的走向。在引领未来的十项科学技术中，与电磁武器相关的就有未来机器人、新型电池、人工智能技术、光电信息技术和无线能量传输技术等五项。[③] 而在气象武器方面，气象科学在现代战争中发挥着至关重要的作用。即使科技进步、交通条件改善，仍有一些技术兵器特别是制导武器和空军飞行很大程度上受制于天气条件。[④]

早在 20 世纪 50 年代艾森豪威尔总统执政期间，美国军方就在一份研究报告中明确提出了“气象控制比原子弹还重要”的观点。据英国《焦点》月刊报道，20 世纪 80 年代以来，美军收集、整编了全世界上千个机场的气象资料，并定期修正。美军先后投资的气象研究项目包括制造地震的“阿耳戈斯计划”、制造雷电的“天火计划”和在飓风周围实施人工降雨以改变风暴方向的“暴风雨计划”等。另据媒体披露，美国空军和海军曾出资在美国阿拉斯加半岛的加科纳建成“高频有源极光研究计划”（HAARP）试验基地。[⑤] 近年来，美国军方高层人士还在不同场合称，到 2025 年左右，美国航空航天部队将能够在战场上控制气象。

中国有军事专家认为，美国操纵气象武器的传闻虚多于实，气象武器目前更可能停留在理论的层次和试验阶段。对于中国而言，应进行一些应对研究，以便在未来的战争或者军事行动中有电磁武器或气象武器使用时

① 制电磁权是指在一定的时空范围内对电磁场的控制权。电磁是物质表现的电性和磁性的统称，电磁场是电场和磁场的统称。它的特点是，变化着的电场和磁场往往同时并存，并且相互转化，这也是制电磁权发挥作用的基础。在现代战争中，大量使用电子装备，电磁辐射就成为其信息传递的主要途径。有了制电磁权，就能自由使用电磁频谱，而不受对方的电磁威胁，同时剥夺了对方使用电磁频谱的权利。

② 于雷：“刍议‘制权’理论的演变”，《现代军事》2003 年第 8 期，第 59 页。

③ 王莹：“论电磁发射开启电磁武器时代”，《电气技术》2010 年（增刊），第 2 页。

④ 李鹏：“中国有气象武器?”，《北京科技报》2009 年 11 月 2 日，第 034 版。

⑤ 王耀宗、祁磊、赵国芬：“气象战：威胁离我们并不遥远”，《中国国防报》2008 年 2 月 28 日，第 003 版。

不至于陷入被动。但更重要的是，如此军事活动参与和新概念武器只能使南极面临军事化和武器化的威胁。除了军事用途之外，其他出于和平目的的民用科学研究稍经转化，亦可具备军事用途。最近，有澳大利亚学者称，南极科考站的“军事用途”日趋明显，许多南极科考站日益具备“双重功能”，被当作控制和指挥的地面站。[①] 亦有国外学者指出，中国在南极内陆冰盖最高点冰穹 A 地区建立的冰穹 A 卫星观测站可用于情报侦察、卫星轨迹的追踪和遥感控制。建立在冰穹 A 上的中国昆仑站是发送、接收、拦截卫星信号的理想之地。[②] 若中国在冰穹 A 建立导弹发射基地，将会具有地球上其他任何地区所无可比拟的优势，起到巨大的威慑作用。

因此，为了确保南极用于和平目的，中国应努力维护南极非军事化与非武器化，将“和平利用南极”的理念一以贯之，以身作则来维护南极和平，并且利用自身的影响力将这种和平推而广之，确保南极的非军事化与非武器化。

（3）确保中国南极地区卫星地球站的安全

对南极洲上层大气物理的研究对国防通讯系统有重要价值，在海冰下进行的有关声音的研究对海军的通讯具有重要的现实意义。除此之外，人类科技的发展加上南极本身的自然条件突出了卫星的重要价值。这也是《南极条约》签订之日世人所无法想象的情况。卫星被喻为现代信息战的军事力量倍增器，是一国现代作战指挥系统和战略武器系统的重要组成部分。20 世纪 90 年代初，美国军方首先提出了“信息战争”的概念，认为未来的战争将是“信息战争”，以侦察卫星、预警卫星、通信卫星和导航

---

① Anthony Bergin，Marcus Haward，Andrew. Cold Calculations：Australia's Antarctic Challenges. Strategic Insights，2013，9 - 10. https：//www. aspi. org. au/publications/strategic - insights - 66 - cold - calculations - australias - antarctic - challenges/SI66 _ Antarctic. pdf. 上网时间：2015 年 8 月 2 日。

② Anthony Bergin，Marcus Haward，Andrew. Cold Calculations：Australia's Antarctic Challenges. Strategic Insights，2013，10. https：//www. aspi. org. au/publications/strategic - insights - 66 - cold - calculations - australias - antarctic - challenges/SI66 _ Antarctic. pdf. 上网时间：2015 年 8 月 2 日。

卫星为代表的卫星系统是夺取信息优势的重要武器。①

南极是所有极轨卫星的必经之地。近地轨道穿过南极洲上空，当卫星运行到近地点的南极上空时，在南极地区用常规导弹就能够精确打击对方各类卫星，轻易将其击落。而一旦一国的卫星系统被摧毁，将会使该国获取信息的能力瘫痪，这无疑是对该国整体防御系统的致命打击。

目前，全球导航卫星系统 GNSS（Global Navigation Satellite System）正呈现百花齐放的局面。美国的 GPS（Global Positioning System）、俄罗斯的 GLO－NASS（Global Navigation Satellite System）、欧盟的伽利略系统（Galileo）、中国的北斗系统（Beidou/Compass）、日本的准天顶卫星系统（QZSS）以及印度的区域导航卫星系统（IRNSS）等，都在竞争空间资源以及空间对地球的覆盖能力。② 其中，美国的 GPS、俄罗斯的 GLONASS、欧盟的 Galileo 和中国的北斗导航系统在 2007 年被联合国指定为全球卫星导航系统核心供应商。

北斗卫星导航系统是中国正在实施的自主发展、独立运行的卫星导航系统，该系统的建立对中国国防建设和经济建设将起到积极作用。它集导航定位、授时、用户监测、短报文通信于一体，在中国国防建设、森林防火、抗震救灾、海洋渔业、交通、水利等行业已发挥了重要作用，产生了显著的经济效益和社会效益。③ 北斗卫星导航系统的建设及投入使用，标志着中国在空间利用方面迈出了重要一步，成为有能力参与空间和平利用的重要力量。④ 目前，中国卫星导航应用 95% 是建立在美国的 GPS 系统之上，这给国家安全和国民经济可持续发展带来巨大隐患。从这个层面来说，建立基于北斗导航系统的卫星导航产业，对于保障国家安全，促进国

---

① 闻新、杨嘉伟："军用卫星的发展趋势分析"，《现代防御技术》2002 年第 8 期，第 7 页。

② 杨元喜等："中国北斗卫星导航系统对全球 PNT 用户的贡献"，《科学通报》2011 年第 21 期，第 1734 页。

③ 杨元喜："北斗卫星导航系统的进展、贡献与挑战"，《测绘学报》2010 年第 1 期，第 5 页；戴宏发："北斗导航系统的发展与应用刍议"，《科技信息》2010 年第 19 期，第 54 页。

④ 戴宏发："北斗导航系统的发展与应用刍议"，《科技信息》2010 年第 19 期，第 54 页。

民经济各行业可持续发展具有重要战略意义。[①]

卫星通信系统主要由通信卫星、地球站分系统、监控分系统和跟踪遥测及指令分系统等部分组成，其中通信卫星和各种地球站是卫星通信系统中的重要组成部分。[②] 面向全球的北斗卫星导航系统及其相应的地面跟踪站建设，对全球导航用户有显著贡献。[③] 各卫星导航系统地面跟踪站的分布及观测不同，将有利于改善全球坐标系统的精度，而北斗坐标系统的最佳实现应该全球均匀建站。目前中国存在的问题是，北斗地面跟踪站相对偏少，几何结构不够合理。[④] 这种结构不合理之一就是无法在南半球建立足够多的地面站。如果在地球最南的南极建站，将大大优化建站结构，提升坐标系统的精度。

在南极，中国卫星通信技术发展稳步跟进。2008 年，由中国通信建设集团有限公司总承包建设的中国南极长城站卫星通信网络工程竣工并投入使用。它是能全面满足南极科学考察工作需要的全天候、双向收发的卫星地球站，解决了中国极地研究中心和中国南极长城站之间的通信瓶颈问题，实现了万里之遥的两地间即时 IP 通话、视频会议、数据和互联网业务，极大地提高了中国极地考察通信支撑实力，使中国南极科学考察活动的通信能力实现了飞跃。[⑤]

2014 年的第 31 次南极科学考察中，中国首次在南极地区建设了北斗卫星导航系统基准站。基于站区的支撑条件，建设北斗卫星导航系统基准站，同时还调试、安装北斗卫星导航系统的接收机及辅助设备，获取相关

---

① 张荣群等："北斗导航系统在农业领域的应用展望"，《测绘通报》2012 年(增刊)，第 685 页。

② 戴志平等编著：《战略预警信息传递技术》，北京邮电大学出版社 2012 年版，第 164 页。

③ 杨元喜："北斗卫星导航系统的进展、贡献与挑战"，《测绘学报》2010 年第 1 期，第 1—6 页。

④ 杨元喜："北斗卫星导航系统的进展、贡献与挑战"，《测绘学报》2010 年第 1 期，第 5 页。

⑤ "极大地提高科学考察通信支撑能力，我国南极长城站通信工程获好评"，中国信息产业网，http：//www.cnii.com.cn/20080308/ca463071.htm。上网时间：2015 年 12 月 9 日。

数据，并以基准站为基础，利用两台北斗卫星导航系统数据接收机，进行长城站站区 GNSS 大地控制点联测。这是中国首次在南极应用北斗卫星导航系统获取相关数据，将着重解决南极地区北斗卫星数据处理、多源卫星导航坐标框架无缝衔接以及不同基准框架一致性等关键问题，为中国实现自主卫星导航系统应用和南极北斗测绘基准体系的建立提供数据和技术支持。基准站将逐步升级，建成南极地区北斗地面测控站，提高北斗卫星导航系统全球定轨精度。① 南极科考途中的实测结果表明，北斗系统信号的质量总体上与 GPS 相当。②

进入 21 世纪，GNSS 精密定位存在广泛的应用需求，如大地控制测量、地形测量、工程测量、海洋测绘、航空摄影测量、航空重力测量、信息系统基础数据采集等。中国通过在南极建设北斗卫星导航系统基准站，今后逐步升级改造，可建设成南极地区北斗地面测控站，不仅可极大地提高中国南极科学考察测绘保障的自主性，还可提高北斗卫星导航系统的全球定轨精度。③ 除了建立地球站和地面测控站之外，南极亦能为“北斗”系统提供远洋评估试验，弥补了海上及南半球的系统性能测试较少的缺陷。如第 28 次、第 29 次南极科考中就曾对“北斗”卫星导航系统进行远洋评估试验。④ 卫星导航系统涉及国家安全，维护中国南极地区的卫星地球站建设就是维护国家安全。

2. 中国在南极的非传统安全利益

非传统安全是相对于传统安全的一个概念，指除军事、政治和战争以外的，对国家乃至人类整体生存、发展构成威胁的安全问题。简言之，非传统安全是无法用军事手段解决的安全问题。中国的南极非传统安全包括

---

① 乔思伟：“我国北斗卫星导航系统南极基准站启用”，《中国国土资源报》2015 年 2 月 11 日，第 001 版。

② 张建松：“北斗信号总体质量堪比 GPS”，《人民日报（海外版）》2015 年 4 月 9 日，第 004 版。

③ “我国将首次在南极建设北斗卫星导航系统基准站”，新华网，http://news.xinhuanet.com/2014－10/28/c_1113015467.htm。上网时间：2015 年 12 月 9 日。

④ 苏牡丹、高为广、李军正、陈明剑、杨志昱：“北斗卫星导航系统远洋评估试验及初步结果”，《飞行器测控学报》2013 年第 5 期，第 449—453 页。

人的安全、科考站的安全和气候环境安全两个方面。

南极安全首先包括在南极的人的安全和科考站的安全。“人的安全”是国际关系研究中一个新兴的主题，关切人类个体或整体的安全。中国南极安全中的“人的安全”特指人的生命安全。中国每年有大量科研人员和后勤保障人员在南极进行科考和生活。截至目前，中国派出的极地考察人员已超过5000人次，这部分人员中，除了科学家外还包括后勤保障人员，如科考站的建设施工人员、医护人员、电工、工程师、厨师等，他们在南极工作、生活时时面临巨大考验。在科研和后勤保障方面，目前中国保持着在南极零伤亡的记录，但是南极极端恶劣的气候条件不仅极易诱发各种突发事件，还容易使考察队员产生心理忧郁与恐惧，这部分人的安全应该受到特别重视。除此之外还有数以千计的游客赴南极旅游，[①] 游客的安全也不能掉以轻心，如2015年11月18日法国邮轮“北冕号”在南大西洋上起火，船上有中国87名旅客逃生后回国。[②] 此外，中国现已建成四座科考站，维护科考站和科考设施的安全，避免人员伤亡和财产损失也是中国南极安全利益中重要的一环。

南极安全其次是气候变化安全。气候变化问题是21世纪人类社会面临的最严峻的非传统安全挑战之一，具有全球性、长期性、渗透性、不确定性和潜在的不可逆转性。将气候变化与南极联系在一起，是因为南极可能蕴含着全球性气候变化的最关键因素。极地是全球大气的主要冷源，是全球气候变化的驱动器、放大器，因其敏感，亦是全球气候变化的指示器，在全球气候变化中具有不可替代的重要作用。

（1）南极地区在全球气候变化中的作用

在南极，冰盖、南大洋、大气三者之间相互影响、相互作用，影响着全球的气候环境和海洋系统。南极冰盖和冰架占南极大陆面积的97.6%，

---

① 自2010—2011年度以来，中国赴南极旅游人数依次为1158（2011—2012年）、2328（2012—2013年）、3328（2013—2014年）、3042（2014—2015年）。IAATO, Tourism Statistics，http://iaato.org/tourism-statistics。上网时间：2015年8月26日。

② “广州游客豪华南极游变逃生旅，归国难获赔偿”，南方网，http://news.southcn.com/community/content/2016-01/22/content_141278658.htm。上网时间：2016年3月6日。

而南极冰盖所含冰量约占地球总冰量的88%，若全部融化将会使海平面上升56.6米。[①] 南大洋占地球海洋面积的20%，是将地球上三个大洋连通成为一个整体的唯一海区，吸收二氧化碳的能力占世界大洋的30%以上，是全球最重要的碳汇，有力地调节着气候系统。此外，它也是全球大洋重要的氧化亚氮源。[②] 南极绕极流是全球最大的环流，对大洋冷热平衡起着调节作用。海、冰、气和生物在南大洋相互作用，进行着复杂的生物地球化学循环。国际南极科学委员会（SCAR）认为，在全球变暖背景下，南大洋物理环境的改变会对全球气候系统造成根本性的、甚至是不可逆转的影响。[③]

南极在全球气候变化中具有重要作用，首先表现在南极冰盖既可以积极响应气候变化，也可对全球气候变化起驱动作用。冰盖表面反射率的变化和冰面高度、冰盖面积的变化不仅影响南极地区气候的冷暖程度，还导致这一地区大气环流的改变，进而影响全球水汽输送格局。而南极冰盖消融速率的变化除影响海平面变化外，亦改变海水的成分和温度，影响洋流和蒸发，进而影响着全球气候系统。[④] 更重要的是，南极地区对气候变化具有放大作用。两极不仅储存了全球97%的冰雪量，而且有最为发育的海冰面积。南极海冰在气候系统中起着“正反馈”作用。在全球变暖的背景下，南极海冰一旦融化，将会降低海气界面的反照率，从而使海洋吸收更多的太阳辐射，加大对大气的热贡献率，进而使南极海冰进一步融化，形成全球增温的正反馈作用。由于南极海冰对于全球气候变暖具有“放大”效应，微小的增暖幅度可以通过海冰的“正反馈”效应在极区海洋得以放大。

---

① 张栋：“南极冰盖物质平衡与海平面变化研究新进展”，《极地研究》2010年第6期，第296—302页。

② 陈瑜：“在南极，为全球气候变化找注脚”，《科技日报》2011年3月22日，第003版。

③ Mayewski P A, Meredith M P, Summerhayes C P, et al. State of the Antarctic and Southern Ocean climate system [J]. Reviews of Geophysics, 2009, 47, RG1003, doi: 10.1029/2007RG000231.

④ 秦大河：“揭示气候变化的南极冰盖研究新进展”，《地理学报》1995年第2期，第180页。

（2）南极对中国环境安全的影响

从纯粹的自然环境来讲，南极预示并遥控着中国的气候环境；而从社会发展角度来看，中国越来越受到由气候变化所引起的生态环境恶化的威胁。

首先，南极预示并遥控中国的环境变化。极地冷暖和冰雪状况的变化、极地环流和涛动等对东亚环流和中国天气、气候有很多显著的影响。例如，梅雨是中国江淮流域的重要天气气候现象，梅雨量的多少、梅雨期的长短以及入梅出梅时间的早晚对这一地区的农业生产有显著影响，而南极地区的冰雪状况与长江流域出梅时间的早晚有密切关系，南极海冰的影响具有与海温相似的滞后效应。如上年南极海冰面积缩小，来年长江出梅就晚，梅期长；反之，海冰面积扩展，来年出梅就早，梅期短。[①] 又如，冬、春季的南极涛动与中国北方沙尘频次在年际变化上有显著的反相关关系；[②] 南极海冰与极涡指数、赤道海温、西太平洋副热带高压及台风也有一定的关系；南极大陆冷空气活动和越赤道气流异常对中国灾害性天气有重大影响；南极地区热汇强度、冰雪消涨与越赤道气流及季风区的环流有显著的联系，[③] 等等。天气学相关分析还表明，南极地区夏季温度变化与中国夏季降水显著相关，南极大陆是南极温度与中国降水相关的最敏感的区域，而南半球夏季则是对中国夏季降水产生影响的敏感季节。中国东北地区夏季温度的变化与前期南极大陆的温度也存在显著的关系。[④] 另据最

---

① 符涂斌："我国长江流域梅雨变动与南极冰雪状况的可能联系"，《科学通报》1981 年第 8 期，第 484—485 页。

② 范可等："南极涛动的年际变化及其对东亚冬春季气候的影响"，《中国科学：地球科学》2006 年第 4 期，第 385—386 页。

③ 陆龙骅、宋正山等："南极地区天气气候变化及其与全球气候变化关系的研究"，国家海洋局极地考察办公室编：《中国南极考察科学研究成果与进展》，海洋出版社 1998 年版，第 422—438 页。

④ 卞林根、陆龙骅、张永萍："南极温度的时空特征及其与中国夏季天气的关系"，《南极研究》1989 年第 3 期，第 8—17 页。

近的研究指出，北极海冰减少加重中国雾霾。[①] 而同为极地、且冰雪储量更为巨大的南极，是否影响着中国雾霾情况，还有待于科学上的研究。

其次，气候变化对中国气候环境安全构成威胁。气候变化对自然生态系统和社会经济系统均会产生深刻的影响，包括可能导致海平面上升、海洋酸化、冰冻圈退缩、水循环紊乱（水短缺等）、极端事件频发、生物多样性受损、食物安全受到威胁、人体健康受到损害、灾害加剧等等（IPCC，2014a）。[②] 南极与中国的环境安全密切相关，气候变暖使南极海冰消融加速，将直接导致海平面上升，进而威胁中国沿海地区的安全，并且间接导致中国国土面积减少、国土质量下降、荒漠化、粮食危机、水资源短缺等问题。

最近有研究认为，南极上空臭氧空洞和南大洋降雪覆盖的双重作用导致东南极海冰不降反升的异常现象。到2050年左右，南极上空臭氧空洞可能消失并恢复到20世纪80年代水平，加之温室气体排放不断增加，更多的南极降水不再以“雪”而可能以“雨”的形式出现，一旦这双重屏蔽作用消失，南极地区会快速升温并引起东南极冰盖融化和海冰覆盖面积减少，使海平面升高加速。[③] 2010年1月，据英国《新科学家》杂志报道，南极冰川近几十年来融冰量持续增加，南极西部大冰原最大的一个冰川已经过了崩塌临界点，如果这一冰川完全消融，全球海平面将上升24

---

① 原因是，海冰减少、极地增暖可以导致北半球中高纬度温度经向梯度减弱，从而使得高空西风急流偏北，北半球中高纬度大气环流经向度增大，北方冷空气容易向南爆发。冷空气容易向南爆发会导致欧亚和北美中高纬地区偏冷且降雪较多，同样影响中国东部中纬度地区，冷空气将沉于大气低层且空气偏干，容易形成逆温，不利于污染物扩散，以至于更易于发生雾霾天气。另外，中国冬季气旋活动路径偏北也使得东部地区少气旋活动而多出现静稳天气，也不利于污染物的扩散。参见申敏夏：“中国科学院院士王会军：北极海冰减少加重我国东部雾霾”，《中国气象报》2014年11月26日，第001版。

② 秦大河：“气候变化科学与人类可持续发展”，《地理科学进展》2014年第7期，第879页。

③ 陈立奇：“南极和北极地区变化对全球气候变化的指示和调控作用——第四次IPCC评估报告以来一些新认知”，《极地研究》2013年第1期，第1—5页。

厘米。①

气候变化对中国的安全威胁表现在以下几个方面：

第一，海平面上升已成为人类面临的突出环境问题之一，也严重威胁中国沿海地区的安全。2013年9月，国际政府间气候变化专门委员会（IPCC）发布了第五次气候变化评估报告《气候变化2013：自然科学基础》，认为气候变化导致全球海洋变暖、冰川融化、全球平均海平面持续上升。相对于1986—2005年，2081—2100年的全球平均海平面将上升0.26—0.82米。② 引起海平面上升的因素主要包括海水热膨胀、冰川和冰帽融化以及极地冰盖消融。其中，南极冰盖对海平面上升的潜在贡献巨大，其所含冰量约占地球总冰量的88%，若全部融化将会使海平面上升56.6米。③ 2015年11月英国《卫报》报道，南极西部一区域的冰川目前处于非常不稳定的状态，坍塌后很可能导致全球海平面上升3米。④

海平面上升直接威胁着中国沿海地区的安全。中国是沿海国家，拥有长达1.8万多公里的大陆海岸线，而且东部沿海地区面积约占全国的16.8%，人口占全国的近42%，国内生产总值占全国的近72.5%。⑤ 北至大连、南到广西北部湾，在漫长的海岸线上崛起的港口群和城市带，是中国经济发展的巨大引擎，并且带动中西部发展，是“21世纪中国参与全球经济分工与竞争的一张强弓”。⑥ 海平面上升会对这一人口密集、经济发达

---

① Why Antarctica isn't melting much - yet. Newscientist, 2010. 1. 13. http://www.newscientist. com/article/mg20527434. 700 - why - antarctica - isnt - melting - much - - yet. html. 上网时间：2015年12月8日。

② 国家海洋局：“IPCC发布第五次气候变化评估报告”，http://www.soa.gov.cn/zwgk/hygb/zghpmgb/2013nzghpmgb _ 2304/201403/t20140314 _ 30897. html。上网时间：2015年8月5日。

③ 张栋：“南极冰盖物质平衡与海平面变化研究新进展”，《极地研究》2010年第6期，第296—302页。

④ “南极一冰川不稳定坍塌后或使全球海平面上升3米”，腾讯网，http://news.qq.com/a/20151103/048695.htm。上网时间：2016年3月5日。

⑤ 国家统计局：《中国统计年鉴》，中国统计出版社2000年版，第4—61页。

⑥ 沈伟烈、陆俊元主编：《中国国家安全地理》，时事出版社2001年版，第290页。

的地区造成直接威胁。

根据《2013年中国海平面公报》，中国沿海海平面变化总体呈波动上升趋势。1980年至2013年，中国沿海海平面上升速率为2.9毫米/年，高于全球平均水平。高海平面加剧了浙江和广东等沿海地区风暴潮和洪涝灾害，给当地人民的生产生活和经济社会发展造成了一定影响。[①] 预计未来30年，中国沿海海平面将继续上升，比2008年升高80—130毫米。长江三角洲、珠江三角洲、黄河三角洲和天津沿岸仍将是海平面上升影响的主要脆弱区。

中国海平面上升的长期趋势将使中国沿海经济发达地区逐渐被淹没。如果说目前的海平面上升对中国领土面积的影响尚为有限，那么未来海平面的长期上升趋势将成为中国的心腹大患。这是因为海平面在上升的过程中将逐渐淹没包括长江三角洲、珠江三角洲、黄河三角洲和天津滨海新区在内的中国沿海经济发达地区，对中国的社会稳定和经济发展构成严重威胁。一些研究表明，海平面上升30厘米，中国沿海地区8000多平方公里的土地将被淹没。[②]

海平面上升不仅在于直接威胁着中国沿海地区的安全，还在于其是一种缓发性灾害，其长期累积效应直接造成滩涂损失、低地淹没、生态环境破坏和洪涝灾害加剧，并导致风暴潮、海岸侵蚀、咸潮、海水入侵与土壤盐渍化加重等诸多恶劣后果。2013年，受气候变化和海平面上升累积效应等多种因素的影响，辽宁、山东和江苏等省的部分沿海地区海岸侵蚀、海水入侵与土壤盐渍化灾害较为严重。[③]

第二，气候变化威胁着中国的粮食安全。气候变化所引发的诸多问题

---

① 国家海洋局：《2013年中国海平面公报》，http://www.soa.gov.cn/zwgk/hygb/zghpmgb/2013nzghpmgb_2304/201403/t20140314_30888.html。上网时间：2015年8月5日。

② 张海滨："气候变化与中国国家安全"，《国际政治研究》2009年第4期，第22页。

③ 国家海洋局："2013年中国海平面公报"，http://www.soa.gov.cn/zwgk/hygb/zghpmgb/2013nzghpmgb_2304/201403/t20140314_30888.html。上网时间：2015年8月5日。

中，粮食安全对中国具有强烈的现实意义。民以食为天，中国是拥有6亿农民的农业大国，保障国家粮食安全是治国安邦的头等大事。中国农业是对气候变化十分敏感和脆弱的生产产业，气候变化已经严重地改变了中国气候的时空格局，导致了中国农业气候资源时空格局的显著变化。特别是，伴随着气候变化，农业气象灾害不断加剧，高温、干旱、强降水等极端天气、气候事件日益频发，进一步制约中国农业的气候资源和生产潜力，并加剧农业生产的不稳定性，从而使中国粮食生产面临日益严峻的减产风险。中国粮食生产表现出巨大的区域变异性和年代间的波动性，技术因素对于生产力的贡献愈益受到外部因素的削弱或掩盖。粮食产量年增长率的下降还带来农业物质和能源成本的飙升，这对气候变化产生正反馈。① 研究表明，在中国耕地和粮食生产重心北移和西移的背景下，在没有适应性技术对策的情况下，未来气候变化可能至少使粮食生产减产10%以上，而生产的年际不稳定性将提高15%以上。② 到21世纪末，粮食产量每10年将减少0%—2%，而预估的粮食需求到2050年则每10年将增加14%。③ 小麦、玉米和水稻这三种最主要的粮食作物在未来20—30年将下降5%—10%。④ 其中小麦和玉米受气候变化不利影响相对水稻和大豆更大。气候变化导致的小麦和玉米减产平均约为每10年1.9%和1.2%。⑤ 可见，气候变化威胁着中国未来的粮食安全。

第三，气候变化威胁着中国水资源安全。气候变化能够改变水资源的供给，导致气候变率幅度增大、旱涝灾害愈加频繁，并以不同的途径对用水方式和用户产生影响。在世界范围内，近80%的人口已经遭受水多、水

---

① 潘根兴："气候变化对中国农业生产的影响"，《农业环境科学学报》2011年第9期，第1705页。

② 潘根兴："气候变化对中国农业生产的影响"，《农业环境科学学报》2011年第9期，第1706页。

③ 秦大河："气候变化科学与人类可持续发展"，《地理科学进展》2014年第7期，第880页。

④ 雷秋良："气候变化对中国主要作物生育期的影响研究进展"，《中国农学通报》2014年第11期，第206页。

⑤ 秦大河："气候变化科学与人类可持续发展"，《地理科学进展》2014年第7期，第879页。

少、水脏和水混的严重困扰。水生态系统的气候变化风险呈现增加趋势。[①]气候变化对我国影响尤其巨大，这是因为中国水资源系统对气候变化的承受能力十分脆弱，多数河流的径流对大气降水变化非常敏感。同时，中国人口众多，经济发展迅速，耗水量不断增加，许多地区面临着水资源短缺问题；基础设施的建设和社会经济的快速发展也使洪水、干旱造成的经济损失日益增多。[②] 未来全球气候变化可能改变大气降水的空间分布和时间变异特性，改变水资源空间配置状态，加剧中国部分流域的水资源供给压力，直接影响到水资源稀缺地区的可持续发展。[③] 随着温室气体浓度的增加，风险将显著增加，21 世纪许多干旱亚热带区域的可再生地表和地下水资源将显著减少，部门间的水资源竞争恶化。气候变化可能导致地下水补给量和可更新地下水资源量减少，而这些地区的地下水将无法缓解淡水资源面临的压力。气候变化通过改变可更新的地表和地下水资源量，将会加剧行业和领域之间的用水竞争，威胁到区域水、能源和粮食安全。同时，气候变化将对水质产生负面影响。升温加大藻华爆发和水中藻毒素及有机质变得更为密集的风险。[④] 近期，一篇美国科学院院刊的关于气候变化对水资源影响的文章称，未来，如若平均气温比 20 世纪 90 年代升高 1℃，全球将有 8% 的人口面临严重的水资源短缺；升高 2℃，将影响 14% 的人口；升高 3℃，将影响 17% 的人口。[⑤]

第四，由于人类对南极知之甚少，气候变化还有可能产生一些目前人

---

① “IPCC 第五次评估报告系列解读之淡水资源将气候变化风险纳入水管理”，中国气象局网站，http://www.cma.gov.cn/2011xwzx/2011xqxxw/2011xqxyw/201411/t20141125_267885.html。上网时间：2015 年 12 月 8 日。

② 任国玉：“气候变化对中国水资源情势影响综合分析”，《水科学进展》2008 年第 6 期，第 772 页。

③ 任国玉：“气候变化对中国水资源情势影响综合分析”，《水科学进展》2008 年第 6 期，第 772 页。

④ “IPCC 第五次评估报告系列解读之淡水资源将气候变化风险纳入水管理”，中国气象局网站，http://www.cma.gov.cn/2011xwzx/2011xqxxw/2011xqxyw/201411/t20141125_267885.html。上网时间：2015 年 12 月 8 日。

⑤ “IPCC 第五次评估报告系列解读之淡水资源将气候变化风险纳入水管理”，中国气象局网站，http://www.cma.gov.cn/2011xwzx/2011xqxxw/2011xqxyw/201411/t20141125_267885.html。上网时间：2015 年 12 月 8 日。

类尚且无法预知的严重后果。仅以南极的致命病毒为例，冰冻了数百万年的南极大陆冰盖中包含有许多史前细菌，随着全球气候变暖，许多古老的细菌、病毒也随之解冻。2001 年，南极科考人员在南极永久冻土带发现了一种前所未见的致命病毒，目前地球上尚没有任何一种动物可以对这种病毒具有免疫性。随着全球气候变暖，南极冰川融化加剧，美国科学家发出警告，一旦这种病毒复苏扩散，地球上将没有哪种生物可以幸免于难。①

气候环境安全早已超越单纯的非传统安全领域，而与经济、政治、资源、能源、社会意识等等多种问题紧密联系。概言之，气候变化直接导致海平面上升，加速中国国土质量的下降，影响中国淡水资源和中国粮食生产，增加极端气候事件如洪涝、干旱、雪灾、台风等的频度和强度，严重威胁中国民众的生命财产和生活质量，并使中国面临日益增大的国际国内压力，政府的治理能力受到进一步挑战，乃至影响中国重大国防和战略性工程以及军队建设。② 初步研究表明，气候变化对中国的一些重大战略性工程，如三峡工程、南水北调工程、西气东输工程、中俄输油管线工程、三北防护林工程等都产生了不同程度的影响。③

三、中国的南极科研利益

科研利益涉及只有在南极地区才能实现的利益。《南极条约》冻结了领土主权声索并且去除军事化，其唯一支持的活动是科学考察与科学研

---

① “科学家警告：南极神秘病毒扩散将无人幸免”，中新网，http://www.chinanews.com/n/2003-01-27/26/267907.html。上网时间：2015 年 8 月 24 日。

② 如近年来中国极端天气气候事件增多，对我军人员、装备和设施安全构成威胁；极端天气事件频率增加，恶劣的天气使部队的作战训练，特别是空军和海军的训练难以正常展开，制约部队战斗力的形成；极端气候事件的增加使部队抢险救灾的任务更加繁重，对部队的作战训练造成影响，对部队的任务和能力提出了新的要求；气候变化引起的海平面持续上升，使中国一些具有军事价值的岛屿受到威胁，影响我军的部署和战场建设，海平面上升导致风暴潮的严重程度增加，中国沿海的军港和机场可能受到更大的影响；气候变化可能引发中国与邻国的紧张局势甚至局部冲突，增加军事冲突的可能性等等。参见张海滨：“气候变化与中国国家安全”，《国际政治研究》2009 年第 4 期，第 35—38 页。

③ 张海滨：“气候变化与中国国家安全”，《国际政治研究》2009 年第 4 期，第 37 页。

究。南极的科学考察和科研活动固然有重要的科学价值，但南极科学所带来的价值已远远超越单纯的科学本身，外溢至经济和社会发展领域。它能促进一国的社会经济和技术发展，更体现在政治领域，具有极大的国家显示度和政治影响力。

要在极端的极区环境中顺利进行科考，就必须要有强大的后勤保障体系，后勤保障体系和极地科学考察的基础设施共同组成了极地科考的硬件体系，因此南极科研体现了一个国家的科技水平和综合国力。近年来，随着中国综合国力的增强和科技水平的提升，中国的南极科研呈上升趋势，这不仅具有科学方面的价值，还能赢得南极治理的话语权。

1. 科学研究在南极的重要地位

科研是参与南极治理的叩门砖。《南极条约》第九条第二款规定，只有在南极开展实质性科学研究的条约成员国，才有条件被赋予协商国资格；在南极开展实质性考察的南极条约协商国才有发言权和表决权。科研亦是南极治理的决定因素。牵头和参与南极大型国际研究计划，开展突破性科学考察，提出有分量的研究报告等，都是使一国在南极治理中位次上升的决定性因素。

南极蕴藏着丰富的科学资源。南极是地球环境健康的指标，是地球系统运动和变化的重要动力来源，它拥有独特的生态系，忠实地记录了古气候和地质演化和变迁的过程，又是研究外层空间的“窗口”。南极的岩石和化石是古陆变迁的重要证据，南极陨石是研究太阳系和地外生命的珍贵资料，南极冰盖是记录古气候变化的档案库。南极还是研究全球变化的关键地区，是对诸如大气臭氧减少、全球变暖、海平面变化等全球环境现场进行监测的天然实验室。因此，研究的意义远不在于对南极本身的认识，而是通过这座特殊的“平台”，寻求人类所面临的诸如气候变化、生物多样性和可持续发展等重大问题的科学答案。①

2. 中国南极科考的成果

从1984年至今，中国已派出32次国家南极考察队，完成了一系列从

① 吴依林：“南极研究及其趋势展望”，《中国科学技术大学学报》2009年第1期，第11页。

南大洋到内陆高原的考察计划，在地质、冰川、气象、陨石、极光、磷虾等各方面都取得了较大进展。中国科学家的研究成果无论是揭示自然奥秘，增进人类对极区的了解，还是探测南极地区自然资源，评估其开发利用前景与风险，都为中国和世界“和平利用南极”做出了贡献。

测绘是展开南极科考的基础。自1984年参加中国第一次南极科考，截至2014年，国家测绘局先后派出100多人次参加了30余次南极和5次北极科学考察工作，累计投入极地测绘科考与研究经费3000余万元，为历次极地科考活动提供了强有力的测绘保障，完成南极长城站、中山站、昆仑站、泰山站和北极黄河站建站以及多学科考察测绘保障任务，建立了包括平面坐标系统、高程系统、重力基准、GNSS卫星跟踪站等在内的中国东、西南极和南极内陆大地测量基准系统，测绘了覆盖面积达20万平方公里的南极地图，命名了300多条南极地名并得到国际南极研究科学委员会承认和公布，取得卓越贡献。①

在冰川学方面，近年来冰芯研究成为焦点。南极冰芯记录的时间尺度可达几十万年至上百万年，对揭示因地球轨道变化而引起的冰期—间冰期旋回规律具有独特优势，② 能揭示数百万年来的地球气候演变状况。南极冰盖的最高点冰穹A具有获取最古老深冰芯记录的有利条件，其大气环境具有大尺度代表性，是冰芯记录研究的理想之地。截至2016年，中国昆仑站深冰芯钻取的总深度达到651.5米的新纪录，可反演过去4万年来高分辨率气候环境演化过程。③

在极地大气方面，目前中国在极地进行的常规地面气象观测业务包括1985年建成的南极长城站和1989年建成的中山站两个气象站，国际区站号分别为89058和89573，两站都已列入世界气象组织（WMO）、南极基

① “极地测绘科考30年成绩斐然”，新华网，http://news.xinhuanet.com/expo/2014-03/26/c_126317921.htm。上网时间：2015年8月9日。

② 任贾文、效存德、侯书贵等：“极地冰芯研究的新焦点－NEEM与DomeA”，《科学通报》2009年第4期，第399页。

③ “昆仑站队取得五项突破圆满完成预定任务”，国家海洋局网站，http://www.soa.gov.cn/xw/dfdwdt/jsdw_157/201601/t20160126_49944.html。上网时间：2016年3月5日。

本天气站网（ABSN）和南极基本气候站网（ABCN），中山气象站还列入全球气候观测系统地面站网（GSN）。2016 年中国首次在南极格罗夫山安装首台自动气象站，观测数据通过卫星网络实时传输至国内，其长期数据可用于研究南极大气边界层、冰盖下降风和南极内陆地区的气候变化。同时，昆仑站的自动气象站也已架设完成。两个自动气象站的观测数据已成功应用到中国首架极地固定翼飞机“雪鹰 601”的执行任务过程中。① 除极地考察站常规气象观测业务外，在中国赴极地的考察船上也有准业务的海洋气象观测系统，为开展南极实地气象考察和研究创造了条件。2002 年到 2010 年，中国先后在从南极中山站到南极大陆冰盖最高点的剖面上，设置了六个中澳/中美合作自动气象站。

此外，中国在极地大气方面的成就还包括解释了南极海冰、厄尔尼诺事件和海平面变化之间相互关系的物理机制，为中国短期气候预测提供了新线索，② 以及南极大气臭氧总量观测资料被 WMO 南极臭氧公报所使用等。③

在地球化学方面，中国学者首创用生物地球化学的方法，通过对沉积物中的有机物质、植物残体含量及其所含钙离子等浓度的变化复原了距今近 4000 年以来的相对温度变化及年平均降水量。近年来，中国学者创新性地应用生物地球化学、沉积学和古生态学等方法，通过对企鹅粪土等湖泊沉积物中元素的聚类分析，系统研究了企鹅的种群数量变化与环境演变之间的相互关系，并结合放射性定年，重建了近 3000 年来企鹅数量的演变，揭示了企鹅数量与极地气温变化的相关性。④ 其后又利用沉积层中海豹毛发数量的变化测定不同历史时期海豹数量，探索极地生态群落历史变迁和

---

① “我国首次在南极格罗夫山架设自动气象站，气象资料已成功应用到固定翼飞机试飞过程中”，中国气象局网站，http：//www.cma.gov.cn/2011xwzx/2011xqxxw/2011xqxyw/201601/t20160117_ 302054.html。上网时间：2016 年 3 月 5 日。

② 陆龙骅、卞林根、效存德、武炳义、逯昌贵：“近 20 年来中国极地大气科学研究进展”，《气象学报》2004 年第 5 期，第 678 页。

③ WMO. Antarctic Ozone Bulletin#7/2003. http：//www.wmo.ch/web/arep/o3.

④ 陆龙骅、卞林根、效存德、武炳义、逯昌贵：“近 20 年来中国极地大气科学研究进展”，《气象学报》2004 年第 5 期，第 685 页。

环境变化的关系。[1]

在天文学方面，南极是地球上最接近太空的地方，是天文观测的完美之地，科学家所发现的有关宇宙大爆炸的决定性证据便是来自在南极多年来收集的宇宙微波背景辐射观测数据。南极内陆冰盖最高点的冰穹A是目前地球上已知的天文观测条件最好之处，是一个“准空间”的环境，其效果几可媲美太空。自从2005年1月中国南极科考队登上冰穹A后，中国已经在这个地区进行了一些天文观测，2012年中国第28次南极科考队中的天文科考队员在冰穹A成功安装了南极巡天望远镜AST3－1。这台望远镜是中国自主研发的首台全自动无人值守望远镜，也是目前南极内陆最大的光学望远镜。首台南极巡天望远镜的安装、调试，标志着中国南极天文科考迈上了重要的台阶。在2015年中国第31次南极科考期间，中国又在昆仑站成功安装了第二台南极巡天望远镜AST3－2。这台中国自主研发的巡天望远镜主要用于超新星、系外行星以及变星等天文现象的观测。同时，中国又在昆仑站安装了一台南极亮星测光望远镜，可跟踪系外行星的踪迹。[2] 南极亮星巡天望远镜计划于2016年1月安装在中山站。[3]

南极陨石考察和研究是中国南极科学的一个亮点。从1998年开始，中国南极内陆考察队逐年开辟了一个属于中国的研究领域——格罗夫山考察。格罗夫山是中国中山站向内陆发展的必经之地，也是世界熟知和公认的陨石富集区。近年来，中国在南极收集工作方面取得了重大突破，南极格罗夫山陨石的大量发现大大推进了中国陨石学与天体化学的发展。1998年中国开展第一次南极内陆格罗夫山科学考察，首次发现四块不同陨石样品，实现了中国南极陨石考察零的突破。目前中国在南极收集的陨石数量

---

① 陈连增：“中国极地科学考察回顾与展望”，《中国科学基金》2008年第4期，第200页。

② “我国又一台南极巡天望远镜亮相‘冰穹之巅’”，新华网，http://news.xinhuanet.com/politics/2015－02/11/c_1114340285.htm。上网时间：2016年3月5日。

③ “在‘人类不可接近之极’建造南极亮星巡天望远镜”，中国科技网，http://www.wokeji.com/explore/twht/201512/t20151215_2045785.shtml。上网时间：2016年3月5日。

为12035块，数量仅次于日本、美国，位居世界第三。[①] 大量南极陨石的发现为陨石学与天体化学研究提供了极为重要的标本。对南极陨石的探索，将超越太阳系，延伸到更遥远、更神秘的宇宙空间。

在高空大气物理方面，从1984年中国首次南极科学考察以来，极区高空大气物理学一直是极地研究的重要学科之一，目前中国在极区电离层、极光和磁层、中高层大气研究等领域取得了一些原创性的研究成果，引起国际同行关注。[②] 极区高空大气物理学研究方面取得的主要进展包括：在南极中山站和北极黄河站建立了国际先进的极区高空大气物理共轭观测系统，实现了极区空间环境的连续监测；在极区电离层、极光和粒子沉降、极区电流体系、极区等离子体对流、地磁脉动和空间等离子体波、极区空间环境的南北极对比、极区空间天气、非相干散射雷达功率谱、电离层加热试验和极区中层夏季回波研究、极区电离层—磁层数值模拟等方面取得了一些原创性的研究成果。[③]

在海洋生物尤其是磷虾的研究方面，南极磷虾资源被认为是地球上最后一个动物蛋白库。科学界普遍认为，磷虾储量的估计值是4亿—6亿吨；也有专家认为，有10亿吨以上，甚至达50亿吨。从南极捕鲸的教训可知，竭泽而渔将会对南极生态造成毁灭性后果，因此成规模工业捕捞磷虾一直是全世界的禁区。磷虾是南大洋生物大厦的基石，如果开放磷虾捕捞的大门却没有合理规范，就可能使南大洋海洋生物资源枯竭，进而危及整个南大洋食物链，使南大洋生态系统产生灾难性后果。

规划磷虾的可捕捞量首先需要得知磷虾的生命周期，南极磷虾寿命的测定便成为各国南极科考队历年的预定项目。自1985年起，中国连续开展磷虾的调查和研究已有20多年的历史。20世纪90年代，中国科学家解决了如何识别磷虾的年龄和磷虾负生长的重大科学难题。研究证明，磷虾的

---

① “南极陨石数量位列世界第三：中国发现惊人”，环球网，http://tech.huanqiu.com/news/2015-09/7652105.html。上网时间：2016年3月5日。

② 刘瑞源、杨惠根：“中国极区高空大气物理学观测研究进展”，《极地研究》2011年第4期，第243页。

③ 刘瑞源、杨惠根：“中国极区高空大气物理学观测研究进展”，《极地研究》2011年第4期，第241页。

复眼不受负生长的影响，因此磷虾复眼的大小可以作为磷虾生长的指标。① 以此推算出，正常情况下，磷虾寿命为4—6年，每年的捕捞量可占其保有量的10%—20%，数量约为1亿吨。这对磷虾资源的合理开发、维持磷虾资源的平衡、保护南极生态系统具有重要意义。

在微生物方面，近十多年来的研究显示，极地微生物在特殊环境（尤其是低温）适应机制、新药开发、新型酶制剂研制、新型保健食品开发等方面具有广阔的前景。虽然1991年的《南极条约环境保护议定书》规定，50年内禁止在南极进行矿物资源活动，但该议定书未包括生物资源。随着近年来极地科学考察活动的深入和后勤支撑能力的提高，极地微生物资源逐渐成为发达国家竞相占有和发掘的重要战略资源，有关极地微生物的资源勘探与活性产物的研究在国际上已经成为新的热点。以药物、保健等为目标的新型活性化合物的研发工作已经在一些发达国家实验室及制药公司研发机构中进行，并有相关专利出现。

中国对极地微生物资源的调查始于1986—1987年中国第三次南极考察期间，但一直到1997年，部分研究机构才开始了较为系统的极地微生物资源收集工作。30年来，中国极地微生物学研究取得了丰硕的成果，对极地微生物的种群、含量、多样性、生长特征、生理生化特性、系统发育等进行了广泛而有深度的研究分析，并就其中一些菌株的活性物质开发利用进行了有意义的探索。② 国内陆续开展了有关极地微生物产活性化合物的筛选及研究工作，发现了一批具有显著抗菌、抗肿瘤、杀虫活性的极地微生物及相关代谢产物。③ 近年来，人们对此更注重实际，研究的重点在低温酶上，其中以低温适应性分子机制研究最为详尽。人们期望极地微生物成为研究低温生物学的良好试验材料及新型活性物质的潜在来源，开发出有

---

① 孙松："南极磷虾的生长与复眼直径关系的研究"，《南极研究》1996年第1期，第7页。

② 陈皓文、高爱国："中国极地微生物学调查研究进展"，《极地研究》2005年第4期，第299页。

③ 曾胤新："极地微生物—新天然药物的潜在来源"，《微生物学报》2008年第5期，第698页。

价值的生理活性物质和产品。① 在2011年的南极考察中，中国学者研究证明南极纳拉湾砂质沉积物中存在一个多样性丰富的细菌生物群落，是个发现冷活性酶的潜在资源库。该成果已在Marine Drugs上发表。② 相对于人用医药，生物农药的研发投入低、风险小、技术要求低、成果转化周期短，因此见效更快。从极地微生物资源中寻找、开发抗生素、抗肿瘤药物等新药，以及具有杀虫、抑菌等功效的新型生物农药，这在科学认知及保障人类健康、提高生活质量等方面都具有重要意义。

3. **中国南极科考的意义**

30多年来，中国南极科考事业从无到有，由小变大，取得的成就促进了相关学科和国内相关产业的发展，乃至提升了中国在南极事务中的国际地位。

首先，南极科考促进中国基础科学的发展。南极科学集中了地球科学、生命科学、天文学和极端环境技术与工程领域的大量前沿问题。南极科学研究的特点不仅是涉及面极广，上至天文下至地理，无所不包，而且基于南极研究的独特性，各个学科相互交叉、相互作用，学科边界模糊化，催生了一系列新领域以及传统领域中的新方面。比如开辟了中国南极冰天文学、极地社会科学这两个新领域，开辟了极区高空大气物理学研究中的新领域；南极冰川研究使中国冰川学研究摆脱了传统的单纯地理学科的方法，使之成为由气象学、古气候学、地貌学、实验力学和流变学、热力学、应用数学、化学、核物理学等多学科相互渗透、协同作战的综合性科学——冰川学。③ 格罗夫山陨石极大地填补了中国在陨石类型上的空缺，来自月球、火星、小行星等天体的岩石样品，为中国月球等深空探测科学目标的制定和科学成果的实现提供了极为重要的研究对象。中国陨石学与天体化学将由此进入一个前所未有的发展时期，并在相当程度上推动现代

---

① 陈皓文、高爱国："中国极地微生物学调查研究进展"，《极地研究》2005年第4期，第304页。

② "2011年度中国极地考察报告"，http：//www.docin.com/p-391252782.html。

③ 秦大河："发展中的我国南极冰川学研究"，《冰川冻土》1988年第3期，第253页。

地球化学实验分析技术的进步。诸如此类的例子不胜枚举，大大推动了中国科学研究的发展。

其次，南极科考促进应用技术发展。南极地区气候条件极为恶劣，而且南极大陆由两个完全不同的地质构造构成，地质分布完全不同，因此对测量、探矿、运输乃至后勤保障、医疗卫生的各项技术要求极高。科学考察站昆仑站建成常年考察站、极地的航空和卫星遥感调查能力、中山站建立卫星地面接收站等，进一步发展了包括极地考察破冰船建设在内的重大基础设施。这些大科学工程不止有效提升了极地考察能力，这些技术与工程也不仅限于南极领域，而是必将在国内产生联动效应，带动国内相关领域高技术的研发和发展，进而促进中国的科技进步。

例如，在陨石研究中，陨石对微区微量分析技术有很高的要求。为加强对南极陨石的深入研究，中科院地质与地球物理所引进了国内唯一一台纳米离子探针，开展南极陨石的各项研究，并在一块南极陨石中发现了丰富的太阳系外物质。① 近十年现代分析技术的进步，加之中国经济实力的不断增强，大量新一代分析仪器得以引进，为陨石学与天体化学研究提供了关键的技术支撑。中国要成为国际南极科学活动的主要参与者和策划者，不仅需要南极各个学科都有领先全球的认识，也需要各自配备先进的极地专用技术。而各个领域高精尖技术的推进和应用，将会对国内产生带动效应。相关人士表示，中国想要成为极地考察的强国，未来应在极地工程技术上有所发展，如开展极地交通运输、应用环境建筑、极地工程装备、绿色能源和尖端科学仪器等关键技术的研发，开发具有自主知识产权的工程技术，来保障极地科学研究。②

再次，南极科考能够促进国民经济可持续发展。比如，从极地气候变化信息中发现和提取能用于中国旱涝、汛期降水、台风活动、东北低温冷害等重大气候灾害短期气候预测的强预测信号。通过对南北极地区进行多

---

① 张建松：“我国科学家在南极陨石中发现丰富的太阳系外物质”，《科技日报》2011 年 10 月 13 日，第 005 版。

② 杨惠根在 2014 年中国极地科学年会上的报告——《中国极地科学研究主要进展》。

学科科学考察、综合分析和集成研究，围绕极地海—冰—气环境变化和相互作用过程的科学问题，进一步认识极地在全球变化中的作用，以及对中国天气气候环境和国民经济可持续发展的影响，并针对国民经济迫切需要，为社会可持续发展提供科学背景和依据，为政府决策者提供参考依据。① 又如磷虾的捕捞，中国科学家研究发现了决定磷虾年龄的关键因素，这对磷虾资源的合理开发、维持磷虾资源的平衡、保护南极生态系统具有重要意义。而磷虾的捕捞不仅能够保障中国的粮食安全，更能有效地带动地方经济，尤其是沿海各省市经济的发展。

最后，南极科考提升了中国在南极事务中的地位。在南极治理中，科考及科研成果具有无可比拟的重要地位。南极事务的发言权是建立在对南极认识的基础上的，对南极的认识包括数据收集、科研成果等，而这些无一例外全都要依靠南极科学。30 年来中国的南极科考和研究工作取得巨大进步，基础设施建设加强了中国的南极存在，在冰穹 A 建立昆仑站极大地彰显了中国的南极地位及国家实力。在科学考察与科学研究中，掌握了诸多第一手资料，不仅使中国对南极的认识更加全面、科学，亦为中国积极、深入参与国际南极事务提供了重要的数据和材料支撑，为未来中国制定规则提供了基础。

四、中国的南极经济利益

中国的南极经济利益涉及南极资源所产生的利益，主要包括两个方面：一方面是合理利用南极丰富的自然资源所产生的直接经济收益；另一方面是南极科考和科研带动相关产业发展，推动中国经济转型产生的间接经济收益。

1. 南极资源与中国的南极经济利益

南极地区有着丰富的能源和矿产资源、生物资源、淡水资源和旅游资源，其中构成中国的战略利益至少包括磷虾资源、旅游资源、淡水资源、微生物资源等。在分析之前，有必要说一下能源和矿产资源的问题。南极

---

① 陆龙骅、卞林根、效存德、武炳义、逯昌贵：“近 20 年来中国极地大气科学研究进展”，《气象学报》2004 年第 5 期，第 686 页。

蕴藏着丰富的能源和矿产资源，可以极大地缓解中国资源紧缺，确保资源供应充足。① 但在当前阶段，中国的南极经济利益并不包括能源和矿产资源，这主要基于以下四个方面的原因：

首先，在法律上，《马德里议定书》禁止南极的矿产资源活动50年，直接决定了目前中国不能获取相关资源；其次，在政治上，能源和矿产资源直接与领土主权挂钩，如果开采极有可能带来政治上的纷争，加上参与国基本上是大国和新兴国家，将对世界的和平与发展造成不利影响；再次，以现有条件和技术开采难度大，成本高；最后，也是最重要的，南极还有许多科学上的未解之谜，矿产资源开采是否会破坏南极地区的生态环境还未可知，在尚不了解的情况下盲目、短视地开采，其所造成的后果很可能导致整个南极系统的崩溃，进而影响到整个地球系统，无法预测开采将会引发何种后果。因此，至少是在目前，中国的南极经济利益并不在于能源和矿产资源。

（1）磷虾

通常所称的南极磷虾一般指的是生活在南纬50°以南、环南极海域的南极大磷虾（Euphausia superba Dana）。② 作为海豹、鲸和企鹅的食物，磷虾是整个南大洋生态系统能量和物质流动的关键环节。③ 据估计，其资源量为1.25亿—7.25亿吨，蕴藏量巨大。④ 磷虾不仅是潜在的巨大渔业资源，⑤ 而且近年来成为食品科学、医学、营养学和药学等学科的研究热点

---

① 南极蕴藏有220多种矿产资源和能源，有供全世界开发利用200年的“世界铁山”和总蕴藏量居世界第一的约5000亿吨的巨大煤田。据调查，南极地区的石油储存量为500亿—1000亿桶，天然气储量为3万—5万亿立方米。而在冰盖之下和周边海底中的可燃冰的埋藏量远远超过地球上现存的所有化石燃料的总和，是能够替代石油或煤炭的清洁能源。此外，还有巨大的风能、潮汐能和地热能等能源。

② 孙松：“南极磷虾”，《世界科技研究与发展》2002年第4期，第58页。

③ 刘志东：“南极磷虾生物活性物质的研究进展”，《天然产物研究与开发》2012年，第1491页。

④ 吴伟平、谢营樑：“南极磷虾及磷虾渔业”，《现代渔业信息》2010年第1期，第10—13页，转引自杨洋、刘晓芳：“南极磷虾主要营养成分及保健机能研究进展”，《大连医科大学学报》2014年第2期，第186页。

⑤ 孙松：“南极磷虾”，《极地研究》2002年第4期，第58页。

之一，具有产生新型生物活性物质的巨大潜力。[①] 此外，还有许多未知或未深入开发利用的生物活性物质，如共附微生物、抗冻蛋白以及褪黑素等未知功能性物质。对于南极磷虾生物活性物质进行深入研究，亦会获得有益于人类生产和生活的资源。[②]

南极磷虾是地球上数量最大、繁衍最成功的生物资源之一。其含有丰富的必需脂肪酸[③]、蛋白质[④]、维生素[⑤]、微量元素[⑥]及其他生物活性成分，

---

① Zhang QS, Wang Y. Antarctic ResearchProgress of China in the Past 28 Years. Chinese Journal of Nature, 2008, 30: 252－260. 转引自刘志东："南极磷虾生物活性物质的研究进展"，《天然产物研究与开发》2012 年，第 1491 页。

② 刘志东："南极磷虾生物活性物质的研究进展"，《天然产物研究与开发》2012 年，第 1494 页。

③ 南极磷虾的脂质含量约为 2.11%，主要是不饱和脂肪酸。不饱和脂肪酸具有降血糖作用，可增加机体对胰岛素的敏感性。有研究结果显示，食用南极磷虾油可降低胰岛素的抵抗性，不饱和脂肪酸为多种肿瘤——神经母细胞瘤、髓母细胞瘤、结肠癌、乳腺癌和前列腺癌等提供了治疗的新方法。南极磷虾中 ω－3 多为不饱和脂肪酸，它可以促进前列腺素 2 的分泌，从而减轻女性经前期疼痛。磷虾 DHA 还可缓解妇女经前期情绪症状。

④ 蛋白水解产物中氨基酸种类丰富，含有 18 种氨基酸，其中包含人体所需的 8 种必需氨基酸（EAA）和 10 种非必需氨基酸（NEAA）。必需氨基酸含量为 25.88%，占氨基酸总量的 45.28%。其中，谷氨酸含量最高，赖氨酸次之（5.93%）。南极磷虾富含赖氨酸，经常食用磷虾，将是对缺少赖氨酸的中国传统饮食的极好补充。南极磷虾不仅必需氨基酸种类齐全，而且必需氨基酸之间的比例适宜，更有利于人体吸收。

⑤ 南极磷虾富含两大脂溶性维生素，即维生素 A 和维生素 E。磷虾中维生素 A 的含量远高于对虾、海虾等，特别是眼球中的含量极高。磷虾中维生素 E 的含量要比其他鱼虾类含量高出 10—15 倍。磷虾体内虾青素主要存在于甲壳中，虾青素具有抗氧化、抗衰老和抗肿瘤作用，在预防心脑血管疾病、糖尿病、肾病，增强免疫力，促进生长繁殖等方面具有重要作用。磷虾中富含维生素 B_{12}，对于维生素 B_{12} 缺乏的高危人群如孕妇及心脑血管疾病的患者是一良好的食物来源。

⑥ 磷虾全虾中矿物质含量为 3.37%，虾肉中为 2.36%。南极磷虾含有钙 327.1mg/100g 和磷 913.2mg/100g，这三种矿物质元素均满足美国农业部推荐的人类各个年龄阶段每日膳食营养素供给量。作为必需营养微量元素，铁、锰、锌、铜在南极磷虾的体内的含量分别为 4.7、0.5、4.5 和 0.5mg/100g。其中，硒含量范围为 2.48—4.15mg/kg，为中国海虾硒含量的 2—5 倍。普通干燥的南极磷虾中其他矿质元素，约为中国海虾中含量的 15 倍。

如虾青素[①]、甲壳素[②]等，营养成分极高。随着近来对南极磷虾的深入研究，对磷虾的关注从营养物质转向生物活性物质的开发利用。如虾青素[③]可用于食品、药品、保健品以及化妆品制造业中；蛋白水解物可作为天然调味料，又可作为天然氨基酸甜味剂；消化腺所产生的多种水解酶具有水解活性，能够清创、治疗溃疡和促进创伤的愈合，在洗涤业和医学治疗方面用途广泛；虾肉蛋白中可制得食源性降血压多肽；甲壳素可开发为除臭剂及医药用品；多糖降解活性具有高效降解寡糖的功能；生物活性物质具有紫外屏蔽物质，可以起到防晒保护作用；含氟量高，可以研究开发氟材料及相关产品[④]等。除虾肉外，全方位探索、提取和开发磷虾，不仅有利于推动南极磷虾产业的可持续发展，提高南极磷虾产品的附加值，而且具有显著的社会效益和经济效益。

中国的海产品总产量占世界渔业总产量的1/4，居世界第一位。然而，根据2008年2月国家海洋局发布的《中国海洋发展报告》，中国的近海渔场已经处于过度捕捞的状态，海洋渔业资源严重退化。在此背景下，远洋渔业的开发利用已经成为中国渔业产业发展的重要环节。随着《联合国海洋法公约》的生效，世界各国都加强了对200海里专属经济区的管理，因此可供中国开发利用的远洋渔业资源越来越少，开发利用新的渔业资源已成为中国远洋渔业可持续发展的必由之路。[⑤]

---

① 磷虾体内的虾青素主要存在于甲壳中，虾青素具有抗氧化、抗衰老和抗肿瘤作用，在预防心脑血管疾病、糖尿病、肾病，增强免疫力，促进生长繁殖等方面具有重要作用。虾青素的抗氧化能力是叶黄素的4倍、β-胡萝卜素的10倍，维生素E的550倍。

② 甲壳素被科学界誉之为“第六生命要素”，南极磷虾中的甲壳素含量多于其他鱼和贝类。甲壳素具有多种医药作用，如减轻体重，降低胆固醇、血压及血糖等，可通过其影响脂肪吸收利用达到减肥目的而用于减肥。其还具有抗癌、抑制瘤细胞转移，提高人体免疫力及护肝解毒作用。

③ 虾青素是一种在功能性食品、医药、饲料和化妆品等诸多领域和行业具有重要应用价值的天然活性物质。

④ 刘志东：“南极磷虾生物活性物质的研究进展”，《天然产物研究与开发》2012年，第1494页。

⑤ 陈雪忠、徐兆礼、黄洪亮：“南极磷虾资源利用现状与中国的开发策略分析”，《中国水产科学》2009年第3期，第451页。

在世界渔业资源衰退以及各国大力发展海洋经济的背景下，世界各国对南极磷虾的开发利用日益关注，许多国家制订了相应的南极磷虾开发计划，年捕捞产量已大幅提升。有学者称，极地海洋产品的产量超过世界其他地区所有海产品的总和。① 虽然如此，2009 年的 20 万吨仍远远低于南极海洋生物资源养护委员会设定的捕捞限额总量 860 万吨，因此南极磷虾资源新一轮开发竞争已悄悄展开，主要开发国家有俄罗斯、日本、韩国、挪威等。②

南极磷虾资源开发现已成为中国重要的国家战略，对中国远洋渔业的可持续发展具有重大意义。南极磷虾有望成为远洋捕捞的后备资源，由于中国是世界上最大的鱼粉进口国，探捕磷虾有望缓解供应紧张。③ 2007 年，中国加入南极海洋生物资源养护委员会（CCAMLR），具有捕捞磷虾的资格。2009 年，农业部将南极磷虾列为“国家经济战略资源”，并发布了探捕令。2010 年，中国首次派捕捞渔船赴南极参与南极磷虾探捕。2010 年和 2012 年，科技部先后两次将南极磷虾开发利用技术列入中国“863 计划”。2012 年 6 月，以徐匡迪院士为首的 13 位院士更以专题报告的形式，建议国务院加快推进南极磷虾产业发展。在此背景之下，辽渔集团与上海水产集团于 2009 年对南极磷虾展开了第一次联合探捕，由此开始了中国开发南极磷虾资源的征程，此后中国磷虾捕捞量节节攀升。④ 2009 年至 2010 年度，上海开创远洋渔业有限公司的“开利”轮和辽宁远洋渔业有限公司的“安兴海”轮共捕获磷虾 1846 吨，实现了中国对南极磷虾从单纯科学考察向生产性深捕的实质性突破。2011 年，上海开创远洋渔业有限公司的“开

① Lee Hong Kum, President of KOPRI, “Pay more attention to Araon to be a leading polar research country”, Dong - A Daily, 14 September 2009. From Anne - Marie Brady. The Emerging Politics of Antarctica [M]. New York., Routledge, 2013: 85.

② 岳冬冬、王鲁民、王茜等：“基于专利的中国南极磷虾产业技术布局分析与展望”，《情报杂志》2014 年第 5 期，第 49—53、18 页。

③ “中国远洋渔船将首赴南极捕磷虾特设生态渔网”，中国发展门户网，http://cn.chinagate.cn/resource/2009 - 12/04/content_19008988.htm。上网时间：2015 年 9 月 20 日。

④ 辽宁省人民政府发展研究中心课题组刘晓丹、朱军等：“小磷虾大战略——基于辽渔集团南极磷虾产业发展的思考”，《辽宁经济》2013 年第 5 期，第 4—8 页。

欣”轮和辽宁远洋渔业有限公司的“安兴海”轮捕获磷虾 16020 吨。2014 年，中国全年捕捞量达到 5.4 万吨，为各国总捕捞量的 10%，位居全球第三。[①] 2014—2015 年的第 31 次南极科考的一个重要成果就是中国南极磷虾产业链已初具规模，在尊重生态平衡的前提下，未来南极磷虾将出现在中国百姓的餐桌。[②]

捕捞南极磷虾不仅体现了中国在南极海洋生物资源开发利用方面的实质存在，增进了中国粮食安全，更是有效地带动了地方经济，尤其是沿海各省市经济的发展。其将有助于各省市远洋渔业的转型升级和国际竞争力的提升，同时还将带动海洋生物制药、海洋装备制造等产业的发展，进而形成海洋战略性新兴产业集群。南极磷虾良好的发展前景正吸引着中国沿海省份的关注。在山东，2009 年国内首家南极磷虾产业园落户于此；在辽宁，行内领军企业大连海洋渔业集团（辽渔集团）自 2009 年起进入南极磷虾捕捞及加工行业，辽渔集团积极参与的南极磷虾开发项目将辽宁省“走出去”的深度和广度提升到一个新的层次，为辽宁省的“走出去”探索出一条新路径，成为辽宁省的一个新经济增长点。[③] 这些领先省市将对其他地区产生良好的示范效应。

同世界发达国家相比，中国目前在南极磷虾的捕捞装备和加工技术方面还较为落后，需要同时在国家推进和国际合作两个层面来弥补差距，而这一过程本身就促进了国家产业发展与国际合作。2011 年，由国家科技部“863 计划”海洋技术领域办公室组织的“南极磷虾快速分离与深加工关键技术”主题项目是中国南极海洋生物资源开发利用的首个国家项目，[④]

---

① “中国人会吃垮南极吗?”，中国新闻周刊，http://news. inewsweek. cn/detail - 1608. html。上网时间：2016 年 3 月 6 日。

② “南极磷虾有望进入中国百姓家”，新华网，http://news. xinhuanet. com/2015 - 03/28/c_127632632. htm。上网时间：2016 年 3 月 6 日。

③ 辽宁省人民政府发展研究中心课题组刘晓丹、朱军等：“小磷虾大战略——基于辽渔集团南极磷虾产业发展的思考”，《辽宁经济》2013 年第 5 期，第 4—8 页。

④ “大连将攻关世界最大‘海洋蛋白库’”，新商报，http://szb. dlxww. com/xsb/html/2011 - 03/18/content_460906. htm。上网时间：2015 年 9 月 20 日。

其于2012年年底通过了中期检查。[①] 这对中国开发利用南极海洋生物资源具有革命性的战略指导意义，同时也为集团公司打造战略性新兴产业和实现国家海洋经济跨越式发展具有积极的推动作用。除了国家推动之外，亦利用与国外的科研机构和企业合作开展国际合作的方式，来促进磷虾的商业化捕捞，提升其产品价值和开拓南极磷虾产品市场。2011年，上海开创远渔公司与加拿大公司NEPTUNE TECHONOLOGIES & BIORESSOURCES INC. 合作组建南极磷虾加工销售合资公司。目前该公司从事的磷虾研发生产处于世界领先地位，主要从事磷虾油的科研开发、实验、临床研究和生产加工，以及磷虾油产品知识产权商业应用。[②] 随着南极磷虾产业的发展，综合开发利用南极磷虾将会为企业带来更大的经济收益。

（2）南极旅游

南极孤立于繁华人世之外，在人类文明高度发展的今日，独有南极保留着洪荒野态。天地的玄机，造化的神秀，使南极大陆成为感知天地之灵与回归自然的一方圣地，全球各地的旅游者无不悠然神往。

国际上普遍认为，南极旅游业开始于20世纪50年代末，以智利和阿根廷利用海军运输船运载500余名付费旅客前往南设得兰群岛游览为标志。[③] 1969年，美国企业家及探险家拉斯埃瑞克·林德布拉德（LarsEric Lindblad）建造了世界上第一艘南极游船"Lindblad Explorer"，现代意义的南极旅游业正式拉开了序幕。据近30年的统计，国际南极旅游业呈快速增长趋势，旅游人数从1980—1981年度的780人次激增至2013—2014年度的37405人次。[④] 对中国来说，开展南极考察的30年来，中国在南极的活动主要是国家组织的科学考察，南极旅游尚属新兴旅游产业。

---

① "辽渔通过'南极磷虾快速分离与深加工关键技术'中期检查"，辽宁省大连海洋渔业集团公司，http://www.9555.tv/liaoyu/3663.html。上网时间：2015年9月20日。

② "上海开创远渔公司与加拿大公司合作组建南极磷虾加工销售合资公司"，中国远洋渔业信息网，http：//www.cndwf.com/bencandy.php？fid=166&id=6563。

③ 陈丹红："南极旅游业的发展与中国应采取的对策的思考"，《极地研究》2012年第3期，第70页。

④ IAATO. http：//iaato.org/documents/10157/680446/touristsbynationality_ total.pdf/2f459c1b-339b-4ca6-a3ea-0c5b85071847.

2002年，有报道展望国人赴南极旅游的远景，随后这一设想在2007成真。[①] 2007年，中国首个“南极旅游团”赴南极旅游，人数为25人。[②] 此后，中国出游南极的人次渐多，至2011年已跃升为南极旅游大国。根据IAATO资料显示，2011—2012年度中国赴南极旅游1158人，占南极旅游总人数的4.4%，全球排名第六位；2012—2013年度2328人，占总数的6.8%，全球第五；[③] 2013—2014年度3328人，占总数8.9%，位列全球第三；[④] 2014—2015年度3042人，占总数8%，位列全球第四。[⑤]

数据直观显示出南极旅游在国内成为热门只是近几年的事，这无疑与近年来中国经济快速发展、高收入人群数量增加是分不开的。而南极旅游成为热门，一方面来说是因为日益庞大的市场需求，另一方面也表明中国的南极旅游还处于萌芽和尝试阶段，消费市场还远未开发，拥有巨大的发展空间。

2014年，全球管理咨询公司麦肯锡发布名为《下一个十年的中国中产阶级》的报告，预测到2022年，76%的中国城市家庭将达到中产阶级的收入水平，快速崛起的中产阶级将为中国经济增长注入持续动力。家庭年收入处于10.6万至22.9万元的“上层中产阶级”将成为中产阶级的主流，其将会把更多的时间用于休闲活动和旅游。[⑥] 从这个角度来看，南极

---

① “中国人到南极旅游不再是遥不可及的梦想”，中华人民共和国国家旅游局，http://www.cnta.gov.cn/html/2008-6/2008-6-2-14-37-30-9498.html。

② “25名广东游客昨赴南极旅游”，中华人民共和国国家旅游局，http://www.cnta.gov.cn/html/2008-6/2008-6-2-14-43-33-15272.html。

③ IAATO. 2012 - 2013TOURISTS BY NATIONALITY. http://iaato.org/documents/10157/346545/touristsbynationality_total.pdf/76d7afdf-0f09-4ad2-8146-ccbbb79d918f. 上网时间：2016年3月6日。

④ IAATO. Tourism Statistics. 2013 - 2014 TOURISTS BY NATIONALITY. http://iaato.org/documents/10157/680446/touristsbynationality_total.pdf/2f459c1b-339b-4ca6-a3ea-0c5b85071847. 上网时间：2016年3月6日。

⑤ IAATO. Tourism Statistics. 2014 - 2015 TOURISTS BY NATIONALITY. http://iaato.org/documents/10157/1017626/Tourists+by+Nationality+-+Total.pdf/9a175577-5e15-4ee8-97d4-5a4327c4ea25. 上网时间：2016年3月6日。

⑥ 麦肯锡：“中国中产阶级正在快速崛起”，新华网，http://news.xinhuanet.com/fortune/2014-03/20/c_119870052.htm。上网时间：2015年8月12日。

旅游的发展空间巨大。

2009年底，国务院颁发《关于加快发展旅游业的意见》，其中对中国未来出境游进行了描绘，即到2015年，出境旅游人数达8300万人次，年均增长9%。2013年，根据意见制定的《国民旅游休闲纲要（2013—2020年）》，将国民旅游休闲纳入各级国民经济和社会发展规划，以及相关行业和部门的发展规划之中。[①] 目前，南极旅游对绝大多数人来说还是高端旅游，但是随着休闲旅游、度假旅游逐渐代替传统的观光游，高端和个性化旅游产品将越来越引起公众的重视和推崇，南极游是对高端旅游市场的一种尝试。[②]

目前，在国民经济中，旅游业已成为转变发展方式、促进产业结构调整和优化的一项重要产业，正逐步成为中国的战略性支柱产业之一。因此，在国际南极旅游日臻完善，国内需求不断扩大，国际国内两个环境兼备的情况下，中国应把握时机，因势利导，积极开展规划与研究工作，适时推动由点到面的试验工作，这将有利于推动中国南极旅游业的健康起步和可持续发展，有利于促进中国产业结构的调整和优化，有利于保障经济与环境和社会的协调发展。南极旅游是和平利用南极的重要方式。若以经营规范、实力雄厚的大型旅游企业开展试点工作，相对成熟后再逐步推广，将会促进经济健康有序发展。

（3）淡水资源

南极是地球最大的淡水资源库，在南极洲约1400万平方公里的面积中，98%以上常年被冰雪覆盖，冰盖的平均厚度达2350米，冰雪总量约2800万立方公里，蕴藏着全世界约72%的可用淡水。[③]

21世纪水资源安全问题的解决关系到中华民族的繁荣昌盛，必须予以

---

① “国务院办公厅关于印发国民旅游休闲纲要（2013—2020年）的通知”，中华人民共和国中央人民政府，http：//www.gov.cn/zhengce/content/2013－02/18/content_3928.htm。上网时间：2015年8月12日。

② “‘天价’南极游探路高端旅游市场”，中华人民共和国国家旅游局，http：//www.cnta.gov.cn/html/2009－8/2009－8－7－9－46－72624.html。上网时间：2015年8月12日。

③ 郭培清：“南极的资源与资源世界”，《海洋世界》2007年第3期，第68页。

高度重视。水资源是目前唯一没有替代品的资源，水资源短缺直接威胁人类的生存和发展。它正从国家基础性自然资源上升为攸关国家经济社会可持续发展和长治久安的重大战略资源。早在1977年，联合国召开的世界水会议上就曾把水资源问题提高到全球的战略高度考虑。1998年，世界环境与发展委员会（WCED）的一份报告中则指出："水资源正在取代石油而成为在全世界范围引起危机的主要问题。"① 中国学者指出，中国水资源问题更甚于此，如果水资源难以满足国民经济迅速发展的需求，水资源危机将成为所有资源问题中最为严重的问题，它将威胁中华民族的腾飞，前景十分令人担忧。② 2012年，美国国家情报总监办公室的一份报告称，至2030年，全球水需求将超过当前可持续供应总量的40%，本世纪水战争危机激增。③

治水害、兴水利始终贯穿于中国的发展历史。中国水资源基本状况是人多水少，水资源时空分布不均匀，南多北少，沿海多内地少，山地多平原少。长江流域及其以南地区国土面积占全国的36.5%，其水资源量占全国的81%；淮河流域及其以北地区的国土面积占全国的63.5%，其水资源量仅占全国水资源总量的19%。④ 生产力布局和水土资源不相匹配，供需矛盾尖锐，缺口很大。600多座城市中有400多个供水不足，严重缺水城市有110个。随着人口增长、区域经济发展、工业化和城市化进程加快，城市用水需求不断增长，水资源供应不足、用水短缺问题将越来越成为制约经济社会发展的主要阻力和障碍。如2010年中国总需水量为7300亿吨，可供水量仅有6200亿—6300亿吨，缺水量1000亿吨，城市缺水总量为60

---

① 胡平著：《国际冲突分析与危机管理研究》，军事谊文出版社1993年版，第51页，转引自张泽：《国际水资源安全问题研究》，中央党校，2009年，第2页。

② 姜文来："中国21世纪水资源安全对策研究"，《水科学进展》2001年第1期，第66页。

③ lowyinterpreter. China eyeing the future with fourth Antarctic research base. http://www.lowyinterpreter.org/post/2014/02/10/China-expands-presence-in-Antarctica.aspx.

④ 张利平、夏军、胡志芳："中国水资源状况与水资源安全问题分析"，《长江流域资源与环境》2009年第2期，第116—120页。

亿吨。[①] 据预测，2030年全国总需水量将达10000亿吨，全国将缺水4000亿—4500亿吨。[②]

水资源是量与质的高度统一，21世纪中国面临着水量危机的同时，水质危机更加严重，甚至水质问题所导致的水资源危机将大于水量危机。[③] 但无论是地表水还是地下水，中国的水质污染都非常严重。根据最新的《2012年中国水资源公报》，2012年对全国20.1万千米的河流水质状况进行了评价，符合《地面水环境质量标准》的Ⅰ类水河长占评价河长的5.5%，Ⅱ类水河长占39.7%，Ⅲ类水河长占21.8%，Ⅳ类水河长占11.8%，Ⅴ类水河长占5.5%，劣Ⅴ类水河长占15.7%。[④] 如果将Ⅲ类标准也作为污染统计，中国则河流长度有54.8%被污染，约占监测河段长度的一半以上。

中国地下水资源污染也不容乐观。2012年，依据1040眼监测井的水质资料，北京、辽宁、吉林、黑龙江、河南、上海、江苏、安徽、海南、广东10个省（自治区、直辖市）对地下水水质进行了分类评价。水质适用于各种用途的Ⅰ类、Ⅱ类监测井占评价监测井总数的3.4%；适合集中式生活饮用水水源及工农业用水的Ⅲ类监测井占20.6%；适合除饮用外其他用途的Ⅳ－Ⅴ类监测井占76.0%。[⑤]

面对日益紧迫的水危机，加大水资源开发力度的方案呼之欲出，但这并不能解决多大问题，反而会造成新的问题。通常认为，当径流量利用率

---

① 王熹："中国水资源现状及其未来发展方向展望"，《环境工程》2014年第7期，第1—5页。

② 姜文来："中国21世纪水资源安全对策研究"，《水科学进展》2001年第1期，第66页。

③ 姜文来："中国21世纪水资源安全对策研究"，《水科学进展》2001年第1期，第67页。

④ "2012年中国水资源公报"，中华人民共和国水利部，http://www.mwr.gov.cn/zwzc/hygb/szygb/qgszygb/201405/t20140513_560838.html。上网时间：2015年8月12日。

⑤ "2012年中国水资源公报"，中华人民共和国水利部，http://www.mwr.gov.cn/zwzc/hygb/szygb/qgszygb/201405/t20140513_560838.html。上网时间：2015年8月12日。

超过20%时就会对水环境产生很大影响，超过50%时则会产生严重影响。目前，中国水资源开发利用率已达19%，接近世界平均水平的三倍。据预测，到2050年全国地表水资源利用率为27%，除西南诸河利用率较低外（12%），其他各流域均超过20%。地下水的开发利用也将达到相当程度。2050年，全国地下水利用率平均为64%，除内陆河较低外（27%），其他流域（不含西南诸河）地下水利用率均大于56%。[①] 过度开采地下水会引起地面沉降、海水入浸、海水倒灌等一系列环境问题，这些问题有的目前已经爆发。[②] 值得说明的是，即使过度开发，也不会带来更多的供水量。在1949—1994的46年间，中国的供水量仅增加4000亿吨，在此期间水资源开采利用难度较小，如果在今后30余年水资源供水量增量4000亿—4500亿吨，完成这项任务非常艰巨。[③]

目前，虽然海水淡化、南水北调等战略性措施取得了一定成效，但是难以从根本上解决中国缺水问题。对此，除了从技术上、管理上着手外，合理开发南极淡水资源，是解决中国水危机的良方。

南极蕴藏着世界上72%的可用淡水，有人估算，这一淡水量可供全人类用7500年。而人类获取南极的水资源，根本不必从南极大陆上开发，仅南大洋上的海冰已经足够。南极大陆周围的冰架每年都有冰块垮落下来，漂到海里形成冰山。现在，漂浮在南极洲周围南大洋上的冰山总数约22万个，平均每个冰山重量10万吨左右，总体积达18万立方千米，其中大约有20万个分布在距南极大陆90—140千米的海域。如果仅将这些冰山的1/10拖到陆地，就可以用来灌溉600万—1000万公顷的土地，或者可供五亿人引用。科学家曾估算，其直接的经济价值每年可达1000万美元左

---

① 姜文来："中国21世纪水资源安全对策研究"，《水科学进展》2001年第1期，第66—71页。

② 在目前地下水资源开发条件下，全国已经出现区域性地下漏斗56个，总面积大于8.2平方公里，地层沉陷的城市达50个，其中北京的沉降面积达800平方公里，环渤海平原区由于海水倒灌影响面积已达1240平方公里。转引自姜文来："中国21世纪水资源安全对策研究"，《水科学进展》2001年第1期，第66—71页。

③ 姜文来："中国21世纪水资源安全对策研究"，《水科学进展》2001年第1期，第66—71页。

右。[①] 南极淡水资源不但量充裕，而且质也极佳。由于南极冰盖形成于1000万年前，[②] 故其水质极好，其水之纯净，地球上其他任何水源都无法相比。

科学家曾对拖运冰山的成本做过研究，若将冰山拖运到美国加利福尼亚海岸供应淡水，与自来水成本差不多，也比淡化海水便宜。[③] 中国学者也用微积分解法分析过拖运冰山的问题，得出的结论是运输冰山比淡化海水更节约成本。[④]

当然，利用南极冰山的淡水资源还涉及许许多多的问题，而这些问题凭借目前的条件和技术还不能解决，另外还会涉及一些政治、法律上的问题，如南极冰山的法律地位、运输过程中对环境的影响等。但是，南极冰山蕴藏着的无与伦比的淡水资源，应纳入到中国的战略考量之中。

（4）微生物资源

南极微生物是生物遗传、物种及生理类群多样性的资源宝库，又由于两极地区的微生物未受到污染，几乎保留着原始状态，因而具有极高的研究价值。科研人员从冰芯、雪样、水样、土壤、沉积物、岩石、海洋生物等各类样品中发现了数量众多的微生物种群，其中以嗜冷、耐冷微生物为优势。科研人员甚至在南极大陆最古老的冰层中发现了封存800万年，却仍然具有活性的远古微生物。[⑤]

虽然1991年的《马德里议定书》明令禁止50年内在南极进行矿物资源活动，但该条例并未包括生物资源。随着近十几年来极地科学考察活动

---

① 位梦华、刘小汉：《南极之梦》，地震出版社1992年版，第269页。

② 参见朱建钢、颜其德、凌晓良："南极资源及其开发利用前景分析"，《中国软科学》2005年第8期，第19页。

③ 郭培清："南极冰山利用的多维思考"，《海洋世界》2007年第8期，第61—67页。

④ 朱培勇："冰山运输问题的微积分解法"，《西南民族学院学报（自然科学版）》2003年第2期，第140—145页。

⑤ Bidle KD, Lee S, Marchant DR, et al. Fossil genes and microbes in the oldest ice on earth. Proc Natl Acad Sci USA, 2007, 104 (33): 13455? 13460. 转引自曾胤新、陈波、邹扬、郑天凌："极地微生物——新天然药物的潜在来源"，《微生物学报》2008年第5期，第695页。

的深入和后勤支撑能力的提高，极地微生物资源逐渐成为发达国家竞相占有和发掘的重要战略资源，有关极地微生物的资源勘探与活性产物的研究在国际上已经成为新的热点。[①] 根据联合国大会的报告，南极生物资源开发和利用活动的异常活跃已经引起了各国的关注，其中尤以微生物的科学研究价值和经济开发利用前景最为吸引各国的目光。[②] 国外发展的一个趋势是，科研机构与企业合作，共同研发，以加快极地微生物产天然药物的筛选速率，加速成果的产出和应用进程。[③] 南极微生物的研发可以产生巨大的经济收益，一家全球性的生物技术公司在 1999 年就从南极生物资源中获利超过 3 亿美元，拥有 3000 项专利。[④]

与国外相比，中国的极地微生物研究起步较晚，目前在极地微生物的研究开发方面还很落后，相关专利还是空白，也缺乏企业的参与。如此来看，虽然目前有许多不足，但反过来也说明中国在极地微生物研究领域潜力巨大。随着近来中国整体科研水平的提高，在此基础上加大研究力度，加强与国际科研、企业的合作与交流，相信南极微生物的经济开发必能取得显著进展，为进一步的商业应用提供基础。

近年来，南极微生物的低温适应性及催化活性受到人们的极大关注。由于南极低温微生物能在酷寒的自然环境中生存，有的还具备抗冻—融能力，如能弄清其生理及分子机制，提取出有用的相关基因及产物，将会给基础研究和开发利用，如动植物抗冻、医用疫苗、日用化工、环境保护、食品加工和分子生物学等领域带来极大的好处。[⑤]

在卫生保健方面，以卫生、保健为目标的新型活性化合物的研发工作

---

① 曾胤新、陈波、邹扬、郑天凌："极地微生物——新天然药物的潜在来源"，《微生物学报》2008 年第 5 期，第 695 页。

② 李国强：《论南极微生物遗传资源的国际法保护》，中国海洋大学，2012 年，第 3 页。

③ 曾胤新、陈波、邹扬、郑天凌："极地微生物——新天然药物的潜在来源"，《微生物学报》2008 年第 5 期，第 697 页。

④ 李国强：《论南极微生物遗传资源的国际法保护》，中国海洋大学，2012 年，第 15 页。

⑤ 曾胤新、陈波："南极低温微生物研究及其应用前景"，《极地研究》1999 年第 6 期，第 150 页。

已经在一些国家实验室及制药公司研发机构中进行，并有相关专利出现。智利科学家发现了270种能产生抗生素的稀有微生物，可作为开发新药的优选；[①] 俄罗斯科学家从南极黑色酵母中提取出了治疗癌症的新的药物成分；西班牙科学家则在一株南极细菌中发现了能够修复受损头发、皮肤和指甲的蛋白；从低温微生物中提取的适冷性类流感病毒是抵抗流感的有效疫苗；嗜冷细菌还具有抗紫外线的能力，这在生物技术方面具有实际应用价值，研究这种微生物将有助于开发保护人们抵抗阳光和紫外线照射的技术。

在工业应用方面，全球市场对于工业用酶的需求已经达到每年500亿美元的规模，并且还在以每年3%—5%的速度增长，如有关去污剂汇总酶应用的新进展是考虑蛋白酶、淀粉酶、纤维酶、纤维素酶及脂酶的协同作用，而碱性低温微生物因能够同时适应寒冷温度和碱性环境而能构成洗涤用酶的新的潜在来源。另外，南极微生物也可应用于食品工业的生产过程中。例如，低温酶中的脂酶可以作为食品的风味改变酶、去污剂添加物或立体特异性催化剂等，蛋白酶也可以大量被应用于啤酒的处理、发酵食品的生产、减速奶酪的成熟等。

在生物处理方法方面，低温微生物还能有效解决环境污染问题，低温微生物的原位清洁作用（insitu - cleaning）可以恢复受污染土壤；如果采用适当的菌种、起始温度和保持条件，可以大规模厌氧耐冷分批消化（digestion）牲畜粪便，并在低温条件下消化鱼类加工厂中的大量油渣，还可以对寒冷地区污染物（如泄漏于土壤、海洋中的原油、废弃物等）进行生物降解作用，[②] 甚至一些海洋微生物能够降解石油和其他化学物质，一些极地微生物能够降解在极地发生的石油污染物。此外，随着生物技术的发展，人类对微生物的认识会逐步深入，其价值也会被更多地发现。

---

① 常丽君："科学家在南极发现大量'强悍'微生物"，《科技日报》2011年4月8日，第002版。

② 参见曾胤新、陈波："南极低温微生物研究及其应用前景"，《极地研究》1999年第6期，第146页。

2. 促进中国经济发展与结构升级

（1）带动中国相关产业发展

南极气候环境极端恶劣，对生活、科考乃至后续科研的一切设备提出了极高要求，都需要量身打造，因此南极科考能够间接地促进国内产业创新、技术创新，带动相关产业的发展。

目前，已有众多公司企业参与到南极建设之中。比如，中国移动在长城站建立基站，手机在长城站内也能拨打国际长途电话。① 截至 2016 年 3 月，中铁建工从 2002 年开始连续 13 次参加国家南极科考站的建设工作，为中国南极科考工作提供了强大的后勤保障支持。② 东航食品公司长期以来为南极科考队提供餐食保障等。③

南极科学考察发展趋势的一个特点就是高技术的广泛应用，各个领域的科学研究分析需要配备先进的仪器设施才能得以展开。比如，卫星遥感仅在地圈—生物圈计划中就肩负多重任务，④ 大气对流模型、气候变化模型等工作亦要依靠高性能计算机。海洋电磁勘探系统复杂，技术难度大，且一些关键技术被少数几家技术服务公司垄断。在海洋电磁勘探领域，国家 863 计划立项的“深水可控源电磁勘探系统开发”课题研究将有效缓解能源供需矛盾，开发具有中国自主知识产权的电磁勘探设备和技术。⑤

除了高端的科学考察和科学研究需要高技术，在南极最根本的后勤技

---

① “南极通讯上网打电话和北京没差别带宽 512k”，网易新闻，http://news.163.com/09/0125/13/50GNV5BF000120GU.html. 上网时间：2015 年 8 月 13 日。

② “中铁建工集团第 13 次出征南极”，首都建设报，http://sdjsb.bjd.com.cn/html/2015 - 11/16/content_328518.htm。上网时间：2016 年 3 月 6 日。

③ “东航食品公司为南极科考队供餐”，中国东方航空集团公司，http://www.ceairgroup.com/contents/13/4973.html。

④ 包括：海洋表面温度，海面色度（叶绿素），海面高度及糙度（波浪），环极开放水域的位置及范围，海水的集中区、范围及特征，海冰及冰山运动，海平面以上冰架高度，冰川的形态及运动，冰盖表面融化区，云盖，地表及云层反射率，地表、对流层、同温层温度结构，地球热辐射及太阳辐射的反射，大气扰动，平流层臭氧及其他痕量气体的分布等。

⑤ http：//www.shipol.com.cn/xw/jsdt/230017.htm. 上网时间：2015 年 8 月 13 日。

术同样也离不开科技的支持。后勤技术及后勤组织在南极是最基本的生存及科研条件保证，主要包括：特殊环境下（冰盖、浮冰区、空中）交通运输、抗严寒强风建筑物、水电系统、高洁度垃圾处理系统、考察队员室内及野外生活用品及防寒救生装备、食品及营养配置、医疗设备及通讯保障等等。在南极参与中，科考、科研、后勤保障三者紧密联系在一起，各个方面都需要强大的技术支持，这就能带动相关技术创新。南极气候条件恶劣，气候湿度较大，腐蚀性强，且室外施工时间短，运输条件差，这对原材料质量及施工组织均提出了很高要求。能参与南极建设的企业无一不是国内行业内的领跑者，它们在南极科考的重大项目中所创下的服务佳绩，使其品牌受到市场青睐。

一些企业的参与不仅增加了自身的竞争力，还促进了产品的升级，这些历经南极磨砺而得以改良的产品走进千家万户，为百姓生活造福。比如，LED 灯模拟自然光来调节南极科考队员的情绪，改善队员心理状态和健康状况，[①] 这种研究成果若能推广至国内市场，将有很大发展。又如，奥克斯空调成功完成环南极之行，极大地改善了极地国家科考队队员的生活质量。[②] 随着南北极科考行逐渐升温，奥克斯良好的品牌形象将直接作用于市场，能直接作用于全国范围寒流侵袭中的南方取暖问题。普通空调零下5℃即无法正常运行，而奥克斯空调在零下 25℃也能正常制热，在南极这个大实验室里完成了全球最严苛的产品考核，就是对其品质的最好说明。[③]

同样的还有数次参与南极科考站建设的宝钢集团。早在 1996 年，宝钢在国内率先自主研发生产的聚脂彩涂钢板就用于南极长城站食品栋、生活栋和科研栋的建设。宝钢彩涂板问世 20 多年来处于市场主导地位，累计产销量达 600 多万吨，高端市场占有率已达 60% 以上。目前，宝钢已成为国内彩涂板产能最大、品种最全的专业彩涂板生产厂。作为新型建筑材料，

---

① “改善极地照明郝洛西为长城站换上‘暖和’的灯”，http://www.china-led.net/info/20130527/20130527_ly13.shtml。上网时间：2015 年 8 月 13 日。

② “雪龙号执行环南极考察任务奥克斯空调出征”，和讯网，http://tech.hexun.com/2013-11-19/159825707.html。上网时间：2015 年 8 月 13 日。

③ “空调制热成网络热点奥克斯热霸笑傲南极”，天极网，http://nj.yesky.com/165/34400165.shtml。上网时间：2015 年 8 月 13 日。

与传统砖瓦、钢混结构相比，彩涂钢板具有寿命长、节约土地、材料环境负荷小等特点，广泛应用于公共建筑和工业厂房围护等领域，满足国内外建筑、家电企业的需求，以及冶炼、电力等众多领域。[①] 宝钢除了锻造钢铁之外，也承担钢材的设计。2013 年，宝钢首次采用"设计 + 采购 + 施工" EPC 一揽子总包承建方式建立泰山站。[②] 不仅特用于科考，宝钢还广泛参与到城市建设之中，深入寻常百姓家，为广大民众制造房屋，其更先进、更快捷，危险性也会更小。[③]

除了推动国内经济发展外，企业参与南极亦会促进企业走出去。从 2004 年至今，长城润滑油已连续多年为"雪龙号"远航提供润滑产品和服务。[④] 目前，中国石化润滑油的市场占有率不断扩大，品牌影响力不断提高。中国石化润滑油分公司成功跻身于全球四大润滑油公司行列。长城润滑油成为中国南极科考指定用油，增强了国际竞争力。

（2）促进中国经济转型

南极的经济利益还体现在，南极的科考与科研及相关产业发展能够推动促进国内的经济转型。当前，中国经济发展进入"新常态"，经济转型的核心是从要素驱动转向创新驱动。[⑤] 党的十八大做出实施创新驱动发展战略的重大部署，强调科技创新是提高社会生产力和综合国力的战略支撑，提出"以全球视野谋划和推动创新"。

科技创新的方法在于加大投入力度，着力攻克一批关键核心技术，加速赶超甚至引领步伐。赶超的重点是面向世界科技前沿、面向国家重大需

---

① "坚持高端路线占据市场主导地位"，宝钢集团有限公司，http://www.baosteel.com/group/contents/1670/32569.html。上网时间：2015 年 8 月 13 日。

② "宝钢总包承建南极泰山站主楼竣工投用"，国务院国有资产监督管理委员会，http://www.sasac.gov.cn/n1180/index.html。上网时间：2015 年 8 月 13 日。

③ 王中军："宝钢与极地建设有历史渊源"，新华网，http://news.xinhuanet.com/2014-03/28/c_126327929.htm。上网时间：2015 年 8 月 13 日。

④ "长城润滑油护航'雪龙'号完成第 28 次南极科考"，中国石油化工集团公司，http://www.sinopecgroup.com/group/xwzx/gsxw/20120410/news_20120410_329170000000.shtml。上网时间：2015 年 8 月 13 日。

⑤ "迎接新常态实现新跨越"，新华网，http://news.xinhuanet.com/politics/2014-12/10/c_1113590726.htm。上网时间：2015 年 12 月 10 日。

求、面向国民经济主战场，比如国家重大科技专项，体现国家战略意图的重大科技项目和重大工程。[①] 在这方面，南极可以成为提高科技创新能力的主攻方向和突破口，在南极的科技发展可以带动国内其他科技创新。迄今为止，中国极地考察事业所取得的成就之一就是科技创新不断强化，并且扩展到863 高科技研究领域，如冰雪机器人和冰钻等高科技装备，而在极地地质、冰川、生物、生态、环境、大气、空间物理、天文、医学等研究领域也取得了丰硕成果。[②]

2014 年政府工作报告提出加大政府对基础研究、前沿技术、社会公益技术、重大共性关键技术的投入，实施建筑能效提升、节能产品惠民工程，发展清洁生产、绿色低碳技术和循环技术，强化节水、节材和资源综合利用，加快开发应用节能环保技术和产品等工作部署。[③] 2015 年政府工作报告提出培育和催生经济社会发展新动力，加快实施创新驱动发展战略，打造新引擎。[④] 2016 年政府工作报告提出创新是引领发展的第一动力，必须摆在国家发展的核心位置，深入实施创新驱动发展战略。[⑤] 在这方面，南极科研的未来发展与中国政府工作重点相契合，可以发挥引领作用。目前，中国的南极参与重点在科学技术领域，而未来一个重要领域是极地工程技术，为此将联合国内外，建立极地工程学，开展极地交通运输、应用环境建筑、极地工程装备、绿色能源和尖端科学仪器等关键技术的研发，开发具有自主知识产权的工程技术，保障极地科学研究。[⑥]

---

① 习近平："加快实施创新驱动发展战略"，新华网，http://news.xinhuanet.com/politics/2014-08/18/c_1112126938.htm。上网时间：2015 年 12 月 10 日。

② 秦为稼在 2014 年中国极地科学年会上的发言——《我国极地考察事业进展与展望》。

③ "2014 年全国人大常委会工作报告（全文实录）"，人民网，http://lianghui.people.com.cn/2014npc/n/2014/0305/c376646-24535026.html。上网时间：2015 年 12 月 9 日。

④ "2015 年政府工作报告（全文实录）"，人民网，http://www.people.com.cn/n/2015/0305/c347407-26643598.html。上网时间：2016 年 3 月 6 日。

⑤ "2016 年政府工作报告（全文实录）"，新华网，http://news.xinhuanet.com/fortune/2016-03/05/c_128775704.htm。上网时间：2016 年 3 月 7 日。

⑥ 杨惠根在 2014 年中国极地科学年会上的发言——《中国极地科学研究主要进展》。

科技创新是提高社会生产力和综合国力的战略支撑，是开启“中国梦”的至关重要的钥匙。目前，中国南极参与已经取得一些成就，但是依然有亟需提高的方面，包括科研上提高极地科学考察能力、技术转化与应用能力，在巩固传统优质学科的同时拓宽科学领域等，[①] 加强极地科技创新，达到世界先进水平。

第三节　中国的南极权益评估

“权益”是指符合法律规定的权利及与之相关的利益。适用于南极大陆的南极条约体系和与南极地区海洋相关的《联合国海洋法公约》《南极海洋生物资源养护公约》等是南极治理的基本法律机制，因此南极权益就是这些国际条约所赋予的权利与利益。这对世界上所有国家而言是平等的、无差别的，或者说参与并从中获益的机会对于所有主权国家是平等的。

但是，从另一个角度看，南极条约体系有一定的排他性，甚至排除了联合国的管辖权。这一事实也表明，南极条约体系本身是由有能力的国家建立的，只有有能力的国家才能制定规则，对南极而言，这种能力最主要从科考和科研中获得。这表明，南极的国家权益有其第二条基本标准，即国家的极地活动能力，它决定了国家的极地事务参与能力，以及由此而推演出来的极地事务的管制权和决策权的共享权。这种共享权无法从国际法的基本原则推导，因为国际法的基本原理是主权国家一律平等，它只能由国际上所认可的南极治理相关规定对能力的要求来推导。

南极权益里还有第三条思考基准，目前国际社会还没怎么提出，但理论上讲它是存在的，即国家权益思考的时间维度。试想，如果一个国家特别是小的岛国面临被海平面淹没危险时，它是否有移居南极大陆的权利？如果一个国家，特别是在沙漠占据其绝大部分国土面积，面临极度干旱缺

① 秦为稼在2014年中国极地科学年会上的发言——《我国极地考察事业进展与展望》。

少的情况下，它是否有在南极挖冰取水的权利？如果一个国家因南极发生的某种变化而将面临极端灾害时，它是否有阻止这种变化在南极发生的权利？时间的维度总的来说，无非就是过去、现在和未来三个刻度，现在看得清楚，过去在这里不容易谈清楚，而未来国家可以思考的权益是可以先被提出来的。不过，鉴于未来基本都是臆测性的，因此下面并不打算把这条思考基准再单独拿出来讨论，而只是想在此指出国家对南极拥有与其未来相关的某种权益。

因此，这里主要从两个层次来评估中国的南极权益。首先是中国作为国际社会的一员，获得由南极条约体系及其他相关国际法、国际条约所赋予的权益；其次，根据“享有与投入成正比”的原理，随着中国的国力增长、南极存在增加而获得的与能力相匹配的权益。

一、作为主权国家享有的权益

就主权国家而言，其南极权益首先是基于国际法、国际条约等规定的、在南极洲及南极海域所享有的相关权利与利益。这方面涉及到的主要是1959年签订的《南极条约》，其作为南极治理的“宪法性”条约，赋予了各南极行为体在南极活动的具体权益，以及1982年《联合国海洋法公约》的相关规定。但必须指出的是，以《南极条约》为核心的南极条约体系与《联合国海洋法公约》在重叠适用于南极海域时产生了权利义务的碰撞与冲突，如在对南极海域的定位、南极海域的“公海地位”、临南极国家专属经济区、大陆架要求、国际海底区域制度的南极海域适用等方面，这些都体现出南极条约体系的法律、法规内容与以《联合国海洋法公约》为代表的国际法之间深刻的冲突性。① 从一定的意义上看，《南极条约》限制了各国依《联合国海洋法公约》享有的公海与“国际海底区域”权益，而将整个南极作为全球公域进行界定。

南极与一般的全球公域有区别，因为《南极条约》虽然声明是一个开放体系，所有主权国家都有权加入，但条约把参与国分为协商国和成员

① 张林：“南极条约体系与我国南极区域海洋权益的维护”，《海洋开发与管理》2008年第2期，第69—74页。

国。根据条约，只有在南极从事实质性科学研究活动（如建立科考站或派遣科学考察队）的国家才能成为条约协商国，只有协商国才有表决权利，成员国没有决策权。为了保障国家的南极权益，加入南极条约体系并取得条约协商国地位是最主要的路径。按照《南极条约》相关规定，各成员国享有的南极权益可归纳为四个，即参与权、科研权、开发使用权以及视察权。

1. 参与南极的权利

中国于1983年6月8日正式加入《南极条约》，并于1985年10月7日取得了协商国的地位。1985年以来，中国开始派代表团出席历届协商国会议、南极局局长理事会会议（COMNAP）、南极后勤工作常设委员会（SCAlOP）会议和历届南极研究科学委员会（SCAR）等会议，又相继获得了南极研究科学委员会、国家南极局局长理事会、南极海洋生物养护委员会、南极环境保护委员会等重要南极组织的成员资格。中国的南极参与日益深入，2010年8月9—12日，在阿根廷首都布宜诺斯艾利斯召开的第22届南极局局长理事会会议上，中国极地研究中心副主任李院生当选副主席，任期三年。①

除了参与南极事务愈发深入之外，中国的参与姿态亦由被动跟随转为积极主动。2010年7月，在苏州召开了第11届极地科学亚洲论坛会议（AFoPS）。中国代表在出任AFoPS轮值主席的两年任期内，积极倡导亚洲国家极地科考发展，努力发展有竞争力、有创新性、充满活力的AFoPS会议框架，为论坛的发展做出了积极贡献。② 这表明以中国为中心的亚太南极事务合作机制在逐步成型，南极治理格局在缓慢发生变革。

2. 南极科研的权利

南极是环境和资源开发利用的重要保护区，但并非人类活动的禁区，这当中最重要的开放空间是科学研究。因此，对南极组织科学考察活动，

---

① “2010年度中国极地考察报告”，国家海洋局极地考察办公室，http://www.chinare.gov.cn/caa/userfiles/file/chinare2010report.pdf，第13页。

② “2010年度中国极地考察报告”，国家海洋局极地考察办公室，http://www.chinare.gov.cn/caa/userfiles/file/chinare2010report.pdf，第13页。

在南极地区设立科学考察站和设置科学研究与观察装置，交流研究成果等，成为国家重要的南极权益。

（1）南极科考权

1984 年 11 月 20 日，中国派出 591 人组成的南极考察队，乘“向阳红 10 号”考察船首次赴南极建站与考察，开启了中国人南极探险的旅程。截至 2016 年 3 月，中国已成功组织了 32 次南极科学考察活动。中国科学家在长城站和中山站，常年开展气象学、电离层、高空大气物理学、地磁和地震等学科的常规观测。夏季除从事常规观测外，还进行地质学、地貌学、地球物理学、冰川学、生物学、环境学、人体医学和海洋学等现场科学考察等。[①]

中国在南极科考的突出表现有：一是在 2004 年至 2005 年度开展的第 21 次南极考察中，中国科考队胜利到达南极内陆冰盖的最高点冰穹 – A（DOME – A）地区，其他国家的人员从未自地面到达过这一地区，这是中国人的创举；[②] 二是在陨石回收方面表现突出，截至 2016 年 3 月，中国在南极陨石收集的陨石数量为 12035 块，数量仅次于日本、美国，位居世界第三，[③] 为人类了解地外天体提供了宝贵资源；三是在多个研究领域取得突破性科研成果，例如在东南极大地构造、磷虾复眼与年龄、午后极光、长城站古生态、格罗夫山冰盖进退、南极冰川起源等领域；[④] 四是南极考察区域范围得到极大的拓展，从长城站、中山站到昆仑站，基本实现了对南极大陆的全覆盖，海洋学也已实现环南极航行。此外，南极观测体系提升，建立了从冰盖到冰架、海洋、高空的系统的观测体系。[⑤]

南极科考权益的维护得益于科考设备的建设与更新，特别是极地科考

① 国家海洋局极地考察办公室官方网站：http：//www. chinare. gov. cn/caa/gb_article. php？ modid = 05001。上网时间：2015 年 8 月 20 日。

② “中国极地考察的未来与现状——访国家海洋局极地考察办公室主任曲探宙”，《海洋开发与管理》2006 年第 5 期。

③ “南极陨石数量位列世界第三：中国发现惊人”，环球网，http://tech. huanqiu. com/news/2015 – 09/7652105. html。上网时间：2016 年 3 月 5 日。

④ 冯丽妃：“征战南极，中国在行动”，《中国科学报》2014 年 1 月 17 日。

⑤ 引自杨惠根在 2014 年 10 月 16 日于青岛举办的全国极地年会上的报告——《中国极地科学研究主要进展》。

船的建设。自1984年中国首次组队进行南极科学考察至今，先后派赴南极地区担负运输、科学考察的船只有五艘，它们是“向阳红10”号、“J121”号、“海洋4”号、“极地”号和“雪龙”号。其中前三艘只进行过一个南极航次，后两艘则为中国极地运输、考察专用船。

“极地”号原系芬兰劳马船厂1971年建造的一艘具有1A级抗冰能力的货船，中国于1985年购进后，投资750万元改装成南极科学考察运输船。从1986年10月25日首航南极以来，其完成了六个南极航次，于1994年退役。“雪龙”号考察船原系乌克兰赫尔松船厂1993年建造的一艘具有B1级破冰能力的破冰船，中国购进后，投资3100万元改装成为南极科学考察运输船，于1994年代替“极地”号服役至今，已完成四个南极航次。该船主要技术指标：总长167.0米，型宽22.6米，型深13.5米，满载吃水9米，满载排水量21025吨，最大航速18节，续航力20000海里，主机13200千瓦1台，副机800千瓦3台，载重量10225吨。“雪龙”号具有先进的导航、定位和自动驾驶系统，以及能容纳两架直升飞机的平台、机库和配套设备。该船属B1级破冰船，能以1.5节航速连续破冰厚度1.1米（含0.2米雪）。船上设有海洋物理、海洋化学、生物、气象和洁净实验室面积200平方米，配备了CTD和ADCP等国际先进的大洋调查仪器设备。船上有铺位128张，可搭载80名考察人员赴极地工作。此外，雪龙船还将配备EK500科学声纳系统、CTD自动采水系统、高分辨卫星云图系统，提高航行保障能力。有随船直升机两架。①

“雪龙号”的优势在于其装载量，满载排水量21025吨，位居世界前列。中国目前正在筹划第一艘本土产的破冰船，新的破冰船将具备双向破冰功能，并与“雪龙号”产生互补，主要负责核心区域的科考工作。而新的破冰船也请来了芬兰著名的公司担任设计，国内外联合设计、国内制造，建成后将是中国第一艘自行建造的极地破冰船。② 实际上，破冰船不

---

① 国家海洋局极地考察办公室官方网站：http：//www.chinare.gov.cn/caa/gb_article.php? modid=03005。上网时间：2015年8月20日。

② 陈净、姚以镜：“极地经济圈暗战”，《国际金融报》2014年1月20日，第02版。

仅仅是科研装备，很多国家都将破冰船纳入军事管理。而真正将破冰船发展到极致的是俄罗斯，其在北极以及北冰洋有一个庞大的核动力破冰船队，为俄罗斯牢牢守住了北极航道的“咽喉”。

目前，中国建造新破冰船可行性报告已获国家批准。据悉，这一新破冰船吨位达1.2万吨级，投资约12.5亿元人民币。① 这一大吨位的科考船将大大加强海洋特别是深远海调查。新的极地科学考察破冰船将是中国第一艘真正意义上的极地破冰船，不仅有效地缓解了“雪龙号”无法兼顾两极的困境，还大大加强了南极考察的运载能力以及两极考察的规模和深度。

（2）在南极建立科考站的权利

目前中国在南极已建立了四个科考站：长城站、中山站、昆仑站和泰山站。长城站建成于1985年2月20日，位于西南极洲南设得兰群岛乔治王岛南部（62°12′59″S，58°57′52″W），站区平均海拔高度10米，距北京17501.949千米。长城站现已初具规模，有各种建筑25座，建筑面积4200平方米，各种运输工具17台，除先进的通信设备、舒适的生活条件外，还拥有较为完善的科学实验室，配备有供科学研究使用的各种仪器设备。长城站每年可接纳越冬考察人员40名，度夏考察人员80名。中山站建于1989年2月26日，位于东南极大陆拉斯曼丘陵（69°22′24″S、76°22′40″E），站区平均海拔高度11米，距北京12553.160千米。中山站现已初具规模，有各种建筑15座，建筑面积2700平方米，各种运输工具19台，除先进的通信设备、舒适的生活条件外，还拥有较为完备的科学实验室，配备有供科学研究使用的各种仪器设备。中山站每年可接纳越冬人员25名，度夏人员60名。昆仑站于2009年1月27日在南极内陆冰盖的最高点冰穹A地区落成。目前建成的昆仑站主体建筑为钢结构，工程的建筑面积为236平方米，包括生活区和科研区，可供15人至20人进行夏季科考。根据规划，3年至5年后，昆仑站将逐步升级扩建到558.56平方米，成为满足科考人员越冬的常年站。以昆仑站为依托，中国将有计划地在南极内陆

① “我国将建1.2万吨级南极破冰船”，新华网，http://news.xinhuanet.com/local/2015-08/06/c_128097079.htm。上网时间：2016年3月6日。

开展冰川学、天文学、地质学、地球物理学、大气科学、空间物理学等领域的科学研究。泰山站位于中山站与昆仑站之间的伊丽莎白公主地，距离中山站约520公里，海拔高度约2621米，是一座南极内陆考察的度夏站，年平均温度-36.6度，可满足20人度夏考察生活，总建筑面积1000平方米，使用寿命15年，配有固定翼飞机冰雪跑道。其不仅将成为中国昆仑站科学考察的前沿支撑，还将成为南极格罗夫山考察的重要支撑平台，进一步拓展中国南极考察的领域和范围。①

其中，昆仑站建于冰穹A（Dome-A），地点偏远，中国的科学家每年仅能在昆仑站工作两个星期，但昆仑站所处位置具有重大的战略价值：海拔4093米的冰穹A是南极内陆冰盖海拔最高的地区，也是地球上环境最严酷的地方，被称为“不可接近之极”。这里不仅利于收集最深的冰芯，还可以重建130年前的气候数据。② 这一研究是影响南极科研的重要举措。2005年，中国科学家在全球首次登上冰穹A，并在该区域建立了全球唯一的科学考察站——昆仑站。在冰穹A设置了四个通光口径14.5厘米的望远镜阵列，也就是第一代南极系列巡天望远镜CSTAR。经过三年多的观测，CSTAR望远镜精确测量出冰穹A大气湍流边界层的高度为14.5米，热红外波段在2.5微米左右，大气中可压缩水汽含量仅为0.1毫米左右。这些数据显示冰穹A是地球上最冷、空气扰动最小，也是最干燥的地方，还是最理想的天文观测地点，为中国“十二五”期间南极天文学的立项提供了最根本的科学依据。中国光学天文望远镜有着较好的学科基础，昆仑站创造了独一无二的地理条件，而不断强大的国家经济实力则成为中国南极天文研究的坚强后盾。③ 2016年中国第32次南极科考队在南极罗斯海地区的难言岛完成中国第五个南极考察站新站的优化选址作业。④ 罗斯海是人类航海所能到达的地球最南的海域，其不仅是历史上进入南极大陆腹地

---

① 国家海洋局极地考察办公室官方网站：http://www.chinare.gov.cn/caa/gb_article.php? modid=03001。上网时间：2015年8月20日。

② *Nature*, January 6, 2009.

③ 冯丽妃：“征战南极，中国在行动”，《中国科学报》2014年1月17日。

④ “中国在南极罗斯海地区进行新考察站优化选址”，人民网，http://jx.people.com.cn/n2/2016/0211/c186330-27717380-2.html。上网时间：2016年3月6日。

最便捷的地方，而且基于该区域存在横贯南极山脉、南极最大的罗斯冰架及地球上第二大活火山等因素，其成为各国竞相建站的战略之地。同时，罗斯海地区是国际南极考察辐射太平洋扇区的重要区域，也是南极环境保护区体系最完备的地区，在此建站对中国意义重大。①

这些科考站与国外使领馆被当作一个国家海外领土的定位不同，它欢迎其他国家随时视察，但其所建地区、建筑设施本身，以及站内的设备和人员享有不可侵犯的权利，不能对其进行破坏、损害或占有。科考站设置的数量和位置，在符合相关国际规定的情况下，不得对其进行限制。总之，只要是相关条约规定所赋予的，国家的南极活动和南极存在应该不被干涉、影响，哪怕是正式的言论指责，这是国家的南极权益。

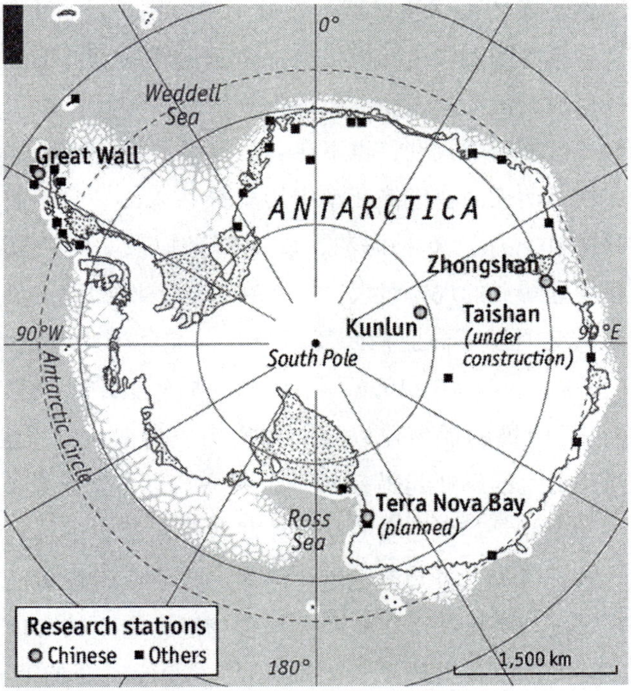

图 5—1　中国南极科考站布局图

① “中国第五个南极考察站选址确定：人类航海极限”，新浪科技，http://tech.sina.com.cn/d/n/2016-02-19/doc-ifxprucu2998678.shtml。上网时间：2016 年 3 月 6 日。

3. 开发使用南极特定资源的权利

南极地区禁止矿产资源的开发，但别的资源形式并未完全禁止，有的甚至是有条件地允许，这意味着对这些资源的合理开发利用就成了一个国家的正当权益。

（1）南极海域的捕鱼权

首先是关于南极海域的范围及捕鱼权的规定。《南极条约》第六条规定条约适用于“南纬60°以南的地区，包括一切冰架”。南极条约协商会议自1972年开始，先后缔结了《保护南极海豹公约》和《南极海洋生物资源养护公约》，它们的适用范围均在《南极条约》第六条的基础上涉及南极海域。“海豹公约”明确禁止在南纬60°以南的海域捕杀三类海豹。生物资源公约在《南极条约》适用区域的基础上将范围扩及自南纬60°以南地区至南极幅合带之间的海域，即南极海洋生态系统的全部范围，公约要求适用区内的任何捕捞活动应遵循一定的保护原则，并且不赋予任何国家在南极海域任何地区捕鱼的权利，也不在有关国家之间分配渔业资源。[①]

捕鱼业或许是南极商业经济活动中历史最悠久的一个行业。南极至少有35种不同种类的企鹅、6种海豹、12种鲸鱼以及200种以上的鱼。早期，南极捕鱼中捕鲸业的规模最大，后来在美国政府的大力倡导下，1986年国际捕鲸委员会通过了商业捕鲸暂停令——《全球禁止捕鲸公约》，要求10年内禁止商业捕鲸（在1996年后的每一届年会中，该禁令都得以继续延长）。目前，南极的捕鱼业以磷虾捕捞为主。据科学家们调查统计，目前在南大洋中游弋的磷虾起码有10亿吨之多。它是迄今人类发现的含蛋白质最高的一种生物，其蛋白质质量也明显优于对虾、牛奶和牛肉，所含钙、镁、铁等各种营养金属元素也比蔬菜高出多倍。南极鱼类、鸟类、海豹和须鲸等都靠它为生，使得它在南大洋食物链中居于核心地位。近些年来，已有10多个国家派出船队，远航南大洋进行磷虾的商业性试捕研究。[②] 从生态平衡观点来看，可以每年捕获1亿—1.5亿吨而不会影响海洋

---

① 阮振宇：“南极条约体系与国际海洋法——冲突与协调”，《复旦大学学报（社会科学版）》2001年第1期，第131—137页。

② 摘自1996年12月28日《人民日报》（海外版）。

生态，这相当于当今世界每年渔产总捕获量的两倍。磷虾对南极的生态系统至关重要，但目前面临过度捕捞，这引起了环保组织的担忧。挪威、日本、韩国、智利等国是南极磷虾商业捕捞量最多的国家。

（2）获取南极淡水资源的权利

南极是人类最大的淡水资源库。南极洲面积1400万平方公里，95%以上的面积常年被冰雪覆盖，冰雪总量约2700万立方公里，占全球冰雪总量的90%以上，储存了全世界可用淡水的72%。有人估算，这一淡水量可供全人类用7500年。而且南极的冰盖形成于一千万年前，没有受到任何污染，水质极好。据估算，每年从南极大陆崩裂入海的冰山和冰块量达14000多亿吨，体积约1200立方公里。把这些冰山的10%拖运到干旱地区，就足以浇灌1000万公顷的农田，或者供5亿人口的用水。漂浮在南大洋上的冰山总量约22万座，总体积约18000立方公里。①

国际社会对南极淡水资源的开发利用，最为突出的要数沙特。沙特对南极淡水资源的开发颇为重视，曾投入大量资金支持国际社会对此项目的研究。中国是一个水资源严重短缺的国家，由于人口众多，人均水资源占有量仅列世界第88位。从淡水资源看，世界人均占有量为12900立方米，中国仅为2695立方米，不足世界人均占有量1/4，因水危机而致的经济损失约占中国GDP的2.3%。② 但目前南极淡水资源的开发和利用仍面临着技术和成本方面的桎梏，冰山融化的成本要远高于冰山牵引的成本。

（3）参与南极生物勘探

南极生物勘探所获取的生物遗传资源具有巨大的经济利用价值，因此越来越多的国家对南极生物遗传资源的开发和利用给予了极大的关注，开始广泛开展对南极生物资源的勘探、开发及利用活动。特别是日本，其侧重于南极磷虾的研究，南极生物勘探数据库的大部分数据来自于日本，其次来自于美国和西班牙的公司。除此之外，澳大利亚和马来西亚在该领域

---

① “南极科考知识：南极淡水资源”，http：//www.gov.cn/fwxx/kp/2005-11/09/content_94397.htm。上网时间：2015年8月20日。

② “全球87%的淡水资源难被利用下一个危机就是水”，http：//district.ce.cn/zg/200911/18/t20091118_20452680.shtml。上网时间：2015年8月20日。

的研究也十分积极和广泛。[①] 但总体来看，目前南极生物勘探仍处于初级阶段。

世界各国在南极生物遗传资源的规则制定上持有不同的政治立场：科技水平发达的美国等发达国家，主张适用传统的财产法规则——先占原则，即授予第一个占有资源的国家以所有权。[②] 而缺乏强大生物技术产业的发展中国家则认为应当使用人类共同遗产原则，即人类作为一个整体对世界的自然资源具有占有并分享的权利。[③] 因此，南极生物资源的合理获取及权益的公平分享是南极生物资源治理的核心。此外，环境保护与生物资源勘探之间也存在一定的矛盾。一些国家认为南极生物勘探对环境没有影响，而且在南极已进行了多年，并不违反《南极条约》和《关于环境保护的南极条约议定书》的相关规定，无需制定更进一步的规定。而另一些国家认为生物勘探是南极地区所面临的重大的商业挑战，如果不出台合理的管理制度，将带来一定的风险。[④]

“中国海洋生物技术处于技术储备阶段，要达到中等发达国家的水平，还需要两三个五年计划的追赶。”所以，必须加强对南极生物多样性的基础性研究和开发新的生物技术，以便有效地降低南极生物勘探的成本，并获得极为可观的经济效益，从而更加深入地开展南极生物勘探工作。

4. 有权考察其他国家的南极科考站及获取他国的科学数据

《南极条约》赋予各协商国视察他国科考站的权利，视察旨在保障

---

① 刘惠荣、刘秀：“国际法体系下南极生物勘探的法律规制研究”，《中国海洋大学学报》2012 年第 4 期，第 9—14 页。

② Richard J. McLaughlin, Foreign Access to Shared Marine Genetic Materials: Management Options for a Quasi - Fugacious Resurce, 34Ocean Dev. &Int'l L., 2003: 258. 13. 转引自刘惠荣、刘秀：“国际法体系下南极生物勘探的法律规制研究”，《中国海洋大学学报》2012 年第 4 期，第 9—14 页。

③ Anthony J. Stenson & Tim S. Gray, The Politics of Genetic Resource Control 1999: 4; Anna Vinson, Note, Deep Sea Bottom Trawling and the Eastern Tropical Pacific Seascape: A Test. 转引自刘惠荣、刘秀：“国际法体系下南极生物勘探的法律规制研究”，《中国海洋大学学报》2012 年第 4 期，第 9—14 页。

④ Andrew Jackson：“南极条约成员国面临新的挑战：南极生物勘探问题”，凌晓良译，http://www.aad.gov.au/MediaLibrary/asset/MediaItems/ml_394356865972222_12%20bioprospecting.pdf。上网时间：2015 年 9 月 15 日。

《南极条约》及其环保议定书的规定得到遵守，这也是参与南极活动评价标准设立的重要路径。自加入《南极条约》以来，中国共行使了两次视察权。第一次是1990年中国对阿根廷、巴西、智利、波兰、韩国、乌拉圭以及苏联等国科考站进行视察，但没有详细的检查记录与报告。① 第二次是于2015年12月25日至28日中国代表团先后对俄罗斯、韩国、乌拉圭和智利四国在南极乔治王岛上的相关站点进行了视察。中国就此次视察活动撰写了视察报告，并提交2016年5月的第39届南极条约协商会议进行审议。②

除了行使两次视察权外，中国还于2012年考察了与长城站相邻的俄罗斯、智利、韩国和乌拉圭四国的南极科考站，并对各国科考站装备建设和科考工作开展情况进行了调研。2013年，国家海洋局极地考察办公室主任、中国第29次南极科学考察队领队曲探宙乘坐“雪龙”号到达罗斯海地区开展预选站址调研期间，访问了韩国张保皋站和意大利马里奥·祖切利站，就选址现场的自然状况、当地的冰情及意大利岩石机场的建设等进行调研，进一步深化了对罗斯海新站预选地址所在区域现场条件的认识。③

1988年以来，中国南极长城站和中山站先后接待了日本、乌拉圭、智利、哥伦比亚等国和香港、台湾等地的学者，进行合作考察与研究。中国还与智利、阿根廷、乌拉圭等国签订了南极考察合作协议或备忘录；与日本签订了中国极地研究所与日本国立极地研究所在中山站进行为期五年的科学合作协议；同韩国开展了南极地质科学联合考察与研究；同澳大利亚合作进行内陆冰盖考察；与挪威、德国、加拿大等国合作开展了北极科学考察等。与此同时，中国极地研究所还向美国、法国、日本、挪威等国派出科研人员，开展合作研究与交流学习。④

---

① 陈力：“美国的南极政策与法律”，《美国研究》2013年第1期，第65—86页。

② “中国代表团成功开展南极视察”，新华网，http://news.xinhuanet.com/world/2015-12/31/c_1117643235.htm。上网时间：2016年3月6日。

③ 国家海洋局：《2013年度中国极地考察报告》，2013年12月。

④ 国家海洋局极地考察办公室官方网站：http://www.chinare.gov.cn/caa/gb_article.php?modid=0600。上网时间：2015年8月20日。

此外，中国在南极的权益还表现为两个重要方面：一是在南极对本国公民的执法权和保护权；二是和平使用南极海域及空域的权利。中国将于2016年组建首支南极航空队，用于支持中国的南极科考活动。①

二、与能力相匹配的权益

从国际道义的角度看，与能力相匹配的权益似乎并不可取，然而在以科学实力为圭臬的南极，能力强的参与国必然会比能力一般或者较弱的国家拥有更多的南极权益，因此研究时不能忽略那些来自于能力的权益。与能力相匹配的中国南极权益包括三个方面，分别是南极治理权、南极地理命名权以及南极开发使用权。与上文提及的普遍南极权益不同，这三方面的权益是由中国的能力界定的，这能力既包括中国不断增长的南极参与能力，也包括中国不断增长的国力。

与从法律而来的权利相比，这部分的权益并不直观，因此在评估之前首先需要确定标准。由于南极事务的权威来自于科考与科研实力，因此我们将评估标准界定为国家的南极财政投入、南极基础设施建设（包括南极科考站、飞机、破冰船等）、科研质量和科考规模等四个方面。

1. 中国南极能力的增长

要思考能力与权益问题，首先需要对自身能力进行评估。全面评估并非这里的任务，但择其主要指标加以说明还是有必要的。

（1）南极财政投入情况

近年来，中国的南极科考与科研经费大幅上涨。在2004年，相关负责人曾表示极地工作问题在于科研经费不足，还有极地专家坦言科学家们是凭一腔热情在做极地研究。当时极地研究的经费主要来源于各科研单位、人员向国家自然基金或科技部申请课题经费。在中科院的“九五”重大科研项目——“极地科学”总额500万人民币的经费中，南极科考约为400

---

① “为了科学：中国将组建南极航空队”，中国航空新闻网，http://www.cannews.com.cn/2016/0222/148170.shtml。上网时间：2016年3月6日。

万。[①] 虽然此经费多于北极，但是与其他国家相比仍远远落后，没有经费的保障导致南极科考面临窘境。

南极考察30余年来，财政投入呈飞速增长态势。首次南极考察的经费为2000万人民币。从1983年至2003年的20年间，中国为南极科考总共花费9亿元人民币。第一次显著增长是十一五期间（2005—2010年），5年间增长至3亿元。[②] 在科研方面，依据《国家中长期科学和技术发展规划纲要（2006—2020）》优先主题，“十一五”国家科技支撑计划重点项目“极地科学研究”获国家拨款1500万元，国家海洋局提供本项目开展现场考察配套经费6000万元。[③]

在“十二五”期间，投入又一次飞速提升，仅海洋局牵头“南北极环境综合考察与评估专项”这一中国极地领域近30年来规模最大的一个极地专项，各年投入依次为：2011年为4千万，2012年为1.2亿，2013年为1.12亿，2014年为1.12亿。[④] 科研经费的大幅度投入将极大地促进极地科技成果产出，推动中国极地科考事业的跨越式发展。

（2）南极基础设施建设

南极基础设施主要是“一船”——“雪龙”号极地科考船，“四站”——长城站、中山站、昆仑站、泰山站。“雪龙”号是目前中国唯一一艘正在服役的极地科考船，其于1993年加入中国极地科考体系。为了配合不断提高的科考要求，“雪龙”号前后历经多次改造。首次大规模改造是在2006年，投资约两亿元人民币，改造的目的是为满足科考站升级需要运输各种科学试验和后勤保障装备等要求。随后2007年再次对“雪龙”号上的通讯、导航、生活设施等区域进行过大修。最近一次改造是在2013

① “极地科考20年志：中国博弈科考战国时代”，新华网，http://news.xinhuanet.com/st/2004-10/12/content_2081039.htm。上网时间：2015年8月10日。

② Anne-Marie Brady. The Emerging Politics of Antarctica [M]. Routledge, 2013: 36.

③ “关于发布‘十一五’国家科技支撑计划‘极地科学研究’重点项目课题申请指南的通知”，中华人民共和国科学技术部，http://www.most.gov.cn/tztg/200610/t20061025_36931.htm。

④ 《极地专项进展及阶段成果》，2014中国极地科学年会综合报告。

年。2013年4月中旬起，“雪龙”号在江南长兴船厂进行修理保养工作，对船上的主机、发电设备、动力推进系统等进行大修，其间更换了主机，以进一步提高船舶的航行安全，更好地胜任未来的科考任务。①

2014年年初“雪龙”号的“南极大救援”虽然有惊无险，但是暴露出“雪龙”号自身性能上的缺陷，以及单凭“雪龙”号兼顾多重任务时分身乏术所带来的不足，其已经无法满足与日俱增的科考需求，建造更高级的破冰船为当务之急。在“雪龙”号被困后，相关负责人即宣布将建造一艘比“雪龙”号更先进、更大的新破冰船。②

目前，中国共有四个南极科考站，总数位居世界第六位，它们分别是建成于1985年的长城站、1989年的中山站、2009年的昆仑站和2014年的泰山站。目前还将新建一个常年考察站。通过上述数据可以看出，迄今为止，中国南极科考史上共出现了两次建站高峰，第一个是1984—1989年，当时建站首先是出于政治上的需要；第二个高峰是从2009年开始，将延续至未来几年。

数据显示，中国南极建站明显呈现两个高峰期，但实际上，在南极内陆建站一直在政府的既定计划之内，只是囿于国力与财力的不足而一直没有实现。早在长城站和中山站建成之后，中国就有在内陆建立第三个科考站的构想。从那时起，中国政府就开始计划以中山站为起点，深入南极大陆冰盖腹地进行考察。在1991年的德国不莱梅南极科学委员会第一次会议上，中国科考队成功争取到从中山站到冰穹A的考察路线。2005年第21次科考队首次抵达冰穹内陆核心区域，并成功登顶冰穹A的北高点。

1989年至2009年的20年间是中国南极建站的沉寂期，但是中国南极科考并不是原地踏步没有作为，相反，中国的南极科考和科研事业逐年稳步前进着，积累到一定阶段必然会出现新的需求。随着研究和考察的深入，已有的科考站并不能满足日益增长的科考需要，加上中国经济持续高

① “雪龙号在上海外高桥完成大修下月将再赴南极科考”，东方网，http://sh.eastday.com/m/20131011/u1a7705355.html。上网时间：2015年8月9日。

② “雪龙号令西方立场转化：更加中立对中国赞赏”，观察者，http://www.guancha.cn/strategy/2014_01_09_198413.shtml。上网时间：2015年8月9日。

速发展，在2008年全球金融危机过后一枝独秀，已有充足的财力来建设新的基础设施。在天时地利人和的背景下，2009年中国在冰穹A建立了昆仑站，成为继美国、俄罗斯、日本、法国、意大利和德国之后，第六个在南极内陆建站的国家。昆仑站的建立极大地提升了中国的南极存在，并且昆仑站有着天文、冰芯等领域独一无二的先天优势，这加速提升了中国南极相关领域的科研水平。

（3）中国南极科研质量

一般来说，一国的科研能力可以从以下几个方面来考察：研究与观测项目数量、参加国际IPY项目研究数量、参加大型国际研究计划数量、发表论文数量、共享科学数据集个数，以及向南极条约协商会议和南极环境保护委员会会议提交报告数量等等。

已有统计（1998年至2011年）显示，中国的研究与观察项目数量（年平均26项）远远低于澳大利亚（年平均185项）、美国（年平均147项）等国，在28国中居于第13位；担任IPY项目负责人次（1人次）和牵头大型国际研究计划数量（21个）都很少，参与数量稍高；发表SCI论文数（年均发文量32篇）和SCI论文被引次数（年均被引率216.8）在28国中都处于较低水平，与占绝对优势的美国差距之大不可同日而语，美国年均发表SCI论文数量在420篇左右、年均被引次数达7784.8次。这表明中国科研水平远远落后，亟需加强。极地共享数据集个数略佳，位居第六位。总体来说，中国的南极科学研究水平远远低于美国、澳大利亚等国。[①]

从提交论文的数量看，目前中国有关南极的研究多集中于自然科学，如中国期刊全文数据库收集的十年来关于南极方面的单篇论文中绝大多数属于自然科学，取得了可观的成就。[②] 截至2012年，中国相关南极研究论文产出数量已在全世界排名第四。[③] SCI发表量在十年内递增，并且扩展到

① 参见华薇娜、张侠编著：《南极条约协商国南极活动能力调研统计报告》，海洋出版社2012年版，第55—86页。

② 李升贵、潘敏："中国南极软科学研究的意义、现状与展望"，《极地研究》2005年第3期，第224—231页。

③ 冯丽妃："征战南极，中国在行动"，《中国科学报》2014年1月17日。

863高科技研究领域，如冰雪机器人和冰钻等高科技装备；在研究方面，极地地质、冰川、生物、生态、环境、大气、空间物理、天文、医学等领域取得丰硕成果。但南极软科学研究却几乎刚刚起步，尚未像其他国家一样全面系统地开展，这也是中国在南极条约协商会议等国际会议上鲜少提出建设性意见的原因之一。

虽然中国距离国际顶尖科研尚有一段距离，但是与自身比较来看，科研成果依然可谓丰硕。

（4）中国南极的科考规模

从参与的范围和水平看，一是中国在南极的活动范围不断扩大。1998年12月，中国科考队首次进军南极内陆，进行第一次格罗夫山考察，走出了东南极大断面研究战略构想的第一步。2009年1月，昆仑站建成，中国成为世界上唯一在冰穹A建站的国家，完成了中国南极考察从南极大陆边缘向南极内陆扩展的历史性跨越。二是中国的南极国际参与形式多样化。除了上述在现有南极治理机制下的参与外，中国参与国际南极援救活动也表现突出。

进入新世纪的近15年是中国南极考察事业全面推进、快速发展的新时期。以极地考察十五能力建设为标志，国家大幅度增加了对极地工作的投入，在南极冰盖区装备了国际领先规模的雪地运输车队，先后建成昆仑站、泰山站两个内陆科考站，在上海极地中心修建极地考察基地，装备了直升机等，并着手建立极地考察航空保障体系，覆盖南北两极，海陆空立体保障的南极考察支撑体系日益完善，并将在未来继续完善战略布局，加快南北极考察的新站点、新船、新飞机、新装备的能力建设，进一步完善极地考察后勤保障支撑体系。①

南极运输和活动能力获得极大提升，后勤保障迈上新台阶，购置飞机，极地领先规模的车队一次可运载500吨物资，新破冰船将在2—3年内投入使用。截至目前，我国派出的极地考察人员已超过5000人次。组织体系完善，人才建设卓有成效。目前的顶层工作机构是中国极地考察工作咨询委员会，来自17个部委的代表参加委员会。据不完全统计，现在参与中

① 国家海洋局副局长陈连增在2014年中国极地年会上的主旨发言。

国极地考察的包括 20 多个部委、30 所院校、400 人参与的稳定管理体系。[①]

“十五”以来国家加大了极地考察的能力建设，“十一五”期间成功到达冰穹 A 并建立昆仑站，“十二五”期间加强内陆站建设并进入南极科考航空时代。[②]“十三五”将“在南极新建科考站，新建先进破冰船，提升南极航空能力”列入国家未来五年计划实施的100 个重大工程及项目之中。[③]

上述能力例举和分析，一方面是摆出我们和世界先进水平的差距；另一方面是表明加强极地活动、科研能力是一个国家的重要权益，意味着其能力增长不应被设置障碍，只要符合相关国际规定，就应该拥有充分的发展空间。同时，这种能力增长又构成了治理权与开发使用权的基础，能力发展权益是享有后两种权益的主要条件。

2. 南极治理的权利

参与南极治理是保障国家南极权益的最直接，也是最主要的路径，主权国通过对国际南极活动制定规则、设立议题、制定评价标准等，体现国家的南极话语权。“十三五”规划建议强调积极参与在极地等新领域的国际规则制定。[④] 对此，中国应该大力研究南极治理体系，在此基础上提出合理的规则方案。

根据《南极条约》[⑤] 规定，南极治理的决策机制是南极条约协商会议，

---

① 秦为稼在 2014 年中国极地年会上的发言——《我国极地考察事业进展与展望》。

② “南极科考进入‘航空飞机’时代”，人民网，http://scitech. people. com. cn/n/2015/1108/c1057 - 27789772. html。上网时间：2016 年 3 月 7 日。

③ “‘十三五’体现中国国家战略的百大工程项目”，新华网，http://www. sh. xinhuanet. com/2016 - 03/05/c_135157567. htm。上网时间：2016 年 3 月 7 日。

④ “‘十三五’规划建议：积极参与新领域国际规则制定”，新华网，http://news. xinhuanet. com/politics/2015 - 11/03/c_1117026952. htm。上网时间：2016 年 3 月 7 日。

⑤ 《南极条约》第九条第一款规定：“本条约序言所列缔约各方的代表，应于本条约生效之日后两个月内在堪培拉举行会议，以后在合适的时间与地点开会，以便交换情报，共同协商有关南极的共同利益问题，并阐述、考虑以及向本国政府建议旨在促进本条约的原则和宗旨的措施。”随后，12 个原始缔约国根据条约规定，于 1961 年 7 月 10—24 日在澳大利亚首都堪培拉召开首届南极条约协商会议。

参加协商会议的国家即为协商国，它们是南极条约体系的决策者。协商国资格依靠开展或参与实质性南极考察活动（建立科学考察站）而取得。[①]那些没有实质性科考活动的国家被称为缔约国。协商国和缔约国的区别在于，协商国拥有南极治理的表决权，而缔约国没有。

作为条约协商国，中国拥有南极治理权。这种治理权包括考察研究、组织研讨、正式提出倡议、参与决策、监督决策执行，以及独立或集体对其他国家的南极活动进行评估等。

2002 年中国成功承办了在上海召开的第 27 届国际南极研究科学委员会大会和第 14 届南极局局长理事会会议，标志着中国在国际南极事务中所处地位已由被动跟踪转入积极主动的态势。[②] 在第四次国际极地年期间，中国首次参加并组织实施了国际极地年中国行动计划。该行动计划涉及南极的内容包括：一是“熊猫计划”，对南极的普立斯湾到埃姆里冰架这一个断面集中进行考察，该计划已被列入国际极地年的核心计划；二是国际合作计划，重点加强与各国在南极和北极方面研究的合作；三是公众参与与数据共享计划，强调让全世界人们都来提高对南北极极地地区的认识。[③]

此外，中国积极承办与南极及南大洋相关的国际科研会议及学术论坛。2013 年 5 月，由中国极地研究中心承办的南大洋观测系统（SOOS）亚洲论坛在上海召开，约 60 名来自 SOOS 科学委员会及中国、日本、韩国和印度等亚洲国家的科学家与会。会议针对物理、化学和生物海洋学观测以及观测数据管理和共享等主题进行了讨论。

在国家管辖范围外海域建立海洋保护区成为国际社会关注的一个热点领域，正在酝酿产生新的规则或海洋事务管理机制，这是中国应当积极参与和施加影响的领域。2012 年第 31 届南极海洋生物资源养护委员会（CCAMLR）会议在澳大利亚霍巴特召开，由外交部牵头，农业部和国家

---

① 《南极条约》第九条第二款规定：任何根据第十三条而加入本条约的缔约国当其在南极进行诸如建立科学站或派遣科学考察队的实质性科学研究活动而对南极表示兴趣时，有权委派代表参加本条第一款中提到的会议（即南极条约协商会议——作者注）。

② “中国极地考察的未来与现状——访国家海洋局极地考察办公室主任曲探宙”，《海洋开发与管理》2006 年第 5 期。

③ “极地研究关系中国在国际事务中能否享有发言权”，2007 年 3 月，搜狐科学。

海洋局派员组成的中国代表团与会。会议聚焦于南极海洋保护区议题，因各国分歧严重，美澳等国提交的海洋保护区提案未获通过。中国代表团提出海洋保护区建设需要考虑潜在威胁因素并制订完备的管理计划和科研监测计划等建议，并积极与其他国家代表团进行协调、沟通，推动海洋保护区议题向协作、客观、务实的方向发展。另外，中国代表团在磷虾捕捞、对渔船的港口国管控和贸易措施等方面提出的关切也获会议通过。[①] 2013年7月，南极海洋生物资源养护委员会（CCAMLR）海洋保护区特别会议在德国不来梅港召开，专门讨论美、新罗斯海提案和澳、法、欧盟东南极提案及相关问题。这是CCAMLR成立30年以来第一次召开科委会、第二次召开委员会的特别会议。中国外交部、农业部和国家海洋局派员组团与会。为落实中美战略对话成果，维护中国南极权益，中国代表团一方面以建设性姿态与美、新、澳、法等提案国保持沟通，另一方面就自身关心的问题提出关切，并对俄罗斯提出的合理问题给予支持。因更多国家就保护区面积、终结条款等重要问题提出了关切和要求，两提案最终均未通过。

中国在南极"特别保护区"的建设方面表现较突出。格罗夫山地区哈丁山是中国独立提出并获得批准的第一个"南极特别保护区"。此外，2013年第36届南极条约协商会议（ATCM）和第16届南极环境保护委员会（CEP）会议在比利时布鲁塞尔召开。中国代表团按照分工和会前准备积极参加了各分组会议和议题的讨论，向环保委员会提交了东南极伊莉莎白公主地夏季科考站的初步环境影响评价报告；经会议讨论，中方单独提交的关于建立昆仑站南极特别管理区和中澳俄印联合提议关于设立Stornes半岛特别保护区的议案也进入会间评议阶段。[②]

南极话语权的实现很大部分是通过在参与南极事务决策过程中，提交工作论文以及新的治理计划，以尽可能地输出本国的南极治理理念和政策，来影响南极的议题设置。但据统计，中国通过南极条约协商会议与南极环境保护委员会"工作文件"与"信息文件"等方式主动提出的建设性意见非常有限。1985年中国即成为南极协商会议成员国，但直至1998年第22届南极条

① 国家海洋局：《2013年度中国极地考察报告》，2013年12月。

② 国家海洋局：《2013年度中国极地考察报告》，2013年12月。

约协商会议才参与提交一个信息文件（信息文件是指由协商国或观察国、非协商国或专家提交的与会议上的讨论相关的工作文件的支持文件），直至2005年第28届南极条约协商会议才第一次提交工作文件（工作文件是指由协商国提交的应在会议上进行讨论和有所行动的文件），只有工作文件所涉及的问题才是南极条约协商会议/南极环境保护委员会会议上讨论的重要议题，最终成为法律的则更少。[①] 截至第34届南极条约协商会议/南极环境保护委员会会议（2011年），中国在会议上提交或参与提交过的文件一共有48个。而从第34—37届（2011—2014年）ATCM会议中，提交给ATCM报告数量为248份，提交给CEP的数量为178份，即71.77%的议题与环保有关。各国中，英国提交最多（为42份），其次是澳大利亚34份，美国33份，新西兰22份，阿根廷20份，挪威19份，智利18份，中国7份。

3. 南极地理命名权

对南极地理实体进行命名是国家权益的象征。目前，世界各国在南极命名了近37000个地理实体名称。经过国际南极研究科学委员会地名工作组的认证，最新版的《南极洲综合地名词典》中已经收录了中国提交的首批359条中文地名。[②]

1985年，中国在首次南极科考、建立长城站期间，命名了长城湾、西湖、平顶山等100多处地名，填补了南极洲自古以来无中国地名的空白。继而在1988年至1989年建立中山站时，中国考察测绘了拉斯曼丘陵地形图及中山站区地形图，命名了团结湖、望京岛、五岩岗等200余处地名。而在1998年至1999年首次格罗夫山考察期间，科考队利用卫星遥感影像测绘了格罗夫山地区8000平方公里的地图，利用差分GPS技术测绘了格罗夫山核心区110平方公里的地形图，命名了将军峰、摩天岭、金鸡岭等20余处地名。[③]

① 陈力："美国的南极政策与法律"，《美国研究》2013年第1期，第65—86页。

② "中国已在南极洲命名359个中文地名"，新华网，http://news.xinhuanet.com/world/2013-11/01/c_117973753.htm。上网时间：2015年12月12日。

③ "中国已在南极洲命名359个中文地名"，新华网，http://news.xinhuanet.com/world/2013-11/01/c_117973753.htm。上网时间：2015年12月12日。

可见，对南极地理的命名权是伴随着国家的南极参与程度而获得的。对南极地理命名既是中国南极参与程度增加的表现，同时拥有命名权也是中国南极权益的一部分。随着南极科学考察的深入，中国将加强对冰下地理实体的命名和南极洲特殊地理形态的地名研究，继续推进《中国南极地名研究》这一南极地名的系统工程，[①] 更好地维护中国的南极权益。

4. **开发使用权**

从目前来看，南极地区能力上已成熟的、正式的资源开发利用主要有两种形式，即南大洋的海洋生物资源特别是磷虾，以及南极大陆的旅游。微生物资源有研究和试验性的开发利用，但规模化的商业行为还比较少。而在享有并行使这两方面的权益同时，遵守并发展规范其活动的国际规制非常重要，同时也构成了国家的一种权益，即上面提到的南极治理的参与权。

（1）捕捞南极磷虾的权利

中国在南极海域的捕鱼以磷虾捕捞为重点，但起步较晚。2008 年初，国务院批复了中国南极海洋生物资源开发利用的项目。2010 年、2011 年，中国以东海所、黄海所、上海海洋大学为南极磷虾资源开发的科技力量，联合上海水产集团公司和辽宁海洋渔业集团公司，组成第一支商业性开发南极磷虾的船队。目前，中国在南大洋拥有一支由三艘船组成的小型船队，从事对磷虾的捕捞。中国探捕南极磷虾坚持开发与保护并重，严格控制捕捞量。“保守估计，也就捕 500 吨左右，其中 20 吨将用于科研。”[②] 磷虾捕捞的前景可观。据估计，中国对南极磷虾形成商业性开发后，45 年内年捕捞产量可达 10 万—20 万吨，10 年内有望形成年捕捞量 100 万吨、捕捞业年产值 30 亿元（原虾）的生产规模。[③] 为最大限度保护南极生态环境，中国的每条磷虾捕捞船都派驻观察员监督整个探捕过程，所有生活垃

① “中国测绘专家命名南极地名已有 300 多条”，中国新闻网，http://www.chinanews.com/gn/2011/05-12/3035986.shtml。上网时间：2015 年 12 月 12 日。

② “中国远洋渔船将首赴南极捕磷虾特设生态渔网”，中国新闻网，http://www.chinanews.com/gn/news/2009/12-04/1999930.shtml。上网时间：2015 年 9 月 13 日。

③ 掘金“蓝土”：“海洋生物技术助力药物研究”，http://www.bioon.com/3g/id/6651112。上网时间：2015 年 9 月 14 日。

圾做无害化处理或随船带回港口。

赴南极探捕磷虾，对中国远洋渔业的可持续发展意义重大。中国是世界上最大的鱼粉进口国，探捕磷虾有望缓解供应紧张，但目前中国南极磷虾渔业处于试验性商业开发的初级阶段。对中国而言，磷虾的开发利用是一道更为棘手的产业命题。目前的磷虾产品多还停留在罐头、鱼饵、饲料等低端利用水平。据了解，日本已开始对磷虾进行综合利用，在生产高品质虾仁的同时，用剩下的废料生产养殖饵料，并从废水中回收蛋白质。而挪威则从磷虾中提取富含不饱和脂肪酸的虾油，较为成功。[①]

（2）南极旅游的权利

南极旅游是最具现实经济利益的和平利用南极的方式。国际上普遍认为，南极旅游业开始于20世纪50年代末，以智利和阿根廷利用海军运输船运载500余名付费旅客前往南设得兰群岛游览为标志。近年来，南极旅游业呈稳步增长趋势。2013年全球南极游客达到4.3万人。每次南极行的费用一般在10万元上下，这个市场并不小。南极旅游主要有东西两线：西线经南美赴南极半岛，占总旅游人数的90%以上；东线主要经澳大利亚、新西兰或南非赴威德尔海、罗斯海附近海域和大陆。此外，南极旅游的形式日益多样化，除了传统的乘船或乘飞机到达南极固定地点游览外，野营、登山、潜水、冰海游泳、帆船、快艇、滑雪、长跑、直升机历险等形式新颖的游览和探险活动也层出不穷。[②]

非政府组织国际南极旅游业者协会（IAATO）已经出台了相关的旅游规则，虽然效力比较弱。据有关数据统计，2012—2013年度，世界各国赴南极旅游人数的排序是：美国、德国、澳大利亚、英国、中国；但据国际南极旅游业者协会最新统计，2013年11月至2014年3月，世界各国到南极旅游的总人数为3.7万人，其中美国1.24万人，占33%；澳大利亚4000多人，占11%；中国3367人，占9%。中国已经超过了德国、英国，

① 掘金“蓝土”：“海洋生物技术助力药物研究”，http://www.bioon.com/3g/id/6651112。上网时间2015年9月14日。

② 陈丹红：“南极旅游业的发展与中国应采取的对策的思考”，《极地研究》2012年第1期，第73—79页。

位列第三，相信很快就会超过澳大利亚，仅次于美国。近年来，中国南极游客的组成结构也开始出现明显变化。以2014年春节团组为例，游客中企业家与职员的比例分别为9%和77%，这表明中国南极旅游正逐渐走向大众。在年龄结构上，40岁以下年龄段比例达到60%，退休老年人约占9.5%，年龄结构比例已接近西方。但对比国际行业发展态势，中国南极旅游尚处于“犹抱琵琶半遮面”的阶段。无论是业者还是消费者，目前总体上对南极旅游环境与资源的认知、对发展南极旅游业的基本观念，都还停留在初级甚至模糊的原始阶段。尽管中国已经成为世界第三大南极旅游国，但在国际市场中，却并不掌握南极旅游资源，更没有话语权。南极旅游的实施，主要依赖游船或航空器经由南极门户港的接驳转送。迄今为止，全世界拥有国际南极旅游组织协会营运资质的上百艘南极游船中，并无一艘属于中国，空中航线也无中国飞机。中国游客基本上由国内旅游机构组团，在南极门户港或包船或拼团，将游客送交外方公司游船或飞机，再前往南极。中方旅游机构大多只是通过转送游客到国外邮轮，从中获取微薄的佣金。①

《南极条约》及其体系不但规定了行为体在南极享有的权益，也做出了一些义务及禁止性的规定。例如，《南极条约》的基本宗旨明确规定，南极只用于和平目的，不应成为国际纷争的场所或目标；禁止在条约区从事任何带有军事性质的活动，但不妨碍为科学研究和其他和平目的而使用军事人员或设施。而且，条约未对违反条约的行为制定任何强制性的制裁措施，这使得一些国家可以利用科研之名特别是科研的实力尽可能地扩展本国在南极各方面的权益，甚至对南极实施“软控制”。例如，借科考之名进行军事测量、军力展示，借建立科考站扩大其规模和数量为名，加强其军事力量介入，等等。例如，美国、澳大利亚、新西兰等国的考察站均隶属于本国的陆、海、空军队或由军队提供后勤支援保障。此外，美国的麦克默多科考站已建有上百栋建筑，夏季可容纳上千人生活工作，其众多

---

① 张建松：“中国成为世界第三大南极旅游国我们准备好了吗?”，中国日报中文网，http://cnews.chinadaily.com.cn/2014-06/11/content_17578131_3.htm。上网时间：2015年9月15日。

工作人员中包括了相当一部分军事人员。①

旅游意味着一国国民临时到达并在南极短暂停留和活动的权益，以及这种权益不被侵扰阻止的权益。当然，遵守相关的规则是这种权益得到保障的前提，尽管目前这种规则还很不完善，很多实际操作办法甚至都是民间的国际机构和旅游组织企业在执行。

三、负权益及其他

基于相关法律条约的权益是明确且可以推演的，基于能力和投入而产生的权益只要符合相关国际规定，是可以认定的，这两种权益都是正向度的权益。从更广泛的国际基本道义看，在南极这样带有公域性质的地区，还应该提出一种负向度的权益，或者说呈现出一种消极性的权益，即一个国家应该享有在南极免受其他国家影响其正常使用和研究南极的权益，以及免受其他国家利用南极对自己的安全和发展造成干扰的权益。

这种权益因其负向度或消极性，虽然不被作为权益提出，但至少值得在纸面上提出来讨论。例如已列入美国研究计划的气象武器问题，如果其掌握了气象利用的技术，并通过对南极地区的气象施加影响而定向对某些国家造成后果，这显然不被国际道义所允许。更广泛点讲，虽然一个国家具有研究和有条件利用南极的权利，但这种权利的行使和利益的获取不得以牺牲别的国家的权益为代价，对于后者来说，这就构成了它的南极权益。可以设想，当南极地区热闹到一定程度，这种情况出现的可能性是非常大的。

总体而言，中国加入《南极条约》，补充了南极条约体系的正义性，《南极条约》也因中国的加入而更具世界代表性。作为一个负责任的大国，中国政府严格履行各项条约义务，多次发起科技合作和保护南极环境的倡议，是条约体系的重要维护力量。然而也要看到，虽然中国参与南极的程度在不断加深，科研水平在不断提高，但是中国作为崛起中大国的地位与其在南极发挥的作用与影响并不完全匹配。中国的南极权益可以说并未得

---

① 张林："南极条约体系与我国南极区域海洋权益的维护"，《海洋开发与管理》2008年第2期，第69—74页。

到充分的行使。

对此，中国首先需要加强科研能力，而扩展南极各个领域的国际合作渠道或许也是提升中国行使南极权益的可行路径。如2014年11月18日，中澳签署了《中华人民共和国政府与澳大利亚联邦政府关于南极与南大洋合作的谅解备忘录》（《谅解备忘录》）及《中国国家海洋局与澳大利亚塔斯马尼亚州政府南极门户合作执行计划》（《合作执行计划》）。《谅解备忘录》的签订是为促进两国在南极与南大洋活动中的进一步合作和发展，根据《谅解备忘录》，中澳双方确认优先推动南极与南大洋科学合作，加强南极与南大洋环境保护合作，共同支持进入东南极并开展科研作业，开展南极海冰预报等领域合作。双方还将共同致力于利用澳大利亚、包括塔斯马尼亚州的南极门户设施。为执行《谅解备忘录》，双方将成立南极与南大洋合作联合委员会，以决定合作活动及未来两年合作行动和交流活动，并协调活动实施。2013年，中国国家海洋局与塔斯马尼亚州政府签署了《南极门户合作谅解备忘录》。为了进一步贯彻落实该备忘录确定的合作，此次签署的《合作执行计划》明确了澳大利亚塔斯马尼亚州政府与中国国家海洋局之间在南极门户关系、船运服务、航空支持与服务、监管支持、人员交流和支持专业产品与服务等领域的合作。①

可以说，中国在南极事务中仍处于比较被动的地位。当前存在的问题中，最主要的是机制不够完善，这直接导致了无法产出高水平的成果。设施方面，“雪龙”号承担运输、建站等后勤保障任务，任务繁重。在研究方面有两个问题：一是学科之间交流不足，这一点在成果集成上问题突出，如理论上应该有联系的海洋化学和海洋物理这两个专业就无法集合；二是研究力度不够，存在“重现场、轻研究”的现象，投入大量经费后，虽然已获得大量样品和数据，但是没有科学的提炼，浮于表面。② 除了上述中国南极参与的特点及短板外，中国在南极国内立法方面也极为欠缺。

---

① “在两国领导人共同见证下中澳签署南极领域合作文件”，华夏经纬网，http://www.huaxia.com/hxhy/hzjl/2014/11/4157797.html。上网时间：2015年12月12日。

② 引自杨惠根在2014年10月16日于青岛举办的全国极地年会上的报告——《中国极地科学研究主要进展》。

应该意识到，南极条约体系是中国在南极区域进行各项活动的主要依据和行动规范，但是中国若在南极的各项活动过分被动地依赖条约体系的内容，被动地跟随其他南极开发利用大国的行为，则中国在开发利用南极、维护南极区域国家权益方面会陷入相对被动的地位。[①] 结合南极的国际治理现状及中国南极活动的特点，在遵守相关国际条约及借鉴其他国家对南极进行国内立法的基础上，中国应有针对性地进行国内立法，明晰极地战略目标，就完善国际极地治理方面提供中国理念和价值观，以便引领国际事务治理向着积极合理公正的方向发展，亦可更好地维护中国在南极地区的权益。

---

① 张林："南极条约体系与我国南极区域海洋权益的维护"，《海洋开发与管理》2008 年第 2 期，第 69—74 页。

参考文献

一、中文资料

1. 著作

（1）《南极矿物资源活动管理公约》。

（2）《南极条约》。

（3）《联合国海洋法公约》。

（4）《联合国文件》，1971，A/RES/2749（XXV），10 ILM。

（5）《联合国文件》，1971，UNGA E/C 7/5。

（6）《联合国文件》，1983，UNGA A/C 1/38 PV 43，1983 年 11 月 29 日，16。

（7）《联合国文件》，1983，UNGA A/C 1/38 PV 45，1983 年 11 月 30 日，7。

（8）《南极海洋生物资源养护公约》（中译本），1982 年。

（9）邹克渊：《南极矿物资源与国际法》，北京大学出版社 1996 年版。

（10）德博拉·沙普利：《第七大陆：资源时代的南极洲》，中国环境科学出版社 1990 年版。

（11）哈·麦金德：《历史的地理枢纽》，商务印书馆 1985 年版。

（12）索尔·科恩：《地缘政治学：国际关系的地理学》，上海社会科学院出版社 2011 年版。

（13）杰弗里·帕克：《二十世纪的西方地理政治思想》，解放军出版社 1982 年版。

（14）斯皮克曼：《和平地理学》，商务印书馆 1965 年版。

（15）伊曼纽尔·沃勒斯坦，罗荣渠译：《现代世界体系》，高等教育出版社 1998 年版。

（16）米歇尔·福柯，谢强、马月译：《知识考古学》，三联书店 2007 年版。

（17）孙相东：《地缘政治学：思想史上的不同视角》，中共中央党校出版社 2005 年版。

（18）陆俊元：《地缘政治的本质与规律》，时事出版社 2005 年版。

（19）杰弗里·帕克，刘从德译：《地缘政治学：过去、现在和未来》，新华出版社 2003 年版。

（20）芭芭拉·沃德、内勒·杜博斯：《只有一个地球》，吉林人民出版社 1997 年版。

（21）巴里·布赞：《人、国家与恐惧》，中央编译出版社 2009 年版。

（22）巴里·布赞、奥利·维夫：《新安全论》，浙江人民出版社 2003 年版。

（23）莱尔·戈尔茨坦著，杨晓波编译：《五龙护海：中国海上执法力量的现状与未来》，http：//www. fyjs. cn/viewarticle. php？ id = 342441，2012 年 11 月 23 日浏览。

（24）郭培清、石伟华：《南极问题的多维度探讨》，海洋出版社 2012 年版。

（25）华薇娜、张侠编著：《南极条约协商国南极活动能力调研统计报告》，海洋出版社 2012 年版。

（26）《国外极地考察信息汇编》：http：//www. chinare. gov. cn/data/info2008 – 11. pdf。

（27）杨洁勉：《体系改组与规范重建》，上海人民出版社 2012 年版。

（28）寿晓松主编、战略理论和战略研究部著：《全球扫描 2006（2006 版战略评估）》，军事科学出版社 2007 年版。

（29）戴志平等编著：《战略预警信息传递技术》，北京邮电大学出版社 2012 年版。

（30）国家海洋局极地考察办公室编：《中国南极考察科学研究成果与

进展》，海洋出版社 1998 年版。

（31）国家统计局：《中国统计年鉴》，中国统计出版社 2000 年版。

（32）沈伟烈、陆俊元主编：《中国国家安全地理》，时事出版社 2001 年版。

（33）胡平著：《国际冲突分析与危机管理研究》，军事谊文出版社 1993 年版。

（34）位梦华、刘小汉：《南极之梦》，地震出版社 1992 年版。

（35）华薇娜、张侠编著：《南极条约协商国南极活动能力调研统计报告》，海洋出版社 2012 年版。

2. 期刊论文

（1）唐建业、石桂华："南极磷虾渔业管理及其对中国的影响"，《资源科学》2010 年第 1 期。

（2）刘斌："南极大陆架的国际法学探析"，《海洋开发与管理》2010 年第 5 期。

（3）邓碧波、孙爱平："马汉海权论的形成及其影响"，《军事历史》2008 年第 6 期。

（4）郭培清："非政府组织与南极条约关系分析"，《太平洋学报》2007 年第 4 期。

（5）郭培清："南极冷战：大国资源争夺战"，《新闻天地》2009 年第 2 期。

（6）吴依林："南极条约的意义、背景及展望"，《中国海洋大学学报（社会科学版）》2009 年第 3 期。

（7）陈杰："人类活动对南极陆地生态系统的影响"，《极地研究》2000 年第 3 期。

（8）凌晓良："南极特别保护区的现状与展望"，《极地研究》2008 年第 1 期。

（9）朱峰："非传统安全解析"，《中国社会科学》2004 年第 4 期。

（10）陈玉刚、周超、秦倩："批判地缘政治学与南极地缘政治"，《世界经济与政治》2012 年第 10 期。

（11）Andrew Jackson："南级条约成员国面临新的挑战：南极生物勘探

问题”，凌晓良译，http：//www. aad. gov. au/MediaLibrary/asset/MediaItems/ml_ 394356865972222_ 12%20bioprospecting. pdf。

（12）郭培清：“南大洋鲸的保护”，《海洋世界》2007 年第 10 期。

（13）“令人发指的捕鲸数据”，《海洋热点纵横》2009 年第 7 期。

（14）陈丹红：“南极海洋生物资源养护委员会反南大洋 IUU 捕捞活动策略分析”，《海洋开发与管理》2009 年第 11 期。

（15）石伟华、郭培清：“过热的南极——南极非军事化面临挑战”，《海洋世界》2008 年第 7 期。

（16）章卓：“多国加紧陈兵南极周边”，《共产党员》2007 年第 24 期。

（17）陈玉刚：《南极地缘政治格局及其演变》，本课题 2011 年结项报告（内部资料），第 12 页。

（18）郭培清：“南极的资源与资源政治”，《海洋世界》2007 年第 3 期。

（19）陈力：“美国的南极政策与法律”，《美国研究》2013 年第 1 期。

（20）郭培清：“美国政府的南极洲政策与〈南极条约〉的形成”，《世界历史》2006 年第 1 期。

（21）沈鹏：“美国的极地资源开发政策考察”，《国际政治研究（季刊）》2012 年第 1 期。

（22）马建英：“美国全球公域战略评析”，《现代国际关系》2013 年第 2 期。

（23）吴依林：“澳新南极战略研究”，《海洋开发与管理》2008 年第 9 期。

（24）陈丹红：“南极旅游业的发展与中国应采取的对策的思考”，《极地研究》2012 年第 1 期。

（25）张丽珍：“南极旅游的国际法规制”，《中国海洋大学学报（社会科学版）》2009 年第 6 期。

（26）周菲：“法国对南极事务的参与以及对中国的经验借鉴”，《法国研究》2015 年第 3 期。

（27）常李艳、华薇娜、李煜：“通过国际南极论文分析南极研究现状”,《极地研究》2010 年第 22 期。

（28）郑名源：“日本的南极科学考察”，《电波科学报》1991 年第 4 期。

（29）张体军：“主要南极考察国家介绍之南非”，《中山一周》总第 25 期。

（30）中科院国家科学图书馆编发的《科学研究动态监测快报》，2013 年 1 月 15 日第 2 期。原文：RFD for Ministry of Earth Sciences（2012—2013），来源：http：//dod. nic. in/RFD12 – 13% 20moes% 20Apr% 202012. pdf。

（31）《中国人民共和国国家安全法》第三十二条，新华网，http：//news. xinhuanet. com/politics/2015 – 07/01/c_ 1115787801_ 3. htm。

（32）苏长和：“以分歧治理谋划国际关系的新准则——习近平关于大国关系治理的新思想新论断”,《国家治理》2015 年第 25 期。

（33）刘建飞：“‘中国责任论’考验和平发展”，《现代国际关系》2007 年第 4 期。

（34）王公龙：“国家利益、共有利益与国际责任观——兼论中国国际责任观的构建”,《世界经济与政治》2008 年第 9 期。

（35）杨惠根：《中国极地科学研究主要进展》，2014 年中国极地年会报告。

（36）秦亚青：“全球治理失灵与秩序理念的重建”，《世界经济与政治》2013 年第 4 期。

（37）蔡拓：“中国如何参与全球治理”,《国际观察》2014 年第 1 期。

（38）安亮：“远程战略投送能力建设举要”,《国防》2013 年第 6 期。

（39）王逸舟：“和平崛起阶段的中国国家安全——目标序列与主要特点”,《国际经济评论》2012 年第 3 期。

（40）于雷：“刍议‘制权’理论的演变”，《现代军事》2003 年第 8 期。

（41）王莹：“论电磁发射开启电磁武器时代”，《电气技术》2010（增刊）。

（42）闻新、杨嘉伟：“军用卫星的发展趋势分析”，《现代防御技术》

2002 年第 8 期。

（43）杨元喜等："中国北斗卫星导航系统对全球 PNT 用户的贡献"，《科学通报》2011 年第 21 期。

（44）杨元喜："北斗卫星导航系统的进展、贡献与挑战"，《测绘学报》2010 年第 1 期。

（45）戴宏发："北斗导航系统的发展与应用刍议"，《科技信息》2010 年第 19 期。

（46）张荣群等："北斗导航系统在农业领域的应用展望"，《测绘通报》2012 年（增刊）。

（47）苏牡丹、高为广、李军正、陈明剑、杨志昱："北斗卫星导航系统远洋评估试验及初步结果"，《飞行器测控学报》2013 年第 5 期。

（48）张栋："南极冰盖物质平衡与海平面变化研究新进展"，《极地研究》2010 年第 6 期。

（49）秦大河："揭示气候变化的南极冰盖研究新进展"，《地理学报》1995 年第 2 期。

（50）符淙斌："我国长江流域梅雨变动与南极冰雪状况的可能联系"，《科学通报》1981 年第 8 期。

（51）范可："南极涛动的年际变化及其对东亚冬春季气候的影响"，《中国科学：地球科学》2006 年第 4 期。

（52）卞林根、陆龙骅、张永萍："南极温度的时空特征及其与中国夏季天气的关系"，《南极研究》1989 年第 3 期。

（53）秦大河："气候变化科学与人类可持续发展"，《地理科学进展》2014 年第 7 期。

（54）陈立奇："南极和北极地区变化对全球气候变化的指示和调控作用——第四次 IPCC 评估报告以来一些新认知"，《极地研究》2013 年第 1 期。

（55）国家海洋局："IPCC《发布第五次气候变化评估报告》"，http：//www. soa. gov. cn/zwgk/hygb/zghpmgb/2013nzghpmgb _ 2304/201403/t20140314_ 30897. html。

（56）国家海洋局：《2013 年中国海平面公报》，http：//www. soa. gov.

cn/zwgk/hygb/zghpmgb/2013nzghpmgb_2304/201403/t20140314_30888.html。

（57）张海滨：“气候变化与中国国家安全”，《国际政治研究》2009年第4期。

（58）潘根兴：“气候变化对中国农业生产的影响”，《农业环境科学学报》2011年第9期。

（59）雷秋良：“气候变化对中国主要作物生育期的影响研究进展”，《中国农学通报》2014年第11期。

（60）中国气象局网站：“IPCC第五次评估报告系列解读之淡水资源将气候变化风险纳入水管理”，http://www.cma.gov.cn/2011xwzx/2011xqxxw/2011xqxyw/201411/t20141125_267885.html。

（61）任国玉：“气候变化对中国水资源情势影响综合分析”，《水科学进展》2008年第6期。

（62）吴依林：“南极研究及其趋势展望”，《中国科学技术大学学报》2009年第1期。

（63）任贾文、效存德、侯书贵等：“极地冰芯研究的新焦点－NEEM与DomeA”，《科学通报》2009年第4期。

（64）陆龙骅、卞林根、效存德、武炳义、逯昌贵：“近20年来中国极地大气科学研究进展”，《气象学报》2004年第5期。

（65）陈连增：“中国极地科学考察回顾与展望”，《中国科学基金》2008年第4期。

（66）刘瑞源、杨惠根：“中国极区高空大气物理学观测研究进展”，《极地研究》2011年第4期。

（67）陈皓文、高爱国：“中国极地微生物学调查研究进展”，《极地研究》2005年第4期。

（68）孙松：“南极磷虾的生长与复眼直径关系的研究”，《南极研究》1996年第1期。

（69）曾胤新：“极地微生物——新天然药物的潜在来源”，《微生物学报》2008年第5期。

（70）《2011年度中国极地考察报告》，http://www.docin.com/p－391252782.html。

（71）秦大河："发展中的我国南极冰川学研究"，《冰川冻土》1988年第3期。

（72）孙松："南极磷虾"，《世界科技研究与发展》2002年第4期。

（73）刘志东："南极磷虾生物活性物质的研究进展"，《天然产物研究与开发》2012年第10期。

（74）吴伟平、谢营樑："南极磷虾及磷虾渔业"，《现代渔业信息》2010年第1期。

（75）杨洋、刘晓芳："南极磷虾主要营养成分及保健机能研究进展"，《大连医科大学学报》2014年第2期。

（76）陈雪忠、徐兆礼、黄洪亮："南极磷虾资源利用现状与中国的开发策略分析"，《中国水产科学》2009年第3期。

（77）岳冬冬、王鲁民、王茜等："基于专利的中国南极磷虾产业技术布局分析与展望"，《情报杂志》2014年第5期。

（78）辽宁省人民政府发展研究中心课题组、刘晓丹、朱军等："小磷虾大战略——基于辽渔集团南极磷虾产业发展的思考"，《辽宁经济》2013年第5期。

（79）陈丹红："南极旅游业的发展与中国应采取的对策的思考"，《极地研究》2012年第3期。

（80）张泽：《国际水资源安全问题研究》，中共中央党校2009年博士学位论文。

（81）张利平、夏军、胡志芳："中国水资源状况与水资源安全问题分析"，《长江流域资源与环境》2009年第2期。

（82）王熹："中国水资源现状及其未来发展方向展望"，《环境工程》2014年第7期。

（83）姜文来："中国21世纪水资源安全对策研究"，《水科学进展》2001年第1期。

（84）中华人民共和国水利部：《2012年中国水资源公报》，http://www.mwr.gov.cn/zwzc/hygb/szygb/qgszygb/201405/t20140513_560838.html。

（85）朱建钢、颜其德、凌晓良："南极资源及其开发利用前景分析"，

《中国软科学》2005年第8期。

(86) 郭培清:“南极冰山利用的多维思考”,《海洋世界》2007年第8期。

(87) 朱培勇:“冰山运输问题的微积分解法”,《西南民族学院学报(自然科学版)》2003年第2期。

(88) 曾胤新、陈波、邹扬、郑天凌:“极地微生物——新天然药物的潜在来源”,《微生物学报》2008年第5期。

(89) 李国强:《论南极微生物遗传资源的国际法保护》,中国海洋大学2012年硕士学位论文。

(90) 曾胤新、陈波:“南极低温微生物研究及其应用前景”,《极地研究》1999年第6期。

(91) 秦为稼:《我国极地考察事业进展与展望》,2014年。

(92) 人民网:《2014年全国人大常委会工作报告(全文实录)》,http://lianghui.people.com.cn/2014npc/n/2014/0305/c376646-24535026.html。

(93) 人民网:《2015年政府工作报告(全文实录)》,http://www.people.com.cn/n/2015/0305/c347407-26643598.html。

(94) 张林:“南极条约体系与我国南极区域海洋权益的维护”,《海洋开发与管理》2008年第2期。

(95) 国家海洋局极地考察办公室:《2010年度中国极地考察报告》,http://www.chinare.gov.cn/caa/userfiles/file/chinare2010report.pdf。

(96)“中国极地考察的未来与现状——访国家海洋局极地考察办公室主任曲探宙”,《海洋开发与管理》2006年第5期。

(97) 阮振宇:“南极条约体系与国际海洋法——冲突与协调”,《复旦大学学报(社会科学版)》2001年第1期。

(98) 刘惠荣、刘秀:“国际法体系下南极生物勘探的法律规制研究”,《中国海洋大学学报》2012年第4期。

(99) 陈力:“美国的南极政策与法律”,《美国研究》2013年第1期。

(100) 国家海洋局:《2013年度中国极地考察报告》,2013年12月。

(101)《极地专项进展及阶段成果》,2014中国极地科学年会综合报告。

（102）李升贵、潘敏：“中国南极软科学研究的意义、现状与展望”，《极地研究》2005 年第 3 期。

3. **报刊杂志**

（1）华夏经纬网：“英媒称英拟在马岛附近建立海洋保护区”，2011 年 12 月 1 日，http：//www. huaxia. com/hxhy/hyxw/2011/12/2687547. html。

（2）新华网：“阿根廷抗议英国命名‘南极领地’”，2012 年 12 月 21 日，http：//news. xinhuanet. com/world/2012－12/22/c_ 114119548. htm。

（3）张建松：“我国计划 2015 年至 2025 年在南极建立第 4 个科学考察站” 2010 年 9 月 26 日，http：//news. xinhuanet. com/politics/2010－09/26/c_ 12608534. html。

（4）环球网：“南美洲多国拟购买破冰船共同瞄准南极洲开发”，2014 年 8 月 6 日，http://world. huanqiu. com/exclusive/2014－08/5097143. html。

（5）人民网：“巴西总统卢拉访问南极称将增加在冰冻大陆的存在”，2008 年 2 月 18 日，http://world. people. com. cn/GB/1029/42358/6892127. html。

（6）环球网：“研究称南极冰川或将在 100 年内坍塌”，2015 年 10 月 14 日，http：//world. huanqiu. com/exclusive/2015－10/7758014. html。

（7）凤凰网：“全球水资源紧缺恐是未来战争第一导火索”，2009 年 6 月 6 日，http：//finance. ifeng. com/huanbao/hbsd/20090606/754524. shtml。

（8）环球网：“丰富资源令人心动世界大国纷纷奔向南极”，2007 年 11 月 13 日，http：//www. huanqiu. com/www/115/2007－11/22695. html。

（9）新浪网：“八国峰会面对世界难题，粮食危机等问题成热点”，2008 年 7 月 8 日，http：//news. sina. com. cn/w/2008－07－08/092815892201. shtml。

（10）张建松：“中国成为世界第三大南极旅游国，我们准备好了吗?”，2014 年 6 月 11 日，http：//news. xinhuanet. com/finance/2014－06/11/c_ 1111085240. htm。

（11）新华网：“美俄首次联合视察《南极条约》履约情况”，2012 年 1 月 30 日，http://news. xinhuanet. com/tech/2012－01/31/c_122635318.

htm。

（12）人民网："中国与澳大利亚举行首次南极对话"，2016 年 3 月 2 日，http：//world. people. com. cn/n1/2016/0302/c1002 －28163799. html。

（13）新华网："'南极论坛'即将开幕——南极大陆迎来史上首次人文盛会"，2013 年 11 月 19 日，http：//news. xinhuanet. com/gangao/2013 －11/19/c_ 118205438. htm。

（14）新华网："中俄反对美欧等国建立南极海洋保护区"，2014 年 11 月 3 日，http://news. xinhuanet. com/world/2014 －11/03/c_127171363. htm。

（15）华夏经纬网："美国开发南极军事价值"，2011 年 6 月 20 日，http：//news. xinhuanet. com/world/2007 －11/24/content_ 7135856. htm。

（16）张章："美国南极项目又有新目标"，《中国科学报》2015 年 8 月 13 日。

（17）环球网："澳智库臆想南极军事化称我昆仑科考站或军用"，2013 年 10 月 22 日，http://mil. huanqiu. com/paper/2013 －10/4472765. html。

（18）桂静："南极罗斯海海洋保护区缘何遭搁浅"，《中国海洋报》2014 年 12 月 9 日。

（19）环球网："澳智库臆想南极军事化称我昆仑科考站或军用"，2013 年 10 月 22 日，http://mil. huanqiu. com/paper/2013 －10/4472765. html。

（20）中国海洋网："澳大利亚发布南极新战略"，http://www. hellosea. net/show. php？ xuh ＝12357。

（21）新华网："南大洋海洋保护区方案迟未达成要环保还是要资源?"，http://news. xinhuanet. com/fortune/2013 －07/17/c_125024323. htm。

（22）孙生智："在两国领导人共同见证下中新签订政府间南极合作协议"，《中国海洋报》2014 年 11 月 21 日，第 A1 版。

（23）新华网："阿根廷抗议英国命名'南极领地'"，http：//news. xinhuanet. com/world/2012 －12/22/c_ 114119548. htm。

（24）孙宇："南极游碰上环保难题"，《世界新闻报》2007 年 12 月 18 日，http：//gb. cri. cn/12764/2007/12/18/2945@ 1881681. htm。

（25）人民网："阿根廷海军一艘破冰船在南极被冰山撞坏"，http：//news. sina. com. cn/w/171616. html。

（26）科学新闻网："阿根廷南极科考站面临补给困难"，http：//news. sciencenet. cn/htmlnews//2008126151138302003OO. html。

（27）"智利的南极"，http：//news. timedg. com/2011 －07/12/content_5199300. htm。

（28）"智利科学家在南极发现大量'强悍'微生物"，http：//tech. ifeng. com/discovery/detail_ 2011_ 04/08/5622023_ 0. shtml。

（29）"智利政府希望2020 年旅游业在国内生产总值中所占比重提高至 6%"，http://cl. mofcom. gov. cn/article/jmxw/201108/20110807718745. shtml。

（30）"智利寻求制定控制公海捕鱼的国际规则"，http://ccn. mofcom. gov. cn/swxw/show. php？ eid =1525。

（31）"智利鳕鱼捕捞业悄然退出 MSC 认证"，http://www. chinairn. com/news/20130930/15291974. html。

（32）"智利总统皮涅拉阐述南极政策四大支柱"，http://news. xinhuanet. com/world/2012 －01/16/c_111441030. htm。

（33）蔡璧岭："深入交流极地及海洋领域合作"，《中国海洋报》2015 年10 月13 日，第 A1 版。

（34）"韩国与智利共同成立南极合作中心"，《中国海洋报》2016 年3 月2 日，第 A1 版。

（35）"南极深钻冰芯探寻气候往事"，http://www. weather. com. cn/climate/qhbhyw/04/1856212. shtml。

（36）俄罗斯《观点报》："南极冰盖下暗藏'生命绿洲'"，http://news. xinhuanet. com/world/2008 －01/07/content_7377577. htm。

（37）"南极又成新闻焦点：重视气候变化还是意在夺取资源?"，http://guancha. gmw. cn/content/2007 －11/12/content_696355. htm。

（38）"国际社会讨论在南极建立迄今规模最大的海洋保护区"，http://gb. cri. cn/42071/2013/10/24/6611s4296834. htm。

（39）"俄罗斯反对在南极罗斯海建立保护区"，http://radiovr. com.

cn/2013_07_17/228482257/。

（40）“南非将建设通往南极的新‘门户’”，《云南日报》2004 年 5 月 26 日。

（41）“巴西将出资 800 多万美元用于南极科考”，http://news. xinhuanet. com/world/2009 -08/19/content_11911702. htm。

（42）新华网科技频道：“盘点太空时代风格的南极科考站”，http://news. xinhuanet. com/tech/2013 -07/31/c_125089018. htm。

（43）新华网：“‘十三五’规划建议：积极参与新领域国际规则制定”，http://news. xinhuanet. com/politics/2015 -11/03/c_1117026952. htm。

（44）新华网：“习近平慰问中澳南极科考人员并考察中国‘雪龙’号科考船”，http://news. xinhuanet. com/world/2014 -11/18/c_111330 1920. htm。

（45）人民网：“中澳举行首次南极对话”，http://world. people. com. cn/n1/2016/0301/c1002 -28162448. html。

（46）胡锦涛：“坚定不移沿着中国特色社会主义道路前进为全面建成小康社会而奋斗”，在中国共产党第十八次全国代表大会上的报告，http://cpc. people. com. cn/18/n/2012/1109/c350821 -19529916. html。

（47）“中央国家安全委员会第一次会议召开，习近平发表重要讲话，中央政府门户网站”，http://www. gov. cn/xinwen/2014 -04/15/content_2659641. htm。

（48）赵巳阳：“全维疆域观与战略投送力”，《解放军报》2013 年 12 月 3 日，第 006 版。

（49）曾友春：“把战略投送能力建设摆上重要位置”，《中国国防报》2010 年 1 月 28 日，第 003 版。

（50）中国新闻网：“海洋局发布‘雪龙’船南极救援脱困大事记”，http://www. chinanews. com/gn/2014/01 -08/5710791. shtml。

（51）新华社：“英雄本色！——新华社记者亲历‘雪龙’号南极大救援”，http://news. xinhuanet. com/zgjx/2014 -01/06/c_133020560. htm。

（52）中国新闻网：“马代交通部长：‘雪龙’号对搜寻黑匣子非常有帮助”，http://www. chinanews. com/gj/2014/03 -21/5981237. shtml。

（53）新华网：“‘雪龙’号参与搜救马航失联飞机”，http://news.xinhuanet.com/politics/2014-03/21/c_126297688.htm。

（54）安亮：“扎实抓好远程战略投送力量建设”，《中国国防报》2012年4月19日，第003版。

（55）“明星级科考船将陆续试水计划新建南极破冰船”，《人民日报》2015年8月6日，第12版。

（56）新华网：“新极地科考船可双向破冰将与‘雪龙’号分工配合”，http://news.xinhuanet.com/tech/2012-12/12/c_124083848_2.htm。

（57）新华网：“‘十三五’体现中国国家战略的百大工程项目”，http://news.xinhuanet.com/politics/2016lh/2016-03/05/c_1118240939.htm。

（58）参考消息网：“中国将组建南极航空队外媒称目前是纯粹科学活动”，http://www.cankaoxiaoxi.com/china/20160218/1078482.shtml。

（59）李鹏：“中国有气象武器?”，《北京科技报》2009年11月2日，第034版。

（60）王耀宗、祁磊、赵国芬：“气象战：威胁离我们并不遥远”，《中国国防报》2008年2月28日，第003版。

（61）中国信息产业网：“极大地提高科学考察通信支撑能力，我国南极长城站通信工程获好评”，http://www.cnii.com.cn/20080308/ca463071.htm。

（62）乔思伟：“我国北斗卫星导航系统南极基准站启用”，《中国国土资源报》2015年2月11日，第001版。

（63）张建松：“北斗信号总体质量堪比GPS”，《人民日报（海外版）》2015年4月9日，第004版。

（64）新华网：“我国将首次在南极建设北斗卫星导航系统基准站”，http://news.xinhuanet.com/2014-10/28/c_1113015467.htm。

（65）申敏夏、中国科学院院士王会军：“北极海冰减少加重我国东部雾霾”，《中国气象报》2014年11月26日，第001版。

（66）南方网：“广州游客豪华南极游变逃生旅，归国难获赔偿”，http://news.southcn.com/community/content/2016-01/22/content_141278658.htm。

（67）陈瑜：“在南极——为全球气候变化找注脚”，《科技日报》2011年3月22日，第003版。

（68）腾讯网：“南极一冰川不稳定坍塌后或使全球海平面上升3米”，http://news.qq.com/a/20151103/048695.htm。

（69）中新网：“科学家警告：南极神秘病毒扩散将无人幸免”，http://www.chinanews.com/n/2003-01-27/26/267907.html。

（70）新华网：“极地测绘科考30年成绩斐然”，http://news.xinhuanet.com/expo/2014-03/26/c_126317921.htm。

（71）国家海洋局网站：“昆仑站队取得五项突破圆满完成预定任务”，http://www.soa.gov.cn/xw/dfdwdt/jsdw_157/201601/t20160126_49944.html。

（72）中国气象局网站：“我国首次在南极格罗夫山架设自动气象站，气象资料已成功应用到固定翼飞机试飞过程中”，http://www.cma.gov.cn/2011xwzx/2011xqxxw/2011xqxyw/201601/t20160117_302054.html。

（73）新华网：“我国又一台南极巡天望远镜亮相‘冰穹之巅’”，http://news.xinhuanet.com/politics/2015-02/11/c_1114340285.htm。

（74）中国科技网：“在‘人类不可接近之极’建造南极亮星巡天望远镜”，http://www.wokeji.com/explore/twht/201512/t20151215_2045785.shtml。

（75）环球网：“南极陨石数量位列世界第三：中国发现惊人”，http://tech.huanqiu.com/news/2015-09/7652105.html。

（76）张建松：“我国科学家在南极陨石中发现丰富的太阳系外物质”，《科技日报》2011年10月13日，第005版。

（77）中国发展门户网：“中国远洋渔船将首赴南极捕磷虾特设生态渔网”，http://cn.chinagate.cn/resource/2009-12/04/content_19008988.htm。

（78）中国新闻周刊：“中国人会吃垮南极吗？”，http://news.inewsweek.cn/detail-1608.html。

（79）新华网：“南极磷虾有望进入中国百姓家”，http://news.xinhuanet.com/2015-03/28/c_127632632.htm。

（80）新商报：“大连将攻关世界最大‘海洋蛋白库’”，http://szb.

dlxww. com/xsb/html/2011 - 03/18/content_460906. htm。

（81）辽宁省大连海洋渔业集团公司：“辽渔通过‘南极磷虾快速分离与深加工关键技术’中期检查”，http://www. 9555. tv/liaoyu/3663. html。

（82）中国远洋渔业信息网：“上海开创远渔公司与加拿大公司合作组建南极磷虾加工销售合资公司”，http://www. cndwf. com/bencandy. php? fid = 166&id = 6563。

（83）中华人民共和国国家旅游局：“中国人到南极旅游不再是遥不可及的梦想”，http://www. cnta. gov. cn/html/2008 - 6/2008 - 6 - 2 - 14 - 37 - 30 - 9498. html。

（84）中国人民共和国国家旅游局：“5 名广东游客昨赴南极旅游”，http://www. cnta. gov. cn/html/2008 - 6/2008 - 6 - 2 - 14 - 43 - 33 - 15272. html。

（85）新华网、麦肯锡：“中国中产阶级正在快速崛起”，http://news. xinhuanet. com/fortune/2014 - 03/20/c_119870052. htm。

（86）中华人民共和国国家旅游局：“‘天价’南极游探路高端旅游市场”，http://www. cnta. gov. cn/html/2009 - 8/2009 - 8 - 7 - 9 - 46 - 72624. html。

（87）常丽君：“科学家在南极发现大量‘强悍’微生物”，《科技日报》2011 年 4 月 8 日，第 002 版。

（88）网易新闻：“南极通讯上网打电话和北京没差别带宽 512k”，http://news. 163. com/09/0125/13/50GNV5BF000120GU. html。

（89）首都建设报：“中铁建工集团第 13 次出征南极”，http://sdjsb. bjd. com. cn/html/2015 - 11/16/content_328518. htm。

（90）中国东方航空集团公司：“东航食品公司为南极科考队供餐”，http://www. ceairgroup. com/contents/13/4973. html。

（91）“改善极地照明郝洛西为长城站换上‘暖和’的灯”，http://www. china - led. net/info/20130527/20130527_ly13. shtml。

（92）和讯网：“雪龙号执行环南极考察任务奥克斯空调出征”，http://tech. hexun. com/2013 - 11 - 19/159825707. html。

（93）天极网：“空调制热成网络热点奥克斯热霸笑傲南极”，http://

nj. yesky. com/165/34400165. shtml。

（94）宝钢集团有限公司："坚持高端路线占据市场主导地位"，http://www. baosteel. com/group/contents/1670/32569. html。

（95）国务院国有资产监督管理委员会："宝钢总包承建南极泰山站主楼竣工投用"，http://www. sasac. gov. cn/n1180/index. html。

（96）新华网："王中军：宝钢与极地建设有历史渊源"，http://news. xinhuanet. com/2014－03/28/c_126327929. htm。

（97）中国石油化工集团公司："长城润滑油护航'雪龙'号完成第28次南极科考"，http://www. sinopecgroup. com/group/xwzx/gsxw/20120410/news_20120410_329170000000. shtml。

（98）新华网："迎接新常态实现新跨越"，http://news. xinhuanet. com/politics/2014－12/10/c_1113590726. htm。

（99）新华网："习近平：加快实施创新驱动发展战略"，http://news. xinhuanet. com/politics/2014－08/18/c_1112126938. htm。

（100）冯丽妃："征战南极，中国在行动"，《中国科学报》2014年1月17日。

（101）陈净、姚以镜："极地经济圈暗战"，《国际金融报》2014年1月20日，第02版。

（102）新华网："我国将建1.2万吨级南极破冰船"，http://news. xinhuanet. com/local/2015－08/06/c_128097079. htm。

（103）人民网："中国在南极罗斯海地区进行新考察站优化选址"，http://jx. people. com. cn/n2/2016/0211/c186330－27717380－2. html。

（104）新浪科技："中国第五个南极考察站选址确定：人类航海极限"，http://tech. sina. com. cn/d/n/2016－02－19/doc－ifxprucu2998678. shtml。

（105）"南极科考知识：南极淡水资源"，http://www. gov. cn/fwxx/kp/2005－11/09/content_94397. htm。

（106）"全球87%的淡水资源难被利用　下一个危机就是水"，http://district. ce. cn/zg/200911/18/t20091118_20452680. shtml。

（107）新华网："中国代表团成功开展南极视察"，http://news. xinhuanet. com/world/2015 -12/31/c_1117643235. htm。

（108）中国航空新闻网："为了科学：中国将组建南极航空队"，http://www. cannews. com. cn/2016/0222/148170. shtml。

（109）新华网："极地科考20年志：中国博弈科考战国时代"，http://news. xinhuanet. com/st/2004 -10/12/content_2081039. htm。

（110）东方网："雪龙号在上海外高桥完成大修　下月将再赴南极科考"，http://sh. eastday. com/m/20131011/u1a7705355. html。

（111）观察者："雪龙号令西方立场转化：更加中立对中国赞赏"，http://www. guancha. cn/strategy/2014_01_09_198413. shtml。

（112）人民网："南极科考进入'航空飞机'时代"，http://scitech. people. com. cn/n/2015/1108/c1057 -27789772. html。

（113）新华网："'十三五'体现中国国家战略的百大工程项目"，http://www. sh. xinhuanet. com/2016 -03/05/c_135157567. htm。

（114）新华网："'十三五'规划建议：积极参与新领域国际规则制定"，http://news. xinhuanet. com/politics/2015 -11/03/c_1117026952. htm。

（115）搜狐科学："极地研究关系中国在国际事务中能否享有发言权"，2007年3月。

（116）新华网："中国已在南极洲命名359个中文地名"，http://news. xinhuanet. com/world/2013 -11/01/c_117973753. htm。

（117）中国新闻网："中国测绘专家命名南极地名已有300多条"，http://www. chinanews. com/gn/2011/05 -12/3035986. shtml。

（118）中国新闻网："中国远洋渔船将首赴南极捕磷虾特设生态渔网"，http://www. chinanews. com/gn/news/2009/12 -04/1999930. shtml。

（119）掘金"蓝土"："海洋生物技术助力药物研究"，http://www. bioon. com/3g/id/6651112。

（120）中国日报中文网、张建松："中国成为世界第三大南极旅游国，我们准备好了吗?"，http://cnews. chinadaily. com. cn/2014 -06/11/content_17578131_3. htm。

（121）华夏经纬网："在两国领导人共同见证下中澳签署南极领域合作文件"，http://www. huaxia. com/hxhy/hzjl/2014/11/4157797. html。

二、英文资料

1. 著作

（1） Hince， Bernadette. The Antarctic Dictionary. CSIRO Publishing， 2000.

（2） Aristotle. Meteorologica. Book II， Part 5. 350 BC. Translated by E. Webster. Oxford：Clarendon Press， 1923.

（3） Drewry， D. J. ， ed. Antarctica：Glaciological and Geophysical Folio. Scott Polar Research Institute， University of Cambridge， 1983.

（4） Klaus Dodds. Geopolitics in Antarctic：Views from the Southern Oceanic Rim Chichester：John Wiley &Sons Ltd. ：10， 1997.

（5） Tuathail， Gearoid. O. Critical Geopolitics：The Politics of Writing Global Space. London：Routledge， 1996.

（6） George T. Renner. Human Geography in the Air Age New York：Harcourt， Brace， 1994.

（7） Edward Said. Culture and Imperialism London：Chatto and Windus， 1993.

（8） Geoffrey Sloan and Colin S. Gray. Geopolitics， Geography and Strategy. London：Frank Cass， 1999.

（9） Bob Thomson. The International Background， Antarctica the Ross Sea Region. DSIR Publishing， 1990.

（10） C. Joyner. 1992. Antarctica and the Law of the Sea. The Hague：Martinus Nijhoff， 1992.

（11） Peter J. Beck. The international politics of Antarctica. Chichister：Croom Helm Ltd， 1986.

（12） Dodds， Klaus. Geopolitics in Antarctic：Views from the Southern Oceanic Rim. Chichester：JohnWiley&Sons Ltd.

（13） H. G. R. King（ed.） Edward Wilson， Diary of the Terra Nova Expedition to the Antarctic 1910 – 1912. London：Bland ford. 1972.

（14） Tore Gjelsvik. Antarctica Resources Policy. Cambridge：Cambridge University Press, 1983.

（15） N. A Wright and P. L. Williams (eds.). Mineral Resources of Antarctica. Washington: US Geological Survey, 1974.

（16） Bin Cheng. Studies in International Space Law. Oxford: Clarendon Press 1997.

（17） Quigg. P. W. A Pole Apart: The Emerging Issue of Antarctica. New York: New Press 1983.

（18） C. Dale WaltonGeopolitics and the Great Powers in the Twenty – first Century: Mulitipolarity and the Revolution in Strategic Perspective, London: Routledge, 2007.

（19） Agnew, John. Geopolitics: Previsioning World Politics, London: Routledge, 2003.

（20） Trevor C. Salmon (ed.) Issues in International Relations, London and New York: Routledge, 2000.

（21） K. A. AnnanIn Larger Freedom: Towards Development, Security and Human Rights For All, New York, United Nations, 2005.

（22） Natalie Klein, Joanna Mossop, and Donald Rothwell (eds) Maritime Security: International Law and Policy Perspectives from Australia and New Zealand, London: Routledge, 2010.

（23） J. Ann Tickner, Re – visioning Security, in Ken Booth and Steve Smith (eds.) International Relations Theory Today, Oxford: Oxford University Press, 1995.

（24） Natalie Klein, Joanna Mossop, and Donald Rothwell (eds) Maritime Security: International Law and Policy Perspectives from Australia and New Zealand, London: Routledge, 2010.

（25） Ken Booth and Steve Smith (eds.) International Relations Theory Today, Oxford: Oxford University Press, 1995.

（26） Barry Buzan and Ole WverSecurity: A New Framework for Analysis, Boulder: Lynne Rienner Publishers, 1998.

（27） D. R. Rothwell. The Polar Regions and the Development of International Law, Cambridge: Cambridge University Press, 1996.

(28) I. Routledge, Addicted to Oil: America's Relentless Drive for Energy Security, London: I. B. TaurisC, 2006.

(29) H. G. Brach, Facing Global Environmental Change, Berlin, Springer, 2009.

(30) The World Commission On Environment and Development, Our Common Future, oxford: oxford university press, 1987.

(31) Alan D. Hemmingst Beyond Claims: Towards A Non – Territorial Antarctic Security Prism for Australia and New Zealand, New Zealand Yearbook of International Law, 6, 2008.

(32) O. S. Stokke and D. Vidas (eds) Governing the Antarctic: The Effectiveness and Legitimacy of the Antarctic Treaty System. Cambridge: Cambridge University Press, 1996.

(33) K. Scott, Institutional Developments within the Antarctic Treaty System, International and Comparative Law Quarterly, 52, 2003.

(34) D. French, M. Saul and N. D. White (eds), International Law and Dispute Settlement: New Problems and Techniques, Oxford: Hart Publishing, 2010.

(35) Alan D. Hemmings, Donald R. Rothwell, Karen N. Scott (eds.), Antarctic Security in the Twenty – First Century: Legal and Policy Perspectives, London: Routledge, 2012.

(36) Hemmings, Rogan – Finnemore, Law and Liveliboods: Bridging the North – South Divide, Cambridge: Cambridge Press, 2008.

(37) Ethel Rosie Theis, In the National Interest: United States Antarctic policy, 1960 – 1992 , Ph. D. Dissertation, George Washington University, 1993.

(38) A. G Oude Elferink and D. R. Rothwell (eds), Oceans Management in the 21st Century: Institutional Frameworks and Responses, Leiden Martinus Nijhoff, 2009.

(39) R. A. Herr, H. R. Hall and M. G. Howard (eds.), Antarctica's Future: Continuity or Change, Australian Institute of International Affairs, 1990

（40）D. R. Rothwell，Conservation and Management Frameworks for Sub - Antarctic International Waters，Proceedings of the Royal Society of Tasmania，141，2007.

（41）J. P. Beumer，a Grant andD. C. Smith（eds）（2003）. Aquatic Protected Areas：What works Best and How Do We Know？.

（42）Anne - Marie Brady，The Emerging Politics of Antarctica，Routledge，2012.

（43）Sanjay Chaturvedi，The Polar Regions：A Political Geography，Chichester：John Wiley& Sons Ltd.，1996.

（44）Christopher C. Joyner，Governing the Frozen Commons：the Antarctic Regime and Environmental Protection，Columbia：University of South Carolina Press，1998.

（45）Sanjay Chaturedi，Neloy Khare and Prem Chand Pandey，India in the Antarctic：Scientific and Geopolitical Perspectives，New Delhi：South Asian Publishers，2005.

（46）Anne - Marie Brady. The Emerging Politics of Antarctica. New York.，Routledge，2013.

2. **期刊论文**

（1）UN Doc S/PV. 3046，31 January 1992.

（2）UN Doc S/PV. 4087，10 January 2000.

（3）UN Doc S/PV. 5663，17 April 2007.

（4）Mawer，G. A. Baptism of ice：JG Bartholomew and the naming of Antarctica. Polar Record，44（02），2008.

（5）Rip Bulkeley. Politics at the first Comit'e Special de l'Ann'ee Geophysique Internationale（CSAGI）Antarctic conference Polar Record 45（4），2009.

（6）Orrego Vicuna F. The Implementation of CCAMLAR：is the decision making machinery conducive to good management？International Challenges 10（1），1990.

（7）Bassin. M. Ratzel's Political Geography The Geography Journal 13（2），1987.

(8) K. Dodds and J. Sidaway. Locating Critical Geopolotics: Environment and Planning: Society and Space 12, 1994.

(9) Bridget Robison. Putting Bosina in its place: Critical Geopolitics and the Representation of Bosnia in the British Print Media. Geopolitics 9 (2/1), 2004.

(10) Klaus Dodds. Cold War Geopolitics. John Agnew, Katharyne Mitchell, and Gerard Toal (Geróld Ó Tuathail), eds., A Companion to Political Geography.

(11) Geróld Ó Tuathail. Displacing Geopolitics: Writing on the Maps of Global Politics. Environment and Planning D: Society and Space 12 (4), 1994.

(12) Henk Houweling and Mehdi Parvizi Amineh. Introduction: The Crisis in IR – Theory: Toward a Critical Geopolitics Approach. Perspective on Global Development and Technology 2 (3), 2003.

(13) Tuomas Forsberg. The Ground Without Foundation? Territory as a Social Construct. Geopolitics 8 (3), 2003.

(14) Paul Reuber. Conflicts Studies and Critical Geopolitics – Theoretical Concepts and Recent Research in Political Geography. Geo – Journal 50 (4), 2000.

(15) S. Dalby and Geróld Ó Tuathail. Editorial Introduction: the Critical Geopolitics Constellation: Problematising Fusions of Geographical Knowledge and Power. Political Geography 15 (3), 1996.

(16) L. F. E. Goldie. International Relations in Antarctica. The Australian Quarterly 30 (1), 1958.

(17) Klaus Dodds. Governing Antarctica: Contemporary Challenges and the Enduring Legacy of the 1959 Antarctic Treaty. Global Policy 1, 2010.

(18) Barbara Mithcell. The Politics of Antarctica. Environment: Science and Policy for Sustainable 22 (1), 1980.

(19) B. E. Talboys. New Zealand and the Antarctica Treaty. New Zealand Foreign Affairs Review 28 (3), 1978.

(20) U. S. White House. Office of the White House Press Secretari-

at. October 13, 1975.

(21) U. S. Congress [Senate]. Statement of Assistant Secretary of State Dixy Lee Ray on U. S. Antarctic Policy to Subcommittee on Oceans and International Environment, May 15.

(22) Slevich, L. ed. Leningrad: Russian Soviet Federated Socialist Republic Basic Problems of Antarctic Exploration, 1977.

(23) F. Auburn. German Yearbook of International Law: 20, 1977.

(24) Morris, E. Brazil at the Third United Nations Conference on the Law of the Sea. Ocean Development and International Law: Journal of Marine Affairs 7 (1), 1979.

(25) D. Shapley. Antarctic Problems: Tiny Krill to Usher in New Resource Era. Science196, 1977.

(26) Skn Blay. New trends in the protection of the Antarctic environment: the 1991 Madrid Protocol. The American Journal of International Law: 2, 1992.

(27) Morris, E. Brazil at the Third United Nations Conference on the Law of the Sea. Ocean Development and International Law 7 (1), 1979.

(28) FNF. Antarctic resources. Report from meeting of experts at the FNF meeting on mineral exploration at Polhogda, Norway, May 30 – June 10, 1973.

(29) Anne – Marie Brady. China's Rise in Antarctica? . Asian Survey 50 (4), 2004.

(30) Wolff E. W. Signals of atmospheric pollution in polar snow and ice. Antarctic Science 2, 1990.

(31) M. C. W. Pinto. the International Community and Antarctica. University of Miami Law Review 2 (33), 1978.

(32) Final Report of Ninth Consultative Meeting, 25.

(33) FCO. British Foreign Office Background Brief, Antarctic Treaty: 25th Anniversary. London, 1984.

(34) M. D. Dubin. Toward the Concept of Collective Security: The Bryce Group's 'Proposal for the Avoidance of the War' 1914 – 1917", International Organization, 24, 1970.

(35) D. R. Rothwell and N. Klein. Maritine Security and the Law of the International Shipping Community, WAU Journal of Maritime Affairs, 3 (2), 2004.

(36) Secretary – General's High – level Panel, "A More Secure World: Our Shared Responsibility", 2 December 2004, UN Doc A/59/565, at 23.

(37) Michael Bourbonnie and RickyJ. Lee, Legality of the Deployment of Conventional Weapons in Earth Orbit: Balancing Space Law and the Law of Armed Conflict, European Journal of International Law, 18.

(38) Ken Booth, Security and Emancipation, Review of International Studies, vol. 12, no. 2 (Fall 1991) .

(39) Steve Smith, Strong States and Security, Review of International Studies, vol. 12, no. 2 (Fall 1991)

(40) J. Hanessian. The Antarctic Treaty 1959, International Law and Comparative Law Quarterly 9, 1960.

(41) Morris, E. Brazil at the Third United Nations Conference on the Law of the Sea. Ocean Development and International Law, 7 (1), 1979.

(42) Anglo – Norwegian Fisheries Case (United Kongdom v Norway) [1951] ICJ Reports 116: 131.

(43) Christopher C. Joyner, United States Foreign Policy Interests in the Antarctic, The Polar Journal, 11 (1), 2011.

(44) Food and Agriculture Organization (FAO), Fisheries and Aquaculture, 2011.

(45) J. Scheffran, Climate Change and Security, Bulletin of the Atomic Sciences, 64 (2) 2008.

(46) E. A. Zuccaro, Iceberg Appropriation and the Antarctic's Gordian Knot, California Western International Law Journal, 9 1979.

(47) FRUS, 1939, Vol. II, Washington D. C. : U. S. Government Printing Office, 1956: 7 – 8.

(48) FRUS, 1952 – 1954, Vol. I, Part 2, Washington D. C. : U. S.

Government Printing Office, 1983: 1744 - 1745.

(49) FRUS, 1939, Vol. II, Washington D. C. : U. S. Government Printing Office, 1956.

(50) MW Tvedt, Patent law and bioprospecting in Antarctica, Ploar Record, 2010, 46 (1); & nbsp.

(51) FRUS, 1958 - 1960, U. S. Government Printing Office, Washington, 1994.

(52) U. S. Congress, Office of Technology Assessment, Polar Prospects: A Mineral Treaty for Antarctica, Washington, D. C. : U. S. Government Printing Office: 15.

(53) Alexander, S. Skaridov, Naval Activity in the Foreign EEZ: the Role of Terminology in Law Regime, Marine Policy, Volume 29, Issue 2, March 2005.

(54) Jinyuan Su, The Peaceful Purposes` Principle in Antarctica and the Stability of its Peaceful Status, Australian and New Zealand Maritime Law Journal, 27 (3) 2010.

(55) Klaus Dodds and Alan D. hemmings, The United States 2002 Unified Command Plan: Antarctica and the Areas of Responsibility of Military Commanders, Polar Record, 2008.

(56) Ellie Fogarty, "Antarctica: Assessing and Protecting Australia's National Interests", http: //www. lowyinstitute. org/publications/antarctica - assessing - and - protecting - australias - national - interests.

(57) Sira Engelbertz, Daniela Liggett & Gary Steel, Value Theory for an Antarctic Case Study," workshop on Exploring Antarctic Value, held at the University of Canterbury, Christchurch, New Zealand (5 December 2011) .

(58) U. S. Antarctic Program Participant Guide, 2010 - 2012, Charpter1, p. 3, available at: www. usap. gov.

(59) Richard Atkinson's Remarks in House Committee on Science and Technology, U. S. Antarctic Program Hearings, 76, 1979.

（60） Abraham M. Denmark & James Mulvenon, Contested Commons: The Future of American . Power in Multi – polar World, Center for a New American Security, January 2010.

（61） Alan D. Hemmingst. Beyond Claims: Towards A Non – Territorial Antarctic Security Prism for Australia and New Zealand. New Zealand Yearbook of International Law. 6, 2008.

（62） ASPI report: Cold calculations: Australia's Antarctic challenges, 21 October 2013. https: //www. aspi. org. au/publications/strategic – insights – 66 – cold – calculations – australias – antarctic – challenges/SI66 _ Antarctic. pdf.

（63） ASPI report: Frozen assets: Securing Australia's Antarctic future. 05 April 2007. 5https: //www. aspi. org. au/publications/strategic – insights – 34 – frozen – assets – securing – australias – antarctic – future/SI34 _ Frozen _ assets. pdf.

（64） Australia's Antarctic Science Program, Science Strategy2004/05 – 2008/09.

（65） Hugh Wyndham, Australia's Antarctic challenge.

（66） Ellie Fogarty, Antarctica: Assessing and Protecting Australia's National Interests, http: //www. lowyinstitute. org/publications/antarctica – assessing – and – protecting – australias – national – interests.

（67） Antarctic Act 2013 CHAPTER 15, Printed in the UK by The Stationery OYce Limited under the authority and superintendence of Carol Tullo, Controllerof Her Majesty's Stationery OYce and Queen's Printer of Acts of Parliament.

（68） BAS Business Plan 2013, www. antarctica. ac. uk.

（69） Klaus Dodds Reviewed, Geopolitics, Patagonian Toothfish and Living Resource Regulation in the Southern Ocean, Third World Quarterly, Vol. 21, No. 2 (Apr. , 2000) .

（70） "Exploring Antarctic Values", Proceedings of the workshopExploring Linkages between Environmental Management and Value Systems: The Case of

Antarctica held at the University of Canterbury, Christchurch, New Zealand (5 December 2011) by SCAR Social Sciences Action Group.

(71) Outer Limit of the Continental Shelf, Argentine Submission, Executive Summary, p. 9, http://www.un.org/depts/los/clcs – new/submissions – files/arg25 – 09/arg2009e – summary – eng. pdf, 2011 – 11 – 25.

(72) Garrett J L. The Beagle Channel Dispute: Confrontation and Negotiation in the Southern Cone. Journal of Interamerican Studies and World Affairs, 1985.

(73) Border agreement between Chile and Argentina. Archived from 1998 the original on 2007 – 01 – 17. Retrieved 2006 – 10 – 27.

(74) Karl – Hermann Kock, Keith Reid, John Croxall and Stephen Nicol, Fisheries in the Southern Ocean: An Ecosystem Approach, Philosophical Transactions: BiologicalSciences, Antarctic Ecology: From Genes to Ecosystems. Part 2: Evolution, Diversity and Function (Dec. 29, 2007).

(75) laus Dodds Reviewed, Geopolitics, Patagonian Toothfish and Living Resource Regulation in the Southern Ocean, Third World Quarterly, Vol. 21, No. 2 (Apr., 2000).

(76) Federation R, Putin V. Maritime doctrine of Russian Federation 2020. 2001.

(77) Chown S L, Lee J E, Hughes K A, et al. Challenges to the Future Conservation of theAntarctic [J]. Science, 2012, 337 (6091).

(78) State Research Center "Arctic and Antarctic Reserch Institute" – leader of Russian Polar science: http://www.aari.ru/main.php? lg = 1.

(79) Sean Beckett &Heidi Prozesky, Hegemonic Definitions from the "North": Environmental Concern as a Western Construct and its Applicability to the South African and Antarctic Context, workshop on Exploring Antarctic Value, held at the University of Canterbury, Christchurch, New Zealand (5 December 2011).

(80) Wiesebron M L. Blue Amazon: thinking the defense of Brazilian mari-

time territory. AUSTRAL，2013.

（81） Child J. Stamps of South American Antarctica，the South Atlantic Islands，and Popular Culture. Studies in Latin American Popular Culture，2012.

（82） PACES 项目计划书，http：//www. awi. de/fileadmin/user_ upload/Research/Research_Program/Docs/PACES_Programme_Proposal_AWI_GKSS. pdf。

（83） Rasik Ravindra，India in Arctic and Antarctica and its Geopolitical Significance，SaGAA，2011.

（84） Jabour J，M Haward and AJ Press，Australia's Antarctica：Proceedings of a Symposium to mark 75 years of the Australian Antarctic Territory，Hobart，24 August 2011. Institute for Marine & Antarctic Studies Occasional Paper.

（85） Alan D Hemmings，From the New Geopolitics of Resources to Nanotechnology：Emerging Challenges of Globalism in Antarctica，The Yearbook of Polar Law 1，2009.

（86） Tina Tin，Daniela Liggett，Patrick T. Maher，Machiel Lamers eds. Antarctic Futures：Human Engagement with the Antarctic Environment. Springer：2014.

（87） Anthony Bergin，Marcus Haward，Andrew. Cold Calculations：Australia's Antarctic Challenges. Strategic Insights，2013，9 – 10. https：//www. aspi. org. au/publications/strategic – insights – 66 – cold – calculations – australias – antarctic – challenges/SI66_ Antarctic. pdf.

（88） Mayewski P A，Meredith M P，Summerhayes C P，et al. State of the Antarctic and Southern Ocean climate system. Reviews of Geophysics，2009，47，RG1003，doi：10. 1029/2007RG000231.

（89） Why Antarctica isn't melting much – yet. Newscientist，2010. 1. 13.

（90） http：//www. newscientist. com/article/mg20527434. 700 – why – antarctica – isnt – melting – much – – yet. html.

（91） WMO. Antarctic Ozone Bulletin # 7/2003. http：//www. wmo. ch/web/arep/o3.

（92）Zhang QS，Wang Y. Antarctic ResearchProgress of China in the Past 28 Years. Chinese Journal of Nature，2008，30.

（93）lowyinterpreter. China eyeing the future with fourth Antarctic research base. http：//www. lowyinterpreter. org/post/2014/02/10/China – expands – presence – in – Antarctica. aspx.

（94）Bidle KD，Lee S，Marchant DR，et al. Fossil genes and microbes in the oldest ice on earth. Proc Natl Acad Sci USA，2007，104（33）.

（95）Richard J. McLaughlin，Foreign Access to Shared Marine Genetic Materials：Management Options for a Quasi – Fugacious Resurce，34Ocean Dev. &Int'l L.，2003.

（96）Anthony J. Stenson & Tim S. Gray，The Politics of Genetic Resource Control 1999.

（97）Anna Vinson，Note，Deep Sea Bottom Trawling and the Eastern Tropical Pacific Seascape：A Test.

3. 报刊杂志

（1）Mercury. 1989. Belgium Snubs Antarctic Plan. July 7.

（2）Lee Hong Kum，President of KOPRI，Pay more attention to Araon to be a leading polar research country，Dong – A Daily，14 September 2009.

三、其他语种资料

1. 著作

（1）극지연구소. 남극세종기지 20 년사. 首尔, 2008.

（2）편집부. 이명박대통령연설문집. 1. 首尔: 대통령실, 2009.

2. 期刊论文

（1）장순근.남극대륙과우리나라의연구. 首尔. 과학사상 No.34, 2000 .

（2）강성호. 지금, 북극다산기지에서는: 마지막남은인류자원의보고 '북극' [C]. 首尔, 2006.

（3）송원오. 해양연구선온누리호. 首尔, 항만 No.45, 1992.

（4）국토교통부. 북극연구의메카, 다산기지. 首尔, 2009.

3. **报刊杂志**

（1） ПоложениеоМорскойколлегииприПравительствеРоссийскойФедерации，http：//www. minsvyaz. ru/industry/1681/2255. shtm.

（2） Состав Морской коллегии при Правительстве Российской Федерации，http：//www. minsvyaz. ru/industry/1681/2255. shtml2007 －09 －30.

（3） 정부, 제 3 국통해회신대기 “북양에계속조업희망” 소에한국입장전달. 경향신문, 1976-12-27.

（4） 남극조약가입추진. 동아일보, 1978-03-11.

（5） 새우어장조사선출항. 매일경제, 1978-12-07.

（6） 박대통령큰영애아주보도사진전탐험장비전참관. 경향신문, 1978-12-07.

（7） 서울서열린국제해양법워크샵, 해양새질서를찾는다. 경향일보, 1981-07-06.

（8） 남극자원보존협약가입신청서제출. 매일경제, 1984-03-06.

（9） 11 월 16 일출발예정우리나라척남극탐사. 동아일보, 1984-03-07.

（10） 한국탐험대남극을간다. 동아일보, 1985-07-19.

（11） 남극은무한한가능성의대륙. 경향일보, 1985-08-22.

（12） 남극상설기지설치급해요. 동아일보, 1985-12-18.

（13） 미래의자원기지확보. 경향일보, 1986-12-03.

（14） 남극기지내년 2 월건설. 동아일보, 1987-05-14.

（15） 한국남극기지빨리세워야. 경향일보, 1987-02-13.

（16） 거대과학과국민합의. 경향일보, 1987-05-22.

（17） 남극특집 5 편제작양 TV. 동아일보, 1987-10-01.

（18） 전대통령남극기지와첫통화. 경향일보, 1988-02-17.

（19） 과학계대공산권교류활발추진. 경향일보, 1989-01-13.

（20） 남극연구상호협력한소합의각소교환. 동아일보, 1990-07-16.

（21） 남극원정남북대원정부접촉승인. 경향일보, 1990-03-01.

（22） 과기처보고개발사업파격적특혜. 동아일보, 1991-01-28.

（23） 남북과기교류적극추진. 매일경제, 1991-01-30.

（24）기대큰한민족과기협력. 매일경제, 1991-06-12.

（25）남북과학자들첫토론장. 매일경제, 1991-08-20.

（26）정부사업계획타당성없어. 매일경제, 1988-10-19.

（27）세계화는제도개혁부터. 경향일보, 1994-11-18.

（28）21 세기국정운영방향제시. 경향일보, 1994-11-18.

（29）동남아오염막게남북환경공동체추진. 서울신문, 1995-06-03.

（30）인터뷰서울남극조약협의당사국회의의장. 매일경제, 1995-05-08.

（31）남극제 2 과학기지만든다/연구－자원선점위해추진/해양부. 동아일보. 1996-09-06.

（32）김대통령남극세종기지김예동대장과통화. 서울신문, 1996-09-08.

（33）한, 칠레남극협력확인/김대통령, 세종기지와통화. 한국일보, 1996-09-08.

（34）남극본토진입급한데…. 한겨레, 2000-06-12.

（35）김상협. 실종 3 명도구조됐다. 문화일보, 2003-12-09.

（36）조현석. 남극쇄빙선 1 만톤급으로. 서울신문, 2004-02-09.

（37）정용관. 한－칠레 ‘두 MB’ 정상 “녹색성장협력” .동아일보, 2009-11-12.

（38）정종환. 무한영토’ 바다를개척하자. 동아일보, 2009-06-01.

（39）김상연. 남극서귀환김예동대륙기지추진위원장. 동아일보, 2010-02-24.

（40）최용성. 우리나라가남극 ‘펭귄마을’ 지킨다. 매일경제, 2009-04-19.

（41）김정수. 남극 ‘펭귄마을’ 한국이지킨다. 한겨레, 2009-04-19.

（42）김찬우. 내일을위한환경외교펼칩니다, 환경일보, 2007-07-06.

（43）이주호. 한국첫인공위성 7 월 1 일발사. 매일경제, 1992-02-15.

（44）김윤숙. 남극을보면지구미래가보인다. 경향일보, 2008-01-11.

（45）남극세종기지의의미. 동아일보, 1995-05-10.

（46）이홍금. Big Science 의미래: 거대과학으로서의극지연구 [R]. 首尔：과학기술정책연구원, 2010 : 4-5.

（47）李대통령 ‘GGGI, 저탄소지구촌싱크탱크될것’. 연합뉴스, 2009-12-18.

（48）서승욱. MB’원고에없던말하니통역당황…몇초뒤웃음터지자분위기풀려’. 중앙일보, 2010-10-26.

（49）신수건. 부산항제 3 의개항첫단추북극자원개발참여길도열어. 국제신문, 2013.05.15.

（50）이지희. 세종기지대원과화상통화해볼까?. 공감코리아, 2009-12-31.